Paul M. Meyer

Griechische Texte aus Ägypten

 Literaricon

Paul M. Meyer

Griechische Texte aus Ägypten

ISBN/EAN: 9783965066649

Auflage: 1

Erscheinungsjahr: 2023

Erscheinungsort: Treuchtlingen, Deutschland

© Literaricon Verlag UG (haftungsbeschränkt)

www.literaricon.com

Printed in Germany

GRIECHISCHE TEXTE AUS ÄGYPTEN

HERAUSGEGEBEN UND ERKLÄRT

VON

PAUL M. MEYER

I. PAPYRI DES NEUTESTAMENTLICHEN
SEMINARS DER UNIVERSITAT BERLIN

II. OSTRAKA DER SAMMLUNG DEISSMANN

MIT INDICES UND VIER LICHTDRUCKTAFELN

BERLIN

WEIDMANNSCHE BUCHHANDLUNG

1916

VORWORT.

Als im Jahre 1913 Adolf Deißmann die ehrenvolle Aufforderung an mich richtete, die Papyri[1]) des seiner Leitung unterstehenden Neutestamentlichen Seminars der Universität Berlin und die Ostraka seiner Privatsammlung herauszugeben, hoffte ich, den Fachgenossen die Ausgabe bald vorlegen zu können. Der gewaltige Krieg, bei dem des deutschen Volkes Sein und Geltung in der Welt auf dem Spiele steht, ist dazwischengetreten. All unser Tun und Denken wurde durch ihn vorerst in Anspruch genommen. Doch jetzt erwächst uns, die wir daheimgeblieben, ob auch der Kampf noch tobt, der uns zum Siege führen wird, die Pflicht, die Friedensarbeit fortzusetzen, einem jeden innerhalb des weiteren oder engeren Kreises seines Amtes und Berufes. Meine während des Krieges entstandene Ausgabe möchte als bescheidene Frucht dieser Betätigung angesehen werden.

Die Papyrussammlung des Neutestamentlichen Seminars der Universität Berlin enthält 45 Stücke, von denen in der Ausgabe 29 vollständig gegeben, die übrigen, meist unbedeutende Fragmente, nur beschrieben oder erwähnt worden sind. Mit Ausnahme dreier unmittelbar vor Kriegsausbruch 1914 in Ägypten erworbenen Stücke (Nr. 22. 27. 36) sind sie im Sommer 1912 durch Vermittlung von Carl Schmidt bei dem Schech Aly Abdelhay el Gabri in Gizeh angekauft worden und bildeten den kleineren Teil einer Urkundenmasse, deren größerer ebenfalls 1912 in den Besitz der John Rylands Library in Manchester gelangt ist. Soweit sich die Herkunft unserer Papyri aus ihrem Inhalt erschließen läßt, stammen sie aus dem Faijum. Der nach Antinoupolis gerichtete schöne Soldatenbrief Nr. 20, dessen Vorder- und Rückseite die Doppeltafel I/II des Bandes wiedergibt, ist wohl nicht daselbst gefunden. Wir können daher vielleicht als Fundort aller Papyri das Faijum annehmen.

Die Gesamtzahl der Ostraka Deißmann, zu denen ich auch die beiden Mumientäfelchen Nr. 68. 69 und die dritte Holztafel Nr. 70 rechne, beträgt (einschließlich der verschenkten Stücke) 117; von diesen sind 100 in die Ausgabe

---

1) Diese Texte bilden als Urschriften aus der Zeit und Umwelt der griechischen Bibel einen Teil der in Entstehung begriffenen Biblischen Sammlung des Neutestamentlichen Seminars.

aufgenommen, 89 im vollen Wortlaut, soweit er erhalten, 11 nur beschrieben[2]). Die Ostraka stammen aus verschiedenen Käufen, die wiederum Carl Schmidt verdankt werden. Die erste Erwerbung fand im Jahre 1904 statt; sie enthielt fast ausschließlich Scherben aus Theben und Hermonthis, ebenso wie die gleichzeitig erworbene Sammlung der Heidelberger Universitäts-Bibliothek. In den folgenden Jahren bis 1912 sind mehrfach weitere Stücke hinzugekommen, die fast alle aus Edfu, Elephantine und dem Faijum stammen. Bemerkenswert sind vor allem die Edfu-Ostraka. Ihre Zahl ist zwar in unserer Sammlung nicht groß — es sind 14 —, sie erhalten aber eine erwünschte Ergänzung durch 46 Scherben gleicher Herkunft des Berliner Museums, von denen 43 bisher unveröffentlicht waren. W. Schubart bin ich für die freundliche Erlaubnis, diese unveröffentlichten Stücke zu transkribieren und zu verwerten, zu großem Danke verpflichtet. Ich habe 17 von ihnen in der Ausgabe im vollen Wortlaut mitgeteilt (S. 108[6]. 110[13. 14. 16]. 121[3]. 128[7-11. 13-16]. 129[17]. 166[2]), die Wörter dieser Texte auch in die Indices aufgenommen. Die übrigen sind zur Erklärung mannigfach herangezogen. Sie bilden die Grundlage meiner Ausführungen über die Fährboot-Abgaben (Nr. 8 S. 127 ff.). Mit Nutzen konnte ich sie in der als Einleitung den Ostraka-Texten und ihrer Erklärung vorausgehenden Untersuchung über die Formulare der Quittungen (S. 108 ff.) verwerten, die auf Wilckens grundlegenden Forschungen beruhend das neue Material verarbeitet.

Sechs der in der Ausgabe veröffentlichten Ostraka befinden sich nicht mehr im Besitze Deißmanns: Nr. 15 und 35 sind von ihm an Herrn Professor Allan Menzies, D. D., St. Andrews, geschenkt, Nr. 17 an Herrn Professor D. Windisch, Leiden, Nr. 18 an Herrn Pfarrer D. Schlosser, Wiesbaden, Nr. 36a an Herrn Pastor Lasson, Berlin, und Nr. 60 an Herrn Professor D. Dibelius, Heidelberg. — Sechs der hier vorgelegten Scherben waren schon bekannt gegeben: in seinem *Licht vom Osten* (2./3. Aufl.) hat Deißmann mit Unterstützung Wilckens die folgenden Nummern in Abbildung, Transkription und Übersetzung veröffentlicht, Nr. 31 (aaO. S. 78), 36 (aaO. S. 272), 56 (aaO. S. 86 f.), 57 (aaO. S. 136 f.), 64 (aaO. S. 140 f.); Nr. 17 endlich ist von H. Windisch in den *Neuen Jahrbüchern* (XXV, 1, 1910, 204) bekannt gegeben und erläutert. Diese sechs Texte sind in das *Sammelbuch griechischer Urkunden aus Ägypten* Preisigkes unter den Nummern 4251—4255 und 5665 aufgenommen.

Es ist mir eine angenehme Pflicht, denen zu danken, deren Unterstützung mir bei der Ausgabe zuteil geworden ist. Adolf Deißmann hat wertvolle Bemerkungen sprachlicher Natur beigesteuert, durch welche die wechselseitigen Beziehungen zwischen griechischer Bibel und griechischen Urkunden beleuchtet werden. Seine Zusätze sind in eckige Klammern eingeschlossen und durch ein

---

2) S. 101[2]. 107[1]. 113. 149. 188[1]. Nr. 85—89. 91.

am Schlusse stehendes A. D. gekennzeichnet. Zugleich hat er mir beim Lesen der Korrekturen hülfreich zur Seite gestanden. Wilhelm Spiegelberg verdanke ich Lesung und Erklärung der demotischen Texte dreier Ostraka (Nr. 7. 23. 46). Ulrich Wilcken hat auch diese Ausgabe durch seine erfolgreiche Mitarbeit bei der ersten Korrektur gefördert: der Papyrusteil zeigt eine erhebliche Zahl meisterhafter Vermutungen, den Ostraka sind mehrere seiner vor Jahren an den Originalen in Heidelberg vorgenommenen Lesungen zugute gekommen; sie sind unter seinem Namen im Apparat der betreffenden Urkunden vermerkt. Nicht fehlen darf endlich der Dank an den Inhaber der Weidmannschen Buchhandlung, Herrn Dr. Ernst Vollert. Durch seine opferwillige Gesinnung und die Gebefreudigkeit eines hochherzigen Gönners des Neutestamentlichen Seminars, der nicht genannt sein will, wurde es ermöglicht, die Ausgabe in dieser, wissenschaftlichen Unternehmungen nicht günstigen Zeit zu drucken und herauszubringen. Die Buchdruckerei von Breitkopf und Härtel hat sich dabei trotz Setzermangels aufs trefflichste bewährt.

Die Indices sind von mir bearbeitet; beim Ausziehen der Schlagwörter hat mir am Anfang (für die Papyri Nr. 1—8) Herr P. Aloys Seibert freundlichst geholfen, wofür ich ihm auch hier meinen besten Dank ausspreche.

Berlin, im April 1916.

PAUL M. MEYER.

INHALTSÜBERSICHT[1].

		Seite
Vorwort		III
Erklärung der Klammern		XI
Berichtigungen		XII
Zusätze		XIII

I. PAPYRI DES NEUTESTAMENTLICHEN SEMINARS DER UNIVERSITÄT BERLIN.

Nr. 1. Gesuch von Katökenreitern an das Königspaar . . . . Faijum . . 4./5. April 144 vor Chr. . . 3

Nr. 2. Unterschrift des Ausstellers einer Sechszeugen-Urkunde (Immobiliar-Kaufvertrag) . . . . Faijum(?) . Ausgang des 2. Jahrh. v. Chr. 10

Nr. 3. Amtsauftrag des Strategen an einen Liturgen . . . . Faijum . . 11. Nov. 148 nach Chr. . . 12

Nr. 4. Amtlicher Bericht des Dorfschreibers und der Dorfältesten von Theadelpheia an den λιμναστής der 6. Toparchie . . . . Faijum . . 18. Okt. 161 18

Nr. 5—10. Die 6475 Faijum-Griechen und die Familienpapiere des Ἀφροδίσιος Φιλίππου 28

Nr. 5. Darlehnsschuldschein (mit der Abrede teilweiser Hingabe an Erfüllungsstatt). Faijum . . Trajan 32

Nr. 6. Gesuch an den ἀρχιδικαστής um Verlautbarung eines Bankschecks und Zustellung an den Erben des Ausstellers . . . . Faijum . . 12. Jan. 125 35

Nr. 7. Vertrag über Hingabe an Erfüllungsstatt in Form eines Lieferungskaufes. Faijum . . 9. Jan. 130 46

Nr. 8. Hypomnema an den Epistrategen L. Trebius Proculus (Vindikation von bona materna) . . . . Faijum . . 16. Aug. 151 49

Nr. 9. Volkszählungs-Eingabe aus der Metropole Arsinoe . . . . Faijum . . 8. Juli 147 54

Nr. 10. Steuerquittung des Φίλιππος Ἀφροδισίου . . . . Faijum . . 24. Nov. 144 63

Nr. 11. Ammenvertrag . . . . Faijum . . Trajan 64

---

[1] Nicht vollständig gegebene oder nur beschriebene Urkunden sind durch vorgesetztes ° gekennzeichnet.

Seite

Nr. 12. Hingabe eines Staatspachtgrund-
stückes an Erfüllungsstatt . . Faijum(Theadelpheia). 17. Febr. 115 . . 66
Nr. 13. Staatsnotarieller Kaufvertrag über
einen Esel . . . . Faijum . . . . . . 18. Dez. 141 . . . 69
Nr. 14. Receptum nautae . . . . . . Herkunft unbekannt. 159/160 73
Nr. 15—17. Libelli libellaticarum aus der
decianischen Christenverfolgung . Faijum(Theadelpheia). 250 75
Nr. 15. (Tafel III) . . . . 27. Juni 250 . . . 77
Nr. 16. 78
Nr. 17. 78
Nr. 18. Naturalsteuerquittung eines Ex-
aktor . . . . Herkunft unbekannt. 4. Jahrh. 79
Nr. 19. Anfang eines Briefes eines Sohnes
an seine Mutter . . . . » . 2. Jahrh. 81
Nr. 20. Brief eines Soldaten an seine
»Schwester« (Tafel I/II) . . . Antinoupolis . . . 1. Hälfte des 3. Jahrh. 82
Nr. 21. Geschäftsbrief . . . . Herkunft unbekannt. 3./4. Jahrh. . . . 89
Nr. 22. Privatbrief . . . . » . » . . . 92
Nr. 23. Geschäftsbrief . . . . » . Ende des 4. Jahrh. 94
Nr. 24. Brief an einen hohen Geistlichen » . 6. Jahrh. 96

Fragmente und Beschreibungen.

Nr. 25. Doppelseitige Habequittung . . Herkunft unbekannt. April/Mai 113 . . 98
Nr. 26. Eingabe . . . . » . Anfang des 3. Jahrh. 99
Nr. 27. Abschriften von Grabinschriften(?). Faijum(?) . . . . . 2./3. Jahrh. . . . 100
ᴼNr. 28. Abrechnung . . . . Herkunft unbekannt. Marcus 101
ᴼNr. 29. Rechnungsaufstellung . . . . » . Commodus . . . 101
ᴼNr. 30. Katasterfragment(?) . . . . . » . 2. Jahrh. . . . 102
ᴼNr. 31. Namenliste . . . . » . 3. Jahrh. 102
ᴼNr. 32. Vertragsfragment . . . . . . » . 2./3. Jahrh. . . . 102
ᴼNr. 33. Vertragsfragment . . . . . . Faijum(?) . . . . . 2. Jahrh. 102
Nr. 34. Privatbrief . . . . Herkunft unbekannt. 3. Jahrh. 102
ᴼNr. 35. Privatbrief . . . . » . 2. Jahrh. 102
ᴼNr. 36. Privatbrief . . . . » . 3./4. Jahrh. . . . 103
Nr. 37. Privatbrief . . . . » . 5. Jahrh. 103
ᴼNr. 38—45. Nicht näher bestimmbare Fragmente 103

II. OSTRAKA DER SAMMLUNG DEISSMANN.

Formulare.

A. Quittungen über Geldzahlungen: I. Ptolemäerzeit 107
    a. Von der Staatskasse ausgestellte Quittungen (α) aus Theben, β) aus
       Hermonthis, γ) aus Edfu). 107
    b. Von Pächtern ausgestellte Quittungen 113
    II. Kaiserzeit 114
    a. Staatskassenquittungen (α) aus Theben, β) aus Edfu, γ) aus dem
       Faijum, δ) nicht zu bestimmender Herkunft) 114
    b. Erheberquittungen (α) aus Theben, β) aus Elephantine, γ) aus dem Faijum) 115
B. Bescheinigungen über Naturalleistungen 117
    a. Staatsspeicherbescheinigungen 117
    b. Quittungen der Erheber von Spreulieferungen 119

Die Texte: Steuerquittungen. Seite

Nr. 1—5. Ertragssteuer von Wein- und Gartenland (ἀπόμοιρα) 120
　　Nr. 1 (Tafel IV) . . . . Theben . . . 26. Nov. 123 vor Chr. . 123
　　Nr. 2. . . . . Theben . . . . 　　　　　» 　　. 123
　　Nr. 3. . . . . Theben . . . 6. Nov. 117 vor Chr. . 124
　　Nr. 4. . . . . Hermonthis . . 28. Juli 112 vor Chr. (?) 124
　　Nr. 5. . . . . Edfu . . . . Sept./Okt. 119 vor Chr. 124
Nr. 6. Zusatzsteuer für Wein- und Garten-
　　land (ἐπαρούριον) . . . . . . Edfu . . . . 99/98 vor Chr. . . . 125
Nr. 7. Salzkonsumsteuer . . . . . . Theben . . . 18. Juli 255 vor Chr. . 126
Nr. 8. Fährboot-Abgabe . . . . . . Edfu . . . 104/3 vor Chr. . . . 127
Nr. 9. . . . . Edfu . . . . 17. Dez. 112 vor Chr. . 130
Nr. 10. Quittung einer Pachtgenossenschaft . Edfu (?) . . . Ptolemäerzeit . . . 131
Nr. 11—14. Badsteuern 132
　　Nr. 11. . . . . Hermonthis . . 27. Okt. 155 oder
　　　　　　　　　　　　　　　　　　　24. Okt. 144 vor Chr. . 133
　　Nr. 12. . . . . Karanis (Faijum) . 25. April 22 vor Chr. . 134
　　Nr. 13. . . . . Elephantine . . 6. April 6 vor Chr. . . 134
　　Nr. 14. . . . . Elephantine . . 24. Juni/6. Juli 5 v. Chr. 135
Nr. 15—19. Quittungen über Spreulieferungen 135
　　Nr. 15. . . . . Theben . . . 2. Jahrh. vor Chr. . . 136
　　Nr. 16. . . . . Theben . . . 　　　　　» 　　. 136
　　Nr. 17. . . . . Theben . . . 74/75 nach Chr. . . . 137
　　Nr. 18. . . . . Theben . . . 77/78 137
　　Nr. 19. . . . . Theben . . . 20. Juni 170 . . . 138
Nr. 20—30a. Kopfsteuer (λαογραφία) 138
　　Nr. 20. . . . . Thebais . . . April/Mai 8 vor Chr. . 140
　　Nr. 21. . . . . Theben . . . Febr./Sept. 54 n. Chr. . 141
　　Nr. 22 (Tafel IV) . . . . . . Theben . . . Aug./Sept. 62 . . . 141
　　Nr. 23. . . . . Theben . . . Febr./Aug. 62 . . . 142
　　Nr. 24. . . . . Theben . . . März/Mai 63 143
　　Nr. 25. . . . . Theben . . . April/Aug. 68 . . . 143
　　Nr. 26. . . . . Theben . . . 14. April 118 . . . 144
　　Nr. 27. . . . . Theben . . . März/April 145 . . . 144
　　Nr. 28. . . . . Elephantine . . 109 145
　　Nr. 29. . . . . Edfu . . . . 26. März 180 . . . 145
　　Nr. 30. . . . . Edfu . . . . 24. Juni 111 . . . 146
　　Nr. 30a. . . . . Theben . . . 112 146
Nr. 31. 32. Ortsfremden-Abgabe 147
　　Nr. 31. . . . . Theben . . . Sept./Okt. 32 . . . 148
　　Nr. 32. . . . . Theben . . . Juli/Aug. 33 . . . 148
Nr. 33. Judensteuer (Tafel IV) . . . . . Edfu . . . . 31. März 116 . . . 149
Nr. 34. Gewerbliche Lizenzsteuer der Flick-
　　schneider . . . . Elephantine (?) . 6. Febr. 35 152
Nr. 35—37. Dammsteuer (χωματικόν) 154
　　Nr. 35. . . . . Theben . . . 9./10. Nov. 42 . . . 155
　　Nr. 36. . . . . Theben . . . 21. Sept. 33 155
　　Nr. 36a. . . . . Theben . . . 1. Sept. 62 156
　　Nr. 37. . . . . Theben . . . 7. Jan. 67 156

				Seite
Nr. 38.	Abgabe für die Fünfphylenschaft der Priester	Theben	30. April 45	157
Nr. 39.	Abgabe für den Unterhalt der Lokalpolizisten	Theben	2. Juni 62	158
Nr. 40.	Wachtturmabgabe	wohl Theben	Domitian	159
Nr. 41.	Beitrag für die Nilflußwachtschiffe	Elephantine	25. März 137	160
Nr. 42.	Nomarchensteuer	Faijum	264/5	161
Nr. 43. 44.	AI^K = αἱ κ(αθήκουσαι)			163
	Nr. 43.	Elephantine	8. Okt. 130.	164
	Nr. 44.	Theben(?)	91/92.	165
Nr. 45—50.	Staatsspeicher-Bescheinigungen über Naturalabgaben vom Getreideland			166
	Nr. 45.	Edfu	145 od. 134 v. Chr.	167
	Nr. 46 (Tafel IV)	Edfu	12. Sept. 115 v. Chr.	168
	Nr. 47.	Theben	17. Juli 77 n. Chr.	169
	Nr. 48.	Herkunft unbekannt	22. Juni 72	169
	Nr. 49.	Theben	5. Juli 144	170
	Nr. 50.	Theben	30. Juni 162	170

Getreidetransportscheine, Pachtzinsquittungen,
Anweisungen.

Nr. 51—55.	Ναύκληροι-Bescheinigungen			171
	Nr. 51.	Faijum (Theadelpheia)	24. März 261	173
	Nr. 52.	»	25. März 261	173
	Nr. 53.	»	12. März 268	174
	Nr. 54.	»	14. März 268	174
	Nr. 55.	»	etwa 261/268.	174
Nr. 56.	Giroanweisung an einen Staatsspeicher-Beamten	Theben	2. Jahrh. nach Chr.	175
Nr. 57.	Anweisung an einen Gutsverwalter	Theben	29. Dez. 192	176
Nr. 58.	Pachtzinsquittung	Theben	155 od. 144 v. Chr.	178
Nr. 59.	Pachtvertrag	Herkunft unbekannt	16. Okt. 70 n. Chr.	179
Nr. 60 (vgl. Nr. 60a).	Zinszahlungs-Quittung	Herkunft unbekannt	Ptolemäerzeit	181

Rechnungsaufstellungen, Listen, Briefe u. a.

Nr. 61.	Stück einer Rechnungsaufstellung	Faijum	3. Jahrh. vor Chr.	182
Nr. 62.	Inventar von Haushaltungsstücken	Edfu	2. Jahrh. vor Chr.	185
Nr. 63.	Liste	Edfu	2. Jahrh. vor Chr.	186
Nr. 64.	Brief eines Vaters an seinen Sohn	Theben	etwa 3. Jahrh. n. Chr.	187
Nr. 65.	Privatbrief	Theben	3. Jahrh. nach Chr.	188
Nr. 66.	Aus einer Vereinssatzung	Herkunft unbekannt	3. Jahrh. nach Chr.	189
Nr. 67.	Amtliches Schreiben von σύνδικοι	Theben	3./4. Jahrh.	191
Nr. 68. 69.	Mumientäfelchen	Herkunft unbekannt	2. u. 2./3. Jahrh.	193
Nr. 70—72.	Namenlisten.			
	Nr. 70 (Holztafel)	Theben	2. Jahrh. vor Chr.	194
	Nr. 71.	Herkunft unbekannt	2. Jahrh. vor Chr.	195
	Nr. 72.	Faijum	2./3. Jahrh. n. Chr.	195

Nachträge.

Seite

Nr. 73. Staatskassenquittung mit Sub-
skriptionen . . . . Herkunft unbekannt . 2. Jahrh. vor Chr. . 196
Nr. 74. Staatskassenquittung . . . . . Faijum . . . . . . .6 vor u. 1 n. Chr. 197
Nr. 75. Badsteuer . . . . Faijum . . . . . . 4/5 nach Chr. . . 198
Nr. 76. Adäration einer Naturalabgabe:
Nachtragszahlung an das Διοί-
κησις-Ressort. . . . . Theben(?) . . . . .68 nach Chr. . . 198
Nr. 77. Erheber(Pächter)-Quittung . . . Theben(?) . . . . .31. März 92 . . 199
Nr. 78—80. Staatsspeicher-Bescheinigungen.
Nr. 78. . . . . Theben . . . . .8. Aug. 216. . . 200
Nr. 79. . . . . Theben . . . . . 16.(?) Okt. 217 . 200
Nr. 80. . . . . Herkunft unbekannt
(wohl Theben). 2. Jahrh. nach Chr. 201
Nr. 81. Anweisung an den Sekretär der
Eselbesitzer-Gilde . . . . . . Faijum . . . . . .20. Aug. 23 . . . 202
Nr. 82. Rechnungsaufstellung . . . . . Faijum . . . . . . 4. Jahrh. nach Chr. 203
Nr. 83. Schreibübung(?) . . . . . . Theben . . . . . .Kaiserzeit . . . 203
Nr. 84—92. Fragmente und Beschreibungen 204

INDICES.

I. Kaiser 207
II. Monate, Tage 208
III. Personennamen 208
IV. Geographisches 214
V. Beamte, Ämter, Titel, Militärisches 215
VI. Abgaben, Steuern, Gebühren 217
VII. Götter, Tempel, Priester, Christliches 218
VIII. Maße und Münzen 219
IX. Abkürzungen, Zahlzeichen und Brüche, Symbole 219
X. Wortverzeichnis 220
XI. Sachindex zu den Einleitungen und den Einzelbemerkungen 230
XII. Index der behandelten Stellen 233

ERKLÄRUNG DER KLAMMERN.

[ ] umschließt eine Lücke im Original,

( ) die Auflösung einer Abkürzung.

[[ ]] macht Durchstreichungen im Original, die vom Schreiber selbst herrühren, kenntlich.

⟨ ⟩ bedeutet Einsetzung im Original fehlender Buchstaben durch den Herausgeber.

《 》 umschließt Worte oder Buchstaben, die vom Schreiber im Original versehentlich
gesetzt sind.

BERICHTIGUNGEN.

Nr. 4: Z. 8 akzentuiere [Ἐπιζη]τοῦντί [σο]ι.

S. 57 Anm. 24 Z. 2 lies: *Ostr. Nr. 51—55* (statt *48—52*) Einl.

Nr. 10: Z. 3 interpungiere Φαῶφι. Δι(έγραψεν) ..., Z. 5 f. lies εἰς τὰ καθ(ήκοντα) περιγι(νομένης) ὑπ(ὲρ) Θ. ἑβδόμη(ς), »das Übliche an Siebentel-(Ertrags)steuer für Th.« — Ich möchte die Urkunde jetzt eher als ein von der Staatskasse ausgestelltes δημόσιον σύμβολον auffassen. Siehe S. 197 Anm. 2.

Nr. 20 Rubrik (S. 82) lies: Tafel I/II Recto und Verso (statt Taf. I/II und III).

S. 97 Anm. 11: Z. 3 lies *LXX Esth.* 8, 22 B (statt 8 B, 22).

Nr. 22 Z. 5 Apparat: δὶ σοῦ = δι᾽ ἐσοῦ (Deißmann).

S. 108 Anm. 6: Meine Auffassung des wichtigen Berliner Ostrakon aus Arsinoe im Apollonopolites, P. 12524 vom J. 81 vor Chr., halte ich nicht aufrecht. Vor allem spricht dagegen das εἰς τι(μήν). Auch von Erbstandsgeld kann nicht die Rede sein. Zahler und Quittungsempfänger ist, wie ich annahm, ein Pfandgläubiger, es handelt sich aber nicht um die Zahlung (Überweisung) eines τέλος (ἐπικαταβολῆς) auf das Konto des Steuerpächters, vielmehr einer τιμή auf das Konto des Schuldners und bisherigen Immobiliarpfand-Eigners bei der τράπεζα, die πρὸς τὰ προ(ταχθέντα) τοῦ ϰθ L, »zu der früheren Zahlung des 29. Jahres«, hinzukommt. Bei dieser kommt m. E. nur ein dem Schuldner (durch Giroüberweisung) gewährtes Darlehn inbetracht. Im 29. Jahr ist danach ein durch Substanzpfand (Hypothek) gesicherter Darlehnsvertrag geschlossen, im 34. wird das Pfandobjekt dem Gläubiger (durch ἐπικαταβολή) zugeschlagen, und zwar zum Schätzungswert (s. dazu Jörs, *Ztschr. Savignyst. R. A.* XXXVI 319). Im 36. Jahr leistet der Gläubiger das »Mehr« (den Überschuß) des Schätzungswertes über die Darlehnssumme und erhält dafür die Auflassung. Ist diese meine jetzige Auffassung richtig, dann würde sich in einer Ptolemäer-Urkunde des 1. Jahrh. vor Chr. die Herausgabe des Mehrwertes seitens des Pfandgläubigers nachweisen lassen. Daraus ergibt sich durchaus noch nicht als notwendige Folge eine Herausgabe-Pflicht des Mehrwertes wie im attischen Pfandrecht (s. Lipsius, *Attisches Recht* II 702; Partsch, *Archiv* V 498 f. nach Pappulias) und wohl auch im ägyptischen Recht (s. Partsch aaO.). Gegen meine Erklärung des Ostrakon, durch die das bisherige Dunkel (s. Mitteis, *Grundzüge* 165; Jörs aaO.) etwas aufgehellt würde, spricht nicht, daß der Rechtsvorgang verschleiert ist, insofern als nicht von Darlehn, Verpfändung und Verfall des Pfandes die Rede ist, sondern von Zahlung eines in zwei Raten im Abstand von sieben Jahren geleisteten Kaufpreises. Für die Formulierung als Kauf lassen sich die demotischen Kaufpfandverträge (s. Spiegelberg, *Rec. de Trav.* XXXI, 1909, Separatabzug) und die griechische πρᾶσις ἐπὶ λύσει anführen, die für die Entstehung der Hypothek aus dem Kauf (Übereignung zur Sicherung) zu sprechen scheinen (s. Rabel, *Ztschr. Savignyst. R. A.* XXVIII 351 ff., bes. 364 f.; *Verfügungsbeschränkungen* 79 f.; Schwarz, *Hypothek und Hypallagma* 35. 37).

Ostr. Nr. 13. 14 (s. auch S. 116) stammen wohl doch aus dem Faijum, nicht aus Elephantine.

Ostr. Nr. 17: Z. 1 akzentuiere Πετέχωντος. — Z. 2: Windisch, in dessen Besitz sich die Scherbe befindet, las, bevor er Kenntnis von meiner Lesung ζ^υ erhielt, wie er mir brieflich mitteilt, ζ͞ο͞υ (statt des früheren ζ^ω).

Ostr. Nr. 36: Z. 5 Apparat lies μηνὸς Σεβαστοῦ (statt Σεβαστοῦ μηνός).

Ostr. Nr. 63: Z. 12 lies υἱὸς Θοῦρ(ις) (statt υἱὸς Θούρ(ιος)).

ZUSÄTZE.

S. 7 Anm. 33: Zu σχηματογραφία *Nr. 1*, 20 vgl. Strabon, *Geogr.* 17, 3 p. 787: ὁ Νεῖλος ... ἐναλλάττων τὰ σχήματα. — Τοποθεσία = Besitz-, Grenzstein s. Preisigke, *SB.* I 5701.

S. 13: Zu βιβλίδιον in der Bedeutung von *Nr. 3*, 6 s. auch Preisigke, *SB.* I 5693, 19.

S. 14 Anm. 23: Zu οἱ ἐμφερόμενοι *Nr. 3*, 7 s. noch *CPR.* I 18 (= Mitteis, *Chrest.* Nr. 84), 36.

S. 15: Zu ἐπιτ(ηρητὴν) μισθ(ώσεως) *Nr. 3*, 12 s. noch Preisigke, *SB.* I 5670, 1 f. (saec. II): κα]ὶ τοῖς λοιπ(οῖς) ἐπιτηρητ(αῖς) οὐσιακῆς [μ]ισθώσεως.

S. 29 Anm. 2: Z. 1—15 des Berliner Papyrus P. 11664 sind jetzt veröffentlicht von Jörs, *Ztschr. Savignyst. R. A.* XXXVI 242; Z. 27 f. 50 f. s. Preisigke, *SB.* I 5341.

S. 35 Anm. 1: *P. Lond.* Inv. Nr. 1891 = *New Pal. Soc.* X Tafel 227 = *SB.* I 5343.

S. 43: Zum Mahn- und Vollstreckungsverfahren sowie zur Erklärung des Amtstitels des ἀρχιδικαστής s. jetzt Jörs aaO. 230 ff.

S. 65 Einzelbem. 1 f.: Zum Titel Optimus (Ἄριστος) Trajans s. *Ostr. Nr. 33*, 2.

S. 79: Zur Gegenzeichnung in *Nr. 18* vgl. *Ostr. Nr. 73*, 5 f.

S. 82 Anm. 2: Zu ἀναφερο[μένου] ... εἰς τὸ ὀπ'φίκιον *Nr. 20*, 13 f. vgl. noch das ἀναφερόμενος εἰς τὸν ἀριθμὸν τῶν κτα. *P. Lond.* III 1313 S. 256, 10; P. Berol. 2745, 2 (s. Mitteis, *Erinnerungsschrift Lauhn*, 1912, S. 4: hier ist καθοσιωμένων Τρανστιγριτανῶν zu lesen), ἀ. ἐν τῷ ἀριθμῷ τῶν κτα. im *P. Cairo byz.* II 67126, 65, στρατιώτης ἀ. ἐν κάστροις *P. Thead.* 4, 1 f.

S. 96: Zu κηδεία *Nr. 24*, 3 s. noch *SB.* I 5761, 12.

S. 96 Anm. 4: Zu οἰκοδεσπότης *Nr. 24*, 3 vgl. noch die Horoskope *P. Lond.* I 98 R. S. 130, 60; 110 S. 132, 41; s. auch οἰκοδεσποτεῖν ebendort 130 S. 137, 163.

S. 99: Zu *Nr. 26* Einl. τὰ εὐσεβῆ τελέσματα s. noch *SB.* I 5356, 15.

S. 99 Anm. 1: Vgl. noch *SB.* I 5219, 12 f.; 5827, 14.

S. 115 Anm. 25: Vgl. auch *Papyrus Nr. 10*, *Ostr. Nr. 74. 75*.

S. 178 Anm. 1: Ἐπηντλημένη s. noch *P. Giss.* I 4, 20; 5, 13 f.; 6 I 12. II 16. III 14; *P. Brem.* 34, 16 (*Archiv* V 246).

S. 201 Nr. 80, 1 Apparat: Man könnte auch an eine der Toparchien des Hermopolites denken.

I.

PAPYRI
DES NEUTESTAMENTLICHEN SEMINARS
DER UNIVERSITÄT BERLIN

Nr. 1. GESUCH VON KATÖKENREITERN AN DAS KÖNIGSPAAR.

Höhe 20,2, Breite 13,6 cm. Faijum. 4/5. April 144 vor Chr.

Es liegt eine Abschrift der ἔντευξις, des Gesuches, vor, nicht das Original, da die ganze Urkunde mit den beiden Subskriptionen Z. 29 f. von derselben Hand geschrieben ist. Das Gesuch ist nicht nur formell an die Adresse des Königspaares gerichtet (εἰς τὸ τῶν βασιλέων ὄνομα)[1], vielmehr — es handelt sich um eine Verwaltungssache — dem König auch persönlich überreicht. Das zeigt die Subskription Z. 29: [Ἀπο]λλοδώρωι. Ποιῆσαι (vgl. Z. 17), die vom 8. Phamenoth des 26. Jahres datiert ist und eine eigenhändige des Königs oder seines Kabinetssekretärs[2] war. Vom folgenden Tage stammt die zweite Subskription: [Τοῖ]ς γραμματε[ῦσι]ν. Κατακολουθεῖν[3], die von Apollodoros herrührt. Danach befand sich dieser bei Überreichung des Gesuches in der Umgebung des Königs, wahrscheinlich anläßlich der Anwesenheit (παρουσία)[4] desselben im Gau.

Die Namen des Apollodoros und Dionysios lassen uns die genaue Zeit der Urkunde bestimmen: Ἀπολλόδωρος τῶν πρώτων φίλων καὶ ἐπιστάτης καὶ γραμματεὺς τῶν κατοίκων ἱππέων (Z. 12 f. 17 f. 28) ist uns unter dem gleichen Hof-Rangtitel (»einer der ersten Freunde«) und in derselben Stellung[5] als »Chef und Intendant der Katökenreiter« für das Ende der Regierung des Ptolemaios VI Philometor[6] und den Anfang des Ptolemaios VIII Euergetes[7], und zwar sowohl für den Arsinoites als den Hermopolites, bezeugt. Danach müssen wir das 26. Jahr unserer Urkunde auf Ptolemaios VIII Euergetes II beziehen; sie ist

---

1) S. Mitteis, *Grundzüge* 13; Semeka, *Ptolemäisches Prozeßrecht* 188; Zucker, *Gerichtsorganisation im ptol. Ägypten* 8 ff. Vgl. *Nr. 8*, 13 Einzelbem.

2) Über den kgl. Kabinetssekretär s. meine Ausführungen *Klio* VI 459 Anm. 5; VII 291; Semeka aaO. 23 Anm. 1; Wilcken, *Grundzüge* 6 f. Wie die als Kabinetssekretäre fungierenden beiden Oberbeamten, der ἐπιστολογράφος und der ὑπομνηματογράφος, zu scheiden sind, bedarf noch näherer Untersuchung.

3) Wilcken, dem ich den Vorschlag [τοῖ]ς γραμματε[ῦσι]ν verdanke, verweist auf Parallelen wie *P. Lond.* I 23 S. 39, 51.

4) S. Deißmann, *Licht vom Osten*[2, 3] 280 f.

5) S. Lesquier, *Institutions militaires de l'Égypte sous les Lagides* 195. — Die καθ' ἱππαρχίαν ἐπιστάται des 3. Jahrh. vor Chr., die ähnliche Funktionen haben, nehmen eine niedrigere Stellung ein; s. M. Gelzer, *P. Freib.* S. 64.

6) *P. Teb.* I 32, 15 f. 21 (36. J. Phil. = 146/5 vor Chr.; Faijum).

7) *P. Rein.* 7, 28 f. (etwa 140 vor Chr.; Hermopolites). In den Anfang der Regierung des Euergetes II (etwa 144—141 vor Chr.) gehört auch die Inschrift Dittenberger, *OGI.* I 128 (Sohn des Aetos). — Auf Apollodoros wird als γενόμενος ἐπιστάτης κτα. Bezug genommen im *P. Teb.* I 61 b VIII 222 f. 231 f. (118/7 vor Chr.) und 72 VII 153. 167 f. (114/3 vor Chr.).

also auf den 4./5. April 144 vor Chr. zu datieren. Die verlorene Adresse der ἔντευξις lautete:

Βασιλεῖ Πτολεμαίωι καὶ βασιλίσσηι Κλεοπάτραι τῆι ἀδελφῆι θεοῖς Εὐεργέταις χαίρειν οἱ δεῖνες (etwa οἱ κάτοικοι ἱππεῖς οἱ ἐν τῶι ᾿Αρσινοίτηι νομῶι)[8].

Nicht im Widerspruch mit dieser Zeitansetzung steht, was wir über Διονύσιος ὁ ἀρχισωματοφύλαξ (Z. 18) wissen: in mehreren *P. Teb.* ist von einer durch ihn im J. 151/150 vor Chr. (ἐν τῶι λα L) vollzogenen Neuaufnahme von Kleruchen als Katökenreitern die Rede[9]. Er bekleidete zweifellos die Stellung des πρὸς τῆι συντάξει (ἐπὶ συντάξεως) τῶν κατοίκων ἱππέων[10]. Dieser Beamte ist Untergebener des ἐπιστάτης καὶ γραμματεὺς τ. κ. ἱ. Das ergibt sich auch aus der Voranstellung des Apollodoros in Z. 17 f. Dann ist aber im Gegensatz zu der bisher herrschenden Ansicht[11] die Rangklasse τῶν πρώτων φίλων eine höhere als die der ›Erzleibwächter‹; denn es erscheint ausgeschlossen, daß ein Untergebener einen höheren Rangtitel führt als sein Vorgesetzter. Wir haben danach als zweite Rangklasse — wenn wir von den ὁμότιμοι τοῖς συγγενέσιν absehen — die der πρῶτοι φίλοι, als dritte die der ἀρχισωματοφύλακες anzusehen.

Der obere Teil der Eingabe und die ersten 11 bis 12 Buchstaben auch der erhaltenen Zeilen fehlen. Im großen und ganzen sicher läßt sich das Petitum von Z. 14 ab ergänzen. Schwieriger ist die Ergänzung der vorhergehenden Zeilen. Die regellose Anwendung des Genitivus absolutus ist, wie häufig in Urkunden des täglichen Lebens[12], für den Stil der Eingabe charakteristisch.

Sie zerfällt, soweit sie erhalten ist, in

A. die Darlegung des dem Gesuch zugrunde liegenden Tatbestandes (Z. 1—13),

B. das Petitum (Z. 14—27),

C. die schon besprochenen Subskriptionen (Z. 29 f.).

A. Auf drei Amtshandlungen höherer Beamter wird Bezug genommen:

1. Die Petenten sind unter die Kleruchen, und zwar als Katökenreiter aufgenommen. Auf ihre Neuaufnahme weist der technische Ausdruck[13] προσελήμφ-

---

8) Vgl. *P. Teb.* I 124, 1—3.

9) S. *P. Teb.* I 62,67; 63,60; 64a,31; 79 IV 51 f.; s. S. 4 f.   10) S. Lesquier aaO. 196.

11) Zu den ptolemäischen Rangtiteln s. Strack, *Rhein. Mus.* LV 161 ff.; Willrich, *Klio* IX 116 ff.; Wilcken, *Grundzüge* 7; Bouché-Leclercq, *Histoire des Lagides* III 102 ff. Dieser letztere hat die auf Grund einiger Urkunden auftauchenden Zweifel an dem Vorrange der Klasse der ἀρχισωματοφύλακες mit Unrecht zurückgewiesen (aaO. 115 Anm. 2. 3). [Zur Wirkung der ptolemäischen Rangtitel auf den Sprachgebrauch der Septuaginta vgl. *Bibelstudien* 93 f. 106 ff. 159 ff. u. a. Stellen. A. D.]

12) S. Moulton, *Einl. in die Sprache des Neuen Testaments*, dtsche Ausgabe, 1911, S. 16. 114. Vgl. auch *Nr. 8*, 11 ff. [Ein Einzelbeispiel *Licht vom Osten*[2.3] 91. ›Ungriechisch‹, wie man den ähnlichen Gebrauch des Gen. abs. im N. T. oft genannt hat, ist er nur dann, wenn man die lebendige und darum wuchernde Sprechsprache aus dem Bereich des ›Griechischen‹ ausschließt. Vgl. die treffenden, auch das Vulgärlatein berücksichtigenden Bemerkungen von Pfister, *Rhein. Museum* N. F. LXVII (1912) 206. A. D.]

13) S. Lesquier aaO. 188. Vgl. die anläßlich der Aufnahme zu leistende Abgabe des προσλήμψεως στέφανος: *P. Teb.* I 61 b, 254 Bem.; Wilcken, *Grundzüge* 283.

θημεν Z. 24 und οἱ πρὸ ἡμῶν προσειλημμένοι Z. 26 hin. Da wir weiter als Vorgesetzten der Petenten den Διονύσιος ὁ ἀρχισωματοφύλαξ kennen gelernt haben, durch den im Jahre 151/150 vor Chr. Neuaufnahmen unter die Katökenreiter stattfanden, werden wir sie wohl als zu diesen προσλημφθέντες ἐν τῶι λα L διὰ Διονυσίου εἰς τοὺς κατοίκους ἱππεῖς gehörig betrachten dürfen.

2. Die Worte συν]εδρευσά[ντων Z. 2 und τῶν συγκρ[ιθ]έντων Z. 4 lassen keinen Zweifel darüber, daß auf die (verwaltungsrechtliche) Entscheidung eines Beamten mit seinem Konsilium, seinen συμπαρόντες = συνεδρεύοντες, hingewiesen wird[14]). Eine solche συνεδρεία, Sitzung, unter dem Vorsitz unseres ἐπιστάτης καὶ γραμματεὺς τῶν κατοίκων ἱππέων Apollodoros wird nun *P. Teb.* I 61 b VIII 221 ff. = 72 VII 151 ff. erwähnt: ἐπὶ τῆς γενηθείσης παρ᾽ Ἀπολλοδώρωι ..... συνεδρείας. Sie findet *nach* dem J. 150/149 vor Chr.[15]) auf Berichte der Lokalbeamten hin statt, wonach einzelnen von den neuaufgenommenen Katökenreitern entgegen den Bestimmungen[16]) Saatland zugemessen worden sei (προσηγγέλθαι καταμεμετρῆσθαί τισιν [τῶν π]ρ[οσλ]ηφθέντων εἰς τὴν κατοικίαν ἀπὸ σπορίμου κα[ὶ τῆς ἄ]λλ[ης τῆς] μὴ καθηκούσης)[17]). Einer dieser Berichte, den wir um das J. 148 vor Chr. anzusetzen haben, liegt vor im *P. Teb.* I 79 IV 47 ff. (vgl. I 13 ff.); hier heißt es: .. τὴν καταμεμετρημένην ... τοῖς προσληφθεῖσ[ι] διὰ Διονυσίου τῶν ἀρχισωματοφυ(λάκων) εἰς τοὺς κατοίκους ἱππεῖς ἀπ[ὸ σπ]ορίμου ἀ[ν]τὶ τῆς ἐπισταλείσης χέρσο[υ] (τὸν κωμογραμματέα) παραδεδειχ[έ]ναι καὶ τοῖς παρὰ τοῦ Κ.

Was nun in Z. 5—7 unseres Papyrus stand, werden wir als Inhalt[18]) dieser

---

14) S. *Klio* VII 291; Zucker aaO. 58. 110; Semeka aaO. 108 ff. — Συνεδρεύοντες, συνεδρεύσαντες s. *P. Amh.* II 33, 8; *P. Paris.* 63, 140 f.; 19, 5, συνεδρεία *P. Teb.* I 43, 30; 61 b VIII 223. 234; 72 VII 155. 171, συνέδριον *P. Teb.* I 27, 31; *P. Paris.* 15, 22. [Entsprechend ist der Sprachgebrauch der Septuaginta, die συνέδριον vor συνεδρεία bevorzugen. A. D.] Zu συμπαρόντες s. Mayser, *Grammatik d. griech. Papyri* 503 [technisch auch *Act. Ap.* 25, 24. A. D.]; zu συμβούλιον (in römischer Zeit) = consilium s. Deißmann, *Neue Bibelstudien* 65. — Τὰ συγκριθέντα = τὰ συγκεκριμένα s. *P. Teb.* I passim; *P. Grenf.* I 11 (= Mitteis, *Chrest.* Nr. 32 = v. Druffel, *Philologus* 1913, 196 ff.) I 9. II 3. 8; *BGU.* 915, 13. Σύγκρισις *P. Teb.* I passim; *BGU.* 1185, 27; *P. Lond.* II 359 S. 150, 4. Σύγκριμα *P. Amh.* II 68, 34; *P. Lond.* II 276 S. 149, 2; Wessely, *Spec. isagog.* Taf. 4, 13; 11 n. 19, 17. Συγκρίνειν *P. P.* II 9, 2, 5; *P. Giss.* I Nr. 108, 14 (Add. S. 168); *P. Magd.* 24, 12; *P. Tor.* 13; *P. Fay.* 12, 30; *BGU.* 1038, 14; *P. Flor.* I 55, 30; 56, 7. 17. [Der Septuagintagebrauch der um συγκρίνω gelagerten Gruppe verdiente eine Untersuchung. A. D.]

15) S. *P. Teb.* I 61 b VIII 231 f. = 72 VII 166 f.

16) S. *P. Teb.* I p. 554; Rostowzew, *Kolonat* 7; Wilcken, *Grundzüge* 281; Lesquier aaO. 168 ff. — M. Gelzer hat (*P. Freib.* S. 61 f. 66 f.) an der Hand des *P. Freib.* 7, 6 und *P. Lille* 4 (= Wilcken, *Chrest.* Nr. 336), 25 darauf hingewiesen, daß der Grundsatz, den Kleruchen nur Ödland, keine γῆ σπόριμος zuzuweisen, den Ptolemäern im 3. Jahrh. vor Chr. wahrscheinlich noch fremd war. Die Kleruchen waren damals noch in erster Linie Soldaten, die nicht zur Selbstbewirtschaftung der ihnen statt des Soldes überwiesenen κλῆροι kamen, sie vielmehr verpachteten.

17) *P. Teb.* I 61 b VIII 216 ff. = 72 VII 143 ff.

18) Z. 1—4 beziehen sich auf die Zusammensetzung des Konsilium des Apollodoros. In Z. 2 wird sein Name und Titel gestanden haben, es folgen mit συν]εδρευσά[ν]][των die Namen der Beisitzer. Z. 3 Schluß steht nicht]φυλακος, das zu ἀρχισωματο]φύλακος ergänzt werden müßte, auch keine Abkürzung wie φυ oder φυλ. Andernfalls hätte man gern den Dionysios (s. oben; Z. 18)

’Απολλοδώρου σύγκρισις [19]) ansehen können. Apollodoros wendet sich gegen diese Zuweisungen von Saatland und bestimmt

a) ἀντὶ τ]ῆς προσηγγελμένης ἀπ[ὸ σ]πορίμου παραδε⟨ῖ⟩ξαι [ἡμῖν ἀπὸ χέρσο]υ εἰς ἀντικατεργασίαν ἐ[πὶ] τοῖς δηλωθῆσι (sic) τῶν [..., »statt des Saatlandes, das uns, wie berichtet, zugemessen war, solle man uns vom Ödland zur Bebauung[20]) anweisen[21]) unter den angegebenen Bedingungen ...«;

b) es folgt Z. 7 als weitere Bestimmung: καὶ τὸ π]αρὰ τὸ ἐκφόρι[ο]ν διάφορον [ἀν]αλαβεῖν, »und die gegen den (im Verhältnis zum)[22]) Pachtzins sich ergebende Differenz einzuziehen«. Διάφορον bedeutet hier nicht, wie in Urkunden der römischen Zeit[23]), Zuschlagsgebühr. Es handelt sich wohl vielmehr um den Unterschied im Ertrage für den Staat: für das unrechtmäßig an Katöken als Kleruchenland zugewiesene vollwertige Saatland ist nur die ἀρταβιεία geleistet; die Verpachtung als βασιλικὴ γῆ an γεωργοί hätte einen höheren Betrag erzielt. Diese Differenz[24]) soll nun nachträglich eingezogen werden.

3. Auf die σύγκρισις des Apollodoros erfolgt nichts, bis der διοικητής, der Reichsfinanzminister[25]), auf seiner Inspektionsreise in den Gau kommt (Z. 7 f.)[26]). Nach Untersuchung (ἐπισκεψάμενο]ς Z. 10) stattet er dem Königspaar Bericht ab, indem er der σύγκρισις des Apollodoros entsprechend die Ansicht vertritt, man müsse das überwiesene Saatland seitens des Staates »zurücknehmen« (ἀναλήμψεσθαι)[27]), statt dessen Ödland zumessen (ἀντ]ικαταμετρήσειν), und weist in diesem

---

unter den Beisitzern des Apollodoros gefunden. So wird in dem Worte ein Eigenname stecken. Z. 4 Anfang steht]υτων, also wohl περὶ τῶν αὐτῶν. Es ergibt sich danach etwa das Gerippe: ἐκ(?) τῶν ὑπὸ ’Απολλοδώρου τοῦ ἐπ(ιστάτου) καὶ γρα(μματέως) τῶν κατοίκων ἱππέων, συν]εδρευσά[ντων τῶν δείνων, περὶ τῶν αὐτῶν συγκρ[ιθ]έντων [ὑπογρα?]φέντος ....

19) Im *P. Teb.* I 61 b VIII 231 ff. und 72 VIII 167 ff. wird vom διοικητής im J. 124/3 vor Chr. auf sie als grundlegend für die ganze Frage Bezug genommen (οἱ μέχρι τῆς ’Απολλοδώρου συνκρίσεως, οἱ μετὰ τὴν συνεδρείαν κατεσχηκότες); auf ihren Inhalt wird nicht näher eingegangen.

20) Εἰς ἀντικατεργασίαν; vgl. εἰς κατεργασίαν z. B. *P. Amh.* II 68, 21; *P. Oxy.* IV 721, 14; *BGU.* 1120, 29; s. Rostowzew, *Kolonat* 106 f.

21) Zu παραδεικνύναι γῆν, κλῆρον, ein Landlos anweisen, s. *P. Teb.* I 79, 16 Bemerkg.; Lesquier aaO. 188. — In römischer Zeit wird das Wort als term. techn. für die Übertragung des als ἰδιωτικὴ γῆ verkauften Staats-Ödlandes an den neuen Besitzer gebraucht; s. Rostowzew, *Kolonat* 95 f.

22) Vgl. z. B. *P. Teb.* I 72, 425; 99, 10; Roßberg, *de praepositionum graecarum in chartis Aegyptiis Ptolemaeorum aetatis usu*, Diss. Ienensis, 1909, S. 54.

23) S. *P. Giss.* I Nr. 60 Einl. S. 31 mit Anm. 5.

24) Auch sonst hat διάφορον in Ptolemäer-Papyri häufig diese Bedeutung (s. bes. *P. Teb.* I Index; *P. P.* II Nr. 4 III 9; Nr. 20 II 13; III Nr. 69 Verso, 4 usw.; vgl. Otto, *Priester u. Tempel* II 65 Anm. 5), aber nicht immer. Τὰ πρὸς δειγματισμὸν διάφορα der Rosettana deute ich auch jetzt noch als »Zuschlagssteuer für die Prüfung«.

25) Wilcken ist jetzt, wie er mir mitteilt, zu dem Ergebnis gekommen, daß es im 2. Jahrh. vor Chr. keine Provinzialdiöketen gegeben hat.

26) Καὶ ἐν τῶι Z. 7 Schluß könnte sowohl zu .. (ἔτει) als zu einem Monatsnamen ergänzt werden. Möglich ist es, daß zwischen der σύγκρισις und dem Bericht des διοικητής an das Königspaar kein zu langer Zwischenraum liegt. Aus Raumgründen scheint mir aber die Ergänzung ἐν τῶι [.. (ἔτει) wahrscheinlicher.

27) Zum Worte s. Rostowzew, *Kolonat* 24. 58; Wilcken, *Grundzüge* 282; Lesquier aaO. 226.

Sinne Apollodoros an (Z. 9—13). Ihm haben die Petenten, wie sie Z. 13 bemerken, ihre Angelegenheit (τὰ καθ᾽ ἑαυτούς)[28] schon auseinandergesetzt, bevor sie nun das Gesuch an das Königspaar richten.

B. Das Petitum:

Es hat die Form[29] [δεόμεθα ὑμῶν] .... μὴ ὑπεριδεῖν ἡμᾶς[30] ἀπ᾽ ὀλίγων [διαζῶντας κ]αὶ τοῖς ἰδίο⟨ι⟩ς ἐξησθενηκότας[31]), ἀλλά, ἐὰν φαίνηται, [προστάξαι Ἀπο]λλοδώρωι .... καὶ Διονυσίωι .... [...... ἐᾶ]ν ἔχειν ἡμᾶς ..... κλήρους κτα. Sein Inhalt läuft darauf hinaus, das Königspaar möge (durch den Kabinetssekretär) den beiden Oberbeamten der κάτοικοι ἱππεῖς, dem ἐπιστάτης καὶ γραμματεύς Apollodoros und dem πρὸς τῆι συντάξει Dionysios, Anweisungen zu ihren Gunsten geben, nämlich

1. die im J. 151/150 unter die Katökenreiter Neuaufgenommenen sollen für sich und ihre (kriegsdienstfähigen) Nachkommen (ἡμᾶς τε καὶ τοὺς ἐκγόνους[32] ἡμῶν Z. 19) im Besitz aller Landlose bleiben, die ihnen damals gemäß dem in ihren Händen befindlichen Grundriß[33] zugemessen sind, ohne deswegen denunziert, unter Anklage gestellt oder festgenommen zu werden (Z. 19—21). In der definitiven Erledigung des Gesuches scheint das nur einigen bewilligt zu sein. Das glaube ich schließen zu können aus der im *P. Teb.* I 61b VIII 236 ff. und 72 VIII 173 ff. gegebenen Rubrik: οἷς ἐπικεχώρηται κατὰ τὰ περὶ αὐτῶν ἰδίαι (fehlt 72) προστεταγμένα ἔχειν οἵους ποτὲ καταμεμέτρηνται κλήρους ἀσυκοφαντή-

---

28) S. Roßberg aaO. 36 f.

29) Vgl. Laqueur, *Quaestiones epigraphicae et papyrologicae selectae*, Diss. Argent. 1904, S. 3 ff.

30) Vgl. *P. P.* II Nr. 32, 1, 31; *P. Magd.* 6, 11; 8, 12 f.; *P. Rein.* 7, 26; *P. Leid.* B II 19. S. auch *P. Cairo byz.* ed. Maspero II 67205, 8: μὴ παρορᾶν ἐμέ. [Entsprechend ist der Sprachgebrauch der Bittgebete LXX *Ps.* 26 (27), 9 μὴ ὑπερίδῃς με ὁ θεὸς ὁ σωτήρ μου und vieler anderer Stellen, die den wiederholt von mir hervorgehobenen Zusammenhang zwischen der antiken höfischen und kultischen Sprache zeigen. Auch der Hinweis auf die göttlichen Wohltaten (Z. 14) ist in den Gebeten häufig, vgl. *Sap. Sal.* 16, 11 u. 24 u. a. Stellen. A. D.]

31) Vgl. *P. Teb.* I 50, 33; 124, 30, sodann Wilcken, *Chrest.* Nr. 395, 15 und die daselbst angeführten Parallelstellen; *Grundzüge* 355; *Hirschfeld-Festschrift* S. 129; *PSI.* I 101, 14; 102, 12; *P. Cairo byz.* II 67151, 12: ἐξασθενὴς ἀπορία. — Διαζῶντας oder dgl. (vgl. *P. Lond.* I 24 S. 32, 3) hat Wilcken vorgeschlagen.

32) Ἔκγονοι steht *P. Lille* I 4 (= Wilcken, *Chrest.* Nr. 336), 27; *P. Teb.* I 79, 85; Dittenberger, *OGI.* I 56, 27. 29; 90, 3, *P. Hal.* 1, 264 ist es ergänzt. Ἔγγονοι steht *P. Teb.* I 124 II 25. 33; *BGU.* 1185 I 13; die Belege in den Inschriften s. Dittenberger, *Syll.*[2] III S. 230, vgl. auch Mayser, *Grammatik d. griech. Papyri* 228. — Auch in den Urkunden der Kaiserzeit steht ἐκγ- und ἐγγ- ohne Unterschied; s. z. B. *Nr. 8,* 6 f.; *9,* 11 ff.; *11,* 12. [Ebenso schwankt sehr häufig in *LXX* und *1 Tim.* 5, 4 die Überlieferung zwischen ἔκγονα und ἔγγονα. A. D.]

33) Σχηματογραφία ist »Grundriß«; vgl. etwa μετασχηματίζειν bei Preisigke, *S.B.* Nr. 5174, 10; 5175, 12, »die Gestalt, den Grundriß eines Hauses verändern, es umbauen«. [Wichtig für *Phil.* 3, 21. A. D.] — Τοποθεσία (καὶ τὸ κατ᾽ ἄνεμον) ist »Flurangabe, Liegeplan«, vgl. χωρογραφία, χωροθεσία: s. *P. Giss.* I Nr. 100, 10 Einzelbem., auch *P. Cairo byz.* II 67151, 112: κατὰ τὰς ἀγρογειτνίας. — Über die Zerschneidung der ägyptischen Gemarkung in viereckige, rechteckige (s. z. B. *P. Oxy.* X 1270,.26: ἐξ ὀρθογωνίου) und quadratische Landparzellen (πλινθίς, πλινθεῖον) s. Luckhard, *Das Privathaus im ptol. und röm. Ägypten,* Diss. Bonn 1914, S. 8 ff. (Dasselbe gilt von der Struktur der ägyptischen Städte).

τους καὶ ἀκατηγορήτους καὶ ἀνεπιλήμπτους³⁴) πάσαις αἰτίαις³⁵) ὄντας. Unter den unter dieser Rubrik Verzeichneten befindet sich auch einer τῶν προσειλημμένων ἐν τῶι λα L (151/150 vor Chr.) εἰς τοὺς κατοίκους ἱππεῖς (s. *P. Teb.* I 61 b, 241 f.; 72, 179 f.).

Die Worte ἡμᾶς τε καὶ τοὺς ἐκγόνους ἡμῶν stehen nicht im Widerspruch mit dem Eigentumsrecht des Königs am κλῆρος³⁶). Dieser geht zur Zeit unserer Urkunde normalerweise vom Vater auf den Sohn über, der Kleruche kann auch durch Testament über ihn verfügen³⁷); das Obereigentumsrecht des Königs wird aber hierdurch nicht berührt.

2. Nach dem οὓς κατα[μεμετρήμεθ]α κλήρους Z. 19 f. kann τοὺς κατεσχημένους κλήρους in Z. 22 nur im Sinne von κατόχιμοι κλῆροι gebraucht sein = vom Staat (d. h. vom König) vorübergehend beschlagnahmter Landlose, die nach der Aufhebung der Sperre wieder dem Kleruchen oder seinen Nachkommen zufallen³⁸). Auch solche κλῆροι bitten die Petenten für sich und ihre Nachkommen behalten zu dürfen. Dem entspricht im Königserlaß *BGU.* 1185 I 12 f. (1. Jahrh. vor Chr.) das μένειν δ' αὐτοῖς οὓς κατεσχή[καμεν κλήρους καὶ τοῖς] ἐγγόνοις, »es sollen aber ihnen und ihren Nachkommen verbleiben die von uns (dem Königspaar) beschlagnahmten Landlose«. Auch das μένειν δὲ ἡμῖν καὶ ἐγγόνοις κυρίως τοὺς κατεσχη(μένους) κλή(ρους) οἷοί ποτέ εἰσιν .... ἕως τοῦ νβ L .... *P. Teb.* I 124 II 25 und [τοὺς δὲ ἐπιλέ]κ[τους κτα ...... [κρατεῖ]ν ὧν κατεσχήκασι (sc. οἱ βασιλεῖς) κλή(ρων) ἕως τοῦ [νβ L .... *P. Teb.* I 5, 44 ff. werden wir danach ebenso aufzufassen haben³⁹). — Was es für eine Bewandtnis mit dem zusammen mit den beschlagnahmten κλῆροι genannten τὸ παρὰ τὰς νομάς [.... (»das längs, neben, außer dem Weideland« [...) hat, weiß ich nicht.

3. Die Gnadenerlasse (φιλάνθρωπα)⁴⁰), auf Grund derer sie unter die Katökenreiter aufgenommen sind, sollen in Kraft bleiben, indem sie nicht nur unter den Chargen *geführt* werden (μὴ φερομένων [ἡμῶν ἐν τοῖ]ς κατ' ἀξίωμα)⁴¹).

4. An Steuern sind nur die den Katökenreitern obliegenden zu leisten (Z. 25 f.)⁴²).

---

34) Zu ἀνεπίλημπτος vgl. *P. Teb.* I 124 II 28: εἰς ἐπίλημψιν ἠγμένους.

35) Vgl. auch *P. Teb.* I 124 II 26 f.; 5, 47 f.

36) S. Wilcken, *Grundzüge* 282 f. 385 f.

37) S. Schubart, *BGU.* 1185, 16 Anm.

38) S. Wilcken aaO.

39) Anders die Herausgeber und Preisigke, *Archiv* V 310; *Fachwörter* S. 7 s. v. ἀκατηγόρητος. — Κατέχειν im Sinne von »beschlagnahmen« s. u. a. *P. Teb.* I 53, 25; 61 b, 254. 267. 285; 72, 239; 105, 48. — K. = »in Besitz nehmen« s. u. a. *P. Teb.* I 5, 110; 61 b, 3. 226. 233 f.; 72, 159. 169. 171; 73, 4. 29.

40) S. dazu Lesquier aaO. 246 f. [Vgl. 1 (3) *Esra* 8, 10 und besonders 2 *Macc.* 4, 11 (τὰ ... φιλάνθρωπα βασιλικά). Von hier aus gewinnt der oft als auffällig empfundene Ausdruck φιλανθρωπία τοῦ θεοῦ *Tit.* 3, 4 mehr Farbe; vgl. die Andeutung *Licht vom Osten*².³ 275 und besonders Weinreich, *De dis ignotis*, Hal. Sax. 1914, 50 ff. A. D.]

41) S. *P. Teb.* I 124 II 34.

42) Vgl. für die Liturgien *P. Teb.* I 124 II 37—40.

Der obere Teil des Papyrus fehlt.

[. . . . .] . . [. . . . . .]
[. . . . . συν]εδρευσά[ν]-
[των . . . .] . [.] . [. .] . . [. . . . .] . [. . . . .] φυ.λ.[.]ς καὶ . .[.]
[. . . περὶ τῶν α]ὐτῶν συγκρ[ιθ]έντων [. . . . . .]φέντος ἐπὶ τοῦ . .
5 [. . . . . . ἀντὶ τ]ῆς προσηγγελμένης ἀπ[ὸ σ]πορίμου παραδε⟨ῖ⟩ξαι
[ἡμῖν ἀπὸ χέρσο]υ εἰς ἀντικατεργασίαν ἐ[πὶ] τοῖς δηλωθῆσι τῶν
[. . . . . καὶ τὸ π]αρὰ τὸ ἐκφόρι[ο]ν διάφορον [ἀν]αλαβεῖν. Καὶ ἐν τῶι
[. . (ἔτει) τοῦ διοι]κητοῦ ἐπιβαλ[ό]ντος εἰς τὸν [νομὸν κ]αὶ ἑτέρων ἑξῆς σὺν
[αὐτῶι . . . . . .]. θέντων περὶ τῶν α[ὐτ]ῶν, ἐξ ὧν ὁ διοικητὴς
10 [ἐπισκεψάμενο]ς ἀνενέγκατο ὑμῖν οἰόμεν[ος] ⟨δεῖν⟩ ἀναλήμψεσθαι τὴν
[ἀπὸ σπορίμου, ἀντ]ικαταμετρήσειν δ' ἑτέραν,   κατὰ ταὐτὰ
[δὲ . . . .]ε Ἀπολλοδώρωι τῶν α φίλων καὶ ἐπ(ιστάτει) καὶ γρο(μματεῖ)
[τῶν κατοίκω]ν ἱπ(πέων), ὧι καὶ τὰ καθ' ἑαυτοὺς ἐκτεθειμένων ἡμῶν.
[Τευξόμενοι] δὲ καὶ αὐτοὶ ἧς ἔχετε πρὸς ἅπαντας εὐεργεσίας,
15 [δεόμεθα ὑμῶν] τῶν μεγίστων θεῶν, μὴ ὑπεριδεῖν ἡμᾶς ἀπ' ὀλίγων
[διαζῶντας κ]αὶ τοῖς ἰδίο⟨ι⟩ς ἐξησθενηκότας, ἀλλά, ἐὰν φαίνηται,
[προστάξαι Ἀπο]λλοδώρωι τῶν πρώτων φίλων καὶ ἐπιστάτει καὶ γρα μματεῖ)
[τῶν κατοίκων] ἱππέων καὶ Διονυσίωι τῶι ἀρχισωματοφύλακι,
[. . . . . . ἐᾶ]ν ἔχειν ἡμᾶς τε καὶ τοὺς ἐκγόνους ἡμῶν οὓς κατα-
20 [μεμετρήμεθ]α κλήρους, καθ' ἃς ἔχομεν σχηματογραφίας, ἀσυκοφαντή-
[τους καὶ ἀκατη]γορήτους καὶ ἀνεπιλήμπτους πάσης αἰτίας ὄντας,
[ὁμοίως δὲ κα]ὶ τοὺς κατεσχημένους κλήρους καὶ τὸ παρὰ τὰς νομὰς
[. . . . .]ν ἐξακολουθούντων πρὸς τὴν ἀντικατεργασίαν, μένειν
[δὲ κύρια τὰ φ]ιλάνθρωπα ἐφ' οἷς καὶ προσελήμφθημεν, μὴ φερομένων
25 [ἡμῶν ἐν τοῖ]ς κατ' ἀξίωμα, ⟨καὶ⟩ μετρε⟨ῖ⟩ν ἡμᾶς τὰ εἰς τὴν ἱππικὴν
[ἃ μεμετρήκασι]ν οἱ πρὸ ἡμῶν προσειλημμένοι. Τούτου δὲ γενομένου
[τευξόμεθα τ]ῆς παρ' ὑμῶν εἰς τὸν βίον βοηθείας.

Εὐτυχεῖτε.

[Ἀπ]ολλοδώρωι. Ποιῆσαι. L κϛ Φαμενὼθ η.   4. April 144 v. Chr.
30 [Τοῖ]ς γραμματε[ῦσι]ν. Κατακολουθεῖν. L κϛ Φαμενὼθ θ̄. 5. April 144 v. Chr.

1—4 s. Anm. 18.   4/5 ἐπὶ τοῦ .. [L? fang etwa [δ' ἐπέστειλ'ε. — ἐπιστάτει) s. Z. 17,
6 l. δηλωθεῖσι. 8 f. σὺν [αὐτῶι Wilcken. 9 Das l. ἐπιστάτηι; ε) Pap. 13 τ̇ Pap. 16 [διαζῶν-
ὁ vor διοικητής ist aus ι korrigiert. 10 ⟨δεῖν⟩ τας Wilcken. 20 Das μ von ἔχομεν ist korrigiert.
Wilcken, der u. a. auf P. Paris. 63 Z. 32 verweist 22 Das κ und υ von κλήρους ist korrigiert.
und danach auch Z. 27 in den UPZ. ergänzt. 23 Die Interpunktion nach Wilcken. 30 [Τοῖ]ς
11 ἀντ]ι... Wilcken. — Vor κατὰ ταὐτά (so nach γραμματε[ῦσι]ν: nach Vorschlag Wilckens. — Das
Wilcken zu akzentuieren) freier Raum. 12 An- erste κ von κατακολουθεῖν ist aus ε korrigiert.

Übersetzung. . . . . . . Auf Grund(?) des Urteils des Apollodoros . . . . mit seinen Beisitzern . . . . . erging . . . inbetreff derselben Angelegenheit der Bescheid unter dem .. Jahre(?), statt des Saatlandes, das uns, wie berichtet, zugemessen war, solle man uns vom Ödland zur Bebauung anweisen unter den angegebenen Bedingungen . . . . . und die gegen den Pachtzins sich ergebende Differenz einziehen. Und nachdem im .. Jahre der Finanzminister in den Gau gekommen war und andere danach mit ihm in betreff derselben Angelegenheit ...., stattete der Finanzminister auf Grund dessen nach geschehener Untersuchung Euch Bericht ab, indem er die Ansicht vertrat, man müsse das Saatland zurücknehmen, anderes Land statt dessen zumessen. Einen entsprechenden Auftrag erteilte er dem Apollodoros aus der Rangklasse der ersten Freunde, dem Chef und Intendanten der Katökenreiter; ihm haben wir unsere Angelegenheit schon auseinandergesetzt. Damit wir aber gleichfalls Eurer allen gegenüber bekundeten Wohltaten teilhaftig werden, bitten wir Euch, Ihr großen Götter, uns, die wir von geringem unser Leben fristen und inbezug auf unser Vermögen geschwächt sind, nicht zu übersehen, sondern, falls es Euch gut scheint, dem Apollodoros aus der Rangklasse der ersten Freunde, dem Chef und Intendanten der Katökenreiter, und dem Dionysios dem Erzleibwächter Anweisung zu erteilen, uns und unsere Nachkommen im Besitze der Landlose zu belassen, die uns gemäß den in unseren Händen befindlichen Grundrissen zugemessen sind, ohne Denunziation, Anklage oder Festnahme aus irgendwelchem Grunde befürchten zu müssen. Dasselbe erbitten wir inbezug auf die vorübergehend beschlagnahmten Landlose und das längs dem Weideland, ... was erforderlich ist für die Bebauung(?). Es mögen aber in Kraft bleiben die Gnadenerlasse, auf Grund derer wir (unter die Katökenreiter) aufgenommen sind, indem wir nicht nur unter den Chargen geführt werden. Und wir bitten, nur die den Reitern obliegenden Steuern zu leisten, die (auch) die vor uns Neuaufgenommenen geleistet haben. Geschieht dies, dann werden wir Eurer Hülfe für das Leben teilhaftig werden. Lebt wohl.

An Apollodoros. Zu erledigen. Jahr 26 am 8. Phamenoth.
An die Unterintendanten zur Befolgung. Jahr 26 am 9. Phamenoth.

NR. 2. UNTERSCHRIFT DES AUSSTELLERS EINER SECHS-ZEUGEN-URKUNDE (IMMOBILIAR-KAUFVERTRAG).

Höhe 16, Breite 16 cm; über dem Text ein unbeschriebener Raum von 12 cm. Faijum(?). Ausgang des 2. Jahrhunderts vor Chr.

Daß die ὑπογραφή einer συγγραφὴ ἑξαμάρτυρος vorliegt, einer Sechszeugen-Urkunde, die in ptolemäischer Zeit fast immer auch eine Hüter-Urkunde (συγγραφοφύλαξ-U.) ist[1]), unterliegt keinem Zweifel. Aus dieser Tatsache ergibt sich als frühester Zeitansatz das Ende des 2. Jahrh. vor Chr. Dazu stimmt auch die Schrift. Erst damals vollzieht sich die grundlegende Änderung in der Struktur dieser Urkundengattung [2]), indem die »Innenschrift« zu einem kurzen, vom Beamten

---

1) S. die Anm. 2 angeführte Literatur.
2) S. Gerhard, *Philologus* LXIII 501; Paul M. Meyer, *Klio* VI 454 f.; Wilcken, *Archiv* III 523. V 204; Mitteis, *Röm. Privatrecht* 300 f. 308. 309; *Grundzüge* 54. 79; Jörs, *Ztschr. Savignyst. R. A.* XXXIV 114 A. 2. 119.

des γραφεῖον[3]) hinzugefügten Exzerpt wird, sodann zum Protokoll eigenhändige ὑπογραφαί des Ausstellers der Urkunde und des συγγραφοφύλαξ treten, sowie endlich der die Publizität bewirkende Registrierungs-Vermerk[4]) des Γραφεῖον-Beamten, der das von ihm geschriebene Exzerpt versiegelt.

Auffallend ist, daß fast das ganze Blatt, soweit es erhalten ist, frei von Schrift ist und nur die sechs letzten Zeilen beschrieben sind[5]). Das ließe sich so erklären, daß die ὑπογραφαί des Ausstellers der Urkunde und des συγγραφοφύλαξ zuerst geschrieben sind und oben für den eigentlichen Kontext und das Exzerpt des Γραφεῖον-Beamten genügender Raum freigelassen wurde, der dann aber später aus irgendwelchen Gründen nicht ausgefüllt ist. Wahrscheinlich ist mir das jedoch nicht[6]). Auch das glaube ich nicht, daß die verkürzte ›Innenschrift‹ und die ›Außenschrift‹ oberhalb des freien Raumes gestanden haben. Die nicht agoranomischen Doppelurkunden der Zeit bestanden zwar meist nur aus *einer* schmalen und hohen Kolumne[7]), der besonders umfangreiche freie Raum zwischen Kontext und ὑπογραφαί wäre aber unverständlich. So bleibt wohl nur die Annahme übrig, daß eine erste Kolumne verloren gegangen ist, auf welcher der Kontext stand. Ich verweise hierfür auf die zwei Kolumnen enthaltenden Sechszeugenurkunden *P. Giss.* I Nr. 2 (173 vor Chr.) und *P. Teb.* II 382 aus augustischer Zeit[8]).

Der unserer Urkunde zugrundeliegende Vertrag ist ein Immobiliar-Kaufvertrag über Ackergrundstücke. Der Verkäufer, ein Makedone Δημήτριος Πτ[ο]λεμαί]ου ὃς καὶ Λάα[γος][9]), auf dessen einseitige Erklärung nach griechischem Rechtsbrauch sowohl Kontext als Unterschrift abgestellt waren, betont, den Kaufpreis ›wegzuhaben‹[10]), und verpflichtet sich, das Grundstück zu tradieren (Z. 4 f.). Die Vertragsurkunde ist dem ›Hüter‹ in Verwahrung gegeben.

<hr>

3) Mitteis (*Grundzüge* 59. 80) faßt γραφεῖον auch in ptolemäischer Zeit (wie in der Kaiserzeit) als Filiale oder gleichbedeutend mit ἀγορανομεῖον (Notariats-Zentrale). Mir scheint die Trennung der beiden Behörden in ptolemäischer Zeit wahrscheinlich. Γραφεῖον ist die Registrierungs- (Schreib-) Steuer für die Αἰγυπτίαι συγγραφαί (*P. P.* III 53 s.; s. *P. Hib.* I 66, 1/2 Bem.) und seit dem Ausgang des 2. Jahrh. vor Chr. ebenso für die griechischen Privaturkunden; zugleich wird das Registeramt selbst so bezeichnet.

4) Zur ἀναγραφή s. Preisigke, *Girowesen* 419 ff.; Partsch, *GGA.* 1910, 748 ff.; Mitteis, *Grundzüge* 79; *Dikaiomata* 149 ff.

5) Der untere Teil mit dem Vermerk des συγγραφοφύλαξ und der Registrierung ist fortgefallen. Vgl. dazu *P. Teb.* I 104, 41 f.; 105, 62 f.; *P. Rein.* 9, 37; 10, 32; 14, 38 f.; 16, 48; 20, 39 f.; 22, 35 f.; 23, 34 f.; 34.

6) Ausgeschlossen ist, daß es sich etwa um eine später durch das Γραφεῖον-Amt ausgefertigte, verkürzte Abschrift handelt, wie solche in der Kaiserzeit von der βιβλιοθήκη ἐγκτήσεων für agoranomische Urkunden, aber auch ἑξαμάρτυρα, ausgefertigt wurden, Datum, ἀναγραφή-Vermerk und ὑπογραφή enthaltend; s. Mitteis, *Grundzüge* 64 Anm. 2; 55.

7) S. Wilcken, *Archiv* V 203.

8) Für *P. Teb.* II 382 ist der Charakter als Hüter-Urkunde zweifellos (s. Wilcken, *Archiv* V 240 f.). Im *P. Teb.* II 386 (= Mitteis, *Chrest.* Nr. 298: 12 vor Chr.) handelt es sich um Deposition eines demotischen Heiratsvertrages. Hierzu läßt sich *P. Magd.* 12, 4 vergleichen (ἀσφ[ρά]τιστον τεθῆναι αὐτὴν παρὰ Ζωπύρωι τῶι μονογράφωι; s. dazu den Herausgeber S. 106. 222) und *P. Rein.* 7, 22, auf die schon Jörs aaO. 114 A. 2 hingewiesen hat.

9) Die unkontrahierte Form Λάαγος findet sich auch *P. Eleph.* 2 (= Mitteis, *Chrest.* Nr. 311), 1.

10) S. H. Erman, *Archiv* I 81 f. und dazu Deißmann, *Licht vom Osten*[2.3] 77.

Δημήτριος Πτ[ολεμαί]ου ὃς καὶ Λάα[γος]
[ὁμ]ο̲λογῶ ἀπέχ[ειν τὰ δ]υ̲ο τάλαντα [καὶ] τ̲ὰς
[δισ]χ̲ιλίας τ̲[ριακοσίας δ]ραχμὰς το[ῦ χα]λ-
[κοῦ] τὴν τ̲[ιμὴν τῶν .]. ἀρουρῶν [καὶ ποιή]-
5 [σω] κ̲αθότι [προγέγραπται] κ̲αὶ τέ[θειμαι τὴν]
[συγ]γραφὴν [κυρίαν παρ' Ἀπ]ο̲λλω̲[νίωι].

Der Papyrus bricht ab.

6 Den Schluß der Zeile habe ich frei gelassen, in der Annahme, daß der Makedone Demetrios schreibkundig ist. In den folgenden Zeilen stand Ἀπολλώνιος ἔχω κυρίαν und der datierte ἀναγραφή-Vermerk; s. Anm. 5.

Übersetzung. Ich, Demetrios Sohn des Ptolemaios, der auch Laagos genannt wird, bekenne wegzuhaben die zwei Talente 2300 Drachmen Kupfers als Preis für die .. Aruren und ich werde meinerseits das tun, wozu ich mich oben verpflichtet habe. Und die Vertragsurkunde habe ich als rechtskräftige bei Apollonios hinterlegt.

NR. 3. AMTSAUFTRAG DES STRATEGEN AN. EINEN LITURGEN.

Höhe 18,8, Breite 9,5 cm.   Faijum.   11. Nov. 148 nach Chr.

Die Urkunde repräsentiert ein ἐπίσταλμα des στρατηγὸς Ἀρσινοίτου Θεμίστου καὶ Πολέμωνος μερίδων Theon, dessen Amtstätigkeit etwa in die Jahre 144/45 bis 148/9 zu setzen ist[1]), an einen in der Metropole Arsinoe heimatsberechtigten Mann namens Herakleides, der im ›Kiliker-Stadtbezirk‹ eingeschrieben ist (Z. 4)[2]). Das ἐπίσταλμα in der uns hier vorliegenden Form einer epistula mit dem Endvermerk (Z. 15 f.): ἵν' οὖν τὸ κελευσθ(ὲν) εἰδῆς .... [ἐ]πέστειλά σοι ist als ›Amtsauftrag‹ zu charakterisieren (s. meine Ausführungen *P. Hamb.* I 18 S. 77)[3]). Es enthält die Aufforderung an einen zum Liturgen Bestellten, vor dem procurator Augusti Eirenaios zu erscheinen (Z. 16: (ἵνα) εὐθέως ἐπὶ τὸν κρά(τιστον)[4]) ἐπίτροπ(ον)[5]) καταντήσῃς[6])), und erfolgt auf Grund eines aus Alexandreia an ihn

1) S. Martin, *Archiv* VI 168.
2) Ἀπὸ Κιλίκων sc. ἀμφόδου = ἀναγραφόμενος ἐπ' ἀμφόδου Κιλίκων, vgl. *Nr. 9* Einl. Zu dem ἄμφοδον Κιλίκων s. Wessely, *Die Stadt Arsinoe (Sitzungsber. Akad. d. W. Wien* 145) 29. [Dieses ἀπό ist genau das ἀπό von *Hebr.* 13, 24; vgl. meine Notiz *Hermes* XXXIII (1898) 344 und *Licht vom Osten*[2,3] 136. A. D.]
3) Zur eigenhändigen subscriptio des στρατηγός: Σεσημ(είωμαι), ›gezeichnet, genehmigt‹, s. Preisigke, *Girowesen* 455.
4) S. Zehetmair, *De appellationibus honorificis in papyris graecis obviis,* Diss. Marpurgensis 1912, 22 f. [Wichtig für den κράτιστος Θεόφιλος *Lukas* 3, 1. A. D.]
5) S. Z. 11: εἰς E. τὸν τοῦ κυρίου Καίσαρος ἐπίτροπον.
6) S. *P. Hamb.* I 25, 11 Einzelbem.

gerichteten Schreibens des bei der Zentrale daselbst fungierenden Oberrechnungsbeamten und Finanzkontrolleurs der Διοίκησις-Verwaltung des Gaus[7]), ὁ τοῦ νομοῦ ἐ(κ)λογι(στής), Aelius Nicias (Z. 5 f.). Er ist Vorgesetzter des Strategen; da ist nach den Ausführungen Wilckens (*Archiv* V 263) die Bezeichnung dieses Schreibens als βιβλίδιον auffallend (ἐν ᾧ ἀνέπεμψε βιβλιδ(ίῳ)), das sonst »immer nur den Klaglibell oder die Bittschrift o. ä.« bedeutet«[8]). Das βιβλίδιον des ἐκλογιστής handelt περὶ τοῦ παραγγελῆναι τοῖς δι’ αὐτοῦ ἐμφερο(μένοις) εἴδ(εσιν) ὑπερτεθ(εῖσιν) ὑπὸ τοῦ κ. ἡγεμό(νος) .... εἰς Εἰρηναῖον ....

Παραγγέλλειν, παραγγελία wird in den Papyri der Kaiserzeit meist als technischer Ausdruck verwandt für die amtlich zugestellte Privatladung des Klägers an den Beklagten zum Konvent zu erscheinen[9]). In den Urkunden der Ptolemäerzeit[10]) wird dagegen das Wort stets, ebenso wie gelegentlich in den römischen Rechtsquellen[11]) der lateinische Parallelterminus (litis) denuntiatio in seiner umfassenden Bedeutung, zur Bezeichnung der rein amtlichen Ladung des Beklagten durch den Magistrat gebraucht. In unserem Falle handelt es sich aber nicht um Prozeß und um eine prozeßeinleitende Ladung von Beklagten, sondern um amtliche Ladung seitens eines Vorgesetzten in Verwaltungsangelegenheiten[12]). Wir dürfen also nicht etwa an eine evocatio litteris ad magistratum (sc. τὸν στρατηγόν) datis[13]) denken.

Das Wort εἶδος entspricht dem lateinischen species, es bedeutet »Gestalt, Form[14]), Art[15]), Unterart, einzelnes Stück einer Gattung (eines genus)«[16]). In

---

7) S. Wilcken, *Grundzüge* 208 f.; Paul M. Meyer, *P. Giss.* I 48 S. 67 f. [Zum Septuaginta-Gebrauch von νομός s. *Bibelstudien* 142 f.   A. D.]

8) Daß es sich hier um eine an den ἐκλογιστής gerichtete Klagschrift handelt, die von ihm nur mit einer subscriptio versehen (vgl. etwa *BGU.* 613 = Mitteis, *Chrest.* Nr. 89, 28: ὑπομνήματος Μουνατίου) und dem στρατηγός des Gaues des Beklagten übermittelt ist (vgl. die Ausführungen Wengers, *Vierteljahrsschr. f. Sozial- u. Wirtschaftsgesch.* XII 236 f., zu *P. Giss.* I 82, auch *P. Lond.* Inv. Nr. 1891 = P. Jonguet bei Kühn, *Antinoopolis* 143 Kol. II Z. 6 ff.), ist wegen des ἐδήλωσεν κτα. Z. 12 f. und aus allgemein sachlichen Gründen ausgeschlossen.

9) S. Mitteis, *Grundzüge* 36 f. 40; dazu Steinwenter, *Studien z. röm. Versäumnisverfahren*, 1914, 23 ff.; *Beitr. z. öffentlichen Urkundenwesen der Römer*, 1915, 51 f.

10) S. *P. Hamb.* I 25 S. 109.

11) S. Heumann-Seckel, *Handlexikon*[9] s. v. denuntiatio γ) aa); *Voc. Iur. Rom.* II S. 169 f.; Steinwenter, *Versäumnisverf.* 18.

12) Daß das Wort παραγγελία auch im Sinne der römischen testatio (διαμαρτυρία) als Fachwort für außerprozessuale, private Anzeigen und Mitteilungen — sowohl rechtsgeschäftliche wie Tatsachen-Anzeigen —, die durch den Strategen an den Adressaten übermittelt werden, verwandt wird, hat Steinwenter, *Urkundenwesen* 51 erwiesen.

13) Vgl. *P. Giss.* I 34 (= Mitteis, *Chrest.* Nr. 75), 5—9; *P. Hamb.* I 4, 12 f. (s. Mitteis, *Ztschr. Savignyst. R. A.* XXXII 341; Steinwenter aaO. 16 f.); Mitteis, *Chrest.* Nr. 87, 5 f.; *P. Oxy.* III 486 (= Mitteis, *Chrest.* Nr. 59), 29; *P. Lond.* Inv. Nr. 1891 I 10—12 (s. Lewald, *Vierteljahrsschr. f. Sozial- u. Wirtschaftsgesch.* XII 476); *P. Brem.* 17, 4 f. (Wilcken, *Archiv* IV 386; s. Martin, *les Épistratèges* 163 f.).

14) S. z. B. *P. Cairo byz.* (ed. Maspero) I 67097 Verso D 65. 66; II 67126, 29. 54; 67151, 91; 67167, 58.

15) S. z. B. *P. Teb.* I 58, 21; 60, 44; 61a, 156; 124, 32. 39; *P. Lips.* I 105, 18; *BGU.* 316, 27; *CPR.* I 6, 17; *P. Oxy.* I 34 I 11.

16) S. z. B. *P. Grenf.* II 76, 8; *P. Lips.* I 28, 15; *P. Lond.* I 103 p. 202, 68; 77 p. 233; III 1007 p. 263, 15. 28; *P. Oxy.* I 109, 1; VI 905, 6; *BGU.* 729, 13; *P. Monac.* 4, 15; 6, 26; 7, 23; *P. Cairo byz.* I 67006 Verso Z. 45. 59. 86; II 67154, 19. Vgl. auch κατ’ εἶδος in Anm. 18.

den Papyri wird es speziell für ›Art von (einzelne) Steuer, Liturgie oder anderer Last‹[17]) gebraucht[18]). Die weitere Entwickelung zur Bedeutung ›Steuer oder ähnliche Last‹, die uns sehr häufig begegnet[19]), liegt nahe. Εἴδη ἀννωνικά (*P. Rein.* 56, 6; *P. Cairo byz.* I 67038, 3; 67039, 3) ist von Wilcken (*Chrest.* Nr. 419, 6) als Wiedergabe des lateinischen species annonariae erklärt worden. Wie species hier und sonst in den Rechtsquellen[20]) ›Früchte, Erzeugnisse‹ bedeutet, so auch εἴδη gelegentlich in den Papyri: vgl. die εἴδη ὀπωρίμεια *P. Lond.* III 974 II p. 116[21]). Endlich hat das Wort die Bedeutung ›Schriftstück, Aktenstück, Bericht‹[22]).

Und diese ist hier mit Wilcken anzunehmen, dem ich die richtige Übersetzung und Auslegung des Passus Z. 6 f. verdanke. Nach ihm ist folgendermaßen zu übersetzen: ›betreffs der vorzunehmenden Ladung derjenigen Personen, die nach Ausweis des Schreibens (δι᾽ αὐτοῦ = διὰ τοῦ βιβλιδίου) mit Akten zu tun haben (in Aktenstücken enthalten sind, οἱ ἐμφερόμενοι εἴδ(εσιν))[23]), die überwiesen sind von .... an ....‹. Die Akten sind vom praef. Aeg. M. Petronius Honoratus[24]) bei der letzten Gaurevision anläßlich des Konventes (Z. 9 f.: ἐν ᾧ ἔνγιστα ἐποιήσατο τοῦ νομοῦ διαλογι(σμῷ))[25]) an den procurator

<hr>

17) Besonders in der Phrase καθαρὸν ἀπὸ .... καὶ παντὸς εἴδους od. ähnl., so *BGU.* 197, 14; 227, 20; 236, 9; 237, 13; 666, 20; 708, 16; 883, 9; 1049, 16; *P. Oxy.* III 506, 37; 577; 633; IV 719, 24; IX 1200, 32; 1208, 20; X 1276, 16; *P. Giss.* I 51, 11 f.; 100, 20; *P. Lips.* I 6 II 6; *P. Straßb.* I 52, 5. 15; *P. Flor.* I 28, 6. 15; *P. Lond.* II 163 p. 183, 13; *P. Amh.* II 95, 4. 13; 96, 3. Vgl. auch *P. Oxy.* VIII 1134, 12 f.

18) S. Preisigke, *Klio* XII 433. Die hier von ihm aufrecht erhaltene Erklärung des κατ᾽ εἶδος in *P. Oxy.* II 237 VIII (= Mitteis, *Chrest.* Nr. 192) 43 ist nicht zu billigen, wie schon früher Eger, Lewald, Mitteis dargetan haben. Es bedeutet ›Stück für Stück, jedes Objekt einzeln auf dem Personalfolium‹ (s. Mitteis, *Grundz.* 103), nicht ›nach Sachengruppen‹, obwohl sprachlich einer solchen Deutung nichts im Wege stände. Parallelen bieten *P. Oxy.* VI 937, 22 (τὸ καθ᾽ εἶδος = τὸ καθ᾽ ἕν); *P. Teb.* I, 60, 117; 61 b, 350; 72, 340; *P. Teb.* II 337, 13; *P. Fay.* 42 a I 5; *P. Lond.* III 604 p. 71, 3.

19) S. *P. Teb.* I 24, 59; 27, 105; 72, 463. — *P. Fay.* 34, 7; *BGU.* 334, 3; 431, 2; 528, 4; 711, 7; 880, 5; *P. Amh.* II 121, 8; *P. Lond.* III 847 p. 54, 11 (εἴδη νομαρχίας). — *P. Fay.* 42 a II 11; 55, 6; 64, 4; 218; *BGU.* 65 I 2; 194, 17; 362 fr. I passim; 486, 13; 572—574 passim; 732 Verso 4; 779, 4; 902, 21; 942, 3; *P. Lond.* II 451 p. 110, 5; 255 p. 118, 13; III 856 p. 92, 18; *PSI.* I 101, 5; 105, 19; 106 passim; *P. Paris.* 17, 22.

20) S. Heumann-Seckel, *Handlexikon*[9] s. v. species 5).

21) S. *P. Hamb.* I 44 S. 184; dort ist *PSI.* I 106 passim (s. Anm. 19) von mir unrichtig erklärt.

22) S. *P. Teb.* II 287, 12 Einzelbem.; dazu *P. Oxy.* VII 1032, 17.

23) Zu οἱ ἐμφερόμενοι (the persons involved or concerned in the matter in hand) und τὰ ἐμφερόμενα vgl. die *P. Oxy.* VII 1032, 18 Einzelbem. von Hunt aufgeführten Parallelen; zu ihnen sind hinzuzufügen *BGU.* 250 (= Wilcken, *Chrest.* Nr. 87); *P. Straßb.* I 40, 27; *CPHerm.* 53, 12; *P. Monac.* 14, 12; *P. Lond.* II 164 p. 116; Preisigke, *SB.* 5113, 23 f.; 5114, 44 f.

24) Nach Cantarelli (*prefetti di Egitto* I 50 Nr. 46) war er durch zwei Papyri bezeugt für den 28. Aug. 147 und 28. Januar 148. Hinzu kommt ein alexandrinischer Papyrus vom 3. Febr. 148 (Lefebvre-Jouguet, *Bull. soc. arch. d'Alexandrie* 1912 Nr. 14, 6) und unser Papyrus vom 11. Nov. 148, durch die also seine Präfektur bis mindestens zum Ende des Jahres 148 erstreckt wird. — Zum Rangtitel ὁ κράτιστος des praef. Aeg. s. Stein, *Wiener Studien* 1912 (XXXIV), 166 ff.

25) S. Wilcken, *Archiv* IV 368 ff.; *Grundzüge* 33.

Augusti Eirenaios verwiesen (Z. 8 f.: ὑπερτεθ(εῖσιν) ὑπό ..... εἰς Εἰρηναῖον ...)[26]. Die Namen der für die beiden μερίδες in Betracht kommenden Personen teilt der ἐκλογιστής, zweifellos im Auftrage des procurator, in seinem Schreiben an den Strategen mit. Worauf sich die Akten im allgemeinen beziehen, wird nicht gesagt; sie waren sicher nicht gleichartiger Natur. In unserem Fall handelt es sich aber, wie Z. 12 ff. zeigen, um ein liturgisches Amt: Herakleides ist ἐπιτ(ηρητής) μισθ(ώσεως) geworden. Da βασιλικοί bzw. δημόσιοι μισθωταί, d. h. Großpächter auf dem Gebiete der βασιλική bzw. δημοσία γῆ, in den Urkunden nicht bezeugt sind, vielmehr nur οὐσιακοὶ μισθωταί[27]), so werden wir annehmen können, daß auch hier Verhältnisse der οὐσιακὴ γῆ zugrunde liegen: der ἐπιτ(ηρητὴς) μισθ(ώσεως) ist wohl als ἐπιτηρητὴς οὐσιακῆς μισθώσεως aufzufasssen = »Aufpasser eines Patrimonial-Pachtgutes«. Seine Liturgie ist mit der ἐπιτήρησις οὐσιακῆς μισθώσεως BGU. 619 (a. 155) zu identifizieren und wohl auch den ἐπιτηρηταὶ οὐσιακῶν (P. Fay. 23: saec. II) = ἐ. οὐσιακῶν ἐδαφῶν (P. Gen. 38 = Wilcken, Chrest. Nr. 366: a. 207/8) an die Seite zu stellen[28]). Der μισθωτὴς οὐσιακός heißt Antonius Theon, die ἐπιτήρησις für seine Pachtgrundstücke wird bestellt χρόνων τινῶν ἕνεκα ἐνδεήματος τῆς μισθώ[σεω]ς (Z. 13 f.), »weil seit geraumer Zeit die Pacht einen Fehlbetrag ergibt«. Wie ἐνδέημα[29]) wird in ptolemäischer Zeit ἔγδεια[30]) = »Defizit, Fehlbetrag« (Gegensatz ἐπιγένημα) gebraucht; das ἔλλειμα der Urkunden der Kaiserzeit[31]) bedeutet »Rückstand, reliquum«. Es wird also, da der Ertrag der Pacht seit geraumer Zeit nicht den Voranschlag erreicht, ein ἐπιτηρητής (οὐσιακῆς) μισθώσεως von amtswegen zur Verwaltung der οὐσία eingesetzt[32]). Der

---

26) Ὑπερτίθεσθαι in der Bedeutung einer prozessualen Verweisung vom höheren an einen delegierten Beamten s. P. Lond. II 276 p. 149, 9 (a. 15; Verweisung durch den Idioslogos zwecks Beweiserhebung an den centurio, στρατηγός, βασιλ. γραμματεύς: ὑπερεθέμην εἰς διάκρισιν τῶν δεῖνα; vgl. Archiv IV 410); ὑ. in der Bedeutung einer Verweisung vom Niederen an den Höheren s. P. Oxy. I 97, 14 (= Mitteis, Chrest. Nr. 347: a. 115/6; vom στρατηγός an den praef. Aeg.); III 486 (= Mitteis, Chrest. Nr. 59, 8 f. 26 f.: a. 131; vom Epistrategen an den praef. Aeg.). Ὑπερτίθεσθαι τὴν δίκην, τὸ πρᾶγμα, τὴν διάγνωσιν bedeutet vom (meist delegierten) Richter gesagt »den Prozeß, die Entscheidung aussetzen, hinausschieben« (vgl. sententiam proferre) zwecks Instruktion durch den Mandanten oder Beweiserhebung (s. BGU. 19 = Mitteis, Chrest. Nr.85 I 5. II 19: a. 135; BGU. 613 = Mitteis, Chrest. Nr.89, 27: etwa a. 160; P. Oxy. II 237 VII 33; CPHerm. 26, 16; s. auch Archiv III 83 Anm. 3). — Ὑ. τὴν δίκην »den Prozeß hinausziehen seitens einer Prozeßpartei« s. P. Lips. 1 38 I 17; P. Oxy. I 86, 15 u. sonst.

27) S. Rostowzew, Kolonat 181 f.

28) Vgl. auch Wilcken, Ostr. II Nr. 657 (a. 165); s. Rostowzew, Kolonat 191 f.; Wilcken, Grundzüge 158.

29) S. P. Oxy. I 71, 15. Vgl. ἔνδεια CPHerm. 6, 22 (= Fehlen, Mangel); P. Paris. 62 I 11 (2. Jahrb. vor Chr.; = reliquum Rückstand).

30) S. Rev. Laws passim.   31) S. Wilcken, Ostr. I 610; vgl. ἐλλεῖπον.

32) Während unser ἐπιτηρητής »Aufpasser von Domanial-Pachtgrundstücken« ist, sind die ἐ. γενηματογραφηθέντων (= γενηματογραφουμένων ὑπαρχόντων) »Aufpasser« von Staatsschuldnern aller Kategorien gehörenden Privatgrundstücken, deren Erträge (γενήματα) beschlagnahmt sind. Die Schuldner behalten auch hier die Bewirtschaftung ihrer Güter. Konfiskation (ἀνάλημψις) tritt erst ein, wenn die Regierung zum Verkauf schreitet. S. Wilcken, Grundzüge 297; Chrest. Nr. 363. 364 Einl. — Wie der missus in bona im römischen Zwangsvollstreckungs-Verfahren wird der ἐπιτηρητής zur Bewachung (custodia) des Vermögens neben dem Schuldner eingesetzt.

Patrimonialpächter bleibt aber im Besitz des Pachtgutes; das zeigt z. B. das Ostrakon bei Wilcken, *Ostr.* II 657 (a. 165), in dem drei ἐπιτηρηταί dem μισθωτής den Empfang einer Pacht-Ratenzahlung bestätigen.

Auch wenn ich mit Recht unseren ἐπιτηρητής als ἐ. οὐσιακῆς μισθώσεως angesprochen habe, ergibt sich daraus noch nicht die unbedingte Notwendigkeit, den Eirenaios ὁ τοῦ κυρίου Καίσαρος ἐπίτροπος als procurator usiacus, dem ja die ἐπιτηρηταὶ οὐσιακῶν unterstehen[33]), aufzufassen. Zu welchem Zwecke die Ladung an den zum ἐπιτηρητής bestellten Herakleides ergeht, bleibt noch unklar. Um die Übertragung, das ἐγχειρίζεσθαι, der Liturgie auf den Bestellten kann es sich wohl kaum handeln.

Das ἐπίσταλμα des στρατηγός, das die Aktennummer »Metropole Nr. 21« (Z. 1) trägt, ist zugestellt von einem ἐν κλήρῳ ὑπηρέτ(ης) (Z. 20), »einem in der Auslosung befindlichen Amtsdiener«, der also, obwohl er erst zur Liturgie eines ὑπηρέτης »eingegeben«, aber noch nicht »bestellt« ist, schon als solcher fungiert[34]). Wilcken hat an der Hand von *P. Flor.* 2 (s. Wilcken, *Chrest.* Nr. 401: a. 265), *BGU.* 1062 (a. 236) und *P. Oxy.* I 54, 10 (= Wilcken, *Chrest.* Nr. 34) darauf hingewiesen (hinzu kommt jetzt noch *P. Oxy.* X. 1254: a. 260), daß die »Eingabe« im 3. Jahrh. nach Chr. das Entscheidende ist, die »Erlosung« bedeutungslos bzw. ganz in Wegfall kam[35]). Schon für das 2. Jahrh. zeigen die Anm. 34 aufgeführten Ostraka, daß die Erlosung oft eine reine Formalität war; Eger[36]) hat hervorgehoben, daß in *BGU.* 619 vom J. 155 nur vom εἰσδοθῆναι (s. Z. 20), nicht dagegen vom Erlosen die Rede ist. In unserer Urkunde vom J. 148 findet, wie in *BGU.* 891, wo ich (Recto Z. 7 f.) lese und ergänze: ἐγένετο ἡ προσφώνησις Ὠριγέν[ους τινὸς τῶν ἐν κλή]ρῳ ὑπαιρετῶν ἐπὶ τοῦ κϛ θεοῦ Ἀδρι[ανοῦ (a. 135/6), δι᾽ ἧς ἐ]δηλοῦτο . . .[37]), »Auslosung« statt, sie ist aber gänzlich bedeutungslos.

1. Hand.   Μητροπ(όλεως) κ̄ᾱ.

2. Hand.   Θέων στρα(τηγὸς) Ἀρσι(νοίτου) Θεμί(στου) καὶ Πολ(έμωνος) μερίδ(ων)
    Ἡρακλείδῃ Ἡρώδο(υ) τοῦ Λέοντος
    ἀπὸ Κιλίκ(ων)   χαίρειν.
   5 Αἴλιος Νικίας ὁ τοῦ νομοῦ ἐ⟨κ⟩λογι(στὴς) ἐν ᾧ

---

33) S. Wilcken, *Grundzüge* 158. — Διόγνητος ὁ κράτιστος (= Claudius Diognetus) im *P. Giss.* I 48 (= Wilcken, *Chrest.* Nr. 171) ist proc. usiacus.

34) S. Wilcken, *Ostr.* I S. 603; II Nr. 271. 272. 285 (alle drei aus dem 2. Jahrh. nach Chr.); *Chrest.* Nr. 392, 10 f. (saec. II); *P. Lond.* III 935 S. 30, 16; 936 S. 31, 15 (ἐν κλήρῳ sc. ἀμφοδογραμματεύς: a. 217) u. a. — Das Umgekehrte finden wir in *P. Flor.* I 68, 18 (a. 172), wo ein γενόμενος ὑπηρέτης als Amtsdiener fungiert, d. h. also nachdem seine Liturgie abgelaufen ist; vgl. Wilcken, *Ostr.* II Nr. 285.

35) S. Wilcken, *Archiv* III 530; IV 560; *Grundzüge* 349.

36) *Grundbuchwesen* 72 A. 5.

37) S. *Nr.* 4 Einl. Anm. 17.

ἀνέπεμψε βιβλιδ(ίῳ) περὶ τοῦ παρανγελῆναι τοῖς δι' αὐτοῦ ἐμφερο(μένοις) εἶδ(εσιν)
ὑπερτεθ(εῖσιν) ὑπὸ τοῦ κρα(τίστου) ἡγεμό(νος) Πετρω(νίου)
Ὀνωράτ(ου) ἐν ᾧ ἔνγιστα ἐποιήσατο
10 τοῦ νομοῦ διαλογι(σμῷ) εἰς Εἰρηναῖον
τὸν τοῦ κυρίου Καίσαρος ἐπίτροπον
ἐδήλωσεν γεγονέναι σε ἐπιτ(ηρητὴν) μισθ(ώσεως)
γινο(μένης) διὰ Ἀντωνίου Θέωνο(ς) χρόνων
τινῶν ἕνεκα ἐνδεήματος τῆς
15 μισθώ[σεω]ς. Ἵν' οὖν τὸ κελευσθ(ὲν) εἰδῆς καὶ
εὐθέως ἐπὶ τὸν κρά(τιστον) ἐπίτροπ(ον) καταντήσῃς [ἐ]πέστειλά σοι.   3. Hand. Σεσημ(είωμαι).

2. Hand.   L ιβ Ἀντωνίνου Καίσ[α]ρος τοῦ κυρίου
                    Ἀθὺρ ιε.   11. Nov. 148.
4. Hand. 20 Ἀρρε[ιο]ς ὁ κ[αὶ] Διόσκ(ορος) ἐν κλήρῳ ὑπηρέτ(ης) μεταδέδοκ(α).

6/7 l. παραγγελῆναι.   8 εμφερο Pap.   9 l.   Zeile geschrieben.   17 σεσημ (3. Hand) ist von
ἔγγιστα.   12 γεγ°νεναι, επιᵗ μισθ Pap.   13 γινο: der Hand des στρατηγός.   20 l. μεταδέδωκα.
das γι ist nicht sicher.   15 εἰδῆς ist über die

Übersetzung. (1. Hd.) Metropole Aktennummer 21. (2. Hd.) Theon Stratege
der Bezirke des Themistes und Polemon im Arsinoitischen Gau dem Herakleides Sohne des Herodes Enkel des Leon eingeschrieben im Kiliker-Stadt-
quartier Gruß.

Aelius Nicias der Oberrechnungsbeamte des Gaus hat in seinem Schreiben
betreffs der vorzunehmenden Ladung der Personen, die nach Ausweis des Schreibens mit Akten zu tun haben, welche vom vir egregius, dem Statthalter Petronius
Honoratus, bei der letzten Gaurevision (anläßlich des Konventes) an Eirenaios,
den procurator des Herrn und Kaisers, überwiesen sind, mitgeteilt, daß Du
Aufpasser der durch Antonius Theon übernommenen (Patrimonial-) Pacht geworden bist, weil seit geraumer Zeit die Pacht einen Fehlbetrag ergibt. Damit
Du nun das Befohlene weißt und sofort vor dem vir egregius und procurator
erscheinst, lasse ich Dir diesen Auftrag zukommen. (3. Hd.) Gezeichnet.

(2. Hd.) Jahr 12 des Antoninus Caesar des Herrn am 15. Hathyr.

(4. Hd.) Ich Arreios der auch Dioskoros heißt, in der Auslosung befindlicher
Amtsdiener, habe zugestellt.

Nr. 4. AMTLICHER BERICHT DES DORFSCHREIBERS UND DER DORFÄLTESTEN VON THEADELPHEIA AN DEN ΛΙΜΝΑΣΤΗΣ DER 6. TOPARCHIE.

Höhe 23, Breite 8,7 cm.   Faijum.   18. Oktober 161 nach Chr.

Unsere Urkunde enthält eine προσφώνησις. Die Worte προσφωνεῖν τινι, προσφώνησις, die an sich nur auf eine an jemanden gerichtete mündliche Erklärung[1]) hinweisen, begegnen uns in den meisten Papyrusurkunden in der technischen Bedeutung einer dienstmäßig abgegebenen, schriftlichen Erklärung[2]). Häufig wird aber zur ausdrücklichen Kennzeichnung der Schriftlichkeit das Wort ἔγγραφος (ἐγγράφως) hinzugefügt[3]).

In der folgenden Liste sämtlicher mir bekannten Urkunden dieser Gattung und Hinweise auf solche bezeichne ich die im Original oder in einer Kopie erhaltenen προσφωνήσεις mit einem Stern (*).

A. ΠΡΟΣΦΩΝΗΣΕΙΣ DER PTOLEMÄERZEIT.

1. Ein Vorgesetzter (βασιλικὸς γραμματεύς?) macht seinem Untergebenen, einem τοπογραμματεύς, Vorwürfe, weil er ihm keine Mitteilung darüber gemacht habe (παρὰ δὲ σοῦ οὐθ[ὲ]ν ἡμῖν προσπεφώνηται), daß die im königlichen Tarif angesetzten Ölpreise in seinem Bezirk überschritten werden: *P. P.* II 38b = III 53e (= Wilcken, *Chrest.* Nr. 3co), 3 (243/2 vor Chr.).

2a. Gesuch eines Priesters an den König, durch den kgl. Kabinetssekretär dem βασιλικὸς γραμματεύς von einer ihm gewährten Vergünstigung Mitteilung machen zu lassen (τῷ [β]ασ[ιλικῶι] γραμματεῖ προσφωνηθῆν[αι]): *P. Leid.* G 20 = I 22 (Ptol. XI.).

---

1) So bedeutet προσφωνεῖν τινι im *P. Magd.* 42 (= Mitteis, *Chrest.* Nr. 8), 6 (221 vor Chr.) »mit jemandem sprechen«; Wilcken, *Chrest.* Nr. 27, 15 f.: Antrag eines Buleuten in der Sitzung des Rates von Antinoupolis: περὶ τούτου ... προσφωνησάτω ἡμεῖν (soll uns Vortrag halten, referieren) ὁ πρυτανικός. Ebenso wird das Wort in den Urkunden des 3/4. Jahrhunderts nach Chr. *P. Grenf.* II 71 II (= Mitteis, *Chrest.* Nr. 191) 27 (a. 244/8); 70 (= Mitteis, *Chrest.* 190), 20 (a. 287); *P. Gen.* 48, 1 (a. 346); *P. Flor.* I 43, 7 (a. 370); *P. Gen.* 68, 1 (a. 382) gleich oder neben ὁμολογεῖν gebraucht (= »erklären, zugestehen«); a. M. ist Mitteis, *Ztschr. Savignyst. R. A.* XXXIII 641.

2) S. Preisigke, *Archiv* IV 114; *Girowesen* 25 A. 7. — [Technisch auch LXX 1 (3) *Esra* 2, 21 προσφωνῆσαι τῷ κυρίῳ βασιλεῖ.   A. D.]

3) Ἔγγραφος προσφώνησις in Nr. 14 der im Text gegebenen Liste, ἐγγράφως προσφωνῆσαι Nr. 8. 11b. 13. 19. 21b (*P. Oxy.* VI 896 II. *BGU.* 928), διάθεσιν ἔγγραφον προσφωνῆσαι Nr. 21b (*P. Oxy.* I 52), ἐγγράφως προσφωνῆσαι τὴν διάθεσιν Nr. 24 (*P. Oxy.* I 53), ἐγγράφως ἀποφάσεις προσφωνῆσαι Nr. 21a (*P. Oxy.* III 475). — Vgl. auch das μετὰ χειρογρα(φίας) προσφω(νεῖν) in Nr. 11c, das προσφω(νήσας) χειρογρα(φία) in Nr. 18; s. dazu S. 23.

2 b. Gesuch von κάτοικοι ἱππεῖς an den König, dem διοικητής(?) Mitteilung (von einer Vergünstigung od. dgl.) machen zu lassen (προσφωνῆσαι): *P. Teb.* I 124 II 2 f. (etwa 118 vor Chr.).

2 c. Hinweis des διοικητής auf einen von ihm an den ἐπὶ τῶν προσόδων des Gaus gerichteten Dienstbefehl (προσπεφωνήκαμεν): *P. Teb.* I 27, 109 (113 vor Chr.)[4].

B. ΠΡ. DER KAISERZEIT (SAEC. I—IV).

I. VON PERSONEN ÖFFENTLICHRECHTLICHEN CHARAKTERS.

3. Hinweis auf einen Bericht des ἐκλογιστὴς τοῦ νομοῦ an den Epistrategen: *P. Teb.* II 287, 7 ff. (Marcus und Verus).

4. Rechtsgutachten von νομικοί (iuris prudentes) an iudices pedanei: *P. Oxy.* II 237 VII 14 f. *VIII 2 ff.

5. Mitteilung einer öffentlichen Urkunde (a) oder eines verlautbarten[5] Handscheins (b)[6] auf Antrag des »Gläubigers« durch den ἀρχιδικαστής an die βιβλιοφύλακες (zwecks παράθεσις?)[7]:
    a. *BGU.* 825 (a. 191); *PSI.* I 74 (saec. III)[8];
    b. *P. Oxy.* IX 1200 (a. 266)[9].

6. Aufforderung des βασιλικὸς γραμματεύς zum Bericht an den Idioslogos: *P. Oxy.* IX 1188, 16 (a. 13).

7. Berichte der βιβλιοφύλακες:
    an den στρατηγός: *P. Oxy.* II 237 V passim; VI 9 (saec. II).
    Adressat nicht genannt: *BGU.* 11 (a. 92/98).

8. Bericht von Ratsherren der Stadt Oxyrhynchos an den στρατηγός: *P. Oxy.* X 1252 R. 20 ff. (a. 288/95).

9. Bezugnahme auf den Bericht eines γραμματεὺς τῆς πόλεως an den στρατηγός: *Archiv* III 368 ff. Kol. II 26 (Pius).

10. Bericht eines ἀμφοδογραμματεύς an den στρατηγός: *P. Oxy.* VIII 1119 = Wilcken, *Chrest.* Nr. 397, 25 ff. (a. 254).

11. Berichte des κωμογραμματεύς:
    a. an den στρατηγός: *Atene e Roma* VII p. 122 f. = *P. Flor.* III 331 = Wilcken, *Chrest.* Nr. 341 (Hadrian);

---

4) Die Worte μηδεμιᾶς προσφωνήσεως προσπεπτωκυίας in *P. Grenf.* I 35, 6 (99 vor Chr.) möchte ich auch im technischen Sinne als (amtliche) Mitteilung auffassen.

5) S. Jörs, *Ztschr. Savignyst. R. A.* XXXIV 107 ff.

6) Δημοσιώ(σεως) προσφώ(νησις) = προσφώνησις χειρογράφου δεδημοσιωμένου.

7) Vgl. etwa *P. Lond.* III 1157 III p. 111 = Mitteis, *Chrest.* Nr. 199; dazu Jörs aaO. 111.

8) S. Lewald, *Ztschr. Savignyst. R. A.* XXXIII 631; Jörs aaO. 125 A. 2. 140.

9) S. Lewald aaO.; Mitteis ebendort 641 f.; Jörs aaO.; Wilcken, *Archiv* VI 291; vgl. *Nr. 6* Einl. S. 36.

3*

b. an den στρατηγός und βασιλικὸς γραμματεύς: *PSI. III 229, 8 ff. (Marcus);

c. Befehl des βασιλικὸς γραμματεύς an den κωμογρ., μετὰ χειρογρα(φίας) προσφω(νεῖν) ὡς καθ(ήκει): BGU. 1068 I (= Wilcken, Chrest. Nr. 62) 13; P. Lond. II 173 p.66, 19 ff. (a. 101); P. Straßb. I 70, 17 ff. (a. 138)¹⁰);

d. Hinweis auf einen Bericht des κ. an die βιβλιοφύλακες: BGU. 1047 II 5. 8 (Hadrian);

e. an den λιμναστής der Toparchie zusammen mit den Dorfältesten: *unsere Urkunde (a. 161);

f. Befehl zur πρ. seitens eines iudex pedaneus an den κωμογρ.: BGU. 969 I 8 f. (a. 142?);

g. an die πράκτορες ἀργυρικῶν des Dorfes, also Untergebene, in Form eines Befehls (ἐγνώσθη μοι ὀφείλειν ἀπαιτεῖσθαι): *BGU. 330 (a. 153);

h. Adressat nicht erkennbar: P. Flor. I 91, 24 ff. (saec. II: wahrscheinlich an den στρατηγός); P. Oxy. IV 718 (Commodus: wahrscheinlich an den στρατηγός oder βασ. γρ.); VII 1032, 13 (a. 162)¹¹).

12. Berichte von πρεσβύτεροι τῆς κώμης¹²):

a. Ersuchen um einen Bericht der πρ. an den στρατηγός in einem Gesuch an den Epistrategen: BGU. 195, 28 ff. (a. 161);

b. Bericht an den κωμογραμματεύς: *PSI. III 229, 24 ff. (Marcus)¹³).

13 a. Die ἐπιμεληταὶ λιμνασμοῦ κώμης Ναβοῶι versprechen eine πρ. an den στρατηγός: P. Flor. III 327, 2 (Hadrian); vgl. P. Flor. III 326 (s. S. 25).

13 b. Bezugnahme auf einen Bericht der ὑδροφύλακες des Dorfes (wohl an den στρατηγός): P. Thead. 14 passim (saec. IV).

14. Bezugnahme auf einen Bericht des ὁριοδείκτης u. a.: P. Amh. II 142, 13 (saec. IV).

15. Bezugnahme auf Berichte von ἀρχιτέκτονες: P. Teb. II 286 (= Mitteis, Chrest. Nr. 83), 19 (Hadrian).

16. Bericht eines ehemaligen πράκτωρ ἀργυρικῶν an den βασιλικὸς γραμματεύς: *P. Lips. I 121 (= Wilcken, Chrest. Nr. 173: a. 151/2)¹⁴).

17. Hinweis auf die Mitteilung eines kaiserlichen Bankpächters an einen Girokunden¹⁵): P. Oxy. III 513 (= Wilcken, Chrest. Nr. 183), 36 (a. 184).

---

10) S. Wilcken, Archiv IV 562.

11) In P. Lond. III 921 p. 134, 7 f. (saec. II/III) dürfte zu ergänzen sein: καὶ προσε[πιζη]τοῦντι σοί (sc. βασ. γρ.), εἰ ἄλλοτε ἦσαν ἐν ἀμπέλῳ, [προσεφώνησα].

12) Vgl. P. Fay. 39 (a. 183).

13) Z. 28 f. ist zu ergänzen: ἐπιζη[τοῦντι σοὶ προσφωνοῦ]μεν ὡς προσεφωνήσαμεν (an den στρατηγός und βασ. γρ.).

14) Z. 4 ist etwa zu ergänzen: Πρὸς [τὰ ἐπισταλέντα (oder ἐπιτραπέντα) ὑπὸ σοῦ] παραθέσθαι ...

15) S. Preisigke, Archiv IV 114; Girowesen 25 A. 7. Mitteis, Ztschr. Savignyst. R. A. XXIX 480, aßt die προσφώνησις hier als receptum argentarii.

18. Bezugnahme auf πρ. der δημόσιοι γεωργοί in ihren Saatdarlehnsquittungen an die σιτολόγοι[16]): Goodspeed, *P. Chic.*, 1900, mit Einl. S. 7 f. (Pius).

19. Bezugnahme auf πρ. von ὑπηρέται:

    a. in einer Eingabe eines kaiserlichen προνοητὴς οὐσίας an den στρατηγός: *P. Lond.* II 214 p. 161 (= Wilcken, *Chrest.* Nr. 177: Aurelian);

    b. Bezugnahme auf die πρ. eines in Auslosung befindlichen ὑπηρέτης: *BGU.* 891 R. Z. 7 (a. 135/6)[17]).

20. Bezugnahme auf προσφωνήσεις nicht mit Sicherheit zu bestimmender Beamten:

    PSI. III 234, 19 (Marcus), wahrscheinlich des κωμογραμματεύς;

    PSI. III 232, 19 (Marcus); *P. Teb.* II 335, 11 (saec. III, wohl an den στρατηγός gerichtet);

    CPHerm. 23 II S. 11 Z. 8: προσφώνησις γεναμένη ἐξ ἐντολῆς βουλῆς ὑπό [; *CPHerm.* 101, 18; *P. Flor.* III 375, 56.

21. Ärztliche Atteste[18]):

    a. an den στρατηγός: *BGU. 647 (a. 130); *P. Oxy. I 51 (a. 173); *P. Oxy.* III 475 (= Wilcken, *Chrest.* Nr. 494), 5 ff. (a. 182); *P. Flor.* I 59, 10 (a. 225 od. 241)[19]);

    b. an den λογιστὴς τοῦ νομοῦ: *BGU. 928 (a. 288); *P. Oxy. VI 896 II (a. 316; vgl. auch *P. Oxy.* VI 983); *P. Oxy. I 52 (a. 325);

    c. an den νυκτοστράτηγος: *P. Lips. I 42 (saec. IV);

    d. an den defensor civitatis: *P. Cairo Preis. Nr. 7 (saec. IV);

    e. Adressat nicht genannt: *P. Lips.* I 37, 22 (a. 389).

22. Attest von ἐνταφιασταί (Mumifizierern) an den στρατηγός: *P. Oxy. III 476 (saec. II)[20]).

23. Auskunft von Priestern:

    a. (an den στρατηγός?) seitens der Priester eines Tempels über die Qualifikation eines Priesterkandidaten: *P. Teb. II 293 (a. 187)[21]);

    b. an den στρατηγός und βασ. γρ. seitens der Priesterältesten eines Tempels über einen denunzierten Priester: *BGU. 16 (= Wilcken, *Chrest.* Nr. 114: a. 159/160);

    c. an den στρατηγός seitens eines Priesters, der sich gegenüber einer Anschuldigung rechtfertigt: *BGU. 250 (= Wilcken, *Chrest.* Nr. 87: Hadrian).

---

16) Ἔσχον προσφω(νήσας) (χειρογρα(φία)); s. Wilcken, *Archiv* III 237.

17) Es ist hier zu ergänzen: ἐγέγετο ἡ προσφώνησις Ὠριγένους τινὸς τῶν ἐν κλή[ρῳ ὑπαιρετῶν ἐπὶ τοῦ κϛ θεοῦ Ἀδρι[ανοῦ, δι' ἧς ἐδηλοῦτο ... S. *Nr. 3* Einl. S. 16.

18) Vgl. Sudhoff, *Ärztliches aus griechischen Papyrus-Urkunden*, 1909, 239 ff.

19) S. Wilcken, *Archiv* III 536.

20) Vgl. Sudhoff aaO. 250.

21) Vgl. Sudhoff aaO. 165 ff., bes. 171 ff.

24. Berichte eines ἐλαιοχύτης des γυμνάσιον in Hermupolis Magna an den Rat auf Grund eines Befehls des Epistrategen über die Tage, an denen der Ölvorrat, den die fast täglich wechselnden Gymnasiarchen zu liefern hatten, ausgegangen war: *CPHerm.* I 57—65 (a. 266/7; s. Wilcken, *Archiv* III 543).

25. Berichte von Handwerkerzünften durch ihren Vorstand an den λογιστὴς τοῦ νομοῦ:

> *P. Oxy.* I 53 (κοινὸν τῶν τεκτόνων: a. 316); *85 II (κ. τῶν χαλκοκολλητῶν: a. 338); *85 IV (κ. τῶν ζυθοπωλῶν: a. 338); *PSI.* III 202 I (κ. τῶν χοιρομαγείρων: a. 338?). *II (κ. τῶν ἁλιέων?: a. 338?).

II. ΠΡΟΣΦΩΝΗΣΕΙΣ VON PRIVATEN.

26. Verpflichtung von Schweinezüchtern gegenüber dem στρατηγός inbezug auf Versorgung Alexandreias mit Fleischvorrat: *BGU.* 92 (= Wilcken, *Chrest.* Nr. 427: a. 187); *649 (= Wilcken, *Chrest.* Nr. 428: a. 187/8).

27. Ἐπίκρισις-Anmeldung[22]) eines Knaben seitens der Mutter an die Gaubeamten: *P. Oxy.* VII 1028 (a. 86).

28. Kostenanschlag eines Malers an den λογιστὴς τοῦ νομοῦ: *P. Oxy.* VI 896 I (= Wilcken, *Chrest.* Nr. 48: a. 316).

29. Bezugnahme auf die πρ. eines Privaten(?) an(?) den ἀμφόδου γραμματεύς: *P. Straßb.* I 56, 17 ff. (saec. II/III).

Der Gebrauch des Wortes προσφωνεῖν in Nr. 1 und 2 a—c unserer Liste aus ptolemäischer Zeit zeigt, daß es schon damals in der technischen Bedeutung »eine dienstmäßige, schriftliche Erklärung abgeben« gebraucht wird. Während es sich in Nr. 1 um die Mitteilung eines Untergebenen an seinen Vorgesetzten handelt, ist Nr. 2 a—c von Dienstbefehlen an Untergebene die Rede. Und in dieser Bedeutung lassen sich προσφώνησις und προσφωνεῖν auch noch in römischer Zeit nachweisen: Nr. 11 g unserer Liste enthält eine Anweisung eines κωμογραμματεύς an die ihm unterstehenden πράκτορες ἀργυρικῶν seines Dorfes. Als dienstliche Mitteilung von Amt zu Amt ist auch die προσφώνησις in den drei unter Nr. 5 verzeichneten Urkunden aufzufassen; der ἀρχιδικαστής »übermittelt« auf das Gesuch des »Gläubigers« hin verlautbarte bzw. öffentliche Vertragsurkunden an die βιβλιοφύλακες. Eine dienstliche Mitteilung an einen Privaten liegt in Nr. 17 vor.

In allen anderen, sehr zahlreichen Fällen unserer Liste handelt es sich aber um Rückäußerungen von untergebenen Beamten bzw. Privaten (s. Nr. 26—29)[23]) auf Anfrage oder Befehl von Vorgesetzten bzw. Behörden. Diese προσφωνήσεις haben eine feste Form mit hypomnematischer Adresse, wie auch unser Papyrus. Vollkommen weicht hiervon allein ab, soweit ich sehe, *P. Oxy.* II 237

---

22) In den sonstigen Epikrisis-Eingaben aus Oxyrhynchos steht statt προσφωνῶ: δηλῶ; s. Wilcken, *Grundzüge* 199; *Chrest.* Nr. 216—218.

23) Diese προσφωνήσεις von Privaten unterscheiden sich nicht von den sonstigen Eingaben von Privaten auf behördlichen Befehl; s. bes. Nr. 27.

VIII 2 ff. (s. Nr. 4), wo in Briefform die bloße Darstellung der Tatsachen gegeben wird.

Zwei Hauptschemata, je nachdem es sich rein äußerlich um einen Befehl[24]) oder eine Anfrage (Untersuchung)[25]) handelt, lassen sich unterscheiden. Sie werden ohne sachliche oder zeitliche Unterschiede verwendet:

a. ἐπεστάλην (ἐπετράπην) ὑπὸ σοῦ bzw. παρηγγέλη μοι .... προσφωνῆσαι .... διὸ (διὰ τοῦτο, ὅπερ, ἄπερ) προσφωνῶ: so Nr. 10. 21 a—e. 22. *P. Oxy.* I 53 (s. Nr. 25)[26]).

b. ἐπιζητοῦντι σοί, εἰ ......, προσφωνῶ: so Nr. 11 b. 11 c. 12 b. 23 a–c. 26. *P. Lond.* III 921 p. 134, 7 f. (s. Anm. 11)[27]),

ἐπιζητούσῃ τῇ σῇ ἐμμελείᾳ .... κατὰ τοῦτο δηλῶ .... ὅπερ προσφωνῶ: so Nr. 28,

ἐπερωτώμενος[28]) ὑπὸ σοῦ ... προσφωνῶ: so Nr. 11 a.

c. Ein verkürztes Schema liegt vor in den unter Nr. 25 aufgeführten Urkunden (außer *P. Oxy.* I 53), wo nur προσφωνοῦμεν, und in Nr. 7 (*BGU.* 11), wo nur δηλοῦμεν steht[29]).

Gelegentlich wird die in Form der προσφώνησις erfolgte Erklärung eidlich erhärtet. Dieser assertorische Kaisereid bildet jedoch durchaus kein Essentiale. Wir finden ihn in unserem Papyrus, dem Bericht eines κωμογραμματεύς und der Dorfältesten an den λιμναστής (Nr. 11 c: a. 161). Außer diesem sind uns nur noch zwei προσφωνήσεις des κωμογραμματεύς an einen Vorgesetzten erhalten: in Nr. 11 a (Hadrian) fehlt der Eid, auch in Nr. 11 b (Marcus) scheint mir trotz der lückenhaften Erhaltung[30]) für ihn kein Platz zu sein. Andrerseits läßt der Befehl des βασιλικὸς γραμματεύς an den κωμογραμματεύς in den drei Urkunden unter Nr. 11 c (aus den J. 101 und 138), »eidlichen Bericht erstatten, wie vorgeschrieben«, darauf schließen, daß in dem hier in Betracht kommenden Fall (amtlicher Nachprüfung von Todesfällen) der Eid obligatorisch war. Umgekehrt ist die Tatsache, daß in den Saatdarlehnsquittungen der Staatsbauern (Nr. 18: Pius) das Wort χειρογρα(φία) meist hinzugefügt wird, öfters aber auch fehlt, im entgegengesetzten Sinne zu verwerten. Weiter ist der Bericht des ehemaligen πράκτωρ ἀργυρικῶν an den βασ. γραμματεύς Nr. 16 (a. 151/2) durch Kaisereid bekräftigt; ebenso die drei Auskünfte von Priestern an die oberen Gaubeamten

---

24) Vgl. Nr. 11 f.: ἐκέλευσας προσφωνῆσαι, Nr. 26: κατὰ τὰ κελευσθέντα.

25) Vgl. Nr. 11 d: ἐπεζήτησα.

26) Vgl. Nr. 16.

27) Gelegentlich fehlt jede äußerliche Bezugnahme auf eine προσφώνησις: s. z. B. *P. Fay.* 39 (a. 183, Theadelpheia): ἐπιζητοῦντι σοί ... δηλοῦμεν.

28) Vgl. *P. Flor.* I 91, 24 ff. (s. Nr. 11 h).

29) Vgl. auch die unter Nr. 24 aufgeführten προσφωνήσεις des ἐλαιοχύτης γυμνασίου in Hermupolis Magna: αὐτὸ τοῦτο φανερὸν ὑμῖν ποιῶ ἵν᾽ εἰδῆτε.

30) Das Schema ist etwa: Ἐπὶ τῆς γεινομένης ἐξετάσεως ....[.... ἐγὼ ὁ προγεγραμμένος) κωμογρα(μματεὺς) ἐπὶ παρόντι (so) τῷ δεῖνι καί ...... ἐπιζητ(οῦσιν ὑμεῖν ....].... ἀποδειχθῆναι ......, καθὰ (so) καὶ οἱ πρεσβύτεροι ..... ἐπιζητοῦσ[ιν ὑμεῖν καὶ ἐπερωτῶσι προσεφώνησαν, [προσφωνῶ ....

unter Nr. 23, die alle dem 2. Jahrh. nach Chr. angehören. Von den ärztlichen Attesten unter Nr. 21 enthält nur *BGU.* 647 (a. 130) einen Eid; in allen anderen, soweit sie vollständig erhalten sind, fehlt er, auch in solchen des 2. Jahrhunderts. Während endlich die an den λογιστής τοῦ νομοῦ gerichteten Erklärungen von Handwerkerzünften (s. Nr. 25) aus dem J. 338 unter Eid abgegeben werden, fehlt dieser in der Erklärung des κοινὸν τῶν τεκτόνων aus dem J. 316 (*P. Oxy.* I 53). Zugleich zeigen die Urkunden des Jahres 338, daß auch noch im 4. Jahrhundert der Eid vorkam. — Was die προσφωνήσεις von Privaten betrifft, so ist die Epikrisis-Anmeldung Nr. 27 (a. 86), wie alle uns sonst bekannten, eidlich bekräftigt, desgleichen die beiden Verpflichtungen von Schweinezüchtern unter Nr. 26 (a. 187/8), nicht dagegen der Kostenanschlag des Malers an den λογιστής τοῦ νομοῦ in Nr. 28 (a. 316): hier kann das Fehlen wohl aus dem Charakter der rein geschäftlichen Mitteilung erklärt werden.

Aus dem, was wir über die προσφωνήσεις mit dem Schema ἐπιζητοῦντί σοί, εἰ ...., προσφωνοῦμεν ausgeführt haben, geht schon hervor, daß in unserer Urkunde der κωμογραμματεύς, der zusammen mit vier Dorfältesten seines Dorfes Theadelpheia [31]) einen Bericht an den λιμναστής (ἕκτης) τοπ(αρχίας) Θεμίστου (μερίδος) erstattet, diesem untergeordnet ist. Der κωμογραμματεύς bekleidet eine λειτουργία κώμης [32]), der λιμναστής der 6. Toparchie eine λειτουργία τοπαρχίας [33]). Die Funktionen des letztgenannten sind im 3. Jahrhundert, und zwar bald nach dem J. 225 [34]), auf die Metropolen abgewälzt: im Oxyrhynchites sind sie auf eine aus zwei Mitgliedern des Rates von Oxyrhynchos bestehende, vom Rate gewählte Kommission übergegangen, die bezeichnet wird als αἱρεθέντες .... ἐπὶ ἀναδόσεως σπερμάτων .... ἄνω τοπ(αρχίας) (so *P. Oxy.* VII 1031 = Wilcken, *Chrest.* Nr. 343: a. 228). Entsprechend finden wir im Arsinoites im J. 239 (*P. Flor.* I 21) eine in gleicher Weise bestellte Zweimänner-Kommission für die ganze Θεμίστου μερίς bezeichnet als αἱρεθέντες ... ἐπί τε λιμνασμοῦ [κα]ὶ πεδίων κατασπορᾶς καὶ τῆ⟨ς⟩ τῶν σπερμάτων διαδόσεως.

Neben den λιμνασταί benannten liturgischen Beamten der Toparchie begegnen uns Liturgen der κώμη mit derselben Amtsbezeichnung [35]). Als solchen fasse ich den in einem von Wilcken (*Chrest.* Nr. 392) veröffentlichten Pariser Papyrus des 2. Jahrh. nach Chr., der eine Aufzählung von Liturgen enthält, genannten [λι]μνασ[τής] καὶ κατασπορεύς. Auf die Dorf-Liturgie bezieht sich auch [36])

---

31) Diese Vier bilden nicht etwa das gesamte Kollegium der πρεσβύτεροι von Theadelpheia, ihre Zahl war eine größere: so besteht im *P. Fay.* 39 (a. 183) das Ältesten-Kolleg aus weit mehr als 8 Mitgliedern; sie nennen sich in diesem Berichte τῶν ὀκτὼ καὶ τῶν λοιπ(ῶν) πρεσβ(υτέρων) κώμης Θ. Entsprechend würden wir auch in unserer Urkunde erwarten: τῶν τεσσάρων καὶ τῶν λοιπῶν πρεσβυτέρων. — Literatur zur Geschichte des Amtsnamens πρεσβύτερος s. *Ostr. Nr. 65.*

32) S. *P. Straßb.* I 57 (saec. II).

33) S. meine Ausführungen zu *P. Giss.* I Nr. 58 (Heft 3 S. 5).

34) S. *P. Hamb.* I 19 Einl.

35) Ein nicht näher zu bestimmender λιμνα(στής?) begegnet uns in dem Ptolemäer-Papyrus *P. Teb.* I 209 (76 vor Chr.). Auch über den λιμνίαρχος in einem Privatbrief des 2./3. Jahrh. nach Chr. (*P. Oxy.* I 117, 20) läßt sich nichts sagen.

36) S. auch Jouguet, *Vie municipale* 225.

die Vorschlagsliste von Kandidaten εἰς λι[μνα]στείαν τῆς .... κατασπορᾶς, die der κωμογραμματεὺς Ταλεὶ καὶ ’Ιβίωνος Εἰκοσιπενταρουρῶν *BGU.* 91 (a. 170/1) aufstellt; die Kandidaten haben den geringen, nur auf Dorfliturgen hinweisenden πόρος von 700 bis 800 Drachmen. Die zwei ἐπιμεληταὶ λιμνασμοῦ κώμης Ναβοῶι endlich in dem von Vitelli (*Atene e Roma* VII p. 120 ff.; jetzt = *P. Flor.* III 326) veröffentlichten Heptakomia-Papyrus aus d. J. 117/8 [37]) sind zweifellos mit den λιμνασταὶ κώμης zu identifizieren [38]).

Aus den eben angeführten Urkunden ergeben sich deutlich die Obliegenheiten der λιμνασταί: ihnen liegt ob die Aufsicht und Überwachung nicht nur über die Bewässerung (λιμνασμός, λιμναστεία) [39]) zur Zeit der Überschwemmung, sondern auch über die Besäung (κατασπορά) [40]) des Staatslandes ihres Bezirks durch die Staatsbauern nach der Überschwemmung. Wie sie das dem Besäen vorausgehende Pflügen (αὐλακίζειν: s. Anm. 37) zu beaufsichtigen haben, so die Verteilung der staatlichen Kornvorschüsse für die Aussaat an die einzelnen Staatsbauern, die ἀνάδοσις (διάδοσις) σπερμάτων, ebenso die Aussaat-Arbeiten [41]). Die Funktionen der λιμνασταί, der Bewässerungs-Inspektoren, und der κατασπορεῖς, der Saat-Inspektoren, sind wohl stets in *einer* Hand vereinigt. Sie stellen auch die ›Arbeitsquittungen‹ über die πενθήμερος genannte Damm- und Kanalarbeits-Fronde im Faijum aus; hier liegt ihnen also ebenso die Kontrolle ob [42]). So erklärt es sich mit Wilcken, daß die κατασπορεῖς (= λιμνασταὶ) τοπαρχίας in *BGU.* 12 (= Wilcken, *Chrest.* Nr. 389: a. 181/2) die Stelle der χωματεπιμελήται, Deich-Inspektoren (chomatum curatores), einnehmen [43]).

An den λιμναστὴς τοπαρχίας berichten nun in unserer Urkunde vom 18. Oktober 161 die Dorfbehörden nach der Überschwemmung, inwieweit das Staatsland verpachtet oder ἀγεώργητος ist [44]). Der Bericht fällt sehr günstig aus:

---

37) Es handelt sich um einen Bericht an den στρατηγός des Gaus, in dem sie durch Kaisereid versprechen τὰ ... ἐδάφη πάντα ποιήσιν αὐλακίσεσθαι ὥστε ἕτοιμα εἶναι πρὸς κατασπορὰν ἐν ἡμέραις τρισί. S. zu Nr. 13 a der Liste.

38) Anders Wilcken, *Archiv* III 236 A. 1. — Ein Bericht an den Strategen wird von ihnen in *P. Flor.* III 327 versprochen (s. Nr. 13 a der Liste).

39) Vgl. *BGU.* 1097, 16 (Claudius): καὶ ἠὰν ὁ κρῆρος (sic) λιμνασθῇ, γοργε .. [..]ι (l. γεώργησον) καὶ εὖ αὐτὸν σπεῖρον; *P. Fay.* 110, 11 f. (a. 94): λιμναζέτωσαν ἡμῶν τοὺς κλήρους πάντας; *P. Fay.* 111, 20 (a. 95/96): τὸν λ[ι]μνασμ[ὸν] δ[ί]οξον τῶν [ἐ]λα[ι]ών[ων] τ[ῶν πάντον (sic); vgl. Z. 24; *P. Straßb.* I 10, 11 (a. 268): τὴν λιμνασθεῖσαν γῆν.

40) Vgl. *P. Lond.* II 256 R. S. 97 = Wilcken, *Chrest.* Nr. 344 Z. 4 f.: πάντα τὰ περὶ τὴν [κώμην] ἐδάφηι λιμνά[σαι] καὶ κατασ[πε]ῖρ[αι ....; s. Wilcken, *Archiv* III 236.

41) S. Wilcken, *Chrest.* Nr. 343, 18 Einzelbem. Vgl. *P. Jand.* 27, 23 f. (a. 100/1): κατ[α]σπορεῖ κατελθόντι εἰς τ[ὴν κώ]μην ἐξετά[σ]α[ι] ἐργασαμ[..] . αις ἐγένετο ὑφ’ ἡμῶν ἡ κα[τα]σπορά ....; s. Wilcken, *Archiv* VI 297.

42) S. Wilcken, *Chrest.* Nr. 388; *P. Grenf.* II 53 d; 66; vgl. *Archiv* III 123.

43) Z. 10 f.: ὑπὸ τῶν ἑκάστου τόπου κατασ[πορέων] ὄντων κα[ὶ] χωματεπιμελητῶν; vgl. auch *P. Flor.* III 379, 23.

44) Zum Worte ἀγεώργητος Z. 9 f. 19 vgl. *P. Paris.* 63 VI 168 f. (Ptolem. VI.): παντελῶς ἀγεώργητος περιλειφθήσεται; *BGU.* 530, 21 (saec. I): κτῆμα ἀ.; *P. Jand.* 27, 10 (a. 100/1; s. oben): προσελθὼν ταῖς ... ζ–η ὡς ἀγεωργήτοις οὔ[σ]αις; *P. Oxy.* IV 705, 74 (Severus): τὴν .... γῆν ἀγεώργητον καταλιπεῖν; *P. Cairo byz.* (ed. Maspero) 1 67c05, 20: τὰ κτήματα ἀ. — Vgl. das ἀοίκητος

die gesamte δημοσία γῆ im Dorfbezirk von Theadelpheia⁴⁵) ist in der Hand von Staatsbauern. In Z. 17 f. wird etwa ein Hinweis auf die Qualität des Landes oder wahrscheinlicher die ökonomische Lage der γεωργοί gestanden haben. Was hier berichtet wird, war wohl in normalen Jahren das Übliche auf dem Staatsland von Theadelpheia; ja wir können vielleicht aus einer Anzahl von Urkunden entnehmen, daß im 2. Jahrhundert ein Überfluß an in Theadelpheia heimatberechtigten Bauern vorhanden war. So erkläre ich die Tatsache, daß gerade diesem Dorfe Domanialboden in verschiedenen benachbarten Dorfbezirken von der Regierung zwangsweise durch ἐπιμερισμός »zugeteilt« wurde, um dann durchs Los an Gemeindemitglieder zur Bebauung verteilt zu werden⁴⁶). Von der »Zuteilung« von Staatsland im Dorfbezirk von Theadelpheia an andere Dörfer hören wir dagegen nichts. Wir finden z. B. δημόσιοι γεωργοί aus Th. in Polydeukeia (*P. Flor.* I 20 = Wilcken, *Chrest.* Nr. 359: a. 127; *P. Fay.* 86 a, 10: Marcus/Verus; *P. Fay.* 86, 10: saec. II), in Euhemereia (*P. Jand.* 27: a. 100/1; 30: a. 106; *P. Fay.* 86, 6), in Autodike (*P. Fay.* 86, 20), in Philagris (*P. Jand.* 28: a. 104; 26 a: saec. I/II ?), in anderen Dörfern, deren Name fortgefallen ist (*P. Fay.* 86, 16. 21). — Jedenfalls zeigt unser Papyrus uns das gerade entgegengesetzte Bild wie die von Wilcken ins rechte Licht gesetzten Urkunden aus dem Gau von Mendes, die uns wenige Jahre später eine erschreckende Abnahme der Bevölkerung infolge der Pest und die Landflucht der Überlebenden vor Augen führen⁴⁷).

Auf den Kontext unserer Urkunde folgt Z. 21 ff. das genaue Signalement⁴⁸) des κωμογραμματεύς und der vier Dorfältesten, die Bericht erstatten. Zu vergleichen ist dazu *P. Fay.* 39 (a. 183), eine προσφώνησις von Dorfältesten, gleichfalls aus Theadelpheia (s. Anm. 27 u. 31). Hier folgen auf die bloßen mit ἐπιδέδωκα bzw. συνεπιδέδωκα angeführten Namen der ersten drei Dorfältesten die der übrigen mit ausführlichem Signalement. Auf diese Signalements bezieht sich Z. 26:

BGU. 475, 6. — Zu Z. 19 vgl. *P. Lond.* II 256 R. S. 97 = Wilcken, *Chrest.* Nr. 344 (a. 11) Z. 5 f.: καὶ μηδεμίαν ἄρουραν ἐᾶσαι ἐρ[ημον] ἢ ἄβροχον ἢ ἔγβροχον ....

45) Vgl. *Nr. 12*, 15 ff. mit Einzelbem. 17.

46) S. Wilcken, *Grundzüge* 293 ff.; *Archiv* VI 296 f.

47) S. Wilcken, *Hirschfeld-Festschrift* 123 ff.: *BGU.* 902—905. 976—980; P. Fröhner; dazu jetzt *PSI.* I 101—108; III 229—235.

48) Zum parenthetischen Nominativ οὐλή Z. 21 ff. s. Moulton, *Einl. i. d. Sprache des NT.*, deutsche Ausgabe, 1911, 107. — Literatur zum Signalement s. *Nr. 7*, 5 f. Einzelbem. [In den Signalements der Papyri ist die Formel ὡς ἐτῶν mit folgender Zahlangabe lehrreich für die berühmte Stelle *Luk.* 3, 23 αὐτὸς ἦν Ἰησοῦς ἀρχόμενος ὡσεὶ (ὡς) ἐτῶν τριάκοντα. Obwohl das Alter jedes Ägypters auf Grund der obligatorischen Geburtsanzeigen für Knaben, der mannigfachen ἐπίκρισις-Eingaben, der alle 14 Jahre stattfindenden Volkszählungen genau feststellbar war, wird das genaue Geburtsdatum doch vielen bei ihrem Erscheinen vor dem Notar nicht gegenwärtig gewesen sein. Daher die häufigen runden Zahlen, wie in unserem Papyrus (s. auch *Nr. 12*, andrerseits *Nr. 7. 9*), »rund 40«, »rund 50 Jahre alt«. Man wird die Angabe *Luk.* 3, 23, die ich in diesem Sinne auffasse, danach bei weitem nicht so stark für die Chronologie des Urchristentums verwerten dürfen, wie es wohl häufig geschehen ist. A. D.]

εἰκονισθ(έντες)[49] δι᾽ ε... Θεαδελ(φείας). Das ist ebenso aufzufassen wie *P. Fay.* 36 (= Wilcken, *Chrest.* Nr. 316) Z. 23: Κάστωρ νομογράφος εἰκόνικα....; der νομογράφος, von dem der Kontext herrührt, hat auch das Signalement aufgenommen und geschrieben[50]. Auch in unserem Papyrus liegt es wohl am nächsten an den νομογράφος Θεαδελφείας, den staatlich für das Dorf Th. konzessionierten Urkundenschreiber[51], zu denken; ob δι᾽ ἐ[μο(ῦ) νο(μογράφου)] Θεαδελ(φείας) zu lesen ist, muß dahingestellt bleiben.

[’Ασώ]πωι λιμναστῆι (ἕκτης) τοπ(αρχίας)
  [Θε]μίστου
[παρὰ] Πλουτίωνος κωμογρα(μματέως) καὶ
[Ζωί]λου Πολυδεύκους καὶ ’Οννώ-
5 [φρε]ως Οὔλεως καὶ Σουχίωνος
[Χάρ]μου καὶ ’Αρητίωνος Νάσω(νος)
[πρεσ]βυτέρων κώμη(ς) Θεαδελ(φείας).
[’Επιζη]τοῦντι [σο]ί, εἰ ἡ δη[μο]σία γῆ
[πᾶσα] παρὰ γεωργοῖς ἐ[σ]τι ἢ λεί-
10 [πονταί] τινες ἄρουραι ἀγεώργητοι,
[προσφ]ωνοῦμεν᾽ ὀμνύοντες
[τὴν Α]ὐτοκράτ[ο]ρο[ς] Καίσ[αρος] Μάρκου
[Αὐρηλ]ί[ο]υ ’Αντωνίνου᾽ Σε[β]αστοῦ τύχη(ν)
[καὶ τὴν Α]ὐτοκράτορος Καίσαρος Λουκίου
15 Αὐρηλί[ο]υ Οὐήρου [Σεβ]αστοῦ τύχην

1 Die Ergänzung des Namens ist nur beispielshalber gewählt,
ebenso Z. 6 Anfang. — ϛ το) Pap.   2 Θεμίστου se. μερίδος.

---

49) Vgl. εἰκο(νισθέντες) *Stud. Pal.* IV S. 62/63 passim, S. 75 Z. 593, S. 76 Z. 617, ἀνεικόνιστ(ος) *BGU.* 258, 9 (s. Preisigke, *Fachwörter* s. v.); *Stud. Pal.* II S. 27 Z. 3, εἰκονίσθαι *BGU.* 1199, 2 (4 vor Chr.), sodann *PSI.* III 199, 5 (a. 203): ὁ ἐπιστράτηγο[ς] .... εἰκονίσατο (es handelt sich um die zu den Spielen zu Ehren des Antinoos zugelassenen παῖδες: ‚esaminò ed identificò‘). — Εἰκών, εἰκόνες = Leibesmerkmale, Signalement: *P. Teb.* I 32 (= Wilcken, *Chrest.* Nr. 448), 21; *P. Straßb.* ined. Inv. Nr. 2067 (s. Preisigke, *Girowesen* 39); *BGU.* 1059, 7; 1127, 36; 1131, 22. — Εἰκονισμός = εἰκών: *Mitt. PER.* V S. 87; s. Paul M. Meyer, *Philologus* 1897, 197, vgl. iconismi *P. Oxy.* VII 1022 (= Wilcken, *Chrest.* Nr. 453), 8; εἰκόνισμα Herond. 4, 38. — Εἰκονισμός = Personenstandsaufnahme: *BGU.* 95 Verso; 350, 10; 407 Verso 2(?); 562 (= Wilcken, *Chrest.* Nr. 220), 6; *P. Hamb.* I 15, 12; *CPR.* I 206 I 11 f.; 214, 2; 223, 19; Preisigke, *SB.* 5166, 14 (ergänze μέχρι [τῆς ἐσομένης oder ἑτέρας] εἰκονισμοῦ ἀπογραφῆ[ς]); *P. Berol.* ined. 357 R. III 9; s. Paul M. Meyer aaO. — Εἰκονίζειν = einen Auszug herstellen: *P. Paris.* 65, 11 f.; *P. Flor.* I 57 = III 382, 76, s. dazu Preisigke, *Girowesen* 426, *Fachwörter* 66 s. v. εἰκονίζω; *Dikaiomata* 150 A. 4; anders Mitteis, *Grundzüge* 81; Jörs, *Ztschr. Savignyst. R. A.* XXXIV 119 Anm. 4. Vgl. die εἰκονισταί *P. Oxy.* I 34 Kol. I 12 (= Mitteis, *Chrest.* Nr. 188).

50) Vgl. die analoge Bedeutung des ἐσωμάτισα, ἐσωματίσθη in den Tabellionen-Urkunden der byzantinischen Zeit = »ich habe den Vertragskörper (σῶμα, σωμάτιον) verfaßt und geschrieben«. S. dazu Wenger, *P. Monac.* I 3, 21 Einzelbem. Preisigke, *Fachwörter* 167 s. v. σωματίζω, erklärt das Wort als »verkörpern, insbes. ein Rechts- oder Besitzverhältnis in ein Urkunden-σῶμα hineinverarbeiten, so daß dieses σῶμα der sichtbare, öffentlich-gültige Ausdruck jenes Verhältnisses wird«.

51) S. *P. Hamb.* I Nr. 4, 15 Einzelbem.

4*

πᾶσαν τὴν περὶ τὴν κώμη(ν) δημοσί(αν)
γῆν ε[ἶ]ναι π[α]ρὰ [γ]εωργοῖς . . . . o . .
. . καὶ [. . .] . . . .[.] . . . . νοις π . . .[. . .]
καὶ μη[δεμ]ίαν ⸗ [ἀγε]ώργητον εἶναι ἢ [ἔνο]-
20   χοι εἴη[μ]εν τῷ ὅ[ρ]κωι.
        [Π]λουτίων ὡς ⌐ νη οὐλ(ὴ) ἀστραγάλ(ῳ) ἀριστ(ερῷ),
        Ζώιλ(ος) ὡς ⌐ μ οὐλ(ὴ) ἀντικ(νημίῳ) δεξ(ιῷ),
        Ὀννῶφρις ὡς ⌐ ν οὐλ(ὴ) δακ(τύλῳ) μεγ(άλῳ) χ(ειρὸς) ἀριστ(ερᾶς),
        Σουχίων ὡς ⌐ λη οὐλ(ὴ) δακ(τύλῳ) μεγ(άλῳ) χ(ειρὸς) ἀριστ(ερᾶς),
25   Ἀρητίων ὡς [⌐ .]ε οὐλ(ὴ) ἀντικ(νημίῳ) δεξ(ιῷ),
    εἰκονισθ(έντες) δι᾽ ε . . . . Θεαδελ(φείας).
    ⌐ β̄ Ἀντωνίνου καὶ Οὐήρου τῶν
    κυρίων Σεβαστῶν Φαῶφι κ̄ᾱ.   18. Okt. 161.

17 f. ist fast ganz verwischt oder zerfetzt; auf   Einl. S. 26.   **19** ⸗ = ἄ(ρο)υ(ραν).   **26** S. Einl.
[γ]εωργοῖς folgt nicht δημοσίοις. Zum Sinn s.   S. 27.

Übersetzung. An Asopos den Bewässerungs-Inspektor der 6. Toparchie des
Bezirkes des Themistes von Plution dem Dorfschreiber und Zoilos dem Sohne
des Polydeukes und Onnophris dem Sohne des Ulis und Suchion dem Sohne
des [Char]mos und Aretion dem Sohne des Nason, Dorfältesten des Dorfes
Theadelpheia. Auf dein Ersuchen, ob das Staatsland ganz in Händen von Staatsbauern ist oder einige Aruren unbebaut gelassen sind, erklären wir, indem wir
schwören beim Genius des Imperator Caesar Marcus Aurelius Antoninus Augustus
und beim Genius des Imperator Caesar Lucius Aurelius Verus Augustus, daß das
ganze Staatsland im Dorfbezirk in der Hand von Staatsbauern ist . . . . und . . . . . .
und daß keine Arure unbebaut ist; andernfalls sollen wir verfallen sein dem Eide.

Plution, rund 58 Jahre alt, eine Narbe am linken Fußknöchel, Zoilos, rund
40 Jahre alt, eine Narbe am rechten Schienbein, Onnophris, rund 50 Jahre alt,
eine Narbe am Daumen der linken Hand, Suchion, rund 38 Jahre alt, eine Narbe
am Daumen der linken Hand, Aretion, rund [.]5 Jahre alt, eine Narbe am rechten
Schienbein, aufgenommen durch . . . Urkundenschreiber(?) von Theadelpheia.
Jahr 2 des Antoninus und Verus der Herren Augusti am 21. Phaophi.

Nr. 5—10.   DIE 6475 FAIJUM-GRIECHEN
UND DIE FAMILIENPAPIERE DES ΑΦΡΟΔΙΣΙΟΣ ΦΙΛΙΠΠΟΥ.

Die sechs folgenden Papyri aus der Zeit von Trajan bis Pius bilden einen
Teil der Papiere einer im Faijum angesiedelten Familie. Zu ihnen tritt ein von
Plaumann veröffentlichter Berliner Text (P. 11644: *Archiv* VI 176 ff.) aus der Zeit
des Marcus. Weitere schon veröffentlichte Urkunden, die sich auf dieselbe

Familie beziehen, sind mir nicht bekannt (s. aber Anm. 7). Die Familie gehört der staatsrechtlichen Kategorie der »6475 Faijum-Griechen« an, deren Organisation bis in die erste Ptolemäerzeit zurückreicht und die Hadrian neben den Bürgern von Ptolemais bei der Besiedelung von Antinoupolis verwandte[1]. Plaumann hat die auf sie bezüglichen Zeugnisse[2] aaO. zusammenfassend behandelt und faßt sie wohl zutreffend als πολίτευμα der Faijum-Griechen, das er mit den conventus civium Romanorum vergleicht. In drei Urkunden unserer Gruppe finden wir die Bezeichnung »6475 Faijum-Griechen«. In dem Berliner Papyrus aus der Zeit des Marcus, dem Entwurfe eines δημοσίωσις-Gesuches an den ἀρχιδικαστής, bezeichnet sich Φίλιππος Ἀφροδισίου τοῦ Φιλίππου (s. unten s. 4) als κάτοικος τῶν (verbessert in κατοικοῦντες) ἐν Ἀρσινοείτῃ ἀνδρῶν Ἑλλήνων [ἑξακισχειλίων τετρακοσίων ἑβδομήκοντ[α] πέντε]. In dem Hypomnema an den Epistrategen *Nr. 8* vom Jahre 151 spricht derselbe Philippos von sich und seiner Schwester als Φιλίππου καὶ Χαριτίου ἀμφοτέρων Ἀφροδισίου τοῦ Φι[λίππου κατοίκου] τῶν ἐν τῷ Ἀρσινοίτῃ ἀνδρῶν Ἑλλήνων ⚹-υοε (Z. 2 f.). Das τῶν ἐν τῷ Ἀ. ἀνδρῶν Ἑλλήνων 6475 kann sich nicht auf Charition beziehen, die doch nur als τῶν Ἑλληνίδων[3] bezeichnet werden könnte; wir werden daher den ganzen Passus dem Vater der beiden Geschwister, dem Ἀφροδίσιος Φιλίππου (s. unten s. 3), zuweisen müssen, dementsprechend habe ich κατοίκου ergänzt. In der Steuersubjektsdeklaration endlich vom J. 147 *Nr. 9* wird der 73 Jahre alte Mieter des Hausteiles, Χάρης Ἀταρίου τοῦ Διονυσίου, bezeichnet als κάτοικ(ος) τῶν ⚹-υοε. Seine Mutter heißt Charition, deren Vater Aphrodisios (Z. 6); ihre Zugehörigkeit zur Familie ist zweifellos. Da nun Chares ungefähr gleichaltrig mit dem obengenannten Aphrodisios Philippu (s. unten s. 3) ist, so werden wir seinen Großvater mütterlicherseits, Aphrodisios, mit dem Großvater väterlicherseits unseres Aphrodisios, dem Vater des Φίλιππος Ἀφροδισίου (s. unten s. 2), identifizieren können (s. unten s. 1). Zur Frau hat Chares seine Stiefschwester Herois vom gleichen Vater, deren Mutter κάτοικος ist (Z. 7); ihr gemeinsamer Sohn wird

---

1) S. Kühn, *Antinoopolis* 37 f.

2) Dittenberger, *OGI.* II 663 (a. 60/61): ἡ πόλις ἡ Πτολεμαιέων διὰ τῶ[ν] ἑξακισχιλίων τετρακο[σίων ἑβδομήκ[οντα πέντε . . .; *Stud. Pal.* IV S. 69 Z. 91 f. (a. 72/73): ἐκ [το]ῦ ἀριθμοῦ τῶν ⚹-υοε.
Πτολεμαῖος . [.] . . [. .] ρος τοῦ Ἀπολλωνίδ[ου] [κάτ]οικος τῶν ἐν Ἀρσι[νοίτῃ] ἀ[ν]δρῶν Ἑλλήνων (*P. Teb.* II 566; dazu *Archiv* VI 222: a. 131/132).
Ἡράκλεια Ἑρμοῦτος τοῦ Διδύμου Ἀντινοὶς κάτοικος τῶν ἐν τῷ Ἀρσινοίτῃ Ἑλληνίδων (*P. Berol. ined.* 11664 Z. 27; s. Plaumann, *Archiv* VI 177 f.; Kühn aaO. 88: a. 133) und ihr Mann
Ἡρακλείδης ὁ καὶ Οὐαλέριος Πέρσης τῆς ἐπιγονῆς ἀναγραφόμενος ἐπ' ἀμφόδου Ταμείων (*P. Lond. ined.*; s. Bell, *Klio* XIII 492: a. 122) = Ἡρακλείδης ὁ καὶ Οὐαλέριος Ἡρακλείδου Ἀντινοεὺς ἄποικος τῶν ἐν τῷ Ἀρσινοείτῃ ἀνδρῶν Ἑλλήνων (a. 133: *P. Berol. ined.* 11664 Z. 30 und *P. Lond. ined.* [Deklaration] aaO., wo Bell ἄποικ[ος] Ἀρσι[νοίτου] ἀ. Ἑ. liest). Er, der Perserepigone aus dem Faijum, scheint erst im J. 133 (s. Bell aaO.), wo er Kolonist und Bürger von Antinoupolis wird, nachträglich die Qualifikation als Faijum-Grieche erhalten zu haben. Neben ihm werden die 3 γνωστῆρες in der von ihm an die βουλή von Antinoupolis eingereichten Deklaration ein jeder als Ἀντινο[εὺς] ἄποικ(ος) Ἀρσι[νοίτου] ἀνδρῶν Ἑλλήνων nach Bell bezeichnet.
P. Berol. 11644 (Plaumann, *Archiv* VI 176 ff.: Marcus; s. oben den Text). Dazu kommen die Papyri unserer Sammlung. — Vgl. etwa auch *BGU.* 128 I 3: Τούρ[βωνα Ἕλληνα (a. 189).

3) S. Plaumann aaO. 178.

verzeichnet als ἐπικεκριμ(ένος) ἐν κατοίκοις (Z. 8). Das zeigt, wie sich schon aus den bisher bekannten Urkunden ergab[4]), die nahe Beziehung zwischen den »Faijum-Griechen« und den κάτοικοι. Daß dieses Wort in ptolemäischer Zeit die umfassende Benennung für alle nichtägyptischen, in πολιτεύματα organisierten Militäransiedler war, wie Plaumann aaO. in Erwägung zieht, läßt sich bisher m. E. nicht beweisen. Im 2. Jahrhundert nach Chr. scheint nur das jeweilige Haupt einer solchen Faijumgriechen-Familie, ob Mann oder Frau, beide Bezeichnungen (»Katöke der 6475 Faijum-Griechen«) geführt zu haben, und zwar finden wir sie nur in öffentlichen Urkunden.

Auf Grund unserer sechs Papyri und des Berliner Textes P. 11644 können wir folgendes aus der Familiengeschichte ermitteln, was ich der Betrachtung der einzelnen Stücke vorausschicke:

1. Ἀφροδίσιος, dessen Tod wohl noch in das 1. Jahrhundert nach Chr. fällt, hat zwei aus gleicher Ehe stammende Kinder, Φίλιππος (s. s. 2.) und Χαρίτιον. Diese ist verheiratet mit Ἀταρίας Διονυσίου; aus ihrer Ehe stammt Χάρης (*Nr. 9*, 6; s. oben S. 29).

2. Φίλιππος, der Sohn des unter 1. genannten Ἀφροδίσιος, begegnet uns in *Nr. 5* (Trajan) als Darlehnsgeber, in *Nr. 6*, 12 ff. (Anfang Hadrian) als Darlehnsnehmer. Als Darlehnsempfänger werden in der ersteren Urkunde genannt ein Πέρσης τῆς ἐπιγονῆς und seine Frau Σαρ . . . ια (nicht Σαραπιάς) Ἀφροδισίου Περσίνη. Ist das etwa eine Stiefschwester des Philippos, die einen Persernachkommen geheiratet, dadurch ihr πολίτευμα gewechselt hat und »Perserin« geworden ist? Zu vergleichen sind dazu meine Ausführungen *P. Giss.* I Nr. 36 Einl. S. 7 (zu *P. Grenf.* I 18; auch hier handelt es sich um eine »Griechin«, die durch ihre Heirat »Perserin« geworden ist). — Philippos stirbt zwischen dem 16. Dezember 121 und dem 12. Januar 125 (*Nr. 6*, 5. 14. 22).

3. Sein Sohn und Erbe (*Nr. 6*, 22), Ἀφροδίσιος Φιλίππου, ist am Anfang des Jahres 130 etwa 54 Jahre alt[5]). Er hat Grundbesitz im Dorfe Sethrenpaei der Θεμίστου μερίς des Arsinoitischen Gaus (*Nr. 7*, 7 f. 16). Aus seiner Ehe mit Διδυμάριον stammen zwei Kinder, Φίλιππος und Χαρίτιον; sie sind Erben ihrer Mutter, die unter Hadrian, als sie noch unmündig waren, stirbt (*Nr. 8*, 4—6). Ihr Tod fällt, wie sich aus *Nr. 9* entnehmen läßt, *vor* das Jahr 131/2[6]): danach haben Philippos und Charition bei der Volkszählung für dieses Jahr als Hausvorstände Sklaven und Sklavenkinder deklariert (Z. 13). Sie führen also schon damals einen gesonderten Hausstand, in dem sich auch die Sklaven befinden. Das läßt erstlich auf den Tod der Mutter schließen, sodann auf Trennung von ihrem Vater Aphrodisios. Dieselben Sklaven werden aber bei der nächsten Volkszählung im J. 147 als dem Aphrodisios gehörig bezeichnet (*Nr. 9*, 10) und von diesem als Vertreter des Hauseigentümers in einem Hause deklariert, dessen Mieter der oben-

---

4) S. Plaumann aaO. 182 f.

5) In dem Fragment *Nr. 33* findet sich der Name Ἀ]φροδίσιος [; vielleicht bezieht es sich auf unseren Ἀφροδίσιος.

6) Aus Raumgründen ist *Nr. 8,*4 Schluß ἀπὸ [τρισκαιδεκάτου bis πεντεκαιδεκάτου L (= 128/9 bis 130/1)] ausgeschlossen. Didymarion ist also spätestens im 12. Jahr Hadrians, d. h. 127/128, gestorben.

genannte Χάρης, sein Verwandter, ist (*Nr. 9*, 3. 6. 10—13). Es sind 4 Sklavinnen mit 4 Kindern, die sich also im J. 147 nicht mehr im Besitz der Kinder des Aphrodisios befinden. Aus der Klagschrift *Nr. 8* erfahren wir nun, daß zum Nachlaß der Mutter Didymarion, der den Kindern zufällt, Ackergrundstücke, Hausstellen, sowie vier Sklaven und ihre Nachkommenschaft gehören (Z. 6). Dieser gesamten Nachlaßstücke bemächtigt sich Aphrodisios, der als Liturge in Vermögensverfall geraten war, nach Angabe seiner Kinder widerrechtlich (s. dazu *Nr. 8* Einl.) und nimmt sie für sich in Anspruch (Z. 8—13); ausdrücklich werden die Sklaven Z. 12 und 18 erwähnt. Das läßt sich sehr gut mit den obigen Angaben der Subjektsdeklaration *Nr. 9* vom J. 147 in Einklang bringen. Nach diesem Jahre überträgt dann Aphrodisios die seinen Kindern entrissenen bona materna auf seine jetzige Frau Σαρα[πιὰς ἡ καὶ Ἀ]θηνάριον (*Nr. 8*, 8 f. 12 f.).

4. Hiergegen wenden sich seine Kinder Φίλιππος und Χαρίτιον mit der erwähnten Klagschrift vom 16. August 151 an den Epistrategen L. Trebius Proculus. Vor diesem Jahre hat Philippos, der zugleich als Geschlechtsvormund seiner Schwester fungiert, Staatsliturgien bekleidet (*Nr. 8*, 15: ἐν δημοσίαις χρεία⟨ι⟩ς γεγον[έναι), die ihr Vermögen sehr belastet haben. Eine ihm am 24. November 144 ausgestellte Steuerquittung (*Nr. 10*) zeigt ihn als Grundbesitzer im Dorfbezirk von Theadelpheia (vgl. Anm. 7). — Seine Frau Νείκη ist die Freigelassene eines civis Alexandrinus; sie wird in dem P. Berol. 11644 aus der Zeit des Marcus als Eigentümerin eines Grundstücks genannt.

Stammbaum der Familie [7]).

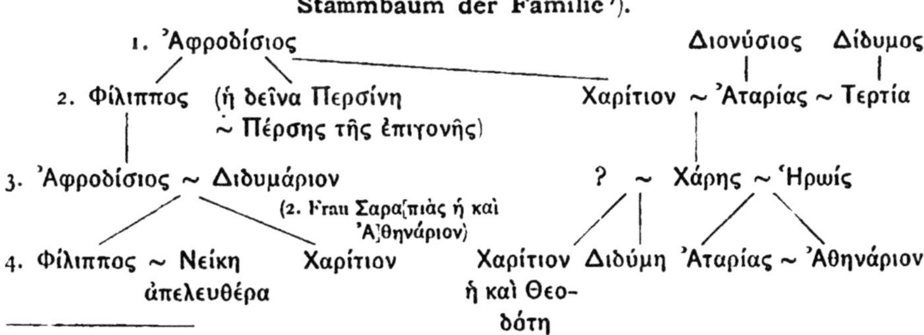

<hr>

7) In einem von Schubart gelesenen, unveröffentlichten Berliner Papyrus, dessen Kollation er mir freundlichst zur Durchsicht überlassen hat (P. 11651) — er enthält eine umfangreiche Grundbesitzerliste von Wein- und Gartenland des Dorfes Theadelpheia etwa aus dem J. 150 nach Chr. —, finden sich viele Namen, die zweifellos unserer Familie angehören: so Ἀφροδίσιος Φιλίππου, Φίλιππος Ἀφροδισίου, Σαραπιὰς Φιλίππου τοῦ Ἀφροδισίου, Ἀταρίας Φιλίππου, Ἀταρίας Διοσκόρου, Ἡρωὶ Ἀταρίου (s. oben Ἡρωὶς Ἀταρίου), Ἡρωὶς Φιλίππου, Θαϊσάριον Φιλίππου τοῦ Ἀταρίου, Σάμβιος Ἀταρίου τοῦ Φιλίππου, Χαρίτιον Χάρητος τοῦ Δημητρίου usw. Besonders charakteristisch ist das häufige Vorkommen des seltenen Namens Ἀταρίας. — In mehreren Faijum-Papyri, die ich vor einigen Jahren flüchtig durchgesehen habe und die m. W. nach Manchester gekommen sind, werden wahrscheinlich auch einzelne Glieder der Familie erwähnt, die sich aber nicht näher identifizieren lassen: so steht in einem nicht datierten Fragment Φίλιπ⟨πος⟩ διὰ Ἀφροδ⟨ισίου⟩ ἀδελ⟨φοῦ⟩, in einer κατ' οἰκίαν ἀπογραφή vom J. 146/7 Πασίων Ἀφροδισίου τοῦ Ἥρωνο⟨ς⟩ μη⟨τρὸς⟩ Διδαροῦτος τῆς Διονυσίου ἰδιώ⟨της⟩ λαο⟨γραφούμενος⟩ 21 Jahre alt; ein Darlehnsvertrag aus dem J. 133/4 nennt einen Ἀφροδίσιος .[... als Darlehnsgeber.

NR. 5. DARLEHNSSCHULDSCHEIN (MIT DER ABREDE TEILWEISER HINGABE AN ERFÜLLUNGSSTATT).

Höhe 11,5, Breite 11 cm.   Faijum.   Trajan.   Die Schrift der Urkunde ist sehr verwischt und nicht leicht lesbar.

Die Urkunde enthält ein notarielles (agoranomisches) Darlehnsschuldanerkenntnis[1]) in Homologieform.   Sie zerfällt in folgende Teile:

1. Kontext, von einem Notariatsschreiber aufgesetzt.   Der obere Teil fehlt, läßt sich aber dem Sinne nach auf Grund von Z. 7—16 ergänzen (1. Hand: Z. 1—6).

2. Subscriptio, von einem Vertreter für die schreibunkundigen ὁμολογοῦντες geschrieben (2. Hand: Z. 7—19).

3. Subscriptio des Darlehnsgebers (3. Hand: Z. 19 f.); er erklärt, daß ihm das Anerkenntnis der Darlehnsnehmer »geworden« ist, d. h. daß er ein Exemplar erhalten hat.   Vgl. *P. Teb.* II 388, 35 f. (a. 98): ὁ δεῖνα γέγονέ μυ ἡ ὁμολογ[ία] καθὼς πρόκιται; *BGU.* 446, 20 (a. 158/9): ὁ δεῖνα γείκονε ἴς με ὁ ἀλαβών (d. i. hier das Anerkenntnis über den Empfang der arrha), καθὸς πρόκιται.   Das in unserer Urkunde vorliegende Exemplar ist danach nicht das dem Darlehnsgeber eingehändigte, sondern das für die Aussteller der Homologie bestimmte. Das Fehlen des ἀναγραφή-Vermerkes (s. *Nr. 13*, 26) beweist nichts dagegen.

4. Kurzes Exzerpt auf dem Verso als Rubrik (4. Hand).

Darlehnsgeber ist Φίλιππος Ἀφροδισίου (s. S. 30 s. 2).   Darlehnsnehmer sind, wie so häufig, ein Persernachkomme und seine Frau Σαρ . . . ια Ἀφροδισίου Περσίνη.   Vielleicht ist diese eine durch ihre Heirat zur Περσίνη gewordene Schwester des Φίλιππος (s. oben S. 30).   Beide haften als Korrealschuldner (ἀλλήλων ἔγγυοι ἴς ἔκτ[ισιν][2]): Z. 9 f.).   Der Mann fungiert zugleich als Geschlechtsvormund seiner Frau.   In ihrem Anerkenntnis bescheinigen sie den Empfang eines verzinslichen Gelddarlehns von 40 Silberdrachmen und des in bar erhaltenen Preises für 1 ½ Artaben Weizen, rückzahlbar und lieferbar im Monat Payni des folgenden Jahres, d. h. nach der Ernte (Z. 11—16).   Im Verzugsfalle ist sogleich außer Verzugszinsen der Darlehnsbetrag mit 50% Zuschlag zu zahlen[3]), dem Gläubiger steht Real- und Personalexekution zu (Z. 2—6).

Der Preis für die 1 ½ Artaben Weizen ist nicht beziffert.   Wir werden also wie in *Nr. 7* und *12* (s. daselbst) auch hier datio in solutum anzunehmen haben. Das Gelddarlehn soll z. T. in Geld (40 Silberdrachmen nebst Zinsen), z. T. in natura (1 ½ Artaben Weizen) zurückerstattet werden.

---

1) S. dazu Schwarz, *Homologie und Protokoll (Festschrift-Zitelmann*), Sonderabzug S. 15 ff.

2) = mutua fideiussione obligati = ἀλληλέγγυοι ὄντες (καὶ ἀλληλανάδοχοι), ἐξ ἀλληλεγγύης (ἀλληλανάδοχοι), ἀλληλεγγύως ὑπεύθυνοι; vgl. *P. Hamb.* I Nr. 2, 9; 5, 6; 23, 6 f. mit Einzelbem., s. auch *Nr. 11*, 6.   3) S. Berger, *Strafklauseln* 118.

Der obere Teil des Papyrus fehlt.

1. Hand. Τρ[α]ι̣[α]νοῦ Κ[αίσαρος τοῦ κυρίου ἄνευ πάσης ὑπερθ(έσεως)]
καὶ εὑρησιλογίας· ἐὰν δ[ὲ] μὴ [ἀποδῶσιν καθὰ γέγραπται],
ἀποτεισάτωισαν παραχρῆμα [μεθ' ἡμιολείας]
καὶ τόκων, τῆς πράξ[ε]ως οὔση[ς τῶι] Φιλίππωι
5 ἔκ τε τῶ(ν) ὁμολογούν̣τ̣ω̣ν καὶ ἐ̣κ̣ τῶ(ν) [ὑπ]αρχόντω(ν)
αὐτοῖς πάντων κ[α]θ̣ά̣περ ἐγ δίκης. Σ . φη κυρία.᾿

2. Hand. Δῖος Πε̣τ̣εαρίου . [. .] . [. .] . . . Πέρσης τ̣ῆς ἐπιγονῆς καὶ ἡ γυνή μο̣υ̣ Σαρ . . . ια Ἀφροδισίου
Περσίνη με[τ]ὰ̣ κ̣υρίου ἐμοῦ ἀλλήλων ἐγ-
10 γύων ἰς ἔκτ[ισιν] ὁ̣μ̣ο̣λογοῦμ[εν] ἔχιν
παρὰ Φιλίππο[υ τ]ο̣[ῦ Ἀ]φ[ροδι]σίου χ̣ρῆσ̣ιν ἔν-
τοκον ἀργυρίου δραχμὰ̣[ς] τεσσαράκοντα
καὶ τιμὴν διὰ χιρὸς πυροῦ ἀρτάβης μιᾶς ἡμίσους μέ[τ]ρῳ δρόμων τετραχουν(ίκῳ)
15 κώ(μης) καὶ ἀποδώσ̣[ομ]ε̣ν ἐμ μηνὶ Παοῖνι
τοῦ ἰσιῶντος [ἔτο]υς καθὼς [π]ρόκιται.
Ἔγραψεν ὑπὲρ α̣ὐτῶν Ἡρακλείδης Σω-
τηρίχου διὰ τὸ μὴ ἰ̣δ̣έ̣ν̣α̣ι̣ αὐτ̣ο̣ὺς
γράμματα. 3. Hand. Φ[ίλιπ]πος Ἀφρο̣[δ]ει[σ]ίου [γ]ε̣ίκο̣(νέν)
20 μυ ἡ ὁμολογί(α) κ̣αθὼς [πρό]κ̣[ειται].

Verso.

4. Hand. Ὁμολ(ογία) Δείου καὶ τῆς γυν(αικὸς) πρὸ(ς) Φίλιππο(ν) δρ(αχμῶν) μ
κα[ὶ] πυ(ροῦ) ἀ(ρτάβης) [αϛ].

Das Gerippe des fehlenden Hauptteiles der ὁμολογία ist etwa das folgende: Datum, Ort. Ὁμολογοῦσιν οἱ δεῖνες τῷ δεῖνι ἔχειν παρ' αὐτοῦ . . . καὶ ἀποδώσειν ἐν μηνὶ Παῦνι τοῦ εἰσιόντος . . ἔτους] Τρ̣[α]ι̣[α̣]νοῦ κτα. 3 l. ἀποτισάτωσαν. 6 am Schlusse ist κυριαᵀ sicher, davor scheint συφη zu stehen: (ἡ) συ(γγρα)φὴ κυρία (ἐσ)τ(ω)? 7 Πε̣τ̣εαρίου ist nicht sicher.

9/10 l. ἔγγυοι εἰς, ἔχειν. 13 l. χειρός. 14 l. τετραχοιν(ίκῳ); -χουν᾿ Pap. 15 l. ἐν μηνὶ Παῦνι (παοιν᾿ Pap.). 16 l. εἰσιόντος; die Jahresziffer ist nicht gesetzt. — l. πρόκειται. 18 l. εἰδέναι. 19/20 l. γέγονέν μοι. — ϛ Pap. = ἡ. Verso ϛ Pap. = δρ(αχμῶν), ⳰ = πυ(ροῦ) ἀ(ρτάβης)᾿, αϛ = 1½.

Übersetzung. (.. Es bekennen D. und S. dem Ph., von ihm zu haben . . . . . und zurückzugeben im Monat Payni des kommenden .. Jahres) Traians des Herrn und Kaisers ohne jeglichen Aufschub und Ausflucht. Wenn sie aber nicht zurückgegeben haben, wie schriftlich bedungen ist, sollen sie sogleich anderthalbfach und mit Zinsen zahlen, indem dem Philippos zustehen soll die Zwangsvollstreckung sowohl gegen die Anerkennenden als ihr ganzes Vermögen gleichwie auf Grund eines gerichtlichen Urteils. (Die Vertragsurkunde soll) gültig (sein). (2. Hd.) Ich Dios Persernachkomme und meine Frau S., Tochter des Aphrodisios Perserin unter Mitwirkung von mir als Geschlechtsvormund, wir erkennen an, wechselseitig für einander Bürgschaft leistend hinsichtlich der

Zahlung, zu haben von Philippos dem Sohne des Aphrodisios ein verzinsliches
Darlehn von 40 Silberdrachmen und ein Bargeld-Äquivalent für 1 $^{1}/_{2}$ Artaben
Weizen gemessen mit dem Vierchoinikenmaß, wie es auf dem Platz vor dem
Dorftempel im Brauch ist, und wir werden die Rückgabe leisten im Monat Payni
des kommenden Jahres, wie oben ausgeführt ist. Es hat für sie geschrieben
Herakleides Sohn des Soterichos, weil sie nicht schreibkundig sind. (3. Hd.)
Philippos Sohn des Aphrodisios: mir ist das Anerkenntnis geworden wie oben
ausgeführt.

(Verso) Anerkenntnis des Deios und seiner Frau an Philippos über (den
Empfang von) 40 Drachmen und 1 $^{1}/_{2}$ Artaben Weizen.

Einzelbemerkungen.

1 f. Vgl. u. a. *Nr.* 7, 17; *BGU.* 190 fr. 2 Z. 2; 272, 10; 1143, 19 f.; *P. Gen.* 8, 19 f.;
P. Hamb. I 21, 7 f.; *P. Teb.* II 388, 21 f.; *P. Lond.* III 999 p. 270, 14 usw.

3 f. Zu [μεθ᾽ ἡμιολείας (dazu Berger, *Strafklauseln* 15 ff.)] καὶ τόκων (= Verzugszinsen) s. Berger aaO. 118.

4 f. Zur Zwangsvollstreckung und Exekutivklausel s. statt aller Mitteis, *Grundzüge*
19 f. 44 ff. 119 ff.

9 Zur Geschlechtsvormundschaft über Frauen im griech.-röm. Ägypten s. Wenger,
Stellvertretung 173 ff.; E. Weiß, *Archiv IV* 78 f.; Mitteis aaO. 251 f.; Tauben-
schlag, *Vormundschaftsrechtliche Studien*, 1913, 72 ff.

11 f. Zur Höhe der Vertragszinsen in den Papyri s. Billeter, *Gesch. des Zinsfußes* 229 ff.;
Mitteis aaO. 118. — Die üblichen Vertragszinsen bei Gelddarlehn in Papyri der
römischen Zeit betragen 12% im Jahr (1% im Monat = δραχμιαῖοι τόκοι,
ἡ νομίμη ἑκατοστή, .usurae centesimae). Über ihre Höhe in ptolemäischer
Zeit sind wir schlecht unterrichtet. Die aus dem Ausgang des 2. vorchristlichen
Jahrhunderts stammenden Gelddarlehnsverträge aus Pathyris in Oberägypten
sind alle kurzfristig und zinslos (ἄτοκα). Auch *P. Grenf.* I 20 bildet keine
Ausnahme; hier ist Z. 8 f. nicht mit Grenfell, Wessely (*Wochenschr. f. kl. Phil.*
1896, 1140), Billeter (aaO. 112) zu ergänzen 1 Tal. 4000 Drachmen [τόκ᾽ου)]
ὡς [τῆς μ]νᾶς πέν[τε δραχμῶν (= 60% jährlich) bzw. ὀβολῶν (= 10% jährlich),
sondern vielmehr (nach *P. Grenf.* II 18, 9 f.) ἄτοκ]α ε[ἰς μῆ]νας πέν[τε; vgl.
Z. 10: ἀπὸ Φαῶ]φι ἕως Μεχεὶρ λ... Doch haben wir es hier zweifellos mit
lokalen Gepflogenheiten zu tun. In dem aus dem Anfange des 2. Jahrh. vor Chr.
stammenden Faijum-Papyrus *P. Hamb.* I 28 betragen z. B. die Jahreszinsen 24%.
Ein verzinsliches Darlehn liegt vor im *Ostr. Nr. 60.* — Justinian schreibt als
gesetzlichen Maximal-Zinssatz, der aber in der Praxis häufig überschritten wurde,
je nach dem Stande des Darleihers 4 bis 12% jährlich vor (s. *Cod. Iust.* 4, 32,
26 § 2; *Nov. Iust.* 136, 4). **13** S. die Einl.

14 f. Zum μέτρον δρόμων τετραχοίνικον κώμης s. Wilcken, *Ostr.* I 750 f. 770 f.;
Waszyński, *Bodenpacht* 111; *P. Hamb.* I 5, 18 Einzelbem.; 55, 15 Einzelbem.
S. auch *Nr.* 7, 11 f. **19 f.** S. die Einl.

Nr. 6. GESUCH AN DEN ΑΡΧΙΔΙΚΑΣΤΗΣ UM VERLAUTBARUNG EINES BANK-SCHECKS UND ZUSTELLUNG AN DEN ERBEN DES AUSSTELLERS NEBST ERLEDIGUNG DES GESUCHES.

Höhe 33,7, Breite 12 cm; unten freier Raum von 5 cm.   Faijum.   12. Januar 125 nach Chr.

Um einem Handschein (χειρόγραφον) die materiellrechtlichen Vorteile[1]) der Publizität zu verschaffen, bedarf es der Verlautbarung bei den beiden alexandrinischen Archiven (δημοσίωσις im engeren Sinn)[2]) oder seiner Erhärtung (Bestätigung) durch die Aufnahme in eine vor einem öffentlichen Notariatsamt errichtete und an das Lokal-Registeramt eingereichte Urkunde (ἐκμαρτύρησις)[3]). Für uns kommt hier nur die δημοσίωσις im engeren Sinne in Betracht.

An die Verlautbarung kann, aber braucht sich nicht anzuschließen die Zustellung des verlautbarten Handscheins seitens des »Gläubigers« (Destinatärs) an den »Schuldner« (Aussteller des Handscheins) durch Vermittelung des Strategen seines Gaues. Falls die Zustellung erfolgt, bedeutet sie keineswegs immer die Einleitung zum gerichtlichen Zwangsvollstreckungsverfahren[4]), dessen Voraussetzung stets eine verlautbarte (oder öffentlich beglaubigte) Exekutivurkunde bildet.

Das Verlautbarungs- und Zustellungsverfahren[5]) kennen wir vor allem aus den beiden, die Durchführung begehrenden Eingaben des »Gläubigers«: einem Gesuch an den alexandrinischen ἀρχιδικαστής und einem solchen an den Gaustrategen des »Schuldners«. Das (persönlich oder durch einen Vertreter überreichte) Gesuch an den ἀρχιδικαστής enthält eine vollständige Abschrift des zu verlautbarenden Handscheins; zugleich wurde das Original in einfacher oder doppelter Ausfertigung übergeben. Das (in gleicher Weise überreichte) Gesuch an den Strategen enthält eine Abschrift des Gesuches an den ἀρχιδικαστής (einschließlich des Handscheins) nebst der Erledigung durch sein Büro (ZustellungsVerfügung an den Strategen). Der Stratege erledigt das an ihn gerichtete Gesuch durch Zustellungs-Verfügung an einen Amtsdiener.

---

1) Hierum handelt es sich, nicht um die prozessuale Produktionsfähigkeit des χειρόγραφον, die auch so vorhanden ist; das haben Schwarz, *Homologie und Protokoll (Festschrift-Zitelmann)*, Sonderabzug S. 49 A. 1 und besonders Jörs, *Ztschr. Savignyst. R. A.* XXXIV 143 ff. dargelegt.   S. auch *P. Lond.* Inv. Nr. 1891 (= *P. Jouguet* 2 bei Kühn, *Antinoopolis* S. 143 f.) und Lewald, *Vierteljahrsschr. f. Sozial- u. Wirtschaftsgesch.* XII 476 zu Kol. II 14 f. dieses Papyrus.

2) S. statt aller Jörs aaO. 108 ff., der die gesamte frühere Literatur aufführt.

3) S. Jörs aaO. 122 ff.

4) So schon Koschaker, *Ztschr. Savignyst. R. A.* XXIX 27; Schwarz, *Hypothek und Hypallagma* 86 A. 1; Mitteis, *Chrest.* S. 247 Anm. 1; Jörs aaO. 154 f.

5) S. Koschaker aaO. 7 ff.; Preisigke, *P. Straßb.* I 108 f.; *Girowesen* 294 ff.; Schwarz aaO. 76 f.; Mitteis, *Grundzüge* 82 ff. 124 ff.; Jörs aaO. bes. 115 f.

Hierhergehörende Urkunden, die nur das Gesuch an den ἀρχιδικαστής enthalten, sind *BGU*. 455 (saec. I); 717 (a. 149); *P. Lips.* I 10 (= Mitteis, *Chrest.* Nr. 189: a. 240); *P. Oxy.* IX 1200 (a. 266)[5a]). Zu ihnen tritt unser Papyrus vom J. 125 nach Chr. Sehen wir zuerst von diesem ab, so finden wir nur im *P. Oxy.* IX 1200 die Erledigung seitens des ἀρχιδικαστής-Amtes dem Gesuche hinzugefügt (s. Z. 1—4. 56); die übrigen Urkunden repräsentieren (von *einer* Hand geschriebene) inoffizielle Abschriften des Gesuches. Alle aber bezwecken allein Verlautbarung des Handscheins[6]); das Petitum[7]) von *P. Oxy.* IX 1200, *P. Lips.* I 10, *BGU*. 717 ist erhalten, es fehlt in *BGU*. 455 (s. jedoch die Verso-Aufschrift). Von einem Gesuch um Zustellung an den Aussteller des Handscheins ist keine Rede.

Anders verhält es sich nun mit dem in unserem Papyrus vorliegenden Gesuch an den ἀρχιδικαστής. In dem Petitum folgt auf das συνκαταχωρίσαι τῷδε τῷ ὑπομνήματι (Z. 29 ff.): καὶ γράψαι τῷ .... στρατηγῷ μετ[α]δοῦναι [τού]-του ἀντίγραφον τῷ ᾽Αφροδεισίῳ παρόντων φίλων δύο[8]), ἵν᾽ εἰδῇ ἐν δημοσίῳ γε-[γ]ονὸς τὸ ἐπί[σ]ταλμ[α] καὶ ποιήσηταί μοι τὴν ἀπόδοσιν. Nach vollzogener Verlautbarung soll die mit der Erledigung des ἀρχιδικαστής-Amtes versehene, die Abschrift des ἐπίσταλμα enthaltende Eingabe abschriftlich durch den Strategen dem *Erben*[9]) des »Schuldners« zugestellt werden. Da das ἐπίσταλμα, auf das unten näher einzugehen ist, keinen Exekutionstitel darstellt, kann von einer durch die Zustellung bewirkten Einleitung des Vollstreckungsverfahrens keine Rede sein[10]). Zweck der Zustellung ist vielmehr die Mitteilung der Verlautbarung mit ihren materiellrechtlichen Folgen und ein (dem modernen Mahnverfahren entsprechender) Zahlungsbefehl an den Erben des Schuldners[11]).

5a) Nicht in Betracht kommt der fragmentierte Entwurf eines δημοσίωσις-Gesuches im Berliner Papyrus P. 11644 (s. S. 28 f.), von dem nur der Anfang erhalten ist. (Korr.-Zusatz.)

6) Nur *P. Oxy.* IX 1200 enthält neben dem Gesuch um δημοσίωσις ein solches um προσφώνησις an die ἐγκτήσεων βιβλιοθήκη. Die προσφώνησις bezweckt Mitteilung der vollzogenen δημοσίωσις des Kaufvertrags-Handscheins an das »Grundbuchamt«, damit dieses die Umbuchung auf den Namen des Käufers vornehmen kann. S. *Nr. 4* Einl. S. 19.

7) Ich führe das mit *P. Lips.* I 10 ziemlich übereinstimmende Petitum von *P. Oxy.* IX 1200 an (Z. 44 ff.): βουλόμενος δὲ .... μοναχὴν (ἀσφάλειαν) ἐν δημοσίῳ γενέσθαι .... ἀξιῶ .... συνκαταχωρίσαι αὐτὴν τῷδε τῷ ὑπομνήματι εἰς τὴν ῾Αδριανὴν βιβλιοθήκην, τὸ δὲ ἴσον εἰς τὴν τοῦ Ναναίου πρὸς τὸ μένιν μοι τὰ ἀπὸ αὐτῆς δίκαια ὡς ἀπὸ δημοσίου χρηματισμοῦ ἕνεκα τοῦ εὐδοκηκέναι (sc. der Schuldner) τῇ δημοσιώσει. Es folgt ein zweites, auf die προσφώνησις bezügliches Petitum (s. vorige Anm.).

8) S. dazu die Einzelbem. 31 f.

9) Vgl. Schwarz aaO. 87 Anm. 1.

10) Ob *P. Lips.* Inv. Nr. 610, von dem Koschaker aaO. 27 Anm. 3 ein Bruchstück des Petitum an den ἀρχιδικαστής mitteilt, nur eine Eingabe an den ἀρχιδικαστής oder eine solche an den Strategen ist und ob der Papyrus nach dem Gesuch um Zustellung an die Erben des Schuldners (wie in unserer Urkunde!) noch einen Hinweis auf die Einleitung des Vollstreckungsverfahrens enthält, läßt sich aus dem Mitgeteilten nicht ersehen.

11) Der technische Ausdruck für einen solchen Zahlungsbefehl, d. h. der amtlichen Zustellung eines Zahlungsauftrages des »Gläubigers«, ob es sich um Einleitung des Zwangsvollstreckungsverfahrens handelt oder nicht, ist διαστολικόν (sc. ὑπόμνημα). Zur allgemeinen Bedeutung des Wortes = »Zustellung einer Zuschrift« (so auch »Giroanweisung, Scheck«: s. unten S. 38) vgl. Koschaker aaO. 29 f.; Preisigke, *Girowesen* 119 A. 6; Schwarz aaO. 116; Mitteis, *Grundzüge* 124.

Bei allen Eingaben an den Strategen[12]) ist natürlich das Zustellungsgesuch des verlautbarten Handscheins an den »Schuldner« das Essentiale; um Einleitung des Vollstreckungsverfahrens handelt es sich in *BGU*. 578 (= Mitteis, *Chrest.* Nr. 227: a. 189) und *P. Flor.* I 68 (a. 172), wohl auch *BGU*. 231 (Hadrian)[13]), nicht dagegen im *P. Oxy.* IV 719 (a. 193) und wohl auch nicht im *P. Flor.* I 40 (a. 162/63)[14]).

Wenden wir uns nun der speziellen Betrachtung unseres Papyrus zu. Er zerfällt in vier Teile:

1. Zustellungsverfügung des ἀρχιδικαστής-Amtes: Z. 1—6; Hand eines Kanzleischreibers (s. 3.) = 1. Hand; 12. Januar 125.

2. Gesuch an den ἀρχιδικαστής um Verlautbarung und Zustellung, enthaltend die Abschrift des zu verlautbarenden ἐπίσταλμα (Z. 13—20) vom 16. Dezember 121: Z. 7—34: Hand eines Urkundenschreibers = 2. Hand.

Allen sonst bekannten Gesuchen um Verlautbarung liegt eine unmittelbar an den Gegenkontrahenten gerichtete Erklärung des Ausstellers des Handscheins, der der Publizität mit ihren Folgen entbehrt, zugrunde. Hier ist die zu verlautbarende Urkunde eine seitens des Darlehnsschuldners an einen Bankhalter gerichtete Anweisung, dem Gläubiger Rückzahlung zu leisten. Die Anweisung ist datiert vom 16. Dezember 121, die Rückzahlung ist fällig und soll erfolgen am 30. Payni des Jahres, d. h. am 24. Juni 122. Der anweisende Darlehnsschuldner ist Φίλιππος Ἀφροδισίου (s. S. 30 s. 2). Darlehnsgeber, dem der Betrag der entliehenen Summe von 248 Silberdrachmen zurückgegeben werden soll, ist Ἥρων Ἰσχυρίωνος; es liegt eine χρῆσις ἄτοκος (δάνειον ἄτοκον), ein zinsloses Darlehn, vor, wie wenigstens der Wortlaut besagt[15]). Die Anweisung wird (Z. 12. 24. 33) bezeichnet als ἐπίσταλμα (= Auftrag, speziell Zahlungsauftrag). Dem ist an die Seite zu stellen das ἐπίσταλμα im *P. Flor.* I 61 (= Mitteis, *Chrest.* Nr. 80: a. 85), das zugleich als χειρόγραφον bezeichnet wird. Nach unserer Urkunde werden wir auch dies als Zahlungsauftrag (in Form eines Handscheins) aufzufassen haben, und zwar des Darlehnsschuldners an seinen Sklaven und

---

12) S. oben S. 35; Hauptliteratur Koschaker aaO. 22 ff.; Schwarz aaO. 76 f. 86; Mitteis, *Grundzüge* 122 ff.

13) *BGU*. 578 (= Mitteis, *Chrest.* Nr. 227) ist allein vollständig erhalten, er enthält auch die Erledigung des Gesuchs durch den Strategen; das Petitum des Gesuches an den ἀρχιδικαστής lautet (Z. 17 ff.): ἀξιῶ ... [σ]υνκαταχ[ωρί]σαι .... καὶ συντάξαι γράψαι τῷ .... στρατηγῷ μ[ε]τ[αδ]ῶναι τούτου ἀντίγρα[φον) dem Schuldner, ὅπως ποιήσηταί μοι τὴν ἀπόδοσιν .... ἢ εἰδῇ ἐσομένην μοι τὴν π[ρᾶξιν] ἐξ ὑπαρχόντω[ν αὐ]τοῦ, ἀφ' ὧν ἐὰν τελιώσω ἐνεχυρασίας γραμμάτων .... Der fragmentierte *P. Flor.* I 68 gibt in Z. 13 ff. auch die Zustellungsvermerke der drei Schuldner und des Amtsdieners. In *BGU*. 231 enthält Z. 1 Reste der Erledigung durch den Strategen. Der zugrunde liegende Handschein ist in allen drei Papyri eine Darlehnsurkunde, also eine Exekutivurkunde.

14) In beiden Papyri ist das χειρόγραφον δεδημοσιωμένον eine Kaufurkunde. S. zur Frage der Zustellung Jörs aaO. 154 f. Der Endzweck war hier wohl die Verbuchung durch die βιβλιοφύλακες ἐγκτήσεων.

15) Z. 15 f.: τὰς ἴσας ὧν εὐχρήστημαι .... δραχμάς; vgl. als Parallelen *BGU*. 1063 (a. 100; Preisigke, *Girowesen* 206); *P. Gen.* 2, 4 f. (saec. III; Preisigke aaO. 209); *BGU*. 1064. 9 (etwa a. 278; Preisigke aaO. 204).

Geschäftsführer[16]). Dieser hatte sich dann durch Unterschrift unter dem Zahlungsauftrag zur Leistung gegenüber dem Gläubiger verpflichtet, eine Leistung aber war nicht erfolgt (Z. 38 ff.)[17]). Zu vergleichen ist auch der Ausdruck ἐπιθήκη in *BGU.* 1064[18]). Der sonst für Anweisungen im Bank- wie im Speicherverkehr[19]) in den Papyri übliche Ausdruck ist διαστολικόν, ob es sich nun um eine »Giroanweisung« oder um einen »Scheck« handelt[20]). Sprachlich sowohl wie inhaltlich wurde kein Unterschied gemacht; die Giroanweisung geht unmittelbar dem als Adressaten genannten »Bezogenen«, d. h. der Bank oder dem Speicher, zu, der den Betrag dem Zahlungsempfänger gutschreibt; der Scheck wird dem Zahlungsempfänger ausgehändigt, der seinerseits den »Bezogenen« um Zahlung anzugehen hat[21]).

Auch unser ἐπίσταλμα kann für sich betrachtet sowohl als Giroanweisung wie als Scheck aufgefaßt werden. Aus dem Zusammenhang geht aber hervor, daß hier ein Scheck vorliegt; es ist vom Aussteller Φίλιππος nicht der Bank, sondern dem Darlehnsgläubiger Ἥρων, d. h. dem Zahlungsempfänger, ausgehändigt. Darauf weist schon das τοῦ προειμένου μοι ἐπιστάλματος hin, wie es Z. 11 f. entsprechend dem τοῦ προειμένου μοι χειρογράφου in den Gesuchen um Verlautbarung eines Handscheines heißt; noch mehr die Tatsache, daß Ἥρων überhaupt in der Lage ist, die Urschrift dem ἀρχιδικαστής einzureichen, nachdem der zahlungsanweisende Φίλιππος gestorben ist, ohne daß Begleichung der Schuld stattgefunden hat (Z. 21 f.)[22]). Auch die Parallelurkunde *BGU.* 1063[23]) werden wir danach wohl eher als Scheck wie als Giroanweisung ansehen können.

Der ihm eingehändigte Scheck ist das einzige, ein Schuldanerkenntnis des Φίλιππος enthaltende Dokument, das Ἥρων in Händen hatte und behalten hat, da die Bank die 248 Drachmen nicht ausgezahlt hat. Nachdem Φίλιππος gestorben und über drei Jahre seit Ausstellung des Schecks verflossen sind, reicht er ein Gesuch um Verlautbarung beim ἀρχιδικαστής ein zwecks Geltendmachung seiner Forderung gegenüber dem Erben des Φίλιππος, seinem Sohn Ἀφροδίσιος (s. oben S. 30 s. 3). Schuldverjährung tritt nach dem ägyptischen

---

16) Vgl. etwa *P. Gen.* 2; s. Anm. 28.

17) Τὸ μὲν ἐπίσταλμα τοῦ πατρὸς τούτου ἐστίν· προστάτης (= praepositus, institor) δὲ ὢν ὁ δοῦλος ὑπέγραψεν ὅτι μετρήσει, οὐδὲν δὲ μεμέτρηκεν ἅπαξ ἀπὸ τοῦ ἐπιστάλματος. So erkläre ich die Stelle abweichend von Wilcken, *Archiv* IV 447; Partsch, *Bürgschaftsrecht* 122 f. Rabel bei Partsch aaO. 123 faßt ἐπίσταλμα ganz richtig als Anweisung des Herrn an seinen Sklaven; nur inbezug auf seine Auslegung des ὑπέγραψεν weiche ich von ihm ab. Mitteis (*Chrest.* Nr. 80, 38 Bem.) stimmt im ganzen Rabel zu. Partsch weist dann aaO. 316 Anm. 1 zur Stütze von Rabels Ansicht auf das τὰ ἐπεσταλμένα ποιεῖν, »Honorierung des Akkreditivs durch den Beauftragten«, bei Isokr. *or.* 17, 37 hin.

18) S. Preisigke aaO. 204 und *Fachwörter* S. 84 s. v.

19) Eine Giroanweisung an den Staatsspeicher enthält *Ostr. Nr. 56.*

20) S. Preisigke aaO. 119. 128. 203. 209; vgl. oben Anm. 11.

21) S. Preisigke aaO. 1 ff.

22) Aus welchem Grunde die Bank den ihr zweifellos am 30. Payni 122 präsentierten Scheck nicht honoriert hat, muß dahingestellt bleiben. Am wahrscheinlichsten ist es, daß das Guthaben des Φίλιππος bei der Bank erschöpft war.

23) S. Preisigke aaO. 206.

Provinzialedikt für Peregrine erst nach 5 bzw. 10 Jahren ein (s. *P. Flor.* I 61 = Mitteis, *Chrest.* Nr. 80, 45 ff.). Das übliche im griechischen Recht ist fünfjährige Klagenverjährung; sie wird in dem angeführten Florentiner Papyrus ausdrücklich für die Konventsstädte festgesetzt, zu denen ja auch Arsinoe zu rechnen ist[24]).

Wie hier in unserer Urkunde Verlautbarung (δημοσίωσις) eines Bankschecks vorliegt, so wahrscheinlich in *BGU.* 1155 (Mitteis, *Chrest.* Nr. 67: 10 vor Chr.), 15 f. ἐκμαρτύρησις[25]) eines solchen: der Aussteller ›erhärtet‹ die als πιττάκιον bezeichnete Urkunde durch mehrere συγχωρήσεις[26]) und stellt diese dem Gläubiger zu; nach seinem Tode reicht dieser beim ἀρχιδικαστής eine Klageschrift gegen seine Erben ein, ἀπαίτησιν ποιούμενος[27]). Auch *BGU.* 1167 I 3 ff. (12 vor Chr.) scheint πιττάκιον einen Scheck, eine Anweisung auf die Bank betreffend Rückzahlung einer Darlehnssumme zu bezeichnen[28]).

Die Überreichung[29]) des Schecks und Gesuches in Alexandreia findet statt durch den Bevollmächtigten des Gläubigers Πτολεμαῖος Ἐπιμάχου τοῦ καὶ Ἑρμίου τοῦ Διδύμου, einen civis Alexandrinus. Dieser erhärtet daselbst die Echtheit der Schrift des Philippos in der Anweisung durch einen unter das Original gesetzten schriftlichen Kaisereid (Z. 24 ff.)[30]). Das geschieht vor dem Abteilungs-Büro des καταλογεῖον (s. unten).

3. Eigenhändige Subscriptio eines Untergebenen des ἀρχιδικαστής: Z. 35—37 = 3. Hand; 12. Januar 125. Das gemeinsame Datum von 1. und 3. (s. Anm. 32) zeigt, daß es sich nur um den ἀρχιδικαστής oder einen seiner Untergebenen handeln kann. Der ἀρχιδικαστής selbst wird durch das ἐσημει[ωσάμ]ην von 4. Hand Z. 38 ausgeschlossen. In Betracht kommt m. E. mit ziemlicher Wahrscheinlichkeit der Vorstand des u. a. mit der Prüfung (διαλογή) der Urkunden

---

24) S. Mitteis, *Ztschr. Savignyst. R. A.* XXVII 225 ff.; *Chrest.* Nr. 80 Einl.; Wilcken, *Archiv* IV 446 f. — Zu Arsinoe als Konventsstadt s. Wilcken aaO. 397 ff.

25) S. oben S. 35.

26) Z. 11 ff.: ἅσπερ ὀφίλεσθαι αὐτῷ ἔγραφεν ὑπὸ τοῦ μετηλλαχότος .... Πρωτάρχου .... ἀφ’ οὗ προίκατο οὗτος πιττακίου μεμαρτυρημένου δὲ δι’ ὧν ἀνήνενκεν ὁ Πρώταρχος συνχωρήσεων.

27) S. Jörs aaO. 123. 129 f. Zur Urkunde im allgemeinen s. Schubart, *Archiv* V 63.

28) [Συνχ]ωρε(ῖ) Ἑρμί(ας) ἀγαδιδόναι(?) ὅ προείκατο [εἰ]ς αὐ(τὸν) ὁ Φιλ[άργυρος) .... ψιλ[ὸν) πιττάκιο(ν) διὰ τῆ[ς) Ἑρμίου τραπ(έζης) ἀργυρίου (δραχμῶν) χ........ ἀπεσχη[κέναι) .... ταύτας ..... Zum ψιλ[ὸν) πιττάκιο(ν) ist etwa das ψιλὸν δάνιον, ein nicht hypothekarisch gesichertes Darlehn, in *P. Hamb.* I 14, 14 zu vergleichen; s. meine Bemerkungen daselbst S. 55 Anm. 3. — Im *P. Gen.* 2 bedeutet πιττάκιον wohl eher Auftrag zur Zahlung einer Schuld an einen Gutsverwalter; s. Wilcken, *Archiv* III 380; Preisigke, *Girowesen* 209 f. In der Bedeutung ›Schuldschein‹ wird das Wort gebraucht, ohne daß der rechtliche Charakter zu erkennen ist, im *P. Lond.* III 1007 p. 262 f.; *P. Gen.* 62, 18; *P. Oxy.* I 136. 137. 153. VIII 1131, 18: Zum sonstigen Gebrauch s. Schubart, *BGU.* 1167, 4; Kornemann, *P. Giss.* I 13, 9 Einzelbem.; Preisigke, *Fachwörter* s. v. Vgl. auch *Berl. phil. Wochenschr.* 1915, 1004 f.

29) S. dazu Mitteis, *Grundzüge* 38. 84 Anm. 5; 124; Jörs aaO. 115.

30) .... Αὐθεντικὸν ἐπίσταλμα .... ὑποκεχειρογραφημένον ὑπὸ τοῦ διαπεσταλμένου ὑπ’ ἐμοῦ ....περὶ τοῦ εἶναι ἰδιόγραφον τοῦ Φιλίππου. S. dazu Jörs aaO. 115 A. 6; 109. Zum ὑποκεχειρογραφημένον (s. Wilcken, *Archiv* II 46 A. 1; III 115. 236 f.) vgl. bes. *P. Oxy.* IV 719. 33.

im ἀρχιδικαστής-Amte betrauten Abteilungsbüros, des καταλογεῖον[31]). Auf diese Tätigkeit weist sein Amtstitel ὁ πρὸς τῇ δια‚λογῇ) ⟨τ(ῆς) πόλ(εως)⟩ im *P. Oxy.* IX 1200, 4 und in einem unveröffentlichten Paralleldokument aus Oxyrhynchos hin, ebenso οἱ πρὸς τῇ διαλογῇ τῆς πόλεως im *P. Lips.* I 10 (= Mitteis, *Chrest.* Nr. 189) II 32 f. Einer der im *P. Oxy.* I 34 (= Mitteis, *Chrest.* Nr. 188) II 3 genannten οἱ καλούμενοι ἐπὶ τῆς διαλογῆς τῶν κατὰ καιρὸν ἀρχιδικαστῶν [γρα]μματεῖς (= γραμματεῖς καταλογείου) ist es, der die als Superscriptio am Kopfe des Gesuchs stehende Erledigung (s. 1.) im Namen des ἀρχιδικαστής schrieb (oft auch im Namen des Abteilungsvorstandes unterfertigte). Der Abteilungsvòrstand dagegen, der nur gelegentlich die Superscriptio unterfertigt, schreibt die am Fuße des Gesuches stehende Subscriptio stets eigenhändig. Wie das γ(ινέσθω) ὡς καθῆκ(ει) mit folgendem Datum unserer Urkunde, so werden wir auch das ὡς καθῆκ(ει) mit Datum *P. Oxy.* IX 1200, 56 für ihn in Anspruch nehmen[32]).

Die Superscriptio und Subscriptio erfolgte nach Vornahme der Prüfung und Verlautbarung. Der Scheck ist natürlich nur in *einem* Exemplar (s. Z. 24: τὸ αὐθεντικὸν ἐπίσταλμα) ausgestellt; dieses wird zusammen mit dem Gesuch eingereicht und in dem Hadrianischen Archiv hinterlegt. Für das andere alexandrinische Archiv, das Ναναῖον, wird bei Handscheinen, falls nur ein Originalexemplar vorliegt[33]), eine amtliche Abschrift gegen eine Gebühr von zwölf Drachmen angefertigt. Unser Gesuch spricht (Z. 29) nur allgemein von συνκαταχωρίσαι τῷδε τῷ ὑπομνήματι. — Das γ(ινέσθω) ὡς καθῆκ(ει) kann sich hier nur auf die Genehmigung zur Zustellung an den Schuldner beziehen; vgl. Z. 4: μεταδοθήτω ὡς καθήκει ἐνώ(πιον); s. Z. 31 f. mit Einzelbem.

4. Noch eine Sonderheit findet sich in unserer Urkunde, das von 4. Hand in Z. 38 folgende ἐσημει[ωσάμ]ην, das ich als eigenhändige Unterschrift des ἀρχιδικαστής erklären möchte[34]). Mit den beiden Subscriptiones und der Superscriptio versehen wird das Gesuch dem Petenten zurückgestellt.

---

31) S. Preisigke, *Girowesen* 296 ff.; Mitteis, *Grundzüge* 84 A. 2; 125 A. 3; Jörs aaO. 115.

32) Ihm kommt auch die Subscriptio *P. Oxy.* II 286 (= Mitteis, *Chrest.* Nr. 232), 28 f. zu (anders Mitteis), ebenso *P. Oxy.* III 485 (= Mitteis, *Chrest.* Nr. 246), 34 f. (Φα[ῶφι ζ̄) = Z. 7 (mit σ[τρ‚α(τηγοῦ) Z. 35 beginnt die Subscriptio des Strategen-Büros), *BGU.* 1038 (= Mitteis, *Chrest.* Nr. 240), 27 (... ὡς καθῆκ(ει). Ἔτους ἑβδόμου Τίτ]ου .... Γε[ρμ]ανικίου ῑζ̄) = 11 ff. (7. Jahr .... Παχὼν ῑζ̄) und *P. Oxy.* X 1270, 54 f. — *P. Flor.* I 68, 12 ist wohl mit dem Herausgeber als Schluß der Eingabe an den ἀρχιδικαστής zu fassen und zu ergänzen: μὴ ἐλ[α]ττουμέ[νης μου ...... ὡς·κ]αθήκει. *BGU.* 578 (= Mitteis, *Chrest.* Nr. 227), 22 f. ist mir die Sache zweifelhaft. Ich würde die Worte ὡς κα[θήκε]ι als Subscriptio fassen, wenn nicht L κη .... Μεχείρ statt des zu erwartenden L κθ .... Μεχείρ (κ̄η̄: s. Z. 8) folgte. Eine Nachprüfung aller in Betracht kommenden Urkunden wäre wünschenswert. — Nachträglich sehe ich, daß Grenfell-Hunt (*P. Oxy.* X 1270, 54 Bem.) das ὡς καθήκει in *BGU.* 578, *P. Oxy.* 286. 485. 1200. 1270 gleichfalls absondern; sie beziehen es aber auf den ἀρχιδικαστής selbst (wohl nicht mit Recht).

33) S. Mitteis, *Grundzüge* 85; Jörs aaO. 116; vgl. Anm. 7.

34) Vgl. etwa *BGU.* 578 (= Mitteis, *Chrest.* Nr. 227), 23.

1. Hand.   Ἀνδρόνεικος ὁ ἱερεύς καὶ ἀρχιδικαστής τῷ τῆς
    Ἡρακλείδου μερίδος τοῦ Ἀρσινοείτου στρατηγ(ῷ)
    χαίρειν. Τοῦ δεδομένου ὑπομνήματος
    ἀντίγραφον μεταδοθήτω ὡς καθήκει ἐνώ(πιον).
  5 (Ἔτους) ἐνάτου Αὐτοκράτορος Καίσαρος Τραϊανοῦ
            Ἁδριανοῦ Σεβ(αστοῦ) Τῶβι ιζ⁻.   12. Jan. 125.

2. Hand.   Ἀνδρονείκῳ νεοκόρῳ τοῦ μεγάλου Σαράπιδος τῶν ἐν τῷ
    Μουσείῳ σειτουμένων ἀτελῶν γενομένῳ στρατηγῷ τῆς πόλε-
    ως καὶ ἀντεξηγητῇ ἱερεῖ καὶ ἀρχιδικαστῇ καὶ πρὸς τῇ ἐπιμελείᾳ
  10 τῶν χρηματιστῶν καὶ τῶν ἄλλων κριτηρίων
       παρὰ Ἥρωνος τοῦ Ἰσχυρίωνος. Τοῦ προειμένου μοι
       ἐπιστάλματος ἀντίγραφον ὑπόκειται.
       Φίλιππος Ἀφροδισίου Πτολ[ε]μαίῳ τραπε[ζ]είτῃ χαίρειν.
       Χρημάτισον ἐπὶ τῆς τριακάδ[ο]ς το[ῦ] Παῦνι μηνὸς 24. Juni 122.
  15   τοῦ ἐνεστῶτος ἔτους Ἥρ[ων]ι Ἰσχυρίωνος τὰς ἴσας
       ὧν εὐχρήστημαι τ[ῷ] . (ἔτει) Ἁδριανοῦ το]ῦ κυρί[ου]
       ἀργυρίου δραχμὰς διακο[σ]ίας [τεσσ]αράκοντα ὀκτώ,
       γείνονται δραχμαὶ διακόσιαι τεσσεράκοντα ὀκτώ.
       Ἔτους ἕκτου Αὐτοκράτ[ο]ρο[ς Καί]σαρ[ο]ς Τραιανοῦ
  20   Ἁδριανοῦ Σεβαστοῦ Χοία[κ ε]ἴ[κ]άδι.   16. Dez. 121.
    Τούτου ὄντος καὶ μηδεμ[ιᾶ]ς ἀπ[οδό]σεως γεγονυί-
    ης, μετηλλαχότος δὲ τοῦ Φιλίππου ἐπὶ κληρονόμῳ
    υἱῷ Ἀφροδεισίῳ, βούλ[ο]μαι ἐν δημοσίῳ γενέσθαι τὸ
    αὐθεντικὸν ἐπίσταλμα καὶ ἀξιῶ ἀναλαβόντας
  25   αὐτὸ ὑποκεχειρογραφημένον ὑπὸ τοῦ διαπεσταλ-
    μένου ὑπ' ἐμοῦ Πτολεμαίου τοῦ Ἐπιμάχου τοῦ
    καὶ Ἑρμίου τοῦ Διδύμου Σωσικοσμείου τοῦ καὶ
    Ἀλθαιέως περὶ τοῦ εἶναι ἰδιόγραφον τοῦ Φιλίππου
    συνκαταχωρίσαι τῷδε τῷ ὑπομνήματι καὶ γράψαι
  30   τῷ τῆς Ἡρακλείδου μερίδος τοῦ Ἀρσινοείτου στρα-
    τηγῷ μετ[α]δοῦναι [τού]του ἀντίγραφον τῷ Ἀφρο-
    δεισίῳ παρόντων φίλων δύο, ἵν' εἰδῇ ἐν δημοσίῳ
    γε[γ]ονὸς τὸ ἐπί[σ]ταλμ[α] καὶ ποιήσηταί μοι τὴν
    ἀπόδοσιν.

3. Hand.   35 Γ(ινέσθω) ὡς καθήκ(ει). (Ἔτους) ἐνάτου
        Αὐτοκράτορος Καίσαρος Τραιανοῦ
        Ἁδριανοῦ Σεβασ[τοῦ Τῶ]βι ιζ.   12. Januar 125.

4. Hand.   Ἐσημει[ωσάμ]ην.

---

1 Das ι von ἱερεύς ist aus ε korrigiert.   7 l.   38 Das ἐσημει[ωσάμ]ην ist wahrscheinlich, aber
νεωκόρῳ.   17 Am Schluß der Zeile ein Füllstrich,   nicht sicher.
ebenso Z. 27.   35 ⌐⎺⎺ Pap. = γ(ινέσθω).

Übersetzung. (1. Hand.) Andronikos der Priester und Erzrichter dem Strategen des Heraklidischen Bezirks des Arsinoitischen Gaus Gruß. Eine Abschrift des mir überreichten Gesuches soll wie üblich persönlich zugestellt werden. Im neunten Jahr des Imperator Caesar Traianus Hadrianus Augustus am 17. Tybi.

(2. Hand.)   An Andronikos, »Tempeldiener« des großen Sarapis, Pensionär des Museums und (als solcher) Steuerfreier, ehemaliger Stratege der Stadt Alexandreia und Antexeget, Priester und Erzrichter und Aufsichtsführender über die Chrematisten und die anderen Kollegial-Gerichtshöfe von Heron Sohn des Ischyrion. Von dem mir ausgehändigten Zahlungsauftrag folgt anbei die Abschrift:

Philippos Sohn des Aphrodisios dem Bankhalter Ptolemaios Gruß. Zahle am 30. des Monats Payni des laufenden Jahres an Heron Sohn des Ischyrion die gleiche Summe, die ich (von ihm) entliehen habe im .. Jahre Hadrians des Herrn, nämlich 248 Silberdrachmen, macht 248 Drachmen. Im 6. Jahr des Imperator Caesar Traianus Hadrianus Augustus am 20. Choiak.

Da dies sich so verhält und keine Rückzahlung stattgefunden hat, Philippos aber gestorben und sein Sohn Aphrodisios Erbe ist, will ich, daß die Urschrift des Zahlungsauftrages im öffentlichen Archiv sei und ich ersuche darum, sie aufzunehmen und, nachdem sie von meinem Bevollmächtigten, Ptolemaios, dem Sohne des Epimachos der auch Hermias heißt und Enkel des Didymos, inbezug auf seine Phylenzugehörigkeit Sosikosmios, inbezug auf seine Demenzugehörigkeit Althaieus, durch unten hinzugefügten schriftlichen Kaisereid als von der Hand des Philippos herrührend erhärtet ist, zusammen mit diesem meinem Gesuch zwecks Verwahrung einzusenden und dem Strategen des Heraklidischen Bezirks des Arsinoitischen Gaus zu schreiben, er solle eine Abschrift hiervon dem Aphrodisios zustellen lassen in Gegenwart von zwei Freunden, damit er Kenntnis davon erhalte, daß der Zahlungsauftrag im öffentlichen Archiv sei, und mir die Rückzahlung leiste.

(3. Hand.) Zu geschehen wie es üblich ist. Im neunten Jahre des Imperator Caesar Traianus Hadrianus Augustus am 17. Tybi.

(4. Hand.)   Genehmigt.

Einzelbemerkungen.

1 ’Ανδρόνεικος, der nach unserem Papyrus am 12. Jan. 125 ἀρχιδικαστής war, ist sonst nicht bekannt. Im Jahre 122/123 fungiert Sarapion, im J. 130 C. Iulius Dionysios: s. Otto, *Priester u. Tempel* I 197. Das sind die zunächst bezeugten ἀ. Ob ihre Amtsdauer eine einjährige war, ist nicht sicher.

4 Zum Gebrauch des Wortes ἐνώπιον = »persönlich, in Anwesenheit«, bes. in Verbindung mit μεταδιδόναι, s. meine Ausführungen in den *Libelli aus der decianischen Christenverfolgung*, *Abh. Berl. Ak.* 1910, Lib. Nr. 24 S. 34 Anm. 9; zu der dort angeführten Literatur füge jetzt hinzu Moulton, *Einl. in die Sprache des Neuen Testaments*, Deutsche Ausg. 1911, 159 A. 2; v. Druffel, *Krit. Vierteljahrsschr. f. Gesetzgebung u. Rechtsw.* XIV, 1912, 528. — Statt des μεταδοθήτω ὡς καθήκει ἐνώ(πιον) steht im Petitum Z. 31 f. (s. die Einzelbem.): μετ[α]δοῦναι ... τῷ Ἀφροδεισίῳ παρόντων φίλων δύο.

7 ff. Der ἀρχιδικαστής Andronikos bezeichnet sich Z. 1 selbst (oder vielmehr durch seine Kanzlei) als ἱερεὺς καὶ ἀρχιδικαστής. In Z. 7 ff. ist seine vollständige Titulatur angegeben; sie enthält 1. Ehren-Titel und Mitgliedschaften, 2. seinen früheren cursus honorum, 3. seinen Amtstitel. Sein Amtstitel lautet ἀ. καὶ πρὸς τῇ ἐπιμελείᾳ τῶν χρηματιστῶν καὶ τῶν ἄλλων κριτηρίων, Erzrichter und Aufsichtsführender über die Chr. und die anderen Kollegial-Gerichtshöfe. Über diesen aus der Ptolemäerzeit stammenden Titel s. Schubart, *Archiv* V 66 ff. — Der ἀ. wird in ptolemäischer Zeit erwähnt *P. Hal.* 10 (3. Jahrh. vor Chr.); Dittenberger, *OGI.* I 136 (2. Jahrh. vor Chr.); vgl. Strabon, *Geogr.* 17 p. 797, 12. Er ist königlicher Beamter, seine Funktionen erstrecken sich auch auf die χώρα.

Als Ehrentitel wird genannt νεωκόρος τοῦ μεγάλου Σαράπιδος, »Tempeldiener« des großen S.: s. dazu Otto aaO. I 113 f. Weiter gehört er zu οἱ ἐν τῷ Μουσείῳ σειτούμενοι ἀτελεῖς, er ist Mitglied des alexandrinischen Museums und als solcher steuerfrei: s. Otto aaO. 166 f. Endlich ist er ἱερεὺς (τοῦ Μουσείου?); s. Otto aaO. I 166 f.; Koschaker, *Ztschr. Savignyst. R. A.* XXVIII 261 f.

Von seinem früheren cursus honorum erscheinen hier nur zwei alexandrinische Ämter (vgl. Koschaker aaO. 260): Das höhere Amt ist das des στρατηγὸς τῆς πόλεως (= στρ. Ἀλεξανδρείας), des dem kaiserlichen praef. urbi als Vorbild dienenden Polizeimeisters von Alexandreia: s. *Archiv* III 71 f.; Jouguet, *Vie municipale* 22. 30. 194. 478; Schubart, *Klio* X 68 f.; Wilcken, *Grundzüge* 14. 47. Das an zweiter Stelle stehende Amt des ἀντεξηγητής war uns bisher nur aus *BGU.* 362 XV 10 (a. 215; Arsinoe nach der Autonomie-Erteilung durch Severus) bekannt. Näheres ergeben beide Stellen nicht. Weist das ἀντ- auf eine städtische Promagistratur hin? Vgl. etwa *P. Oxy.* VI 907, 21: ἄρχοντα ἢ ἀντάρχοντα; *CIG.* II 2222, 17.

12 Zu ἐπίσταλμα s. die Einl. S. 37 f.

14 Das übliche Schlagwort in Zahlungsanweisungen im Bankverkehr ist χρημάτισον. Zum umfassenden Gebrauch des Wortes χρηματίζειν s. Gradenwitz, *Archiv* II 97 ff.; Preisigke, *Girowesen* 203.

17 Hier steht [τεσσ]αράκοντα, Z. 18 τεσσεράκοντα. [Das Nebeneinander der von der gleichen Hand stammenden beiden Schreibungen in einer Urkunde des 2. Jahrhunderts nach Chr. ist bemerkenswert, einmal für den beginnenden Lautwechsel (Moulton, *Einleitung* 67; Blaß-Debrunner, *Gramm. d. neutest. Griechisch*[4] § 29), sodann aber für die Tatsache, daß in unliterarischen Texten ein fester

6*

Sprachgebrauch auch bei einer und derselben Persönlichkeit nicht immer vorliegt. Auch im N. T. hat man hiermit zu rechnen.   A. D.]

23 Zu den verschiedenen Bedeutungen von δημόσιον s. Preisigke, *Girowesen* Index S. 563. An unserer Stelle bezeichnet das Wort »öffentliches Archiv« (δημόσιον ἀρχεῖον¦, und zwar die Ἀδριανὴ βιβλιοθήκη (nicht auch ἡ τοῦ Ναναίου βιβλιοθήκη); s. die Einl. S. 40. — In ptolemäischer Zeit läßt sich δημόσιον, ebenso wie in den außerägyptischen Griechenstädten, für das Stadtarchiv der Griechenstadt Ptolemais nachweisen (s. die Petersburger Inschrift aus dem J. 76/75 vor Chr. bei Plaumann, *Ptolemais* 35). Auf Alexandreia bezieht sich vielleicht das *P.P.* III 7, 14 f. (238/7 vorChr.) erwähnte δημόσιον (s. unten). In diesem Stadtarchiv werden öffentliche und private Urkunden verwahrt (vgl. *P. Hal.* 1 S. 156 f.). Es ist also in gewissem Sinne Vorgängerin der in der Kaiserzeit in allen Gaumetropolen bestehenden δημοσία βιβλιοθήκη (= δημοσίων λόγων βιβλ.¦, von der in der zweiten Hälfte des 1. Jahrhunderts nach Chr. die ἐγκτήσεως βιβλιοθήκη in *allen* Metropolen abgesondert wird. Die Ansicht Preisigkes (*Klio* XII 406 ff.), der συγγραφοφύλαξ sei der Vorgänger der δημοσία βιβλιοθήκη, ist zurückzuweisen. — Zu der unabhängig von dem griechischen Archivwesen sich vollziehenden Entwickelung der römischen Munizipalarchive (tabularia) s. Steinwenter, *Beitr. z. öffentlichen Urkundenwesen der Römer*, Graz 1915, 26. Er identifiziert das δηόμσιον ἀρχεῖον der Urkunden des 5.—7. Jahrhunderts mit der statio des tabellio.

Zu *P. P.* III 7, 14 f.: Im Passus (καταλείπω ..) καὶ καθ᾽ ὑπογραφὴν τὴν ἐν δημοσίωι Ἀπολλ[..........] παρεπίδημον, ὃς καὶ Συριστὶ Ἰωναθᾶς [καλεῖ]ται, ὀφεί]λοντά μοι ἀργυρίου (δραχμὰς) ρν... wird ὑπογραφή in der Bedeutung »Verpfändung« gebraucht; vgl. die tabula Heracleensis aus dem 4. Jahrh. vor Chr. (*IG.* XIV Nr. 645 = *Rec. Inscr. iur. gr.* I S. 193 ff.) § 14: οὐχ ὑπογράψονται δὲ τὼς χώρως τούτως οἱ μισθωσάμενοι ... Und zwar handelt es sich um Selbstverpfändung des Schuldners: s. Hesychios ὑπογραφίων· τῶν ἐπὶ τῷ σώματι δεδανεισμένων (dazu Salmasius, *de med. usur.* p. 754: ὑπογραφίους graeci appellabant qui sub pignore corporis sui pecuniam acceperant). Jonathas ist ὑπογράφιος, er hat »auf den Leib geborgt«. Als Schuldknecht (vgl. die kretischen κατακείμενοι, die vorsolonischen ἀγώγιμοι des attischen Rechts und das ἀγώγιμον εἶναι der Perserepigonen in den alexandrinischen συγχωρήσεις der augustischen Zeit, weiter die den altrömischen nexi gleichzusetzenden obaerarii = obaerati des Varro) wird er vom Gläubiger neben seinem sonstigen Hab und Gut vermacht auf Grund der im Schuldamt als Unterabteilung des Stadtarchivs (in Alexandreia?) hinterlegten Verpfändungsurkunde. Nach einer Inschrift aus Amorgos (*IG.* XII 7 Nr. 3 = Dittenberger, *Syll.*² 511) zeigt der Schuldner, um der gerichtlichen Verurteilung und nachfolgenden gesetzmäßigen Personalexekution zu entgehen, sich als Selbstverpfändeten beim Schuldamt an (Z. 33: ὑπογραφὴμ ποιῶνται πρὸς τὸς χρεωφύλακας). So wird der Fall auch hier liegen. Zum Vergleich ist noch heranzuziehen Lysias, κατὰ Ἐρατοσθένους § 98: οἱ δ᾽ ἐπὶ ξένης (vgl. den παρεπίδημος) μικρῶν ἂν ἕνεκα συμβολαίων ἐδούλευον ἐρημίᾳ τῶν ἐπικου ρησόντων; Menandros, "Ηρως v. 36 (τὸ χρέος ἀπεργαζόμενος); Dio Chrysostomos, *or.* XV § 23 (δουλεύειν κατὰ συγγραφήν). Auch die verstümmelte Stelle des *P. Hal.* 1, 256: ὑπογραφέσθω πρὸ[ς τὸ ....] ὀφειλόμενον dürfte Pfandbestellung (nicht Selbstverpfändung) zur Sicherung der restlichen Kaufsumme betreffen; das πρός ist da gerade am Platze. Ebenso kann man wohl das auf einen demotischen Darlehnsvertrag bezügliche ὑπογραφὴν ποιήσασθαι ἐπὶ Διοφάνου[ς *P. Magd.* 19, 7 auffassen. Nur das ὑπ[ο]γράψασθαί μοι τοῦ διπλοῦ ἐκφορίου *P. Magd.* 7, 7 läßt sich mit meiner Erklärung nicht vereinigen. — An Literatur zum Gegenstand im allgemeinen nenne ich nur Mitteis, *Ztschr. Savignyst. R. A.* XXII 96 ff.; XXV 282 f.; Swoboda ebendort XXVI 190 ff.; Lewald, *Zur Personalexekution im Recht der Papyri,* 1910; *P. Hal.* S. 155 ff.

24 Αὐθεντικὸν ἐπίσταλμα: zu αὐθεντικός s. die von mir *P. Hamb.* I S. 76 A. 4 angeführten Beispiele; dazu *P. Oxy.* VIII 1115, 5. 9: α. ἀποχή; *P. Oxy.* IX 1208, 5: ἰδιόγραφος πρᾶσις .. ἧς μοναχὸν αὐθεντικὸν ... ἐπήνεγκα; vgl. auch *P. Flor.* II 223, 5: α. διῶρυξ; *P. Monac.* 13, 29; 16, 17: α. θύρα.

25 Zu ὑποκεχειρογραφημένου und διαπεσταλμένου s. die Einl. Anm. 30.

27 f. Σωσικόσμιος ὁ καὶ Ἀλθαιεύς: Zu den alexandrinischen Phylen und Demen s. Schubart, *Archiv* V 82 ff.; Wilcken, *Kaiser Nero und die alexandrinischen Phylen: Archiv V,* 182 f. Der vornehmste δῆμος der Ἀλθαιεῖς wird in der Kaiserzeit (wohl seit Nero) geteilt und die Teile verschiedenen neuen Phylen zugewiesen, die jetzt stets hinzugefügt werden; s. Schubart aaO. 95 ff. [Das hier als Phyletikon gebrauchte Wort σωσικόσμιος, das später auch im christlichen Sprachgebrauch vorkommt, ist wichtig für die Geschichte der Einbürgerung der Weltheilandsidee durch den Caesarenkult; die urchristliche Weltheilandsidee steht dazu in einem wohl schon früh empfundenen Kontrast; *Licht vom Osten*[2,3] 276. A. D.]

29 Zu καταχωρίζειν (συγκαταχωρίζειν τινί) τι εἰς τινα oder τινί, »ein Schriftstück (zusammen mit einem anderen) an jemanden einreichen«, s. Preisigke, *Girowesen* 455 f. Vgl. *Nr. 9,* 13 f. mit Einl. Anm. 14.

31 f. Die Zustellung soll nach dem Gesuch des Gläubigers an den Erben des Schuldners παρόντων φίλων δύο erfolgen. Diesen zwei Zustellungszeugen sind die zwei Ladungszeugen bei der Privatladung des Beklagten (πρόσκλησις, κλῆσις; s. Lipsius, *Attisches Recht* 804 ff.) im attischen und im ptolemäischen Gerichtsverfahren an die Seite zu stellen (s. *P. P.* III 21 g = Mitteis, *Chrest.* Nr. 21, 34; *P. Hib.* 30 = Mitteis, *Chrest.* Nr. 20, 21; dazu Mitteis, *Grundzüge* 17, Zucker, *Beitr. z. Kenntnis der Gerichtsorganisation im ptol. Äg.* 46. 126; San Nicolò, *H. Groß' Archiv* LV 250). Vgl. auch die Ladungszeugen im Deutschen Recht; z. B. *lex Salica* 47, 2; 45, 2; *lex Ribuaria* 33, 2; *Sachsensp.* I 63 § 5; II 54 § 6. — In gleicher Weise vollzieht sich die Zeugenvorladung im alexandrinischen (und ebenso wohl im attischen) Recht in Gegenwart zweier Ladungszeugen, wie das *P. Hal.* 1 Z. 222 f. zeigt (s. den Kommentar daselbst S. 126). Diese Ladungszeugen (ohne Unterschied) heißen nach alexandrinischem wie gemeingriechischem Sprachgebrauch κλήτορες, nach attischem κλητῆρες (s. Lipsius aaO. 805 Anm. 1). In der Inschrift von Teos bei Dittenberger, *Syll.*² Nr. 177, 43 findet die Ladung statt ἐναντίον κ[λη]τό[ρ]ων δύ[ο] ἀξιόχρεων. Dem entspricht im *P. Hal.* 1 Z. 222 f.: Εἰς μαρτ[υρί]αν κλῆσις· Εἰ[ς] μαρτυρίαν καλείσθω ἐναντίον δύο κλ[η]τόρων . . . — Vgl. auch das statt des sonst üblichen (s. *Nr. 15—17*) ἐπὶ παρόντων ὑμῶν (ἐπὶ παροῦσιν ὑμῖν) in dem oben (Einzelbem. 4) angeführten Libellus gebrauchte ἐνώπιον ὑμῶν.

35 ff. Zu den beiden Subscriptiones s. die Einl. S. 39 f.

Nr. 7. VERTRAG ÜBER HINGABE AN ERFÜLLUNGSSTATT IN FORM EINES LIEFERUNGSKAUFES.

Höhe 17, Breite 7 cm.   Faijum.   9. Januar 130 nach Chr.

Panesneus Sohn des Hatrēs, ein Persernachkomme, bescheinigt dem Aphrodisios Sohne des Philippos (s. S. 30 s. 3) am 9. Januar 130 den Empfang des nicht näher bestimmten Preises für 4 ¹/₂ Artaben schwarzer Bohnen der kommenden Ernte und verpflichtet sich, diese im Mai/Juni des laufenden Jahres, nach der Ernte[1]), im Dorfe Sethrenpaei als Erfüllungsort (Z. 16) zu liefern. Kommt er seiner Verpflichtung nicht nach, soll er sofort anderthalbfach und mit Verzugszinsen zahlen, dem Aphrodisios steht gegen ihn Real- und Personalexekution zu[2]); seine übrigen Schuldforderungen werden dadurch nicht berührt[3]).

Die Urkunde ist aufgesetzt im Dorfe Polydeukeia im Nordwesten des Faijum. Als Erfüllungsort ist das Dorf Sethrenpaei angegeben, dessen Name auch auf dem Verso steht. Die beiden genannten Dörfer sind, ebenso wie die Dörfer Apias und Philopator (s. *Nr. 13*), benachbart und haben eine gemeinsame Staatsnotariats-Filiale (s. *P. Fay.* 344; *P. Teb.* II S. 401), vor der die Parteien nebst dem als Vertreter für den schreibunkundigen Panesneus fungierenden ὑπογραφεύς (Z. 26) erscheinen (vgl. *Nr. 13* Einl.).

Wie ist der Vertrag aufzufassen? Ich habe die Parallelurkunde *P. Hamb.* I 21 (a. 315) in meiner Ausgabe als Lieferungskauf (Pränumerationskauf) erklärt und mich damit Wenger (*GGA.* 1907, 316 zu *P. Straßb.* I 1) und Berger (*Strafklauseln* 143 ff.) angeschlossen. Gegen diese Auffassung hat aber schon Rabel (*Ztschr. Savignyst. R. A.* XXVIII 315 A. 1. 318), Preisigke (*P. Straßb.* I 1) folgend,

---

1) Vgl. *Nr. 5,* 15.   2) Vgl. *Nr. 5,* 2 ff.

3) Vgl. u. a. die Urkunden über datio in solutum *BGU.* 1055 (συγχωρεῖ ὁ δεῖνα ἔχιν παρὰ τοῦ δεῖνος δάνηον .... (δραχμὰς) ξδ ἄτοκον, ὃ καὶ ἀποδώσειν .... διδοὺς καθ᾽ ἑκάστην ἡμέραν .... σταμνὸν ὀκτοκαίδεκα κοτυρῶν γάλακτος .... Τοῦτο δ᾽ ἐστὶν τὸ δάνειον ἐκτὸς ἑτέρων ὧν ὀφίλει ὁ δεδανεισμένος τῷ δεδανεικότι ⌐.... ἄλλων (δραχμῶν) ρ) und *BGU.* 636 (Z. 21 f.: κατὰ μηδενὸς ἐλατουμένου σου περὶ ἑτέρων ὧν ὀφίλωι σοι; dazu Gradenwitz, *Einführung* 31 ff.; Z. 26 ff.: ὁμολογῶι μ[εμι]σθωκέναι σοι καὶ ποήσωι ἐπὶ πᾶσι καθὼς πρόκειται καὶ χωρὶς ἄλλων ὧν ὀφίλωι).

geltend gemacht, daß die Urkunden, in denen der »Kaufpreis« nicht beziffert ist, nicht als Pränumerationskauf, sondern als datio in solutum, Hingabe an Erfüllungsstatt, aufzufassen seien. In unserer Urkunde ist der Preis nicht beziffert (Z. 9). Ein Teil der Schuldforderungen — in Geld — des Aphrodisios (s. Z. 24 f.; Anm. 3) soll durch Hingabe von 4 ¹/₂, zum Marktpreise berechneten Artaben Bohnen der kommenden Ernte als beglichen angesehen werden.

Ebenso sind als Urkunden über datio in solutum[4]) zu erklären die als Lieferungskaufverträge gefaßten *P. Hib.* I 84a (285/4 vor Chr.); *P. Rein.* 30 (2. Jahrh. vor Chr.); *P. Teb.* II 379 (a. 128); *P. Hamb.* I 21 (a. 315); *P. Straßb.* I 1 (a. 506); *P. Lond.* III S. 270 Nr. 999 (a. 538). 1001 (a. 539); *P. Flor.* I 65 (a. 570/1?); *P. Lond.* II 390 S. 332 (saec. VI/VII); vgl. auch *Nr. 5*, 13. In allen ist der »Kaufpreis« nicht beziffert[5]).

Für den Fall des Verzuges wird Panesneus wieder als Gelddarlehnsschuldner behandelt: er hat τιμὴ ἡμιόλιος und »Zinsen« zu leisten (Z. 19 f.); darunter sind Verzugszinsen zu verstehen (vgl. Berger, *Strafklauseln* 118 ff.).

Drei Zeilen fehlen.

<table>
<tr><td>

τεσσαρ[ε]σκαιδεκάτη Τῦβι ιδ ἐν Πολυ-
δευκείᾳ τῆς Θεμίστου μερίδος τοῦ
Ἀρσινοίτου νομοῦ. Ὁμολογεῖ
Πανεσνεὺς Ἀτρείους Πέρσης τῆς
5 ἐπιγονῆς ὡς ἐτῶν τεσσαράκοντ(α)
δύο οὐ[λ]ῆι χειρὶ ἀριστερᾷ Ἀφροδισίωι
Φιλίππου ὡς ἐτῶν πεντήκοντα
τεσσάρων οὐλὴ ὀφρύει ἀριστερᾷ
ἔχιν παρ' αὐτοῦ τειμὴν κυάμο(υ) μέλανο(ς)
10 νέου καθαροῦ ἀδόλου ἀρταβῶν
τεσσάρων ἡμίσους μέτρῳ δρόμων
τετραχοινείκῳ, ὧν καὶ τὴν ἀπό-
δοσιν ποησάσθω ὁ Πανεσνεὺς τῶι
Ἀφροδισίωι ἐν μηνὶ Σωτηρείωι
15 τοῦ ἐνεστῶτος τεσσαρεσκαιδεκάτ(ου)
ἔτους ἐπὶ κώμης Σεθρενπάει

</td><td>

9. Januar 130

Mai/Juni 130

</td></tr>
</table>

Die drei fortgefallenen Zeilen lauteten: [Ἔτους τεσσαρεσκαιδεκάτου Αὐτοκράτορος Καίσαρος Τραιανοῦ Ἀδριανοῦ Σεβαστοῦ μηνὸς Δύστρου].   6 l. οὐλή.   9 l. ἔχειν, τιμήν.   12 l. τετραχοινίκῳ.   13 l. ποιησάσθω.   14 l. Σωτηρίῳ.

---

4) Über Hingabe von Pachtgrundstücken an Erfüllungsstatt s. *Nr. 12* mit den daselbst in der Einleitung angeführten Parallelen.

5) Pränumerationskauf mit beziffertem Kaufpreis liegt dagegen vor *P. Teb.* I 109 (93 vor Chr.); *BGU.* 1142 (25/24 vor Chr.); *P. Lond.* III 1166 S. 104 (a. 42); *P. Amh.* II 150 (a. 592). In dem ptolemäischen Vertrag über Hingabe von drei Eseln an Erfüllungsstatt *P. Gradenwitz* ed. Plaumann Nr. 10 (*Sitzungsber. Heidelb. Ak. d. W., phil.-hist. Kl.* 1914, 15. Abh. S. 54 ff.) aus dem J. 215/14 vor Chr. ist der »Kaufpreis« beziffert. Vgl. *BGU.* 914 und weitere Beispiele bei Rabel aaO. 312 ff.

ἄνευ πάσης ὑπερθέσεως καὶ
εὑρη[σ]ιλογίας. Ἐὰν δὲ μὴ ἀποδῶι
καθὰ γέγραπται, ἀποτεισάτω παρα-
20 χρῆμα μεθ’ ἡμιολίας καὶ τόκων,
γειν[ο]μένης τῶι Ἀφροδισίωι τῆς
πρά[ξε]ως ἔκ τε τοῦ Πανεσνέως
καὶ [ἐκ τ]ῶν ὑπαρχόντων αὐτῶι
πάντ[ω]ν καθάπερ ἐκ δίκης, χωρὶς
25 ἄλλω[ν] ὧν ὀφείλει ὁ Πανεσνεὺς
τῶι Ἀφροδι[σί]ωι. Ὑπογραφεὺς τοῦ
Πανε[σ]νέως Ὡρίων Δωρίωνος
ὡς ∟ λα ⟨οὐλὴ⟩ μετώ(πω) μέσ(ω).   2. Hand Πανεσνεὺς
Ἀτρείους Πέρσης τῆς ἐπιγονῆ(ς)
30 ὁμολογῶ ἔχιν παρὰ τοῦ
Ἀφροδισίου τιμὴ κυάμ[ο]υ μέλανο(ς)
νέου ἀρταβῶν τεσσάρων ἡμίσους μέτρῳ δρόμων καὶ ἀποδώ-
σω ἐ[ν] μηνὶ Σωτηρίωι τοῦ

Der Papyrus bricht ab.

Verso.

Σεθρενπ[άει].

18 l. εὑρεσιλογίας. **19** l. ἀποτισάτω. **21** l.   τιμήν.   **35 ff.** Das Fehlende ist nach Z. 15 ff. zu
γινομένης. **28** ∟ = ἐτῶν. **30** l. ἔχειν. **31** l.   ergänzen.

Übersetzung. [Im 14. Jahr des Imperator Caesar Traianus Hadrianus Augustus
im Monat Dystros am 14. =] 14. Tybi in Polydeukeia im Bezirk des Themistes
des Arsinoitischen Gaus. Es bekennt Panesneus Sohn des Hatrēs, Persernachkomme, ungefähr 42 Jahre alt, eine Narbe an der linken Hand, dem Aphrodisios Sohne des Philippos, ungefähr 54 Jahre alt, eine Narbe an der linken
Augenbraue, von ihm zu haben den Preis für 4 ¹/₂ Artaben schwarzer Bohnen
von der neuen Ernte, zu liefern frei von Schmutz und ohne Trug, gemessen mit
dem Vierchoinikenmaß, wie es auf den Plätzen vor den Tempeln im Brauch ist.
Und ihre Lieferung soll der Panesneus dem Aphrodisios leisten im Monat Soterios
des laufenden 14. Jahres im Dorfe Sethrenpaei ohne jeglichen Aufschub und Ausflucht. Wenn er aber nicht liefern sollte wie schriftlich bedungen ist, soll er
sogleich anderthalbfach und mit Zinsen zahlen, indem dem Aphrodisios zustehen
soll die Zwangsvollstreckung sowohl gegen die Person des Panesneus als sein
ganzes Vermögen, gleichwie auf Grund eines gerichtlichen Urteils, unbeschadet
dessen, was sonst der Panesneus dem Aphrodisios schuldet. Es unterschreibt
für den Panesneus Horion Sohn des Dorion, ungefähr 31 Jahre alt, eine Narbe
mitten auf der Stirn. (2. Hand). Ich, Panesneus Sohn des Hatrēs Persernachkomme, erkenne an, von dem Aphrodisios zu haben den Preis für 4 ¹/₂ Artaben

schwarzer Bohnen von der neuen Ernte, lieferbar gemessen mit dem Maß wie
es auf den Plätzen vor den Tempeln im Brauch ist, und ich werde liefern im
Monat Soterios des ......

Einzelbemerkungen.

1 Zum Dorfe Polydeukeia s. *P. Teb.* II S. 397.

5 f. (s. auch *Z.* 7 f. 28 f.) Zum Signalement der Parteien usw. s. Gradenwitz, *Einführung* 126 ff.; Mitteis, *Grundzüge* 75; *P. Hamb.* I Nr. 38, 21 ff. Einzelbem.;
Nr. 4 Einl. Anm. 48. 49.

9 κυάμο(υ) μέλανο(ς) »Schwarzbohne«: s. *P. Lond.* III 1265 a. b S. 36 (Soknopaiu Nesos); Homer, *Ilias* 13, 589; dazu Olck bei Pauly-Wissowa III 610.
Κύαμος in den Papyri s. u. a. *BGU.* 560 passim; 802 passim; *P. Lond.* I
S. 90, 183; III 900 S. 89 f.; *P. Teb.* I 90, 38; II 341, 13; *P. Oxy.* II 298, 41;
P. P. III 75, 10.   Κυαμών *BGU.* 1119, 11. 19.

10 νέου καθαροῦ ἀδόλου s. Waszyński, *Bodenpacht* 108 f. [Zu ἄδολος s. *Neue
Bibelstudien* S. 84. A. D.]   **11 f.** Zu μέτρῳ δρόμων τετραχοινίκῳ s. *Nr. 5*, 14 f.
Einzelbem.

14 Der Monat Σωτήριος ist = Παῦνι (Mai/Juni); s. Hohmann, *Zur Chronologie
der Papyrusurkunden*, Diss. Münster 1911, 72.

16 Zum Dorfe Sethrenpaei s. *P. Teb.* II S. 401.   **17—24** S. die Einzelbemerkungen zu *Nr. 5*, 1 ff.   **24 f.** S. die Einl. Anm. 3.   **26** Zum ὑπογραφεύς
s. *Nr. 13* Einl.; *Nr. 33*.

Nr. 8. HYPOMNEMA
AN DEN EPISTRATEGEN L. TREBIUS PROCULUS
(VINDIKATION VON BONA MATERNA).

Höhe 32, Breite 21,5 cm.   Oben freier Rand von 3, unten von 7, links von 3,5 cm; rechts fehlen
10—14 Buchstaben.   Eine Klebung.   Z. 1—18 Kontext der Eingabe (Hand eines Schreibers),
Z. 19—21 Subscriptio der Petenten (Hand des Philippos), Z. 22 Datum der Überreichung (Hand eines
Kanzleibeamten), Z. 23 eigenhändige Subscriptio des Epistrategen.   Faijum.   16. August 151 nach Chr.

Ich habe den Amtstitel des Adressaten der Eingabe L. Trebius Proculus,
der bisher nicht bekannt war, als ἐπ[ιστρατήγωι] ergänzt. Praef. Aeg. kann er
nicht sein: erstlich fungiert um diese Zeit als solcher L. Munatius Felix[1]), sodann
wird die Ergänzung ἐπ[άρχωι Αἰγύπτου] prinzipiell durch den Rangtitel τῶι κρατίστωι ausgeschlossen, der sich stets nur in Verbindung mit dem allgemeinen
Ausdruck ἡγεμόνι, niemals mit dem eigentlichen Amtstitel ἐπάρχωι Αἰγύπτου
findet. Wir werden danach L. Trebius Proculus als neuen Epistrategen der Hepta-

---

1) S. meine Ausführungen *Klio* VII 124 f.; Cantarelli, *prefetti di Egitto* I 51 f.

nomis anzusehen haben, der in der Liste[2]) zwischen Crispus (147/8) und C. Valerius Maximus (nach 151, vor 156) einzusetzen ist.

Der Epistratege hat niemals selbständige Zivilgerichtsbarkeit[3]). Da hier von einer Delegation durch den praef. Aeg.[4]) keine Rede ist, so kann wohl nur Gewährung polizeilichen Schutzes oder schiedsrichterliches Eingreifen in Frage kommen[5]). Der Epistratege erklärt sich in der ὑπογραφή Z. 23 nicht sofort für inkompetent, indem er die Sache an den praef. Aeg. verweist[6]), bedeutet vielmehr die Petenten, nach der Aussaat (gegen Ende unseres Jahres) sich von neuem an ihn zu wenden: μετὰ κατασπορὰν ἔντυχέ μοι. Das kann zwar auch besagen, daß er sich die nähere Prüfung der Sache für später vorbehält.

Petenten sind die beiden Kinder des »Faijum-Griechen« Ἀφροδίσιος Φιλίππου, Philippos und Chariton; der Bruder fungiert zugleich als Geschlechtsvormund seiner Schwester. Klageobjekt sind die ihnen als Erben ihrer spätestens 127/128 nach Chr. verstorbenen Mutter Didymarion zugefallenen Vermögensstücke. Das Petitum geht auf Restitution nebst Früchten und Zuwachs (Z. 16 ff.). Obwohl die Wiederherstellung der Zeilen 8—10 noch nicht vollständig gelungen ist, besteht doch kein Zweifel darüber, daß Aphrodisios es ist, der seinen Kindern die bona materna entzogen hat und gegen den die Klage sich richtet (s. oben S. 31). Nachdem er die Σαρα[πιὰς ἡ καὶ Ἀ]θηνάριον als zweite Frau geheiratet (Z. 8: ἐπὶ συνῆλθεν Σ. τῇ κ. Ἀ.), bemächtigt er sich (nach dem J. 131/2: s. Nr. 9, 13; S. 30) des gesamten Nachlasses und läßt ihn dann (nach dem J. 147: s. Nr. 9, 10; S. 30) auf ihren Namen überschreiben (Z. 12: [καταγραφῆναι] συνέταξεν εἰς τὸ τῆς γυναικὸς αὐτοῦ ὄνομα)[7]). Seine Absicht ist klar; er will seinen Kindern auch nach seinem Tode ihr mütterliches Vermögen entziehen. Auffallend ist nur, daß diese die langen Jahre hindurch keine gerichtlichen Schritte zur Wiedererlangung ihres Eigentums unternehmen, sondern erst nach der Übertragung auf Sarapias den Klageweg beschreiten. Das ließe trotz der gegenteiligen Angaben der Kinder vielleicht einen Rechtstitel[8]) vermuten, auf den sich Aphrodisios bei seinem ersten Vorgehen (nach dem J. 131/2) stützt. Sollte er etwa laut Testament der Mutter

---

2) S. Martin, *les Épistratèges* 180 ff.; dazu *Archiv* VI 216 ff.

3) S. Mitteis, Zur Lehre von den Libellen: *Ber. d. Sächs. Ges. d. W., phil.-hist. Kl.* LXII, 1909, 79 ff.; Martin aaO. 157 ff.

4) Vgl. Mitteis aaO. 98 ff.; *Grundzüge* 39; Martin aaO. 165 Anm. 1.

5) Vgl. bes. *BGU.* 168 (= Mitteis, *Chrest.* Nr. 121), weiter *P. Flor.* I 58; *P. Amh.* II 77; *BGU.* 291; *P. Gen.* 31 (= Mitteis, *Chrest.* Nr. 119).

6) Wie z. B. *P. Oxy.* III 486 (= Mitteis, *Chrest.* Nr. 59), 8 f.

7) Zur Bedeutung von συνελθεῖν τινι Z. 8 = »heiraten«, die hier, wie Wilcken betont, vorliegt, vgl. die Synonyma συνοικεῖν, συμβιοῦν; s. *Archiv* III 70. — Die Ergänzung [καταγραφῆναι] συνέταξεν Z. 12 verdanke ich Wilcken, der mir schreibt: »Hierauf führte mich *BGU.* 136, 9 f.: εἰς τὴν συνηγορουμένην ... συντετάχέναι] καταγραφὰς ὑπαρχόντων. Vgl. Mommsen zu dieser Stelle bei Gradenwitz, *Hermes* XXVIII 321 Anm.« — Zur Wendung εἰς τὸ .. ὄνομα s. die Einzelbem. 13.

8) Vgl. andrerseits z. B. die von Gerhard herausgegebene Klageschrift bei Preisigke, *S. B.* Nr. 4638 (= *P. Heid.* 1280 + *P. Grenf.* I 17 + 15: Philometor), wo von dem Beklagten gesagt wird (Z. 8 f.): ἐπελθὼν σὺν .... ἄλλοις οὔτε κατ᾽ ἀγχιστείαν ἀπογραψάμενοι οὔτε κατὰ διαθήκην ἀπολελειμμένοι ἐπίτροποι ....

bei Lebzeiten den vollen Niesbrauch des Vermögens haben? Oder hatten die Kinder auf Grund eines Erbvertrages ein Verfangenschaftsrecht (κατοχή) am mütterlichen Vermögen, der Vater dagegen das Nutzungsrecht bei Lebzeiten[9]? Unsere Urkunden weisen auf nichts dergleichen hin. Vielmehr bezeichnet die Subjektsdeklaration *Nr. 9* (Z. 10) die Sklaven als im Eigentum des Aphrodisios befindlich. Sie geht zwar auf diesen selbst als procurator des Deklaranten zurück. Aber ebenso zeigen alle in unserer Klageschrift angeführten Handlungen des Aphrodisios, daß er sich als Eigentümer, nicht als Niesnutzer betrachtet. Auch die Worte τῶν σωμάτων τὰς ἀποφορὰς[10] ἐγλεγομένου Z. 12 beweisen nichts dagegen: die Sklaven befinden sich nach der eben erwähnten Subjektsdeklaration bei der Volkszählung im J. 147 in dem an einen Verwandten des Aphrodisios vermieteten Hausteile des Deklaranten. Hier tun sie Dienste; es liegt zweifellos Sachmiete[11] vor, der Mieter des Hausteiles und der Sklaven hat für diese letzteren an Aphrodisios eine merces zu entrichten; das sind »die Erträge der Sklaven«, die er beansprucht[12].

Die Kinder erheben gegen die Überschreibung auf die jetzige Frau ihres Vaters den Einwand, er sei σιτοπαραλήμπτης, ein dem σιτολόγος untergeordneter liturgischer Beamter der Speicherverwaltung[13], gewesen (Z. 13 f.) und dadurch »vermögenslos« geworden (εἰς ἄπορον τραπ[έ]ντων, l. -ντος). Die ἄποροι sind die in die ἀπόρων γραφαί eingetragenen Personen, die (im Gegensatz zu den εὔποροι) keinen πόρος, kein liturgiepflichtiges Vermögen[14], besitzen[15]. Aphro-

---

9) Vgl. Mitteis, *Grundzüge* 241 ff.

10) In oxyrhynchitischen Testamenten und Eheverträgen entspricht dem der Ausdruck τὴν δουλείαν καὶ ἀποφορὰς δούλων, »die Dienste und Erträge von Sklaven«: s. *P. Oxy.* II 265, 20; III 489, 8. 17; 494 (= Mitteis, *Chrest.* Nr. 306), 15; 496 (= Mitteis, *Chrest.* Nr. 287), 6; vgl. *P. Flor.* I 55, 33; 56, 17.

11) Locatio conductio servorum, Sachmiete von Sklaven, liegt auch vor in den Ammenverträgen (s. zu *Nr. 11*) *BGU.* 1058 (= Mitteis, *Chrest.* Nr. 170). 1109, vgl. *P. Teb.* II 399. *P. Oxy.* I, 91, *BGU.* 1111. 1112, wo die Amme eine fremde Sklavin ist. — Antichretische Dienstknechtschaft eines fremden Sklaven haben wir im *P. Rainer* 138 (s. Wessely, *Karanis* S. 32), Verpfändung von Sklaven *P. Teb.* II 286 (= Mitteis, *Chrest.* Nr. 83), 11: τὰ σώματα καὶ τὰς ἐργασίας.

12) Auch im attischen Recht bezeichnet ἀποφορά häufig den dem Herrn für einen ausgeliehenen Sklaven (ἀνδράποδον μισθοφορούμενον) gezahlten μισθός. Meist bedeutet es die Abgabe, die der ein Handelsgeschäft auf eigene Rechnung betreibende Sklave an seinen Herrn zu entrichten hat. S. Lipsius, *Attisches Recht* III 797 mit Anm. 26.

13) S. Wilcken, *Ostraka* I 661.

14) S. Wilcken, *Grundzüge* 343; Paul M. Meyer, *P. Giss.* I Nr. 58 Einl. S. 8.

15) Schwierig ist die Frage, ob die ἀπορικὰ ὀνόματα (*BGU.* 390, 8: saec. III), die ἄπορα ὀνόματα in Urkunden des 4. Jahrh. (*P. Gen.* 66 = Wilcken, *Chrest.* Nr. 381; 67; 69; *P. Thead.* 41) und endlich das ἄπορον τῆς κώμης im *P. Gen.* 70 = Wilcken, *Chrest.* Nr. 380, 7 f. (a. 381) mit den ἄποροι in Verbindung zu bringen sind, wie es Jouguet (*Vie municipale* 99; *P. Thead.* 41 Einl.) tut. Die genannten Genfer Papyri (aus Philadelpheia), in denen es sich um Verpachtungen ἀπὸ τοῦ ἀπόρου τῆς κώμης = ἀπὸ ἀπόρων ὀνομάτων durch das κοινὸν τῆς κώμης bzw. die Komarchen handelt, sprechen dagegen und eher für Wilckens Auslegung (*Chrest.* Nr. 380 Einl.; S. VII), der ἄπορον als »unfruchtbares Land«, ἄπορα ὀνόματα als »unfruchtbare Besitztitel« faßt (vgl. Zulueta, *de patrociniis vicorum* 72; s. auch *P. Cairo byz.* ed. Maspero I 67106, 11). Zweifelhaft ist mir die Sache inbezug auf den leider unvollständigen *BGU.* 390.

disios ist als σιτοπαραλήμπτης durch das βάρος τῆς λειτουργείας [16]) in Vermögensverfall geraten und seinen liturgischen Verpflichtungen nicht nachgekommen, sein Besitz daher vom Staate eingezogen [17]).

ΣM·ι,ι·η 2 ϟ,κϛ; Ϟω,ϟ;κϛϛϛ .

Λουκίωι Τρεβίωι Πρόκλωι τῶι κρατίστωι ἐπ[ιστρατήγωι]
    παρὰ Φιλίππου καὶ Χαριτίου ἀμφοτέρων Ἀφροδισίου τοῦ Φι[λίππου κατοίκου]
    τῶν ἐν τῷ Ἀρσινοΐτῃ ἀνδρῶν Ἑλλήνων ⁊-υοε, τῆς δὲ Χαριτίου μετὰ [κυρίου ἐμοῦ τοῦ]
    Φιλίππου. Ἡ ἀμφοτέρων μήτηρ Διδυμάριον ἐτελεύτησεν ἔτι ἀπὸ [..
    ...... ἔτους]
5 θεοῦ Ἀδριανοῦ ἐπὶ κληρονόμοις ἡμεῖν τότε ἀφήλιξι, κατὰ δὲ [τοὺς νόμους ἐλάχομεν]
    τὰ ὑπάρχοντα καὶ οἰκόπεδα καὶ δουλικὰ σώματα τέσσερα καὶ τ[ὰ τούτων ἐγγο]-
    να καὶ ἀπόθετα α..[..]. Ὁ δὲ προγεγραμμένος ἡμῶ[ν πατὴρ Ἀφροδί]-
    σιος πάντων ἀντεφ...[...], ὕστερον, ἐπὶ συνῆλθεν Σαρα[πιάδι τῇ καὶ Ἀ]-
    θηναρίῳ, καὶ ὡς [...]κη α.[... π]άντων ἐγένετο ἀλόγως ἀξιῶ[ν ...
    ....]
10 τῶν ἰδίων μηδὲν ἅ[μα τε] καταφρονῶν τῆς περὶ ἡμᾶς ἀβ[οηθήτου ἀσθενείας].
    Ἔκτοτε οὖν μέχρι τοῦ ν[ῦν] πάντων ἀντιλαμβανομένου καὶ [ἀντιποιουμέ]-
    νου καὶ τῶν σωμάτων τὰς ἀποφορὰς ἐγλεγομένου, πάντα [καταγραφῆναι]
    συνέταξεν εἰς τὸ τῆς γυναικὸς αὐτοῦ ὄνομα, καίτοι τοῦ πατρὸ[ς ἡμῶν σιτοπαρα]-

1 ἐπ[ιστρατήγωι]: s. die Einl.   2 Der Schnörkel des π von παρά geht bis zur vierten Zeile. — Zur Ergänzung des Schlusses s. S. 29.   3 ⁊-υοε = 6475: s. S. 29.   4 Schluß zu ergänzen δευτέρου bis δωδεκάτου L bzw. ἔτους: s. S. 30 Anm. 6. 5 Schluß ist sehr verwischt. Die in den Text aufgenommene Ergänzung übertrifft die der übrigen Zeilen um mehrere Buchstaben.   6 Zur Ergänzung vgl. Nr. 9, 10 ff.   7 ἀπόθετα ist sicher; im folgenden ist ἄλλα sachlich und paläographisch ausgeschlossen, vielleicht ἀλλ᾽οῖα?   8 Das ω von πάντων ist korrigiert. — ἀντεφ scheint sicher: ἀντέφη oder ἀντεφέρετο stand nicht da, wohl

auch nicht ἀντεφώνησεν. — ἐπὶ (l. ἐπεὶ) συνῆλθεν getrennt nach Wilckens Vorschlag, dem ich auch die Ergänzung Σαρα[πιάδι (oder [πούτι) τῇ καὶ verdanke.   9 Die Ergänzung des [...]κη ist schwierig; [δί]κη ist wohl ausgeschlossen. Wilcken denkt an [εἰ]κή und möchte ganz vermutungsweise καὶ ὡς [εἰ]κή als adverbiellen Ausdruck zusammenfassen. — Schluß etwa ἀξιῶ[ν δοθῆναι ἡμεῖν]? 10 ἅ[μα τε] Wilcken.   12 l. ἐκλεγομένου. — [καταγραφῆναι] Wilcken: s. die Einl. Anm. 7.   13 πατρὸ[ς ἡμῶν Wilcken statt des von mir vorher aufgenommenen αὐτῆς.

16) S. Wilcken, *Grundzüge* 355; vgl. *Nr. 1* Einl. Anm. 31.
17) Vgl. z. B. *P. Teb.* II 327 = Wilcken, *Chrest.* Nr. 394, 7 ff.: τοῦ πατρὸς .... μετὰ τὸν [ὡ]ρισμένον χρόνον τῆς [ἐ]πιτηρήσεως τετελευτηκότος ἀπ[όρου] μηδὲ ἐν καταλείπ[οντο]ς ....; *BGU.* 106 = Wilcken, *Chrest.* Nr. 174, 3 ff.: πάντα τὸν πόρον .... γενομέ[νου] μισθωτοῦ οὐσίας Ε. χρεώστου το[ῦ] ταμιείου φρόν[τ]ισον ἀναζητῆσαι καὶ ἐν ἀσφαλεῖ ποιῆσαι ....; *BGU.* 462 = Wilcken, *Chrest.* Nr. 376, 12 ff.; *P. Oxy.* III 487 = Mitteis, *Chrest.* Nr. 322.

λήμπτου γενομένου καὶ εἰς ἄπορον τραπ[έ]ντων. Αὐτοί τε οὖν .[...
.... γε]-
15 νάμενοι διὰ τὸ καὶ ἐμὲ τὸν Φίλιππον ἐν δημοσίαις χρεία⟨ι⟩ς γεγον[έ-
ναι καὶ ἀναγ]-
καίως τὴν ἐπὶ σὲ τὸν εὐεργέτην καταφυγὴν ποιούμενο[ι ἀξιοῦμεν]
τὰ ἴδια ἡμεῖν ἀποκατασταθῆναι σὺν ταῖς τοῦ παντὸς χρ[ήσεσιν, ἔτι δὲ]
καὶ τῶν σωμάτων ⟨τῇ⟩ ἐπιγονῇ, ⟨ἵνα⟩ καὶ ὦμεν ὑπὸ σο[ῦ] βεβοηθημένοι. [Διευτύχει].

(2. Hd.) Φίλιππος καὶ Χαρίτιον ἀμφότεροι Ἀφροδεισίου ἐπιδεδόκαμεν. Φίλι[π-
πος ἔγραψα καὶ]
20 ὑπὲρ τῆς ἀδελφῆς μὴ ἠδοίης γράμματα. L ιδ Αὐτοκράτορος Καίσαρος
Τ[ίτου Αἰλίου Ἀδριανοῦ]
Ἀντωνείνου Σεβαστοῦ Εὐσ[εβοῦ]ς Μεσορὴ κγ. '16. Aug. 151 nach Chr.

(3. Hd.) [L] ιδ Μεσορὴ κγ.

Freier Raum von 2,5 cm.

(4. Hd.) Μετὰ κατασπορὰν ἔντυχέ μοι.

14 1. τραπέντος. — Die Reste des letzten Buchstabens weisen
auf ein κ hin: κ̣αταδεεῖς? 19 1. ἐπιδεδώκαμεν. 20 1. εἰδυίης.

Übersetzung. An Lucius Trebius Proculus, den vir egregius und Epistrategen,
von Philippos und Charition, beide Kinder des Aphrodisios, des Sohnes des
Philippos, des Katöken und eines der 6475 Faijum-Griechen, Charition zugleich
unter meiner, des Philippos, Assistenz als Geschlechtsvormund. Unser beider
Mutter Didymarion ist schon seit dem .. Jahre des vergötterten Hadrian ver-
storben und wir, die wir damals noch unmündig waren, wurden ihre Erben und
erhielten gemäß den Gesetzen ihren ländlichen Grundbesitz und die Hausplätze
und vier Sklavinnen mit ihrer Nachkommenschaft und ...... Verwahrgut. Unser
vorgenannter Vater Aphrodisios aber erhob Einspruch(?) gegen alles und später,
nachdem er Sarapias, die auch Athenarion heißt, geheiratet hatte, wurde er
...... von allem, indem er unberechtigterweise verlangte, nichts von unserem
Eigentum [solle uns zurückgegeben werden?], und zugleich unserer hülflosen
Schwachheit nicht achtete. Und indem er nun seitdem bis jetzt alles festhält
und beansprucht und die Erträge aus den Dienstleistungen der Sklaven für sich
fordert, hat er (jetzt) das ganze Vermögen überschreiben lassen auf den Namen
seiner Frau, obwohl er, unser Vater liturgischer Beamter der Speicherverwaltung
gewesen und infolgedessen vermögenslos geworden war. Da wir nun selbst be-
dürftig geworden sind(?), weil auch ich Philippos mich in Staatsliturgien befunden
habe, nehmen wir notgedrungen zu Dir dem Wohltäter unsere Zuflucht und
beantragen, unser Eigen uns zurückzuerstatten mitsamt den vollen Nutzungen und
außerdem auch dem Zuwachs an Sklaven, damit uns durch Dich geholfen werde.
Lebewohl. (2. Hd.) Philippos und Charition, beide Kinder des Aphrodisios, wir
haben die Eingabe eingereicht. Ich Philippos habe auch für meine schreibunkun-

dige Schwester geschrieben. Jahr 14 des Imperator Caesar Titus Aelius Hadrianus Antoninus Augustus Pius am 23. Mesore.

(3. Hd.) Jahr 14 am 23. Mesore.

(4. Hd.) Nach der Aussaat wende Dich an mich.

Einzelbemerkungen.

4 [ἐτελεύτησεν mit ἀπό ist ein gutes Beispiel der durativen, nicht momentanen Aktionsart des Aorists, vgl. Moulton, *Einleitung* 187 ff. A. D.]

7 Ἀπόθετα ist Verwahrgut; vgl. etwa *P. Oxy.* I 71 II 19:]τας ἤτοι ἀποθέτας ἐπι[. . . .

10 καταφρονῶν τῆς περὶ ἡμᾶς ἀβ[οηθήτου ἀσθενείας; vgl. *P. Amh.* II 142, 14; *BGU.* 340, 21: κ. τῆς περὶ ἐμὲ ἀπραγμοσύνης; *P. Straßb.* I 5, 12; *P. Genf.* 6, 13: κ. (μοῦ) τῆς ἡλικίας; *P. Gen.* 31, 10: κ. μοῦ τῆς χηρείας; *P. Oxy.* I 71 I 14: κ. μοῦ τῆς μετριότητος; *BGU.* 291, 9: κ. μοῦ ὡς γυναικὸς ἀβοηθήτου; *P. Flor.* I 58,14: κ. μοῦ ὡς γυναικὸς ἀσθενοῦς; *P. Lond.* II 358 S. 172,11; *P. Paris.* 38, 14; Preisigke, *S. B.* Nr. 4638, 6: ὑπερισχύων καταφρονήσας τῶι νε[ω]τέρας ἀπολελεῖφθαι; *P. Lond.* Inv. Nr. 1891 (s. Kühn, *Antinoopolis* S. 143 f.) II 24: κ. μοῦ τῆς ἐνταῦθα ἐπιμονῆς.

11—14 Zum regelwidrigen gen. abs. vgl. *Nr. 1* Einl. Anm. 12.

13 Zur Formel εἰς τὸ . . . ὄνομα s. Deißmann, *Bibelstudien* 143 ff.; *Neue Bibelstudien* 25; *Licht vom Osten*²·³ 86 f.; Preisigke, *Girowesen* 149 ff. S. auch *Ostr. Nr. 56* Z. 2.

18 Διευτύχει verdrängt seit dem Beginn des 2. Jahrh. nach Chr. das Simplex εὐτύχει; s. Ziemann, *De epistularum graecarum formulis sollemnibus quaestiones selectae,* Diss. phil. Hal. XVIII 4 p. 334 sq.

NR. 9. VOLKSZÄHLUNGS-EINGABE
AUS DER METROPOLE ARSINOE.

Höhe 20,5, Breite 40 cm; unten freier Raum von 9 cm. Vom Zeilenanfang fehlen etwa 25 Buchstaben. Zwei Klebungen. Faijum. 8. Juli 147.

Im Jahre 147 eingereichte Subjektsdeklarationen[1]) für das Volkszählungsjahr 145/6 (9. Jahr des Pius) aus dem Faijum (andere sind nicht erhalten) besitzen wir folgende:

> aus der Metropole Arsinoe *BGU.* 137; 182²); *P. Teb.* II 321; 425; *P. Rylands* 111 a³) und unsere Urkunde;
>
> aus Karanis *BGU.* 95;
>
> aus Soknopaiu Nesos *P. Amh.* II 74.

---

1) S. statt Aller Wilcken, *Ostr.* I 435 ff. 474. 479; *Grundzüge* 192 ff.
2) S. Martin, *Archiv* VI 157 Anm. 5.   3) S. Martin aaO. 157 f.

In der Adresse von *BGU.* 137 ist nur der Stratege genannt, in der von *BGU.* 182 der Stratege, βασιλικὸς γραμματεύς und die zwei γραμματεῖς μητροπόλεως, im *P. Teb.* II 321 der Stratege, βασιλ. γρ., die zwei γρ. μητροπόλεως, der ἀμφοδάρχης und der λαογράφος des betreffenden Stadtquartiers[4]). Die Adresse unseres Papyrus ist die vollständigste aller uns überhaupt bekannten Volkszählungs-Eingaben einer Metropole, insofern nicht nur, wie im *P. Teb.* II 321, alle Behörden genannt werden, an die Exemplare einzureichen sind, sondern auch die Namen sämtlicher Beamten verzeichnet werden. Es sind Μάξιμος (ὁ καὶ Νέαρχος), der Stratege der Ἡρακλείδου μερίς des Arsinoitischen Gaus[5]); Herakleides, der βασιλικὸς γραμματεύς der μερίς[6]); Sabinus und Antoninus[7]), die beiden Stadtsekretäre der Metropole Arsinoe[8]), und endlich die Beamten des Stadtquartiers Διονυσίου Τόπων[9]): drei λαογράφοι[10]), X., Ptolemaios und Sarapion, und der ἀμφοδάρχης[11]) Apion. Sowohl die beiden γραμματεῖς μητροπόλεως als die aufgeführten Beamten des ἀμφόδου sind (ebenso wie der ἀμφοδογραμματεύς) staatliche liturgische Beamte[12]). Beachtenswert ist, daß im Jahre 147 für das ἄμφοδον Διονυσίου Τόπων drei λαογράφοι fungieren, während das ἀ. Λινυφείων im gleichen Jahre nur einen Volkszähler aufweist[13]).

---

4) Ebenso wohl in dem nur beschriebenen *P. Teb.* II 425. Der *P. Rylands* 111 a ist unveröffentlicht; er scheint aber nur den Strategen zu nennen.

5) Für die Ergänzung des Doppelnamens Μάξιμος ὁ καὶ Νέαρχος in Z. 1 ist kein Platz; der einfache Name steht auch *BGU.* 95; *P. Teb.* II 425. — Er ist als Stratege bezeugt durch Urkunden vom 3. Mai 146 bis zum 26. September 147. S. Martin, *Archiv* VI 157 f.; dazu *P. Flor.* III 350, 8 (26. Juli 146).

6) Als βασιλ. γρ. wird er genannt in Urkunden vom 28. Januar 146 bis 24. Juli 147; s. Martin aaO. 165. In *BGU.* 358 (= Wilcken, *Chrest.* Nr. 246) vom 30. Januar 151 fungiert ein Ἡρακλείδης als βασ. γρ. διαδεχόμενος τὴν στρατηγίαν, im *P. Straßb. gr.* 60 (*Archiv* II 4 ff.) ist ein vom Mai 149 datierter Brief des Ἡρακλείδης στρατηγὸς Ἀρσινοίτου Ἡρακλείδου μερίδος an den ἀρχιερεύς erhalten. Es läßt sich daraus nur der Schluß ziehen (s auch Martin aaO.), daß als Nachfolger des Maximus ein Herakleides Stratege war, daß ein anderer Herakleides mindestens seit 146 als βασ. γρ. fungierte und dann stellvertretender Nachfolger seines Namensvetters wurde.

7) Sie werden auch *P. Teb.* II 321 genannt.

8) Zu den γραμματεῖς μητροπόλεως s. Preisigke, *Städtisches Beamtenwesen im röm. Ägypten*, 1903, S. 9 f. 21; Jouguet, *Vie municipale* 291.

9) S. Wessely, *Die Stadt Arsinoe: Sitzungsb. Wien. Ak. d. W., phil.-hist. Kl.* CXLV, 4, 1902, S. 25; Jouguet aaO. 288.

10) Zu den λαογράφοι = Volkszählern s. Wilcken, *Ostr.* I 441. 617. Ihnen liegt auch die Führung der Kopfsteuer-Listen ob; gelegentlich werden sie bei der Kopfsteuer-Erhebung verwendet (s. z. B. *Archiv* V 172 Ostr. Nr. 10).

11) Zur Erklärung des Begriffes ἄμφοδον s. Jouguet aaO. 282 ff. Zum ἀμφοδάρχης s. *P. Teb.* II 321, 4 Bem.; Wilcken, *Grundzüge* 40; Passow-Crönert, *Wörterbuch der griech. Sprache* s. v. — Der ἀμφοδογραμματεύς ist erst im 3. Jahrhundert nach Chr. geschaffen. Κατ᾽ οἰκίαν ἀπογραφαί an ihn liegen vor *P. Lond.* III 935 S. 30; 936 S. 31 (a. 217). Sonst wird er noch erwähnt *P. Oxy.* I 81, 7; VII 1030 (= Wilcken, *Chrest.* Nr. 36), 1; VIII 1119 (= Wilcken, *Chrest.* Nr. 397) passim; IX 1196, 5; 1202, 8. 13; X 1267; *P. Straßb.* I 56; *BGU.* 1062 (= Wilcken, *Chrest.* Nr. 276), 3. 10. — *P. Teb.* II 436 handelt es sich um zwei ἀμφοδογραμματεῖς κώμης.

12) S. Jouguet aaO. 291.

13) S. *P. Teb.* II 321, 4.

Die uns vorliegende Volkszählungs-Eingabe trägt die eigenhändigen Vermerke dreier von den fünf in der Adresse genannten Behörden, durch welche die Einreichung eines bzw. mehrerer Exemplare an sie bestätigt wird: der Kanzlei des Strategen, des βασ. γρ. und der Stadtsekretäre (Z. 13 f.: κατεχω(ρίσθη) στρα(τηγῷ) usw.)[14]. Für wen war das Blatt mit diesen Vermerken bestimmt? Wohl nicht als Ausweis für den Deklaranten. Eher für die ἄμφοδον-Beamten, deren Vermerke fehlen, zum Beweis der stattgehabten Einreichung an ihre Vorgesetzten. Ihnen liegt doch, ebenso wie dem κωμογραμματεύς und den λαογράφοι in der κώμη, in erster Linie die Nachprüfung der Deklaration ob. Mit ἔσχον ἴσον εἰς ἐξέτασιν werden sie wie jene unterfertigt haben.

Die Vermerke der Beamten sind alle vom gleichen Tage, dem 8. Juli 147. An diesem sind die verschiedenen Exemplare persönlich in der Metropole überreicht. Hier waren alle Gau- *und* Lokal-Beamten innerhalb des für die Einreichung der Deklaration festgesetzten Zeitraumes anwesend. Darauf hat schon mein Schüler Erhard Biedermann, der gleich zu Beginn des gewaltigen Krieges fürs Vaterland gefallen ist, in seinen *Studien zur ägyptischen Verwaltungsgeschichte*: *Der* βασιλικὸς γραμματεύς (Diss. Berlin 1913, 39 f.) hingewiesen. Von den Subjektsdeklarationen des Jahres 147 sind die aus Arsinoe, soweit das Datum erhalten ist, am 8. Juli (unser Papyrus) und 19. Juli (*BGU.* 182) eingereicht, die aus Karanis (*BGU.* 95) und Soknopaiu Nesos (*P. Amh.* II 74) am 24. Juli.

Die Deklaration betrifft den Achtteil eines Hauses nebst Höfen[15], gelegen im »Stadtquartier der Makedonen«[16] (Z. 4). Der Name des Hauseigentümers ist fortgefallen (Z. 3); er ist »eingeschrieben« (ἀναγραφόμενος) im ἄμφοδον Χηνοβοσκίων Πρώτων[17]): hier ist seine staatsrechtliche ἰδία. Diese Deklaration richtet er aber an die Beamten des ἄμφοδον Διονυσίου Τόπων (Z. 2. 5; s. oben). Daraus geht schon hervor, daß nicht er selbst in dem Hause wohnt, vielmehr seine *Mieter*, deren ἰδία das letztgenannte Stadtquartier ist. Denn die ἰδία des Bewohners des Hauses ist stets maßgebend, nicht die des Eigentümers oder etwa gar das Quartier, in dem das Haus liegt[17a]. Daß es sich um Deklaration von Mietern durch den Hauseigentümer[18]) handelt, zeigt auch Z. 4, wo nur ἐν ᾧ

---

14) Vgl., um nur eine Parallele zu nennen, *P. Teb.* II 322, 30 f. — Zu καταχωρίζειν τί τινι »ein Schriftstück an jemanden einreichen« s. *Nr. 6*, 29 Einzelbem. — Gleiche Bedeutung wie hier das κατεχω(ρίσθη) τινι hat das ἀπεγρά(φη) παρά τινι z. B. in den Steuersubjektsdeklarationen *Stud. Pal.* II S. 30 II Z. 17 ff. IV 14 ff., S. 31 V 17 ff.

15) Αἴθριον καὶ αὐλή; zur Bedeutung von αἴθριον = »Hof« s. Kühn, *Antinoopolis* (Diss. Leipzig 1913) 77.

16) Zum ἄμφοδον Μακεδόνων s. Wessely aaO. 31.

17) S. Wessely aaO. 37 f. — Ἀναγραφόμενος ἐπί wird nicht nur bei Städtern (ἀ. ἐπ' ἀμφόδου), sondern auch bei Dörflern gebraucht: s. z. B. Preisigke, *S. B.* 5136, 5: ἀ. ἐπὶ τῆς .. κώμης.

17a) Das μετάβασιν ποιεῖσθαι *BGU.* 55, 6; 137, 6 u. s. bezieht sich nicht auf Umzug, sondern auf einen, aus irgendwelchen Gründen erfolgten Wechsel der ἰδία. (Korr.-Zusatz.)

18) Selbstdeklarationen von Mietern in den Gauen von Memphis und Heptakomia s. *P. Giss.* I Nr. 42 Einl. S. 55 f.

ἀπ[ο]γράφομαι, nicht ἐν ᾧ κατοικῶ καὶ ἀπ., steht. Dementsprechend habe ich Z. 6 τοὺς ὑπογεγρα(μμένους) ἐνοίκ]ους[19) ergänzt.

Bei der Abgabe der Deklaration wird der Hauseigentümer vertreten durch seinen φροντιστής Aphrodisios Philippu (Z. 3). Das ist der uns aus den anderen Papyri unserer Gruppe bekannte »Faijum-Grieche«, dessen Familienangelegenheiten wir in der allgemeinen Einleitung zu *Nr. 5* bis *10* und zu *Nr. 8* dargelegt haben. Auf den Streit seiner Kinder mit ihm wegen ihrer bona materna wirft auch unsere Urkunde Licht (s. Z. 10. 13 und dazu S. 30 f. und 50 f.). Wie ist hier nun φροντιστής aufzufassen? Das Wort läßt sich in folgenden privatrechtlichen Bedeutungen feststellen:

1. = tutor impuberis (ἐπίτροπος)[20]),

2. = tutor mulieris (κύριος)[21]),

3. = curator eines unvollkommen oder vollkommen Geschäftsunfähigen (c. prodigi, furiosi)[22]),

4. = curator absentis[23]),

5. = procurator: ein von einer geschäftsfähigen Person durch Rechtsgeschäft bestellter Vertreter[24]).

Der tutor mulieris ist von vornherein ausgeschlossen; auch der tutor impuberis kommt nicht in Betracht, da in diesem Fall zwischen dem Namen und [ἀναγραφο]μένου in Z. 3 ἀφήλικος stehen müßte. Auch cura furiosi oder prodigi dürfte nicht vorliegen; cura absentis wäre möglich. Am wahrscheinlichsten ist mir aber, daß Aphrodisios als procurator, und zwar hier als Verwalter eines Zinshaus-Besitzers fungiert.

---

19) Vgl. z. B. *BGU.* 123. [125]. 138. 182; *P. Teb.* II 321. 322. Die besondere Hervorhebung, daß Mieter deklariert werden, fehlt *BGU.* 116 I. *BGU.* 119 wird als κ]ατ' οἰκ((αν) ἀπογρα(φὴ) ἐνοίκ]ων) bezeichnet; s. Wilcken, *Ostr.* I 447 f.

20) S. Wenger, *Stellvertretung* 97 f.; E. Weiß, *Archiv* IV 92 Anm. 3, dazu aber Mitteis, *Grundzüge* 249 Anm. 2. — Vgl. die φροντίστρια τοῦ υἱωνοῦ *P. Lond.* III 1164 a S. 156, 6.

21) S. Gradenwitz, *Archiv* III 409 f.; Beispiel *P. Gen.* 44 (= Mitteis, *Chrest.* Nr. 215), 7. Über den hier häufigen, abusiven Gebrauch von διά statt μετὰ φροντιστοῦ s. Wenger, *Stellvertretung* 99; Mitteis, *Grundsätze* 249 f.

22) Ich kenne für φροντιστής in dieser Bedeutung kein Beispiel. Zu vgl. ist die κηδέστρια παρήλικος (eines Altersschwachen) *P. Teb.* II 378 (= Mitteis, *Chrest.* Nr. 326), 1 ff. (dazu Wenger, *Ztschr. Savignyst. R. A.* XXVIII 305 ff.; Partsch, *Archiv* V 474) und der κουράτωρ eines μὴ ἔχοντος παρακολουθήσεις *Archiv* I 300 Z. 8/9.

23) S. z. B. *BGU.* 447, 18 f. 20 f.; 493 II 16.

24) S. Gradenwitz, *Einführung* 154 ff.; *Archiv* III 412; Wenger, *Stellvertretung* 99. 184; Comparetti, *P. Flor.* II S. 59 f.; Mitteis, *Grundzüge* 249 f.; *Ostr. Nr. 48—52* Einl. Vor allem ist zu verweisen auf den als φροντιστής bezeichneten procurator omnium bonorum, den generellen Vermögensverwalter, in *BGU.* 300 (= Mitteis, *Chrest.* Nr. 345; dazu Wenger aaO. 221 f.; Kübler, *Ztschr. Savignyst. R. A.* XXIX 219 f.) und *P. Oxy.* IV 727. — Unter diese Kategorie fallen auch die φροντισταί der nach griechischem Recht handlungsfähigen Vereine und Zünfte: San Nicolò, *Ägypt. Vereinswesen* II 1, 62. S. auch *P. Cairo byz.* ed. Maspero I 67096, 8 den φροντιστής κουράτωρ eines Klosters.

Folgende Personen werden nun deklariert:

1. Der Mieter Χάρης ’Αταρίου τοῦ Διονυσίου, der Großvetter des Aphrodisios, Katöke und zum πολίτευμα der 6475 Faijum-Griechen gehörig (Z. 6; s. die allgemeine Einleitung zu *Nr. 5* bis *10*). Er ist 73 Jahre alt und ὑπερετής. Dieser Ausdruck ›Überjähriger‹ wird sonst gebraucht von Personen männlichen Geschlechts und Jüdinnen, welche das kopfsteuerpflichtige Höchstalter (60 Jahre) überschritten haben und daher von der λαογραφία (bzw. dem τέλεσμα ’Ιουδαίων)[25]) nach stattgehabter Prüfung befreit sind[26]). Kopfsteuerpflichtig ist aber der Katöke und Faijum-Grieche Chares niemals gewesen[27]). Er wird also nicht erst als ›Überjähriger‹ von der λαογραφία befreit. Ich möchte daher *P. Giss.* I Nr. 59 Kol. IV 14 f. aus dem J. 119/120 zur Erklärung heranziehen: ein Dörfler des Heptakomia-Gaus erhält eine siebenjährige vacatio munerum (ἄνεσιν ἐσχηκὼς ἑπταετίας), *vorübergehende* Befreiung von Liturgien, als ὑπέργηρως[28]). In diesem Sinne wird wohl auch hier das ὑπερετής zu fassen sein.

2. Die Frau und Stiefschwester des Chares vom gleichen Vater, Ἡρωίς, deren Mutter κάτοικος ist, 41 Jahre alt (Z. 7; s. den Stammbaum S. 31 mit der Anm.). Weiter beider Kinder (Z. 8 f.),

3. ’Αταρίας, 21 Jahre alt, der nach erlangter Pubertät ›unter den Katöken‹, d. h. als Katöke, der Prüfung (ἐπίκρισις) unterzogen ist (ἐπικεκριμ(ένος) ἐν κατοίκοις), und

4. ’Αθηνάριον, 13 Jahre alt, dessen Frau und Schwester[29]).

5. 6. Zwei Töchter des Chares von einer anderen Frau (Z. 9 f.), Χαρίτιον ἡ καὶ Θεοδότη, 11 Jahre alt, und Διδύμη.

7. ὁ δεῖνα Διοσκόρου, 40 Jahre alt; er wird gekennzeichnet als ἐπικεκριμ(ένος) ἰδιώτης λαογραφούμ(ενος) (Z. 10). Die Wortstellung erweist m. E., daß die bisherige Erklärung der als zusammengehörig betrachteten Worte λαογρα-

---

25) S. *Ostr. Nr. 33.*

26) S. die Akten des Amphodarchen des ἄμφοδον ’Απολλωνίου Παρεμβολῆς in Arsinoe vom J. 72/73 bei Wessely, *Stud. Pal.* IV 62 ff. Z. 489 ff.: γραφῆι ὑπερετῶν καὶ ἀσθενῶν; Z. 550 ff.; 463 f.: eine von der Judensteuer befreite 61jährige Jüdin; dazu Wessely aaO. 61. Vgl. *BGU.* 560 (= Wilcken, *Chrest.* Nr. 64), 22; *P. Lond.* II 259 S. 38 (= Wilcken, *Chrest.* Nr. 63), 64; *BGU.* 1140, 22. Todesanzeigen von ὑπερετεῖς mit dem Gesuch, sie in die Liste der Verstorbenen einzutragen, liegen vor *P. Oxy.* VII 1030 (= Wilcken, *Chrest.* Nr. 36: ein δοῦλος ὑπερετής ἄτεχνος) und IX 1198 (2 ὑπερετεῖς ἄτεχνοι); vgl. auch *P. Oxy.* III 478 (= Wilcken, *Chrest.* Nr. 218), 35.

27) S. mein *Heerwesen* 109. 114. 142; Wilcken, *Grundzüge* 57. 202.

28) Erst durch Severus und Caracalla (s. bes. Modestinus, *Dig.* 27, 1, 2; *P. Flor.* I 57 = III 382) scheinen die Provinzialen des Ostens οἱ ἑβδομήκοντα ἔτη πεπληρωκότες *dauernde* Befreiung von den munera personalia (nicht von den honores, munera honoribus cohaerentia und munera patrimonii) erhalten zu haben. Auch die ἀλειτουργησία des *P. Flor.* I 57 = III 382 wird in dieser beschränkten Bedeutung aufzufassen sein. S. meine Ausführungen *P. Giss.* I Nr. 59 Einl. S. 15.

29) Zur Geschwisterehe in Ägypten s. Wessely, *Karanis und Soknopaiu Nesos* 23 f.; Nietzold, *Die Ehe in Ägypten* 12 ff.

φούμενος ἐπικεκριμένος[30]) unrichtig ist[31]). Die beiden Worte sind zu trennen. Die Ausdrücke ἐπίκρισις und ἐπικεκριμένος bedeuten, wie das Wessely (*Epikrisis: Sitzgsber. Wiener Ak. d. W., phil.-hist. Kl.* 1900, CXLII, 9, S. 9 ff.) ganz richtig dargelegt hat, stets dasselbe: »Prüfung, Überprüfung, geprüft«; sie werden nicht etwa im Hinblick auf die Kopfsteuer ein besonderer terminus technicus. Wie die Soldaten und Veteranen, so sind auch die verschiedenen Klassen der Zivilisten (nach erlangter Pubertät oder Erreichung des γῆρας) einer ἐπίκρισις ihres Personenstandes auf Grund der von ihnen bzw. ihren Gewalthabern eingereichten Ausweise unterworfen: cives R., cives Alexandrini, Katöken, οἱ ἀπὸ τοῦ γυμνασίου, die der vollen oder ermäßigten Kopfsteuer Unterworfenen, Sklaven usw. Entsprechend finden wir Z. 8 den Ausdruck ἐπικεκριμ(ένος) ἐν κατοίκοις = κάτοικος ἐπικεκριμένος (s. 3.)[32]). Meist wird aber das Wort ἐπικεκριμένος, das durchaus nicht einen Gegensatz oder eine Abschwächung von λαογραφούμενος bedeutet, ohne weiteren Zusatz gebraucht, da die Beziehung sich aus dem Zusammenhange ergibt. Fast regelmäßig fehlt es andrerseits in den Personalien der kopfsteuerpflichtigen Personen. Ausnahmsweise steht es an den Anm. 30 angeführten Stellen und in unserer Zeile 10; dort wie hier übersetze ich: »geprüft als der Kopfsteuer unterworfener ἰδιώτης«[33]). Was ἰδιώτης heißt, ist unklar. Daß das Wort auf einen Beruf hinweist, ist sicher; in den meisten κατ' οἰκίαν ἀπογραφαί sind die so Bezeichneten ἔνοικοι[34]), auch unser ἰδιώτης wird Aftermieter oder Lohnarbeiter sein.

Zum Schlusse werden δουλικὰ σώματα des Aphrodisios deklariert, die an Chares vermietet sind (Z. 10—13; s. S. 30 f. und 51), Sklavinnen und ihre ἔγγονα:

8. bis 11. eine Sklavin, deren Name und Signalement fortgefallen ist, mit ihren drei Kindern: Πασίων ὁ διὰ λόγων[35]) Εὐτυχής, 20 Jahre alt, Ἅρπαλος ὁ διὰ λόγων Νικηφόρος, 18 Jahre alt, und Ἡρωΐς, 8 Jahre alt (Z. 11),

---

30) *BGU.* 118 III 7 f.: ἐριο[πλύτης λαογραφ[ούμενος ἐπικεκρι[μένος; 137, 10: ἰδι]ώτ[ης) λαογρα[φούμενος) ἐπικεκ(ριμένος).

31) S. Grenfell-Hunt, *P. Oxy.* II S. 221; Wilcken, *Chrest.* Nr. 217 Einl.: »solche Privilegierten, die ein geringeres Kopfgeld zahlen und daher zur Epikrisis kamen«. — Das Richtige hatte ich schon im *Philologus* (1897) LVI, 216 Anm. 33 gesehen, dann aber im *Heerwesen* 122 eine unrichtige Erklärung gegeben.

32) Vgl. auch *Stud. Pal.* IV S. 71, 464: ἀπὸ [ὑπερ](ετῶν) L ⲋα ἐπικ(εκριμένη) τῶι . . . . ὁ L . . . — Ebenso könnte man erwarten ἐπικεκριμένος ἐν τοῖς ἀπὸ τοῦ γυμνασίου, ἐν λαογραφουμένοις (= ἐπικεκρ. λαογραφούμ. oder λαογρ. ἐπικ.), ἐν δωδεκαδράχμοις usw.

33) Vielleicht ist auch *BGU.* 123, 13 zu ergänzen ἐπικεκρ,ιμένος) ἰδι[ώτ(ης) λα[ογρα[φούμενος) . . .].

34) S. *BGU.* 493 passim; 494, 3. 4; 495, 6; 498, 5; 504, 3; 505, 16; *P. Lond.* II 476 a S. 61, 4. Der ἰδιώτης *Stud. Pal.* IV S. 68, 306 ist δοῦλος. — Ἰδιώτης in der Bedeutung »Privatbesitzer« s. Dittenberger, *OGI.* II 669, 27; *P. Lond.* II 257 S. 19 ff. passim (s. Rostowzew, *Kolonat* 110 Anm. 1); vgl. *P. Teb.* II 616, 2; *P. Oxy.* III 521, 10; VIII 1101, 6; *PSI.* III 236, 31; *P. Cairo byz.* I 67089, 17. — Als militärische Bezeichnung in Ptolemäerurkunden bedeutet ἰδιώτης »gemeiner Soldat«.

35) Ὁ διὰ λόγων fasse ich als »nach Ausweis der (im Hause vom Besitzer geführten) Listen«. Der mit diesen Worten eingeführte Name des Sklaven ist nicht etwa der offizielle Name — der ist Πασίων, Ἅρπαλος —, sondern die Epiklesis, mit der er im Hausstand nicht nur gerufen, sondern

12. eine zweite Sklavin (Z. 12),

13. 14. eine dritte Sklavin, Ἰσιδώρα ἡ καὶ Ἡδίστη, 23 Jahre alt, und ihr Kind Ἀφροδοῦς ἡ καὶ Παρινοῦς, 6 Jahre alt (Z. 12),

15. eine vierte Sklavin (Z. 13).

Das ist eine für Ägypten verhältnismäßig hohe Zahl; es handelt sich auch hier, wie in den meisten Fällen, wo uns zahlreichere Sklaven in einem Hause begegnen[36], um den Bewohner einer Metropole, und zwar einen Griechen[37].

[Μαξίμωι στρα(τηγῶι) Ἀρσι(νοείτου) Ἡρακλ(είδου) μερίδος] κα[ὶ Ἡρα-
   κλείδ]ηι βασιλ(ικῷ) γρα(μματεῖ) τῆς αὐ[τῆς μερί]δος κ[αὶ Σα-
   β]είνῳ κα[ὶ] Ἀν[τ]ωνε[ί]νῳ γρα[μμα]τεῦσ[ι]
[μητροπόλεως καὶ τῷ δεῖνι καὶ Π]τολ[εμαίῳ καὶ Σαρα]πίωνι λ[αογρά-
   (φοις) κ]αὶ Ἀπίωνι [ἀμφοδάρχῃ] ἀμφόδο(υ) [Διονυσίο]υ Τό[πων]
[παρὰ ....] μο .. ος [ἀναγραφο]μένου ἐ[π᾽] ἀ[μ-
   φό]δου Χην[οβ]οσ[κ]ίων Πρώτω[ν διὰ φροντι]στοῦ [Ἀφρο]δ[ε]ι-
   σί[ο]υ Φιλ[ίπ]που . . π[. . .] . . ου . . [.] κ . [.]
[. . . . . λ . . . κ . . . .]ένου ὑπ᾽ ἐ[μοῦ ἐ]ν τῇ μητρ[οπόλ(ει)] ἐπ᾽
   ἀμφόδου Μ[α]κεδόνων ὄγδ[ο]ον μέρος οἰκίας καὶ αἰθρίου καὶ
   αὐλῆς, ἐν ᾧ ἀπ[ο]γράφομαι ε[ἰς]
5 [τὴν τοῦ διεληλ(υθότος)⁹θ L Ἀντωνείνου] Κα[ί]σα[ρος το]ῦ κ[υ]ρίου
   κατ᾽ [οἰκία]ν ἀπογρα(φὴν) ἐπ᾽ ἀμφόδου Διονυ[σίο]υ Τόπων, ἐφ᾽
   οὗ καὶ τῇ τοῦ ιϛ L θεοῦ Ἀδριαν[ο]ῦ κατ᾽ οἰκ(ίαν) ἀπο[γρα(φῇ)]]

1/2 S. die Einl. S. 55.   3 Am Anfang wohl]μοτρος.   3/4 Eine Beziehung auf den Aphrodisios als Faijum-Griechen stand am Schlusse von Z. 3 nicht. Vielmehr wird hier sogleich erwartet ὑπάρχει μοι oder ähnliches; daß ὑπ(άρ-   χει nach Φιλ(ίπ)που dastand, glaube ich nicht. Das ὑπ᾽ ἐμοῦ in Z. 4, wenn es richtig ergänzt ist, kann sich nur auf den Deklaranten, nicht auf den φροντιστής beziehen (s. bes. Z. 10: τοῦ Ἀφροδεισίου).

unter der er auch in den Hauslisten geführt wird. So ist auch *BGU.* 493 II 5 zu erklären (um einen Rechnungsführer, wie Wilcken, *Ostr.* I 684, meinte, kann es sich nicht handeln): Εὐτυχὴς δοῦλ(ος) αὐτοῦ ὁ διὰ λόγων τῆς μητρός [folgt der Name. *BGU.* 495, 2 ist sehr fragmentiert, doch glaube ich auch hier an dieselbe Bedeutung: τῆς δεῖνα Ἰσχυρίωνος ὁ διὰ λ(όγων) δοῦλ(ος) [folgt der Name. — Gewöhnlich werden die Epikleseis auch der Sklaven eingeleitet durch ὁ, ἡ καί (s. Z. 12) oder durch ἐπικαλούμενος = ἐπικεκλημένος od. ähnl.; vgl. z. B. *BGU.* 447, 25: Πολυδεύκην ἐπικεκλ(ημένον) Ἔρωτα; *P. Grenf.* II 59, 7 ff.: παῖδαν ὄνομα Στοτοῆτις(?) ἐπικα(λού)μενος Μύρωνα; s. auch *Nr. 11*, 12. Diese beiden Verbindungen weisen wohl nur auf einen Ruf- bzw. Kosenamen des Sklaven hin, der nicht schriftlich fixiert ist.

36) Wilcken, *Grundzüge* 260 Anm. 3, führt die Subjektsdeklarationen *P. Lille* 27 (= Wilcken, *Chrest.* Nr. 199: 3. Jahrh. vor Chr.) und *P. Flor.* I 4 (= Wilcken, *Chrest.* Nr. 206: a. 245) an. In der κατ᾽ οἰκίαν ἀπογραφή aus Antinoupolis *P. Oxy.* VIII 1110 (a. 188) meldet der Deklarant, der Mieter ist, zum mindesten 20 Sklaven und Sklavenkinder an. Vgl. auch die alexandrinische Urkunde der augustischen Zeit *BGU.* 1114: Q. Caecilius Oinogenes verschenkt 5 Sklaven; s. auch *BGU.* 1033, 9 (Trajan); *BGU.* 168 (= Mitteis, *Chrest.* Nr. 121: saec. II; Faijum).

37) Vgl. Wilcken, *Ostr.* I 681 ff.; *Grundzüge* 27 f. 260; Reil, *Beitr. z. Kenntnis d. Gewerbes im hell. Ägypten*, Diss. Leipzig 1913, 170 ff.; *Dikaiomata* 164.

[ἀπεγραψάμην, τοὺς ὑπογετρα(μμένους) ἐνοίκ]ους, Χάρητ[α Ἀτ]αρίου
    τοῦ Δ[ιονυσίο]υ μητρὸς [Χαρ]ειτίου τῆς Ἀφ[ρ]οδεισί[ο]υ κάτοι-
    κ(ος) τῶν ⎰-υοε ὑπερέτης Ⳑ [ὁ]γ ἄσημος κα[ὶ τὴ]ν
[τούτου γυναῖκα οὖσαν ὁμοπατρί]αν (sic) ἀδελ[φ]ὴν Ἡροίδα μητρὸς
    Τερτίας τῆς Διδύμου θυγα[τρὸ]ς κατο[ί]κου ἀ[πο]γετραμμέν[ην]
    τῷ ις Ⳑ θ[ε]οῦ Ἀδριανοῦ ἐπὶ
[τοῦ αὐτοῦ ἀμφόδου Διον]υσί(ου Τόπων) Ⳑ μα ἄσημ(ον) καὶ ἀμ-
    φοτ(έρων) τέκνα Ἀταρίαν Ⳑ κα ἄσημ(ος) ἐπικεκριμ(ένος) ἐν-
    κατοίκοις καὶ τὴν τούτ[ο]υ γυναῖκα οὖσαν αὐ(τοῦ)
[ὁμοπατρίαν (sic) καὶ ὁμομητρίαν (sic) ἀδελφ]ὴν Ἀθηγάριον Ⳑ ιγ ἄση-
    μ(ον) κα[ὶ] Χαρίτιον τὴν καὶ Θεοδότην θυγ(ατέρα) τοῦ Χάρητος
    Ⳑ ια ἄσημ(ον) καὶ Διδύμην ἄλλην θ[υγα]τ(έρα)
10 [τοῦ Χάρητος Ⳑ. ἄσημ(ον) καὶ ......] Διοσκόρου μητρὸς Ῥοδοῦ-
    τος τῆς Διοσκόρου ἐπικεκριμ(ένος) ἰδιώτης λαογραφούμ(ενος)
    Ⳑ μ ἄσημο(ς) καὶ τοῦ Ἀφροδεισίου δουλικὰ σώμ[α]τ[α], ..
[..... Ⳑ.. ἄσημο(ν) καὶ ταύτης ἔγγ]ονον Πασίων ὁ διὰ λόγων
    Εὐτυχὴς Ⳑ κ ἄσημ(ος) καὶ Ἅρπαλον ὁ διὰ λόγων Νικηφόρος
    Ⳑ ιη ἄσημος καὶ Ἡροίδα. Ⳑ η ἄ[σημ(ον) καὶ]
[.......... ἄλλη δούλην Ⳑ.. ἄση]μ(ον) καὶ Ἰ[σ]ιδώραν τὴν καὶ
    Ἡδίστην ἄλλη δούλην Ⳑ κγ ἄσημον καὶ ταύτης ἔγγονον
    Ἀφροδοῦν τὴν καὶ Παρινοῦν Ⳑ ς ἄση(μον)
[καὶ ...... ἄλλη δούλην Ⳑ.. ἄσημ(ον), ἃ] ἀπογέγραφθα[ι (sic) τ]ῶι
    ις Ⳑ ὑπὸ τῶν τέκνων Φιλίππου καὶ Χαριτίου. Διὸ ἐπιδίδομ(ι).   131/2.
    (2. Hd.) Κατεχω(ρίσθη) στρα(τηγῷ) Ⳑ ι Ἀντωνείνου Καίσαρος
    τοῦ κυρίου Ἐπεὶφ ιδ.   8. Juli 147.
[(3. Hd.) Κατεχω(ρίσθη) βασιλ(ικῷ) γρα(μματεῖ) Ⳑ ι Ἀντωνείνου Καί-
    σαρος τοῦ] κυρίου Ἐπεὶφ ιδ.   (4. Hd.) Κατεχ(ωρίσθη)
    γρα(μματεῦσι) πόλ(εως) [Ἐπεὶ]φ ιδ.

---

6 Zu ἐνοίκ(ους s. die Einl. S. 56 f. — Ἀτ]αρίου s. Z. 8. — Ich habe den in der Familie häufigen Namen [Χαρ]ειτίου ergänzt, obwohl Z. 9 Χαρίτιον steht. — l. κάτοικον, ὑπερετῆ, ἄσημον. 7 l. ὁμοπάτριον, Ἡρωίδα. 8 l. ἄσημον ἐπικεκριμένον. — Das αυ am Schlusse ist nicht sicher. 9 l. ὁμοπάτριον καὶ ὁμομήτριον. 10 l. ἐπικεκριμένον ἰδιώτην λαογραφούμενον, ἄσημον. 11 l. ἔγγονα, Πασίωνα (das ω von Πασίων ist aus ο korrigiert) τὸν διὰ λόγων Εὐτυχῆ, ἄσημον, τὸν δ. λ. Νικηφόρον, ἄσημον, Ἡρωίδα. 12 l. ἄλλην. 13 l. ἄλλην, ἀπογέγραπται, ἐπιδίδωμι. — Die Buchstaben von Ἀντωνείνου sind ganz verschliffen.

Übersetzung. An Maximus, Strategen des Heraklidischen Bezirks im Arsinoitischen Gau, und Heraklides, Königlichen Sekretär desselben Bezirks, und Sabinus und Antoninus, Sekretäre der Metropole, und X., Ptolemaios, Sarapion, Volkszähler, und Apion, Quartiermeister des Stadtquartiers »Dionysios-Domäne« von Y.......... eingeschrieben im Stadtquartier »Erste Gänseweide«, vertreten durch seinen Verwalter Aphrodisios Sohn des Philippos. (Mir gehört)... .... in der Metropole belegen im Stadtquartier der Makedonen der Achtteil eines Hauses und offenen Platzes und Hofes, in dem ich deklariere für die

Deklaration Haus bei Haus des verflossenen 9. Jahres des Kaisers und Herrn Antoninus im Stadtquartier ›Dionysios-Domäne‹, für das ich auch bei der Deklaration Haus bei Haus im 16. Jahre des vergötterten Hadrian die Deklaration abgegeben habe, die unten genannten Mieter,

Chares Sohn des Atarias Enkel des Dionysios, dessen Mutter Charition Tochter des Aphrodisios ist, den Katöken, zu den 6475 gehörig, überjährig, 71 Jahre alt, ohne besondere Kennzeichen,

und seine Frau und Schwester vom gleichen Vater, Herois, deren Mutter, Tertia Tochter des Didymos, eine Katökin ist, deklariert im 16. Jahre des vergötterten Hadrian in dem gleichen Stadtquartier ›Dionysios-Domäne‹, 41 Jahre alt, ohne besondere Kennzeichen,.

und beider Kinder, Atarias 21 Jahre alt, ohne besondere Kennzeichen, geprüft unter den Katöken, und seine Frau und Schwester von gleichem Vater und Mutter, Athenarion, 13 Jahre alt, ohne besondere Kennzeichen,

und Charition, die auch Theodote genannt wird, Tochter des Chares, 11 Jahre alt, ohne besondere Kennzeichen, und Didyme, eine andere Tochter des Chares, [.] Jahre alt, ohne besondere Kennzeichen,

und Z. Sohn des Dioskoros, dessen Mutter Rhodūs Tochter des Dioskoros, geprüft als der Kopfsteuer unterworfener .... (ἰδιώτης), 40 Jahre alt, ohne besondere Kennzeichen,

und die dem Aphrodisios gehörigen Sklaven, nämlich N., [. .] Jahre alt, ohne besondere Kennzeichen, und ihre Kinder, Pasion, nach Ausweis der (Haus-)Listen den Namen Eutychēs führend, 20 Jahre alt, ohne besondere Kennzeichen, und Harpalos, nach Ausweis der (Haus-)Listen den Namen Nikephoros führend, 18 Jahre alt, ohne besondere Kennzeichen, und Herois, 8 Jahre alt, ohne besondere Kennzeichen,

und V., eine andere Sklavin, [. .] Jahre alt, ohne besondere Kennzeichen,

und Isidora, die auch Hediste genannt wird, eine andere Sklavin, 23 Jahre alt, ohne besondere Kennzeichen, und ihr Kind Aphrodūs, die auch Parinūs genannt wird, 6 Jahre alt, ohne besondere Kennzeichen,

und R., eine andere Sklavin, [. .] Jahre alt, ohne besondere Kennzeichen;

diese Sklavinnen sind im 16. Jahr deklariert von den Kindern Philippos und Charition. Und so reiche ich ein.

(2. Hd.) Dem Strategen eingereicht im Jahre 10 des Antoninus, des Kaisers und Herrn am 14. Epeiph. (3. Hd.) Dem Königlichen Sekretär eingereicht im Jahre 10 des Antoninus des Kaisers und Herrn am 14. Epeiph. (4. Hd.) Den Stadtsekretären eingereicht am 14. Epeiph.

Nr. 10. STEUERQUITTUNG DES PHILIPPOS APHRODISIU.

Höhe 9, Breite 13,5 cm. Faijum. 24. November 144 nach Chr.

Philippos (s. S. 31 s. 4) zahlt am 24. Nov. 144 auf das Konto[1] des Monats September-Oktober an den ἐπιτηρητὴς Γαλάτης ὁ καὶ Δίὸυ(μος) für die übliche Steuer von einem Siebentel seiner Erträge im Dorfe Theadelpheia 36 Drachmen.

Tὰ καθήκοντα (sc. τέλη) bezeichnet meist die feste, ständige Naturalsteuer, welche die Inhaber der γῆ ἰδιωτική, κληρουχική (κατοικική) zu leisten haben[2]. Hier ist von dieser natürlich nicht die Rede, vielmehr von einer Ertragssteuer in Geld; περιγινόμενα sind die »Einkünfte, Erträgnisse«[3] = γενήματα. Die Ertragssteuer hat die Höhe von einem Siebentel, ist zweifellos von der auch für die Kaiserzeit bezeugten[4] ἕκτη παραδείσων und ἀμπελώνων, der ἀπόμοιρα, zu sondern.

Philippos zahlt diese Steuer an einen nicht näher bezeichneten ἐπιτηρητής. In der eigenartigen Sprache der Quittung erscheint er als Vertreter des Zahlenden; vgl. dazu *P. Hamb.* I S. 183 zu Nr. 42. Philippos ist hier nicht etwa als Staatsschuldner aufzufassen (vgl. *Nr. 8* Einl. Anm. 17), dessen γενήματα beschlagnahmt sind und der durch den staatlicherseits als Verwalter bestellten ἐπιτηρητής (γενηματογραφηθέντων; vgl. *Nr. 3* Einl. Anm. 32) die Steuern an den (nicht genannten Erheber zahlt[5].

```
    Ἔτους η Αὐτοκράτορος Καίσαρος Τίτου
    Αἰλίου Ἀδριανοῦ Ἀντωνίνου Σεβαστοῦ
    Εὐσεβοῦς Ἀθὺρ κη εἰς ἀρίθ(μησιν) Φαῶφὶ δι(έγραψε)
    Φίλιππος Ἀφροδ(ισίου) δι(ὰ) Γαλάτου τοῦ καὶ
  5 Διὸύ(μου) ἐπιτη(ρητοῦ) εἰς τὰ καθ(ήκοντα) περιγι(νομένων) ὑπ(ὲρ)
    Θεαδελ(φείας) ἑβδόμη(ν) ϛ τριάκοντα ἕξ
    Γ ϛ λϛ.
```

4 Das δι(ά) ist unsicher. 5 Das δυ des ersten Namens ist nicht sicher. 6 ἑβδομ ist sicher. — ϛ = δρ(αχμάς). 7 Γ = γ(ίνονται).

Übersetzung. Im Jahre 8 des Imperator Caesar T. Aelius Hadrianus Antoninus Augustus Pius am 28. Hathyr hat für das Konto Phaophi Philippos Sohn des Aphrodisios gezahlt durch Galates der auch Didymos heißt, den Aufpasser, an üblicher Ertragssteuer für Theadelpheia ein Siebentel, nämlich sechsunddreißig Drachmen, macht 36 Dr.

---

1) εἰς ἀρίθ(μησιν) = ἀριθ(μήσεως); s. *P. Hamb.* I S. 182 Anm. 1.

2) S. Rostowzew, *Kolonat* 92 A. 2. 97. 98. 114; Wilcken, *Grundzüge* 303 f.; *P. Giss.* I Heft 3 S. 28.

3) Vgl. das τὰ ἐξ αὐτῶν περιγεινόμενα (= περιεσόμενα) ἀποφέρεσθαι in den Kaufverträgen und dgl.

4) S. Wilcken, *Grundzüge* 191 Anm. 4. 5) Vgl. Rostowzew, *Kolonat* 140 A. 2.

Nr. 11. AMMENVERTRAG.

Höhe 8,5, Breite 3 cm.   Herkunft wohl aus dem Faijum.   Trajan (zwischen Ende 102 und 114 nach Chr.).

Daß ein vor dem Staatsnotariatsamt abgeschlossener Ammenvertrag vorliegt, ist sicher. Meine Ergänzungen des winzigen Fragmentes erheben nicht den Anspruch, den ursprünglichen Wortlaut genau wiederherzustellen. Ammenverträge aus Alexandreia in Form von συγχωρήσεις der augustischen Zeit sind *BGU.* 1058 (= Mitteis, *Chrest.* Nr. 170). 1106 (= Mitteis, *Chrest.* Nr. 108). 1107. 1108. 1109. 1153 I. Der einzige bisher bekannte Ammenvertrag aus der χώρα ist *PSI.* III 203 (a. 87) aus Oxyrhynchos. Zwei Ammenvertrags-Auszüge enthält die Vertragsmelderolle eines Staatsnotariats *P. Cairo Preis.* Nr. 31 V und XVI (a. 139/140; Faijum). Habequittungen der Amme bzw. ihres Herrn über den Empfang der τροφεῖα nach Ablauf der ganzen Vertragszeit oder eines Teiles derselben sind *BGU.* 1110—1112 (Augustus) aus Alexandreia, solche aus dem Faijum *BGU.* 297 (a. 50), *P. Teb.* II 399 (saec. II), aus Oxyrhynchos *P. Oxy.* I 91 (a. 187), aus der Großen Oase *P. Grenf.* II 75 (a. 308). Vgl. endlich das Amtsprotokoll des Strategen *P. Oxy.* I 37 (= Mitteis, *Chrest.* Nr. 79: a. 49) und das Hypomnema an den Präfekten *P. Oxy.* I 38 (= Mitteis, *Chrest.* Nr. 58: nach a. 49). In allen aufgeführten Urkunden handelt es sich um Sklavenkinder, für die eine Amme bestellt wird. Gelegentlich ist diese die Sklavin eines Dritten, die der Eigentümer des Sklavenkindes von ihrem Herren mietet (s. *Nr. 8* Einl. Anm. 11). — Das Ammenwesen ist ausführlich behandelt von Sudhoff, *Ärztliches aus griechischen Papyrusurkunden* 150 ff.; s. auch Berger, *Strafklauseln* 176 ff.

Als Kontrahenten treten auf einerseits die Amme und ihr Mann, wechselseitig für einander Bürgschaft leistend[6]), andrerseits die Eigentümerin des Sklavenkindes unter Assistenz ihres Ehemannes als Geschlechtsvormund. Das Sklavenkind stammt aus einer geschlechtlichen Verbindung (Pälikat) des Ehemannes mit einer seiner Frau gehörenden Sklavin. Ersteres erweist das τὸ γεγον[ός Z. 11. Daß die Ehefrau Eigentümerin der Sklavin und damit des Kindes ist, zeigt das παρὰ τῆς [Z. 13: sie, nicht ihr Mann, trägt die Kosten der Amme. Hieraus ergeben sich die weiteren Ergänzungen.

[Ἔτους .... Αὐ]τοκράτορ[ος Καίσαρος Νέρουα Τραιανοῦ Σεβαστοῦ Γερμα]-
[νικοῦ Δακικοῦ mak. Monat]ου τεσσαρε[σκαιδεκάτηι äg. Monat ῑδ̄ ἐν.........]
[... τοῦ .... νο]μοῦ. Ὁμολ[ογοῦσιν Name Patronymikon (τροφὸς) ὡς
        ἐτῶν ....]
[οὐλὴ δακτύλωι ἀριστ]ερῶι με[γ]ά[λωι καὶ ὁ ἀνὴρ αὐτῆς καὶ κύριος Name]
5 [Patronymikon]νης (sic) Πέρση[ς τῆς ἐπιγονῆς ὡς ἐτῶν .... οὐλὴ]

5 l.]νου(ς) statt]νης.

---

6) S. *Nr. 5* Einl. Anm. 2.

[. . . . ., οἱ δύο ἀλλ]ήλων ἔγγυο[ι εἰς ἔκτισιν, τῆι δεῖνι ὡς ἐτῶν . . . .]
[. . . . . οὐλὴ ἀντι]κνημίῳ δε[ξιῷ μετὰ κυρίου τοῦ ἀνδρὸς Name Patronymi]-
[kon ὡς ἐτῶν . . . .]τα ἕξ οὐλὴ ῥ[ινὶ μέσῃ, παρειληφέναι παρ' αὐτῆς καὶ τιθηνή]-
[σειν τὴν δεῖνα, ἕως εὐτ]ακτεῖ ἐπὶ τῇ [τιθηνήσει, ἀπὸ μηνὸς . . . . . . τοῦ ἐνεστῶτος]
10 [. . (ἔτους) Αὐτοκράτορος Κ]αίσαρος Νέρουα [Τραιανοῦ Σεβαστοῦ Γερμανικοῦ
        Δακικοῦ]
[ἐπὶ χρόνον μῆνα]ς ἕξ τὸ γεγον[ὸς τῷ δεῖνι ἐκ τῆς ὑπαρχούσης τῇ δεῖνι δούλης]
[Name ἀρσενικὸ]ν ἔκγονον [ὑποτίτθιον Name ἐπικεκλημένον Epikle]-
[sis, μισθὸν λαμβάνουσ]α παρὰ τῆς [δεῖνος ὑπὲρ τροφείων καὶ ἄλλων δαπανη]-
[μάτων συμπάντων κατὰ] μῆνα ἔκαστ[ον ἀργυρίου Σεβαστοῦ νομίσματος δραχ]-
15 [μῶν . . . . κ]αὶ ἐλαίου [κοτυλῶν . . . . . .

Der Papyrus bricht ab.

9 τὴν δεῖνα ist die Amme. — ἐπὶ τῇ [τιθη-
νήσει »inbezug auf die τ.«.   11 Das]ς vor ἕξ ist
sicher; ἔτη ... καὶ μῆνα]ς ἕξ ist ausgeschlossen. —
Zu τὸ γεγον[ὸς κτα. vgl. P. Teb. II 399, 6 f.;

BGU. 859, 21; s. die Einl.   12 ἀρσενικό[ν oder
θηλυκό[ν.   13 f. S. PSI. III 203, 5; P. Teb. II
399, 3 f. — l. λαμβάνουσαν.

Übersetzung.   Im Jahre . . . . des Imperator Caesar Nerva Traianus Augustus
Germanicus Dacicus am 14. . . . . = 14. . . . . . in . . . . im . . . . Gau. Es bekennen
die Amme X., ungefähr . . . Jahre alt, mit einer Narbe am linken großen Finger,
und ihr Mann und Geschlechtsvormund Y., Persernachkomme, ungefähr . . . Jahre
alt, mit einer Narbe . . . ., beide wechselseitig für den anderen Bürgschaft leistend
hinsichtlich der Erfüllung, der Z., ungefähr . . . Jahre alt, mit einer Narbe am
rechten Schienbein, unter Assistenz ihres Geschlechtsvormundes und Mannes W.,
ungefähr [.]6 Jahre alt, mit einer Narbe mitten auf der Nase, von ihr erhalten
zu haben den dem W. von der im Eigentum der Z. befindlichen Sklavin V.
geborenen Sklavensäugling männlichen(?) Geschlechts mit Namen . . . . und Bei-
namen . . . . . Und die X. wird ihm die Brust reichen, solange als sie inbezug
hierauf in Ordnung ist, vom Monat . . . des laufenden . . Jahres an 6 Monate lang,
indem sie als Lohn erhält von der Z. für Pflegegeld und alle sonstigen Auslagen
jeden Monat . . . . Silberdrachmen kaiserlicher Prägung und . . . Krüge Öles . . . .

Einzelbemerkungen.

1 f. Trajan führt den Siegesbeinamen Dacicus seit Ende des Jahres 102 (6. Jahr).
Optimus (Ἄριστος) heißt er seit dem J. 114 (s. z. B. *Nr. 12*, 3). Zwischen
diese beiden Daten ist unsere Urkunde zu setzen, wohl näher dem letzteren;
vgl. *Nr. 25.*

8 f. Im Hinblick auf die sechsmonatliche Dauer des Vertrages (Z. 11) habe ich nur
τιθηνήσειν (= θηλάσειν) ergänzt (ohne καὶ τροφεύσειν), da der Säugling die
Ammenbrust während der ersten sechs Monate erhält; τιθήνησις Z. 9 ist »Dar-
reichung der Ammenbrust«, s. *BGU.* 297, 15: τιθηνήσεως μηνῶν ἕξ; *P. Cairo
Preis.* 31 V 22: τὸν τῆς τιθηνήσεως ἑξάμη[νον; vgl. Sudhoff aaO. 150 f.

9 εὐτ]ακτεῖ »sie ist in Ordnung«. Das Medium εὐτακτεῖσθαι hat in den Ammen-verträgen *BGU.* 1106—1109 die Bedeutung »sich verpflichten«. S. als Gegen-satz das ἀτακτεῖν »keine Ordnung halten, ungehorsam sein« (ἡμέραν »einen Tag lang«) in den Lehrlingsverträgen. Εὔτακτος s. z. B. *P. Cairo byz.* ed. Maspero I 67120, 4: εὐτάκτης διαθέσεως καὶ καθαρᾶς προαιρέσεως.

Nr. 12. HINGABE EINES STAATSPACHTGRUNDSTÜCKES AN ERFÜLLUNGSSTATT IN FORM EINER KAUF-HOMOLOGIE.

Höhe 15, Breite 6,7 cm.　Die Abkürzungen der Zeilenenden sind durch Platzmangel bewirkt.
Faijum (Theadelpheia).　17. Febr. 115 nach Chr.

Der Persernachkomme Apuleius überläßt (ὁμολογεῖ .... ἐπικεχωρηκέναι) [1] dem Phasis [2]) für das laufende Jahr $\frac{1}{2}$ $\frac{1}{4}$ $\frac{1}{8}$ $\frac{1}{64}$ Arure des von ihm gepachteten Staatslandes (Z. 15 f.: ἐν οἷς γεωργεῖ .... δημοσίοις ἐδάφεσι) im Dorfbezirk von Theadelpheia »zur Nahrung und Lagerstatt für seine Rinder« (Z. 23 f.) und stellt ihm am 17. Februar 115 eine Quittung über den Empfang des vereinbarten »Preises« aus (Z. 24 f.). Schon vor Errichtung dieser Überlassungsurkunde ist von Phasis die Aussaat mit Bohnenfrüchten (ἄραξ = ἄρακος) vorgenommen worden (Z. 21 f.).

Die vor der Staatsnotariats-Filiale in Theadelpheia aufgesetzte Urkunde er-scheint auf den ersten Blick als ein als Kaufvertrag konstruierter Unterpacht-vertrag, wie z. B. *P. Grenf.* II 33 (100 vor Chr.) [3]). Statt des dort gebrauchten παραχωρεῖν steht in unserem Vertrag ἐπιχωρεῖν; dem an das Formular der demotischen Urkunden erinnernden συνπεπῖσθαι αὐτῷ τῆς συγχωρηθείσης τιμῆς des ptolemäischen *P. Grenf.* entspricht das ἀπέχιν ... τὴν συνκεχορημένην πρὸς ἀλλήλους τειμήν unserer Urkunde der Kaiserzeit. Während aber im *P. Grenf.* die als Pachtzins für 4 Jahre vereinbarte τιμή angegeben wird, es sich danach um reale Pachtzinszahlung handelt, ist in unserer Urkunde die τιμή *nicht* beziffert. Wir werden also die Überlassung des Grundstückes seitens des δημόσιος γεωργός Apuleius an Phasis, wie in *Nr. 7* und *5, 13,* als Hingabe an Erfüllungsstatt (datio in solutum) aufzufassen haben: Apuleius tritt dem Phasis zur Begleichung einer

---

1) Zum Sprachgebrauch von ἐπιχωρεῖν im Sinne von »Überlassen von Pachtrechten« und der ihm nahestehenden Worte ἐκχωρεῖν, συγχωρεῖν, παραχωρεῖν s. Schwarz, *Homologie und Protokoll, Festschr. für Zitelmann,* 29 f. (Sonderabzug).

2) Φᾶσις, Φάσιτος ist, worauf Wilcken hinweist, nur eine dialektische andere Aussprache von Πᾶσις, -ιτος.

3) S. dazu Rabel, *Ztschr. Savignyst. R. A.* XXVIII 318 A. 2; Eger, *Grundbuchwesen* 102; Berger, *Strafklauseln* 151; Schwarz aaO. 28—32.

Darlehnsschuld[4]) die Nutzung eines mit Bohnenfrüchten bebauten Teiles seines Staatspachtgrundstückes für das laufende Jahr ab. Die Homologie ist von Apuleius dem Phasis ausgestellt am 17. Februar 115; schon vorher aber hat dieser die Aussaat auf dem Grundstück vorgenommen (Z. 21 f.). Wir werden das nach den Ausführungen von Schwarz (*Homologie und Protokoll* 30 f.) hinsichtlich der συγγραφαὶ ἀποστασίου (Kaufabstandsurkunden) und gleichartiger Erklärungen so auffassen können, daß die Einräumung des Grundstückes schon vor der Auszahlung des Darlehns und der im Anschluß daran vorgenommenen Errichtung unserer Homologie stattgefunden hat.

Ähnliche Verträge über Hingabe eines Grundstückes zur Pacht an Erfüllungsstatt liegen auch vor in *BGU.* 636 (a. 20), 526 (a. 86), *P. Flor.* I 20 (= Wilcken, *Chrest.* Nr. 359: a. 127), *Class. Philology* I S. 168 Nr. III (a. 143)[5]); sie sind zusammenfassend von Rabel (*Ztschr. Savignyst. R. A.* XXVIII 317 f.) behandelt worden. In *BGU.* 636, *P. Flor.* I 20 wird auch das Verbum ἐπιχωρεῖν gebraucht[6]).

Ἔτους ὀκτωκαιδεκάτου
Αὐτοκράτορος Καίσαρος
Νέρουα Τραϊανοῦ Ἀρίστου
Σεβαστοῦ Γερμανικοῦ Δακικο(ῦ)
5 Μεχεὶρ τρίτῃ καὶ εἰκάδι ἐν Θεα-   17. Februar 115 n. Chr.
δελφείᾳ τῆς Θεμίστου μερίδο(ς)
τοῦ Ἀρσινοείτου νομοῦ. Ὁμολογεῖ
Ἀπολήειος Ἀκουσιλάου Πέρσης
τῆς ἐπιγονῆς ὡς ἐτῶν τριάκο(ντα)
10 οὐλὴ δακτύλῳ μικρῷ χειρὸ(ς)
ἀριστερᾶς Φάσιτει Χαιρήμο(νος)
ὡς ἐτῶν τεσσεράκοντα οὐλ(ὴ)
ὀφρ[ύ]ι ἀριστερᾷ ἐπικεχωρηκέναι αὐτῷ εἰς τὸ ἐνεστὸς
15 ὀκτωκαιδέκατον ἔτος ἐν οἷς
γεωργεῖ περὶ τὴν κώμην
δημοσίοις ἐδάφεσι πρὸς τό(πῳ)
Ἀρμαεῖς ἐν κλή(ρῳ) Ματεῖ λεγο-
μένῳ ἀρούρης ἥμισοι τέταρτ(ον)
20 ὄγδον (sic) τετρακαιεξηκοστὸν (sic)

8 = Apuleius. 11 l. Φάσιτι, Z. 22. 26 Φά- ist korrigiert. 19 l. ἥμισυ. 20 l. ὀγδοον, τε-
σιτος; s. die Einl. Anm. 2.   18 Das ε von ἐν τρακαιεξηκοστόν (Wilcken).

---

4) Die *ganze* Schuld wird hierdurch beglichen; ein Zusatz wie in *Nr.* 7, 24 f.; *BGU.* 636, 21 f. 26 ff.; 1055, 40 ff. (s. *Nr.* 7 Einl. Anm. 3) fehlt.

5) Auch *P. Teb.* II 310 (a. 186) gehört wohl hierher; ebenso *P. Cairo byz.* ed. Maspero I Nr. 67116, dazu meine Bemerkungen *Berl. phil. Wochenschr.* 1915, 1004. Vgl. auch die προδοματικὴ μίσθωσις im *P. Lond.* Inv. Nr. 1889 (*New Palaeographical Society* X Taf. 226) Kol. II 5, auf die Lewald, *Vierteljahrsschr. f. Sozial- u. Wirtschaftsgesch.* XII 475 Anm. 1 hinweist.

6) Vgl. Schwarz aaO. 29 Anm. 4.

<⟨ἢ⟩ ὅσων ἐὰν ᾖ τὸ καὶ προκα-
τε[σ]παρμένον ὑπὸ τοῦ Φάσειτος ἄρακει εἰς κατάβρωμα
καὶ κοιτασμὸν βοῶν καὶ ἀπέ-
25 χιν τὸν Ἀπολήειον παρὰ
τοῦ Φάσειτος τὴν συνκεχο-
ρημένην πρὸς ἀλλήλους
τειμὴν ἐκ πλήρους καὶ βεβαι-
ώσιν πάσῃ βεβαιώσι. Ἡ συνγρα-
30 [φὴ κυρία.   2. Hand. Ἀπολήειος Ἀκο]υσιλάου

Der Papyrus bricht ab.

21 l. ἄν.   23 l. ἄρακι, s. die Einzelbem.   28 f. l. τιμήν, βεβαιώσειν, βεβαιώσει.   30 ff. Es
24 f. l. ἀπέχειν.   26 f. l. συγκεχωρημένην.   folgt die subscriptio des ὁμολογῶν.

Übersetzung. Im 18. Jahre des Imperator Caesar Nerva Traianus Optimus
Augustus Germanicus Dacicus am 23. Mecheir in Theadelpheia im Themistes-
Bezirk des Arsinoitischen Gaus. Es bekennt Apuleius, Sohn des Akusilaos,
Persernachkomme, etwa 30 Jahre alt, mit einer Narbe am kleinen Finger der
linken Hand, dem Phasis, Sohne des Chairemon, etwa 40 Jahre alt, mit einer
Narbe an der linken Augenbraue, ihm eingeräumt zu haben für das laufende
18. Jahr $\frac{1}{2} \frac{1}{4} \frac{1}{8} \frac{1}{64}$ Arure — oder wieviel es sein mag — der von ihm im Dorfbezirk
beim Platz Harmaeis im Mates genannten Landlos gepachteten Staatsländereien
zur Nahrung und Lagerstatt für Rinder; und diese (Parzellen) sind schon vorher vom
Phasis mit Arakos besät worden. Und es hat empfangen Apuleius vom Phasis die
unter einander verabredete Summe voll und ganz und wird Gewähr leisten mit
voller Gewähr. Der Vertrag soll gültig sein.   (2. Hand.) Ich Apuleius Sohn
des Akusilaos ....

Einzelbemerkungen.

5 Über das Dorf Θεαδέλφεια == Harît s. statt aller Jouguet, *P. Thead.* S. 6 ff.

17 Δημόσια ἐδάφη faßt Wilcken (*Grundzüge* 289) als »allgemeine Bezeichnung des
öffentlichen Landes überhaupt, wahrscheinlich ganz allgemein im Gegensatz zu
den ἰδιωτικὰ ἐδάφη«, während die δημοσία γῆ nur einen von der βασιλικὴ
γῆ verschiedenen Teil der δημόσια ἐδάφη bilde. Nach ihm ist βασιλικὴ γῆ
die von den Kaisern übernommene Ptolemäer-Domäne, δημοσία γῆ der erst
unter den Römern hinzugekommene (vor allem durch Konfiskation entstandene)
ager publicus. Dagegen spricht nur *P. Giss.* I 60 Kol. II 17 verglichen mit Kol. II 22
(s. dazu *P. Giss.* I 3. Heft S. 167). — Zur δημοσία γῆ von Theadelpheia s. *Nr. 4.*

18 Der τό(πος) Ἁρμαεῖς und der κλῆ(ρος) Ματῆς waren bisher nicht bekannt.

21 Zu ⟨ἢ⟩ ὅσων ἐὰν (= ἄν) ᾖ s. Waszyński, *Bodenpacht* 75.

23 Zum Dativ ἄρακει (= ἄρακι) vom vulgären Nominativ ἄραξ vgl. den Genetiv
ἄρακος *BGU.* 938, 5; *PSI.* I 34, 13. [Ἄραξ ist wohl aus dem als Genetiv
empfundenen ἄρακος zurückgebildet, wie wohl auch διάκων aus διάκονος und

κατήγωρ aus κατήγορος (*Licht vom Osten*[2,3] 61 f.). Die nächste Analogie ist φάρμαξ aus gen. plur. φαρμάκων (Radermacher, *NTGr.* S. 16). A. D.]

23 f. εἰς κατάβρωμα καὶ κοιτασμὸν βοῶν »zur Ernährung und Lagerstatt von Rindern«. Vgl. *P. Jand.* 26, 10 (a. 98): εἰς κα]τάβρομα καὶ κ[α]ταγο[μ]ὴν [προ]-βάτων. Auch *BGU.* 636, 16 ist ἰς κατάβ[ρω]μα zu lesen. Das Wort begegnet häufig in der LXX: s. Hatch II p. 729. — Zu κοιτασμός vgl. *P. Teb.* II 423, 19: λαβὼν τὰ πρόβατα πρὸς κοιτασμός (l. -μόν); 619 Verso: ὑπ(ὲρ) κοιτασ(μοῦ) 8 Dr.; *P. Thead.* 8, 23: ἐν [ἀ]λλοτρίοις ἐδάφεσι [τ]οὺς συνή[θ]εις κο[ιτ]ασμοὺς ποιεῖσθαι; *P. Lond.* I 113 p. 209, 19: κοιτασμοῦ προβάτων. Vgl. κοίτη, κοι-τών, κοιτάζειν (s. Mayser, *Grammatik* 507), κοιτασία; alle vier Worte finden sich in der LXX; s. Hatch II p. 775.

Nr. 13. NOTARIELLER KAUFVERTRAG ÜBER EINEN ESEL.

Höhe 20,8, Breite 11,5 cm. Faijum. 18. Dezember 141 nach Chr. Eine Klebung. Palimpsest[1]); von der ausgelöschten Schrift sind auf der Vorderseite, bes. von Z. 20 an, viele Spuren vorhanden, die Schrift auf der Rückseite links von der Klebung ist nur mangelhaft ausgelöscht, aber nicht mehr zu entziffern.

Der Vertrag wird abgeschlossen in dem Dorfe Apias in der Θεμίστου μερίς des Arsinoites, im Nordwesten des Faijum. Während im Präskript Z. 4 und auf dem Verso Ἀπιάς steht, bezeichnet sich die Staatsnotariats-Filiale, vor welcher der Vertrag abgeschlossen ist, im ἀναγραφή-Vermerk Z. 26 als γραφεῖο[ν] Φιλοπ(άτορος) Ἀπιάδος. Apias und Philopator sind zwei benachbarte Dörfer, die meist in den Urkunden unterschieden werden (s. *P. Teb.* II S. 368. 407). Wo sie eine Einheit

---

1) Über Papyrus-Palimpseste, die sich in den Editionen zahlreich finden (s. auch unsere *Nr. 20*), vergleiche im allgemeinen Gardthausen, *Griech. Paläographie*[2] I 103 f. Die alte Schrift des Papyrus wurde »abgewaschen« (s. Preisigke, *P. Straßb.* I S. 102). Auf die Art des Auslöschens weist die gelegentlich in den »Handscheinen« begegnende Versicherung des Ausstellers der Urkunde, sie sei χωρίς, καθαρὸν ἀπὸ ἀλείφατος (καὶ ἐπιγραφῆς): ἄλειφαρ ist Salböl, Fett, mit dem der Papyrus zwecks Tilgung der Schrift eingeschmiert wurde; (ἐπιγραφή ist nachträgliche Hinzufügung von Worten und Buchstaben). — Ein eigenartiges Rezept für das Auslöschen der Schrift auf Papyrus gibt der (wohl aus dem 4. nachchristlichen Jahrhundert stammende) *P. Holm.* in Upsala (*Papyrus graecus Holmiensis, Rezepte für Silber, Steine und Purpur*), den O. Lagercrantz 1913 herausgegeben hat. Die betreffende Stelle (γ 18 ff.) lautet: Ἄλλο. αὕτη δὲ καὶ χάρτας γεγραμμένους πάλιν ψᾷ, ὥσδε δοκεῖν μηδέποτε γεγράφθαι· λαβὼν ἀφόν((ν))ιτρον (l. ἀφρόνιτρον) τῆξον εἰς ὕδωρ, εἶτα κατὰ τὸ γεγενῆσ(θ)α(ι) νίτρωμα προσέμβαλε γῆς ἐνπάσα(ς) ὠμῆς μέ(ρος) ᾱ καὶ τῆς κειμωλίας μέ(ρος) ᾱ καὶ γάλα βόϊον, ὡς πάντα μιγέντα γενέσθαι γλοιώδει᾽ (l. γλοιώδη) καὶ προσμίξας ὄχίνου χυλοῦ᾽ κα((ι))-τάχριζον (l. κατάχρισον) πτε[ρ]ῷ .... ἐὰν δὲ εἰς χάρτην, μόνα τὰ γράμματα χρῖε. Das übersetzt Lagercrantz S. 160 so: »Ein anderes Rezept. Mit dem folgenden Verfahren macht man auch beschriebene Papyrusblätter wieder sauber, so daß sie aussehen, wie wenn sie nie beschrieben worden wären. Nimm und löse verwitterte Soda in Wasser. Thu dann, wenn Sodalauge entstanden ist, einsprengend noch hinein 1 Teil rohe Erde, 1 Teil kimolische Erde und Kuhmilch, so daß alles zu einer leimartigen Mischung wird. Mische dann Mastixöl hinzu und streiche mit einer Feder an ..... Wenn es sich um ein Papyrusblatt handelt, so bestreiche nur die Buchstaben.«

bilden, liegt dem wohl eine beiden gemeinsame Verwaltungsbehörde zugrunde. Wie in unserem Falle die Staatsnotariats-Filiale gemeinsam ist[2]), so wird *BGU*. 644, 17 (a. 69: περὶ Φιλοπάτορα Ἀπιάδος) wohl auf den gemeinsamen Kataster, *BGU*. 973, 1 f. (a. 194/6) vielleicht auf den zurzeit gemeinsamen κωμογραμματεὺς (κώμης Φιλοπ(άτορος) [τῆς καὶ?] Ἀπιάδος) hingewiesen.

Kontrahenten sind der Veteran M. Iulius Apollinaris als Verkäufer und ein Peregrine Simarios, Sohn des Sokrates, als Käufer; Kaufobjekt ist ein Esel, der zum ersten Mal gezahnt hat (πρωτόβολος).

Die Kaufurkunde enthält, wie alle Kaufurkunden der griechischen Rechtssphäre, ein einseitig auf den Verkäufer abgestelltes Anerkenntnis desselben. Die Teile der Urkunde sind folgende:

    a) Kontext des Notariatsschreibers (1. Hand)

        α) Präskript: Datum, Ort (Z. 1—5),

        β) Anerkenntnis des Verkäufers (Z. 5—17):

            ὁμολογεῖ ὁ δεῖνα τῷ δεῖνι .... πεπρακέναι αὐτῷ .... τὸν ὑπάρχοντα αὐτῶι ὄνον .... καὶ ἀπέχειν .... τὴν συμπεφωνημένην τειμὴν .... διὰ χειρὸς καὶ βεβαιώσει ὁ ὁμολογῶν πάσῃ βεβαιώσει.

Das Anerkenntnis enthält die drei üblichen Bestandteile: 1. verkauft zu haben, 2. den Kaufpreis (in bar) »wegzuhaben« und 3. für die Zukunft dem Käufer für das volle, unbeschränkte Eigentum gewährzuleisten, d. h. also Eviktionshaftung zu übernehmen. Eine Gewährleistung für heimliche Mängel findet, wie fast in allen Tierkauf-Urkunden griechischen Rechts, nicht statt (s. Mitteis, *Grundzüge* 191 f.). Der Esel wird verkauft »so wie er ist mit allen ihm anhaftenden Vorzügen und Fehlern« (τοῦτον τοιοῦτον), ohne daß er vom Käufer zurückgegeben werden kann (ἀναπόριφον, »unabstoßbar«, non redhibendum)[3]). Strafbestimmungen für den Fall des Nichteinhaltens der Eviktionsgarantie fehlen in unserem Vertrag.

        γ) Anführung des als Vertreter für den schreibunkundigen Verkäufer unterschreibenden (ὑπογρα(φεὺς) τοῦ ὁμολ(ογοῦντος))[4]); es ist ein extraneus, der Römer C. Petronius Firmus, wohl gleichfalls ein Veteran. Er erscheint zusammen mit den Kontrahenten persönlich vor dem Notariatsamt. Das erweist das auch für ihn hinzugefügte Signalement (Z. 17—19).

    b) Die prokuratorische Unterschrift (2. Hand, häßliche Halbunziale: Z. 19—24).

Auffallend ist hier das ἔγραψα καί Z. 24, »ich habe *auch* für ihn geschrieben«. Daraus muß man doch, falls das καί nicht versehentlich hinzugefügt ist, schließen, daß der ὑπογραφεύς C. Petronius mehr als Schreibhilfe gewährt[5]).

---

2) Ebenso z. B. für die beiden Dörfer Polydeukeia und Sethrenpaei in *Nr.* 7 (a. 130); s. *P. Teb*. II S. 401.

3) S. dazu Gradenwitz, *Einführung* 60; Mitteis, *Grundzüge* 185 A. 5. 192.

4) S. Gradenwitz aaO. 143 ff.

5) Vgl. den ὑπογραφεύς in den byzantinischen und koptischen Texten, dessen Tätigkeit der des justinianischen tabularius als Aushilfs-, Kontroll-Urkundsperson (Identitätszeuge? s. Mitteis, *Grund-*

c) Ἀναγραφή-Vermerk der Notariats-Filiale (Z. 26: 3. Hand; s. oben).

Mit Preisigke (*Girowesen* 415 f.) werden wir diesen Vermerk[6]) als den für den »Anerkennenden« bestimmten Nachweis darüber anzusehen haben, daß der Vertrag in der an die βιβλιοθήκη ἐγκτήσεων einzureichenden »Vertragsmelderolle«[7]) des Notariats aufgezeichnet ist. Unsere Urkunde repräsentiert danach das dem Verkäufer ausgehändigte Exemplar.

d) Rubrik auf dem Verso (4. Hd.). Von einem roten Stempel als Amtssiegel (χάραγμα)[8]) sind keine Spuren erhalten.

```
     Ἔτους πέμπτου Αὐτοκράτορος
        Καίσαρος Τίτου Αἰλίου Ἁδριανοῦ
     Ἀντωνείνου Σεβα(στο)ῦ Εὐσεβοῦς μηνὸς Ἁδρια(νο)ῦ
     κ̅β̅ ἐν Ἀπιάδι τῆς Θεμίστου μερίδος τοῦ          18. Dez. 141.
   5 Ἀρσινοείτου νομοῦ. Ὁμ[ολο]γεῖ Μᾶρκος
     Ἰούλιος Ἀπολινάριος ἀπολύσιμος ἀπὸ στρα-
     τείας ὡς ἐτῶν πεντήκοντα ὀκτὼ οὐλὴ ὀφρύ-
     ει ἀριστερᾷ Σειμαρίωι Σωκράτους (ὡς) ∟ κε
     ἀσή[μ]ωι πεπρακέναι αὐτῷ τὸν ὁμο-
  10 λογοῦντα τὸν ὑπάρχοντα αὐτῶι
     ὄνον πρωτόβωλον τοῦτον τοιοῦ-
     τον ἀναπόριφον καὶ ἀπέχειν τὸν
     ὁμολογοῦντα τὴν συμπεφωνη-
     μένην τειμὴν ἀργυρίου δραχμὰς
  15 τριακοσίας τεσσαράκοντα παρα-
     χρῆμα διὰ χειρὸς καὶ βεβαιώσει ὁ ὁμο-
     λογῶν πάσῃ βεβαιώσει. Ὑπογρα(φεὺς) τοῦ
     ὁμολ(ογοῦντος) Γάιος Πετρώνιος Φίρμος
     (ὡς) ∟ λ [.].σιμος ὀφθ(αλμῶι) δεξιῶι.          2. Hd. Μᾶρκος
  20 Ἰούλιος Ἀπολινάριος πέπρακα τὸν ὄν-
```

1 Das Anfangs-ε nimmt zwei Zeilen ein. 8 Das Haken vor dem ∟ bezeichnet. 11 l. πρωτόβολον. ὡς ist hier und Z. 19 Anfang nur durch einen 19].σιμος ist wohl sicher: [ἔ]νσιμος?

---

züge 51 Anm. 2; X) zu vergleichen ist; s. Steinwenter, *Öffentliches Urkundenwesen der Römer* 80 Anm. 3. Beispiele: *P. Monac.* 1, 7: οἱ δεῖνες οἱ καὶ ἑξῆς ὑπογραφέα παρέχοντες τὸν ὑπὲρ αὐτῶν ὑπογράφοντα καὶ μάρτυρας ...; 9, 6. 11, 5. 12, 2. 13, 5; *P. Cairo byz.* II 67166, 30; vgl. Boulard, *la vente dans les actes coptes* (Ét. d'hist. jur. off. à P. F. Girard), Sonderabzug S. 70 f., Wenger, *P. Monac.* 1, 64 Einzelbem. — Hinweisen will ich auch auf Mitteis, *Chrest.* Nr. 326a (a. 233 oder 265): ἀσθενῖ τὰς ὄψις μετ' ὑπογραφέως τοῦ συνχωρηθέντος αὐτῷ ἐκ τῶν ὑπομνημάτων des Strategen. Hier wird einem Schwachsichtigen für einen Pachtvertrag ein ὑπογραφεύς bestellt, dessen Stellung etwa der von curatores debilium entspricht (s. Mitteis, *Grundzüge* 251).

6) Zur Form s. Preisigke aaO. 423.

7) So Preisigke aaO., *K1io* XII 457 f.; anders Mitteis, *Grundzüge* 82. Die vollständige Literatur über den umstrittenen Begriff der ἀναγραφή s. bei Jörs, *Ztschr. Savignyst. R. A.* XXXIV 119 Anm. 1.

8) Vgl. Deißmann, *Neue Bibelstudien* 68 ff.; Mitteis, *Grundzüge* 80; s. auch Gardthausen, *Griech. Paläographie*[2] I 198.

ǫν καὶ ἀπέχω τὴν τιμὴν ἀργυρίου δραχμὰς τριακοσίας τεσσαράκοντα καὶ βε-
βαιώσω καθὼς πρόκιται. Γάιος Πετρώνιος ἔγραψα καὶ ὑπὲρ αὐτοῦ ἀγρα-
25 μου.

Eine Zeile Zwischenraum.

3. Hd. Ἀναγέγρα(πται) διὰ γραφείο[υ] Φιλοπ(άτορος) Ἀπιάδος.

Verso.

4. Hd.   Πρᾶσις ὄνου.

Ἀπιάδος.

24/25 l. ἀγραμμάτου.

Übersetzung. Im fünften Jahr des Imperator Caesar Titus Aelius Hadrianus
Antoninus Augustus Pius am 22. des Monats Hadrianus in Apias im Themistes-
Bezirk des Arsinoitischen Gaus. Es bekennt Marcus Iulius Apollinaris, Veteran,
ungefähr 58 Jahre alt, mit einer Narbe an der linken Augenbraue, dem Simarios,
Sohne des Sokrates, ungefähr 25 Jahre alt, ohne besondere Kennzeichen, ihm
verkauft zu haben den ihm gehörigen Esel, der ein Mal gezahnt hat, so wie er
ist, ohne die Möglichkeit der Rückgabe (wegen heimlicher Mängel), und den vereinbarten Kaufpreis von 340 Silberdrachmen ohne Verzug durch Barzahlung wegzuhaben. Und der Anerkennende wird gewährleisten mit jeglicher Gewährleistung.
Die Unterschrift hat für den Anerkennenden geschrieben Gaius Petronius Firmus,
ungefähr 30 Jahre alt, mit einer kleinen Vertiefung(?) am rechten Auge.

(2. Hd.) Ich Marcus Iulius Apollinaris habe den Esel verkauft und habe den
Kaufpreis von 340 Silberdrachmen weg und werde gewährleisten wie oben angegeben. Ich Gaius Petronius habe auch für ihn den Schreibunkundigen geschrieben.

(3. Hd.) Aufgezeichnet in der Vertragsmelderolle der Staatsnotariats-Filiale
der Dörfer Philopator und Apias.

(Verso.) Kaufvertrag über einen Esel. Apias.

Einzelbemerkungen.

3 Der Monat Ἁδριανός entspricht dem Χοίακ.   4 Zu Ἀπιάς s. die Einl.

5 f. Der hier im J. 141 genannte Veteran (s. Z. 6) M. Iulius Apollinaris ist vielleicht
der Vater des in mehreren Papyrusurkunden des Faijum genannten C. Iulius
Apollinaris, der in den Jahren 142—167 Soldat in der cohors I. Apamenorum
war und dann in Karanis angesessen ist (s. mein *Heerwesen* 128. 133). Er ist
ἀγράμματος (Z. 17. 24 f.), kann nicht griechisch schreiben (s. dazu *P. Hamb.* I
S. 161. 176). Im allgemeinen vgl. Majer-Leonhardt, Ἀγράμματοι, Diss. Marburg.

6 ἀπολύσιμος ἀπὸ στρατείας s. *P. Hamb.* I Nr. 1, 6 f. Einzelbem.

11 f. Zu τοῦτον τοιοῦτον ἀναπόριφον s. die Einl.   26 S. die Einl.

NR. 14. RECEPTUM NAUTAE.

Höhe 13,7, Breite 3,5 cm. Herkunft unbekannt. 159/160 nach Chr. Der obere Teil der Urkunde fehlt; die Ergänzung der ersten 5 Zeilen ist mir nicht gelungen. Z. 16 beginnt eine zweite Hand, die subscriptio des κυβερνήτης πλοίου. Die folgenden Zeilen sind fast ganz verwischt; dieselbe Hand hat aber zweifellos bis zum Schlusse geschrieben, wie es auch erwartet wird.

Die Ergänzung des Fragmentes als receptum nautae ist sicher. Das erweist vor allem das σῶον in Z. 8, sodann das Ν]έᾳ Πόλει Ζ. 7 und κιν]δύν[ου Ζ. 11. — Zum receptum nautarum s. Mitteis, *Sitzungsber. Sächs. Ges. d. W.* 1910, 270 ff., *Grundzüge* 259 f., *Chrest.* Nr. 339 ff. mit den unten angeführten Belegen.

Der Schiffer verpflichtet sich, die ihm in einem (nicht erhaltenen) Nilhafen übergebene Fracht nach Alexandreia zu befördern. Durch die Klausel des salvum fore recepi übernimmt er die Haftung für niederen Zufall: παρ]αδώσω τὸν [γόμον ἐν τῇ Ν]έᾳ Πόλει εἰς [τοὺς δημοσί]ους σῶον κ[αὶ ἀκακούργητον] ἀπὸ πάσης [ναυτικῆς κακουργί]ας (Z. 6 ff.), »ich werde die Fracht übergeben unversehrt und unbeschädigt, frei von jeglichem durch das Schiff zugefügten Schaden«. Dazu tritt dann noch die ausdrückliche Betonung, daß die Gefahr den Schiffer treffe; statt der Z. 10 ff. vorliegenden Fassung wird sonst τῷ ἐμαυτοῦ κινδύνῳ gebraucht. Am nächsten steht die Klausel im *P. Lond.* III 948 S. 220 (= Mitteis, *Chrest.* 341: a. 236), 7 f., sodann *P. Oxy.* X 1259, 22 (a. 211/12): παραδώ[σ]ω [ὑ]γιῶς ἀκ[ακουργήτους ἀπὸ πάσης] ναυτ[ι]κῆς κακο[υργίας τῷ ἐμαυτοῦ κινδύνῳ (so zu ergänzen)]. Das ἀπὸ π. ναυτ. κακ. fehlt im *P. Lond.* II 301 S. 256 (= Mitteis, *Chrest.* Nr. 340: Pius); im *P. Amh.* II 138 (= Mitteis, *Chrest.* Nr. 342: a. 326) stand nur [τῷ ἐμαυτοῦ κινδύ]νῳ. In den übrigen recepta der vorjustinianischen Zeit, *P. Oxy.* X 1260 (a. 286), *P. Cairo Preis.* 34 (a. 315), *P. Flor.* I 75 (= Wilcken, *Chrest.* Nr. 433: a. 380), wie in den Bürgschaftsurkunden für Reeder und Schiffer *P. Goodspeed* 14 (a. 343) und *P. Monac. ined. gr.* 60 (= Wilcken, *Chrest.* Nr. 434: a. 390) fehlt dieses ausdrückliche Garantieversprechen, der Schiffer haftet daher in diesen Fällen nicht für niederen Zufall (s. Mitteis, *Grundzüge* aaO.).

Die Übergabe der Fracht soll erfolgen in Neapolis εἰς [τοὺς δημοσί]ους (Z. 7 f.). Neapolis ist der am Meere gelegene Stadtteil von Alexandreia mit der Residenz und ihren Monumentalbauten (Königspalast, Theater, Museum und Große Bibliothek, Mausoleum Alexandri), sowie den Hafen- und Speicher-Anlagen, die dem procurator Neaspoleos et Mausolei (ἐπίτροπος τῆς Νέας Πόλεως) unterstanden[1]). Was ist aber hier unter οἱ δημόσιοι zu verstehen, die wir in demselben Zusammenhang auch *P. Goodspeed* 14, 9 finden: παραδώσωσιν εἰς τοὺς

---

1) S. v. Premerstein, *Klio* III 15; Hirschfeld, *Verwaltungsbeamte* 364 f.; Wilcken, *Grundzüge* 161. 369; *Chrest.* Nr. 432 Einl.; *P. Oxy.* X 1259, 10. Ausfeld (*Philologus* 1904, LXIII, 481 ff.) beschränkt Neapolis auf einen Teil der Residenz, das Quartier der Getreidespeicher, und identifiziert diesen mit dem Βρουχεῖον.

δημοσίους τῆς Νέας Πόλεως ἐποίσαντες (l.-σοντες) ἐπ᾽ ὀνόμα[τος αὐτῶν γράμ]-
ματα τῆς παραδόσεως. Wilcken (*Archiv* III 115) und Vitelli (*Atene e Roma* VII 87)
faßten es als Staatsspeicher (δ. θησαυροί). Preisigke (*B.-L.* II S. 173 Anm. 17)
versteht darunter die zuständigen Speicherbeamten, indem er das ἐπ᾽ ὀνόμα[τος
αὐτῶν auf sie bezieht. Das wird aber widerlegt durch *P. Flor.* I 75 (= Wilcken,
Chrest. Nr. 433), wo der ναυκληροκυβερνήτης sich den ἐπιμεληταὶ σίτου ᾽Αλεξαν-
δρείας gegenüber verpflichtet (Z. 18 ff.): παραδώσω ἐν τοῖς ὀρ⟨ρ⟩ίοις τῆς Νέας
Πόλεως καὶ [τῆς παρ]αδόσεως ἐποίσω εἰς ὄνομα ὑμῶν τὰ συνήθη ἀπο[χα γρά]μ-
ματα ἀπὸ τοῦ ἀννωνεπάρχου (praef. annonae Alexandreae) ἐκ πλήρους. Daraus
ergibt sich, wie schon Vitelli und Wilcken (in der Einl. zur Urkunde) bemerkt
haben, daß die Quittungen auf den Namen der ἐπιμεληταί vom praef. annonae
ausgestellt werden. Οἱ δημόσιοι sind im *P. Goodspeed* wie in unserer Urkunde
die Staatsspeicher, die im *P. Flor.* mit ὄρρια (= horrea) bezeichnet werden.

Der obere Teil fehlt.

```
     [. . . . . . . ὄ]ν̲τος τῷ [. . . . . . .]
     [. . . . . .]ησαντων̲ τ[. . . . . .]
     [. . . . . .]. ἕκαστα [. . . . . .]
     [. . . . . .]. ισεξευ . . . [. . . . .]
  5  [. . . . ˙.]. . . . ερο̣ . . [. . . . .]
     [καὶ παρ]αδώσω τὸν̲ [γόμον]
     [ἐν τῇ Ν]έα Πόλει ε̣ἰ̣ς [τοὺς]
     [δημοσί]ους σῶον κα̣[ὶ ἀκακ]-
     [ούργητον] ἀπὸ πάσης [ναυτι]-
 10  [κῆς κακουργί]ας ὡς τοῦ α̲[̄παντος]
     [αὐτοῦ κιν]δύν[ου ὄντος πρός]
     [με ὁ Διον]ύσ̣ιο̣ς (sic).  L κγ
     [Αὐτο]κράτορος Καίσ̣[αρος Τίτου]
     [Αἰλίου] ῾Α̣δ̣ρ̣ιαν̣οῦ ᾽Αντ̣[ωνε]ἰ̣[νου]
 15  [Σεβαστο]ῦ̣ Εὐσεβο̣ῦς [Monat Tag].           159/160.
2. Hd.  [Διονύ]σ̣ιος ῾Ωρί[ω]ν̲ος π̣[αρα]-
     [μεμέτ]ρ̣ημαι . . . . . . . [. . . .]
     [. . . . . .]. ηστο[.]κ̣ασα̣ . [. . . . . .]
```

Das Gerippe der Urkunde lautete etwa: τῷ
δεῖνι παρὰ τοῦ δεῖνος κυβερνήτου πλοίου. ῾Ομο-
λογῶ (ob der Kaisereid folgte, ist fraglich) παρειληφέναι καὶ παραμεμετρῆσθαι (oder ohne ὁμολογῶ: παρέλαβον κτα.) — folgt die nähere
Bezeichnung der Fracht — καὶ (κατάξω oder κα-
τακομίσω εἰς ᾽Αλεξάνδρειαν καὶ) παρ]αδώσω . . . .
Die Reste der Zeilen 1—5 lassen sich bisher in
dieses Schema nicht einfügen: **1** ὄ]ν̲τος τῷ[ist
nicht zu ergänzen: . . . κυβερνήτου πλοίου . . .
ὄ]ν̲τος τῷ [δεῖνι. **2** παραστ]ησάντων̲ τ[ὸ πλοῖον
(vgl. *P. Oxy.* IX 1197, 8 f.)? Auf wen bezieht sich

dann der Plural? Möglich wäre auch]ησαν τῷ
Πτ[ολεμαίῳ. **3** ἕκαστα ist sicher, nicht ε κατ-
ά[ξω oder -ειν. **5** nicht ἅπερ. **6 ff.** S. die Einl.
12 l. τὸν Διονύσιον. **16 ff.** Erwartet wird nach
dem vorhandenen Raum eine ebenso ausführliche
subscriptio wie in *P. Oxy.* X 1260, 25 ff. Die Buchstabenspuren nach]ρημαι **17** weisen am wahrscheinlichsten auf κ̣α̣ί. Die Ergänzung von **17 f.**
zu παραμεμέτ]ρημαι τὰς προκ[ειμένας κρι[θῆς
⟨ἀρ⟩τάβας . . ist ausgeschlossen,]. ηστο[.]κ(oder
β)ασ . . ist sicher.

$$[\ldots\ldots\ldots]\ldots\dot{b}\dot{\rho}o\,[\ldots\ldots\ldots]$$
$$20\;[\ldots\ldots\ldots\ldots]\ldots\ldots[\ldots\ldots\ldots]$$
$$[\kappa\alpha\grave{\iota}\;\pi\alpha\rho\alpha\delta\acute{\omega}]\underset{\cdot}{\sigma}\underset{\cdot}{\omega}\;\dot{\omega}\varsigma\;\pi\rho[\acute{o}\kappa\epsilon\iota\tau\alpha\iota].$$

Übersetzung. .... und ich werde die Fracht in Neapolis an die Staatsspeicher abliefern unversehrt und unbeschädigt, frei von jeglichem durch das Schiff zugefügten Schaden, da die volle Gefahr hierfür mich den Dionysios trifft. Jahr 23 des Imperator Caesar T. Aelius Hadrianus Antoninus Augustus Pius ... (2. Hd.). Ich Dionysios Sohn des Horion habe mir zumessen lassen ..... und werde wie angegeben abliefern.

Nr. 15—17. LIBELLI LIBELLATICORUM AUS DER DECIANISCHEN CHRISTENVERFOLGUNG 250 NACH CHR.

Die drei hier veröffentlichten Papyri stammen aus dem Dorfe Theadelpheia[1]) im Faijum und gehören derselben Serie an wie die von mir in den *Libelli aus der decianischen Christenverfolgung* (im *Anhang zu d. Abh. d. Berl. Akad.* 1910; zitiert als *Libelli*) unter Nr. 1—20[2]) veröffentlichten und erklärten Libelli der Hamburger Stadtbibliothek. Auch das Berliner Museum hat inzwischen einen Theadelpheia-Libellus erworben (P. 13430), der von Plaumann herausgegeben ist[3]). Unter den Hamburger Papyri habe ich noch zwei weitere Exemplare gefunden; von einem ist zwar nur das Datum erhalten[4]). Endlich sind m. W. sechs Libelli der Serie nach Manchester gekommen. Die Gesamtzahl der mir bekannten Opferbescheinigungen aus Theadelpheia beläuft sich also auf 32. Dazu kommen fünf außerhalb Theadelpheias geschriebene Libelli[5]).

Unsere *Nr. 16* und *17* bieten keine Abweichungen von den schon bekannten Schemata. In beiden ist das Datum fortgefallen; ich reihe sie daher in die Liste (*Libelli* S. 28 f.) als Nr. 20 a und 20 b ein. Die Herkunft der Libellatica ist in *Nr. 16* nicht angegeben, die Libellatica in *Nr. 17* ist eine ortsfremde Frau aus dem, wie Theadelpheia, im Nordwesten des Faijum liegenden Dorfe Philagris

---

1) S. *Nr. 4. 10. 12.*

2) S. jetzt auch Preisigke, *S. B.* Nr. 4435—4454.

3) *Amtliche Berichte aus den Kgl. Kunstsammlungen* XXXIV (1913'), 117. Die Eingabe ist datiert vom 16. Juni 250, also als Nr. 6a in die Liste (s. *Libelli* S. 28 f.) einzureihen. Handschrift und Formular sind dieselben wie in Nr. 6 (s. Taf. I 2 meiner *Libelli*): Νομογράφος-Formular A, γραμματεύς-Formular B, Unterschrift des Hermas A (s. *Libelli* S. 25 ff.). Die Libellatica ist in Theadelpheia beheimatet und domiziliert.

4) S. das 3. Heft der *P. Hamb.* I.

5) S. Nr. 21—25 meiner *Libelli* (S. 30 ff.).

(s. *Libelli* Nr. 11). In allen drei Libelli der Sammlung sind es Frauen, die das Gesuch einreichen und für sich und ihre Kinder um eine Opferbescheinigung bitten, also als Familienvorstand fungieren. Ich habe schon *Libelli* S. 25 auf die auffallend große Zahl der Libellaticae hingewiesen, die einen bedeutenden Rückgang der männlichen Bevölkerung vermuten lassen[6].

Bemerkenswerter ist *Nr. 15* vom 27. Juni 250, die in die Liste unter Nr. 15a einzureihen ist. Petentin ist eine Ortsfremde aus dem Theadelpheia gleichfalls benachbarten Euhemereia[7]); ihre Kinder sind ἀφήλικες, sie selbst ist 35 Jahre alt. Die Handschrift und das Formular des νομογράφος (G) sind bisher nicht vertreten: die Schrift ist eine große, etwas nach rechts neigende, gewandte Oval-Kursive. Was die Orthographie betrifft, so werden die diäretischen Zeichen verwandt; der Schreiber schreibt ἀεί, ἔσπεισα, ἱερείων, ὑποσημίωσις, διευτυχεῖτε. Von dem sonst üblichen Schema von Theadelpheia (s. *Nr. 16. 17*) finden sich folgende Abweichungen:

Z. 5 θύουσα καὶ ἐπιτελοῦσα sc. διετέλεσα (s. den Apparat).

Z. 7 κατὰ τὰ προστεταγμένα: vgl. *Libelli* Nr. 21 (Alexandru Nesos), Nr. 25 (= *P. Rylands* I 12; Arsinoe).

Z. 12 ff. διὸ ἐπιδίδωμι ἀξιοῦσα ὑμῶν λαβεῖν τὴν ὑποσημίωσιν.

Z. 15 f. Α. Λ. ἐπιδέδωκα ἐτῶν τριάκοντα πέντε: vgl. *Libelli* Nr. 21 und 25, in denen aber die Altersangabe fehlt.

Zwischen dem Kontext der Eingabe und dem Tenor der Opferbescheinigung steht Z. 17 ein von einer *neuen* Hand geschriebener Zusatz-Vermerk: καταμένων (l. -νουσα) ἐπὶ κό(μης)[sic] Θεαδελφίας. Es ist dieselbe Hand, die den Kontext in Nr. 15. 16. 18 meiner *Libelli* geschrieben hat (νομογράφος-Formular D; s. Tafel II 1); ein Urkundenschreiber trägt also einen von seinem Kollegen vergessenen Vermerk nach. So ist es auch zu erklären, daß zwischen Z. 17 und dem Opferbescheinigungs-Vermerk Z. 18 f. kein freier Raum ist. — Die persönliche Unterschrift des Opfer-kommissions-Mitgliedes Hermas (s. *Libelli* S. 28) fehlt; das kommt also auch *nach* dem 22. Juni vor.

---

6) Vgl. im Gegensatz dazu die aus *Nr. 4* für das Dorf Theadelpheia im J. 161 sich ergebenden Verhältnisse; s. S. 26.

7) S. Grenfell-Hunt, *P. Teb.* II S. 377.

Nr. 15.

Höhe 20, Breite 9 cm. Νομογράφος-Formular G (s. S. 76), γραμματεύς-Formular A (s. *Libelli* S. 27).
Die Unterschrift des Hermas fehlt. 27. Juni 250. S. Tafel III.

Randabstand von 1,5 cm.

1. Hd.　Τοῖς ἐπὶ τῶν θυσιῶν ἠρημένοι(ς)
　　　παρὰ Αὐρηλίας Λευλὶς Α.[..]γος
　　　ἀπὸ κώμης Εὐημερίας τῆς
　　　Θεμίστου μερίδος. Ἀεὶ τοῖς θε-
5　　οῖς θύουσα καὶ ἐπιτελοῦσα
　　　καὶ νῦν ἐπὶ παρόντων ὕ-
　　　μῶν κατὰ τὰ προστεταγμέ-
　　　να ἔθυσα καὶ ἔσπεισα καὶ
　　　τῶν ἱερείων ἐγευσάμην
10　　σὺν τοῖς ἀφήλιξί μου τέ-
　　　κνοις Παλέμπι καὶ
　　　Τ...ηρι. Διὸ ἐπιδίδωμι
　　　ἀξιοῦσα ὑμῶν λαβεῖν τὴν
　　　ὑποσημίωσιν. Διευτυχεῖτ(ε).
15　　Αὐρηλία Λευλὶς ἐπιδέδωκα
　　　ἐτῶν τριάκοντα πέντε
2. Hd.　καταμένων ἐπὶ κό(μης) Θεαδελφίας.
3. Hd.　Αὐρήλιοι Σερῆνος καὶ Ἑρμᾶς εἴ-
　　　δαμέν σε θυσιάζοντα.

Freier Raum von 1,8 cm.

1. Hd.　20 (Ἔτους) α′ Αὐτοκράτορος Καίσαρος
　　　Γαΐου Μεσσίου Κυΐντου
　　　Τραϊανοῦ Δεκίου Εὐσεβοῦ(ς)
　　　Εὐτυχοῦς Σεβαστοῦ Ἐπεὶφ
　　　γ′.　　　　　　　　　　　27. Juni 250.

Randabstand von 2 cm.

2 l. Λευλίδος; das Patronymikon beginnt mit α, es folgt ι oder ρ. 5 Nach ἐπιτελοῦσα ist διετέλεσα oder διατετέλεκα ausgelassen; vgl. *Libelli* Nr. 16,8; 18,6 (Formular D: S. 26). 12 Vor ηρι im Eigennamen am Anfang der Zeile wäre π möglich. 14 l. ὑποσημείωσιν. — Über dem δι und ει von διευτυχεῖτ(ε) ein wagerechter Strich, ebenso Z. 15 über dem ω von ἐπιδέδωκα. 17 l. καταμένουσα, κώ(μης). 19 l. θυσιάζουσαν. 23 Das π von Ἐπείφ ist korrigiert.

Übersetzung. An die Opferkommission von Aurelia Leulis Tochter des A...., beheimatet im Dorfe Euhemeria des Bezirkes des Themistes. Ich habe stets den Göttern Tieropfer und sonstige Dienste verrichtet und jetzt in Eurer

Gegenwart gemäß den (kaiserlichen) Erlassen Tier- und Trankopfer gebracht und
von den Opfertieren gekostet mitsamt meinen unmündigen Kindern Palempis und
T . . . eris. Deshalb reiche ich das Gesuch ein und bitte um Eure Unterschrift.
Lebt wohl.   Ich Aurelia Leulis habe das Gesuch eingereicht, 35 Jahre alt,
(2. Hd.) wohnhaft im Dorfe Theadelphia.

    (3. Hd.) Wir, Aurelius Serenus und Aurelius Hermas, sahen Dich opfernd.

    (1. Hd.) Jahr 1 des Imperator Caesar C. Messius Q. Traianus Decius Pius
Felix Augustus am 3. Epeiph.

Nr. 16.

Höhe 10, Breite 6 cm.   Νομογράφος-Formular C (s. *Libelli* S. 26), γραμματεύς-Formular B, Unterschrift des Hermas A (s. *Libelli* S. 28).   Das Datum ist fortgefallen.

<pre>
1. Hd.   Τοῖς ἐπὶ τῶν θυσιῶν
               ἡρημένοις
           π(αρὰ) Αὐρηλίας Ταλίμμις
               καὶ σοῦ θυγατρός. Ἀῖ θύουσαι
    5   τοῖς θεοῖς διετελέσαμεν
           καὶ νῦν ἐπὶ παρόντων ὑμῶν
           κατὰ τὰ προσταχθέντα ·
           ἔθυσα καὶ ἔσπεισα καὶ τῶν
           ἱερείων ἐγευσάμην καὶ
   10   ἀξιῶ ὑμᾶ[ς ὑ]ποσημιώσασ-
           θ[α]ι. Διε[υτυχεῖ]τε.
</pre>

      Freier Raum von 2,3 cm.

<pre>
2. Hd.   Αὐρήλιοι Σερῆνος καὶ Ἑρμᾶς
           εἴδαμεν ὑμᾶς θυσιάσοντος.
3. Hd.   ΕΡΜ ϹΕϹΗΜ
</pre>

      Der Papyrus bricht ab.

3 π΄ Pap. — 1. Ταλίμμεως.   **4** σοῦ θυγα-   θυσιάζουσας.   **14** Ἑρμ(ᾶς) σεσημ(είωμαι), »Ge-
τρός: der Urkundenschreiber redet die Petentin   zeichnet: Hermas«.
an. — 1. ἀεί.   **10** 1. ὑποσημειώσασθαι.   **13** 1.

Nr. 17.

Höhe 17, Breite 6,5 cm.   Νομογράφος-Formular C, γραμματεύς-Formular Λ; die Unterschrift des
Hermas fehlt, das Datum ist fortgefallen.

<pre>
1. Hd.   Τοῖς ἐπ[ὶ τ]ῶν θυσιῶν
               ἡρημένοι[ς]
           π(αρὰ) Αὐρη[λία]ς Ε.[..].ς
</pre>

      3 π΄ Pap.

ἅμα τῇ θυγατρὶ Ἀτοῦδι

5 ἀπὸ κώμης Φιλαγρίδος.

Ἀ θύο[υσ]αι τοῖς θεοῖς διετε-

λέσαμ[ε]ν καὶ νῦν ἐπὶ παρόν-

των ὑμῶν κατὰ τὰ

προσταχθέντα ἐθύσαμεν

10 καὶ ἐσπείσαμεν καὶ τῶν

ἱερείων ἐγευσάμεθα

καὶ ἀξιοῦμεν ὑμᾶς ὑποση-

μιώσ[ασ]θαι. Διευτυχεῖτε.

Freier Raum von 4 cm.

2. Hd. Αὐρ[ή]λιοι Σερῆνος

15 [καὶ Ἑρμ]ᾶς εἴδαμεν

ὑμ[ᾶς] θυσιάζοντος.

Freier Raum von 3 cm, dann bricht der Papyrus ab.

6 l. ἀεί.   12 f. l. ὑποσημειώσασθαι.   16 l. θυσιάζουσας.

Nr. 18. NATURALSTEUERQUITTUNG EINES EXACTOR.

Höhe 11,5, Breite 6 cm. Herkunft unbekannt. 4. Jahrh. nach Chr.

Der obere Teil mit der eigentlichen Quittung fehlt bis auf die letzte Zeile. Was von Z. 2 ab vorliegt, ist die Gegenquittung eines exactor in Form der Subscriptio, der den empfangenen Betrag von $14\frac{1}{2}$ $\frac{1}{3}$ $\frac{1}{8}$ Artaben Weizen — die Zuschlagsgebühr (= προσμε(τρούμενα) Z. 1) wird hier nicht besonders erwähnt — ohne Nennung des Steuerzahlers oder der Abgabe mit συνμεμέτρη(μαι) μέ(τρῳ) κώ(μης) verzeichnet. Solche Gegenzeichnung haben wir z. B. auch in den ptolemäischen Naturalquittungen *P. Amh.* II 59 und 60 (151 oder 140 vor Chr.), wo ein ἀντιγραφεὺς παρὰ βασιλικοῦ γραμματέως eine Sitologenquittung gegenzeichnet[1].

Die Bezeichnung des Steuererhebers als ἐξάκ(τωρ) ergibt als früheste Zeit der Urkunde den Anfang des 4. Jahrhunderts nach Chr. Wir wissen jetzt, daß zwischen 307 und 309, zugleich mit der Aufhebung der Gauordnung und der Einführung der Pagusordnung sowie (nach Abschaffung der Dekaprotie) der Übertragung der Steuererhebung auf die civitates, als Chef der Steuererhebung

---

1) In den auf den Namen eines πράκτωρ ἀργυρικῶν und zweier zur Losung »eingegebenen« Kollegen ausgestellten Geldsteuer-Quittungen bei Wilcken, *Ostr.* II Nr. 271. 272 (a. 179) unterfertigt der aktive πράκτωρ allein mit συναπέσχ(ον).

der exactor civitatis (ἐξάκτωρ, στρατηγὸς ἤτοι ἐξάκτωρ)[2]) in Ägypten geschaffen wurde. Zweifellos sind damals auch erst daselbst die Unterbeamten dieses Ressorts mit dem gleichen Amtstitel exactores ins Leben gerufen, denen, wie den πράκτορες, als Untergebenen des ὑποδέκτης die Steuereintreibung zusteht (s. M. Gelzer aaO. 53). Um einen solchen subalternen ἐξάκτωρ handelt es sich auch in der vorliegenden Urkunde, und zwar um einen Naturalsteuer-Einnehmer[3]). Wer in der Adresse der eigentlichen Quittung als Erheber genannt war, ein ὑποδέκτης oder unser exactor und sein bzw. seine socii, läßt sich nicht bestimmen.

Der obere Teil fehlt.

ἀ(ρτάβας) ιδ Ⅼ γη̄ καὶ προσμε(τρούμενα).
2. Hd. Ἀνουβίων
ὁ καὶ Σουχίων
ἐξάκ(τωρ) συνμε-
5 μέτρη(μαι) μέ(τρῳ) κώ(μης)
τὰς πυροῦ ἀρτάβας
δεκατέσσερας
ἥμισυ τρίτον
ὄγδοον γ(ίνονται) πυ(ροῦ) ἀ(ρτάβαι) ιδ Ⅼ γη̄.

1 Pap. ο̄ = ἀ(ρτάβας). — Ⅼ γη̄ = $\frac{1}{2}\frac{1}{3}\frac{1}{8}$.   9 Pap. ⤨ = πυ(ροῦ) ἀ(ρτάβαι).

Übersetzung. .... (macht) $14\frac{1}{2}\frac{1}{3}\frac{1}{8}$ Artaben und Zuschlagsgebühr. (2. Hd.) Ich Anubion der auch Suchion heißt, Steuereintreiber, habe mir mit dem Dorfmaß mitzumessen lassen $14\frac{1}{2}\frac{1}{3}\frac{1}{8}$ Artaben Weizen, macht $14\frac{1}{2}\frac{1}{3}\frac{1}{8}$ A. W.

2) S. M. Gelzer, *Studien z. byz. Verwaltung Ägyptens*, 1909, 50 ff.; Wilcken, *Grundzüge* 76 f. 229 f. — Das tempus post quod für diese gleichzeitigen Veränderungen, welche die vollkommene Gleichstellung Ägyptens mit den übrigen Provinzen bedeuten, gibt der *P. Grenf.* II 78 vom J. 307, das t. ante quod der unedierte Gießener Papyrus Inv. Nr. 126 R. vom J. 309, der, wie ich schon *P. Giss.* I Nr. 103 Einl. bemerkte, zuerst einen στρατηγὸς ἤτοι ἐξάκτωρ nennt. — Der exactor fungiert als höchster Steuerbeamter der civitas, dem wohl das δημόσιον λογιστήριον untersteht, in der zweiten Hälfte des 6. Jahrh.: s. Gelzer, *Archiv* V 357 A. 4; Lewald, *Ztschr. Savignyst. R. A.* XXXII 621 A. 2.

3) Vgl. *Stud. Pal.* I S. 3 I 1: λόγ(ος) Χαρίτωνος ἀργυρικοῦ ἐξάκ(τορος).

Nr. 19. ANFANG DES BRIEFES EINES SOHNES
AN SEINE MUTTER.

Höbe 5, Breite 10 cm. Herkunft unbekannt. 2. Jahrhundert nach Chr.

Der Sohn, der seine Mutter besucht hat, schreibt ihr nach seiner Rückkehr
an sein Domizil, indem er zuerst die einzelnen Tage seiner Reise beschreibt.
Leider sind nur die ersten 6 Zeilen erhalten.

Ἀπολλώνιος Ὠφελοῦτι
τῇ μητρὶ χαίρειν.
Ἐξελθὼν ἀ[π]ὸ σοῦ τῇ δεκάτῃ
πεζὸς ὕπνωσα εἰς λύσιν
5   καὶ τῇ ιᾱ ἐκάθισα εἰς πλ[ο]ῖόν
[μου] κ[αὶ τῇ] ιβ̄ ἐγενόμην ἐν

Der Papyrus bricht ab.

Verso.

Ἀπὸ Ἀπ[ολλωνίου υἱοῦ Ὠφελοῦτι μητρί].

4 Der Anfangsbuchstabe des letzten Wortes λ
ist nicht sicher, aber sehr wahrscheinlich; s. die
Einzelbem.   6 Am Schluß der Zeile Füllstrich.
Verso. Die ganz geringen Schriftspuren vor ἀπό
und darüber gehören wohl einer früheren, ausgelöschten Schrift an. Von einer zweiten (oberen
oder unteren) Zeile sind keine Spuren vorhanden.
S. die Einzelbem.

Übersetzung. Apollonios seiner Mutter Ophelūs Gruß. Nachdem ich von
Dir am 10. des Monats zu Fuß fortgegangen, habe ich bis zur Lösung (der
Glieder) geschlafen und am 11. setzte ich mich auf mein Schiff und am 12. war
ich in . . . . .

Einzelbemerkungen.

[Der Text ist trotz seiner Verstümmelung ein gutes Beispiel des parataktischen *und — und*-Stils, der nicht
spezifisch »semitisch«, sondern auch im Griechischen volkstümlich ist; s. *Licht vom Osten* ².³ 89 ff. A.D.]

4 ὕπνωσα εἰς λύσιν: Wilcken hat mir unter Hinweis auf Hom., *Od.* 4, 794 f. (εὗδε
δ᾽ ἀνακλινθεῖσα, λύθεν δὲ οἱ ἅψεα πάντα) die richtige Deutung gegeben: »ich
habe bis zur Lösung (der Glieder) geschlafen«.

5 [Das hier sicher intransitive ἐκάθισα ist bemerkenswert für die jetzt wieder durch
P. Corssen (*ZNTW*. 1914, 338 ff.) aufgeworfene Frage nach der Bedeutung von
ἐκάθισεν ἐπὶ βήματος *Joh.* 19, 13. A. D.] — Zu πλοῖον s. *Nr. 21* Einl.; vgl.
auch *Nr. 14* und *Ostr. Nr. 8*.

Verso: Zur Form der von mir ergänzten Adresse ἀπὸ τοῦ δεῖνος τῷ δεῖνι s. die
Tabelle bei Ziemann, *de epistularum graecarum formulis sollemnibus quaestiones*

selectae, Diss. phil. Hal. XVIII 4 p. 279; er weist (p. 280) darauf hin, daß statt παρά häufig, besonders in Briefen von Ungebildeten, ἀπό gesetzt wird. Über die übrigen Formen der Adresse (τῷ δεῖνι — τῷ δεῖνι παρὰ τοῦ δεῖνος — ἀπόδος τῷ δεῖνι — ἀπόδος παρὰ τοῦ δεῖνος τῷ δεῖνι — ἀπόδος τῷ δεῖνι παρὰ τοῦ δεῖνος, mit gelegentlicher Trennung durch ein Kreuz an Stelle des Siegels: so *Nr. 20* Verso) s. ebendort 278—283.

Nr. 20. BRIEF EINES SOLDATEN AN SEINE ›SCHWESTER‹.

Höhe 33,8, Breite 13 cm.   Palimpsest (s. *Nr. 13* Anm. 1).   Antinoupolis.   Tafel I/II und III.

Die Schrift des Briefes weist auf die erste Hälfte des 3. Jahrhunderts nach Chr. hin. Charakteristisch für diese Zeit sind auch die Häkchen zwischen Doppelkonsonanten[1]), so Z. 14. 49: ὀπ᾽φίκιον; Z. 40: Τίτ᾽τος, ἱπ᾽πεύς; Z. 34: Σίρτ[ι]τι, Z. 42: Σίρτ᾽⟨τι?⟩.

Der Briefschreiber Athenodoros ist ein Soldat (s. Verso und Z. 10. 13), der zu einer Zivilbehörde kommandiert ist (Z. 13 f.: ἀναφερο[μένου] σὺν ἡμεῖν εἰς τὸ ὀπ᾽φίκιον)[2]), um dort ›Dienst zu tun‹: so ist das πράσσειν Z. 5. 15. 40 aufzufassen[3]). Der Latinismus ὀπ᾽φίκιον[4]) entspricht dem griechischen τάξις = ›Kanzlei, Büro, Amt‹[5]), wie besonders Z. 49 zeigt: πέμσον μοι εἰς τὸ ὀ. ἐπιστόλιον ... Athenodoros ist wohl einer Zentralbehörde der Heptanomis, der mittelägyptischen Epistrategie, zugeteilt; zu ihr gehören der Arsinoites und Herakleopolites (Z. 5), sowie Hermupolis (Z. 15), ebenso das gegenüberliegende Antinoupolis. Über seine Truppengattung, sein eigentliches Standquartier und den Charakter seines Kommandos erfahren wir aus dem Briefe nichts. Nur das ergibt sich wohl aus Z. 6 (μετὰ Ἀρείου δεκαδ[ά]ρχου)[6]), daß er eques ist. Ich verweise auf die abkommandierten equites der in Alexandreia liegenden ala veterana Gallica im *P. Hamb.* I Nr. 39 vom J. 179 nach Chr. und meine Ausführungen daselbst S. 177—180. Am wahrscheinlichsten ist mir, daß Athenodoros und seine in

---

1) S. Wilcken, *Archiv* III 380; im allgemeinen vgl. Gardthausen, *Griech. Paläographie*[2] II 397 f.

2) Vgl. *P. Gen.* 48, 2 ff.: στρατιώτης ἀναφερόμενος ἐν κάστροις Διονυσιάδος ......

3) Vgl. dazu Breccia, *Catalogue général du Musée d'Alexandrie*, 1911, Nr. 112, der weitere Beispiele anführt.

4) Vgl. das ὀφφίκιον τοῦ κρατίσ[το]υ δικαιοδότου *P. Lips.* I 57, 22 f. (a. 261); *P. Gen.* 48, 4; 54, 16. Ὀφφικιάλιος begegnet häufig in den Papyri: s. Wessely, *Wien. Studien* XXIV 141; dazu *P. Flor.* I 71 passim; III 297, 431; *P. Lond.* III 1254 S. 236 passim; *P. Teb.* II 335, 13; *P. Oxy.* VI 896, 28; IX 1204, 26 u. sonst.

5) S. Preisigke, *Fachwörter* 169 s. v. τάξις, 2.

6) Zu den δεκαδάρχαι vgl. *Ostr. Nr. 66*; *P. Hamb.* I Nr. 10 Einzelbem. 1 und Nr. 39 S. 176 f. (s. auch daselbst S. 165 Einzelblatt 63 = BB Z. 5: ... ἐν Μαρεώτῃ μετὰ Πακτουμήϊ Σερήν[ο]υ δεκαδάρχου).

unserem Briefe genannten Kameraden auf dem Gebiete der Steuerverwaltung
tätig sind[7]).

Der Brief ist gerichtet an Σελβείνα ἡ ἀδελφή; sie wird in der Adresse auf
dem Verso Σελβεινᾶς genannt[8]). Daß sie die Frau des Athenodoros ist, läßt
sich nicht mit voller Bestimmtheit behaupten. Ihr Domizil ist Antinoupolis (Z. 9
und Verso). Dort ist wohl jener heimatsberechtigt[9]); jedenfalls befindet er sich
augenblicklich »in der Fremde«, im Eingang seines Schreibens ruft er die dortigen
Götter als Fürbitter an (Z. 3 f.; s. die Einzelbem.).

Athenodoros kündigt der Selbeina an, daß er in Zukunft seine Briefe nicht
an ihre Adresse, sondern an die »der Priesterin des Heiligtums der Hermonthiten«
in Antinoupolis, die daselbst »wohlbekannt« sei, senden werde (Z. 44—49). Das
hier genannte ἱερόν bildete wohl den Mittelpunkt einer landsmannschaftlichen
Kultgenossenschaft[10]) der in Antinoupolis ansässigen Bewohner des Gaus von
Erment (Ἑρμῶνθις)[11]) zu Ehren des Gaugottes Mont[12]). Wir haben es hier vielleicht, wie Wilcken mir vermutungsweise schreibt, mit Nachkommen von Kolo-
nisten der Stadt, die ja von Hadrian nicht nur aus Ptolemais genommen waren
(s. Kühn, *Antinoopolis* 86 f.), und Ἀντινοεῖς zu tun. Doch zwingend ist dies
nicht. Auch in den Steinbrüchen des Gebel Silsile hat wohl ein ähnlicher Verein
der Gaugenossen von Hermonthis mit einem Kult des Mont bestanden, wie
Spiegelberg (bei Preisigke-Spiegelberg, *Äg. u. griech. Inschriften und Graffiti
aus den Steinbrüchen des Gebel Silsile*, 1915, S. 18) auf Grund der Inschriften
Nr. 280—282. 285. 291 annehmen möchte. Aus der Erwähnung des ἱερόν (s. auch
das Verso) brauchen wir durchaus nicht zu schließen, daß unsere beiden Leute
dieser Kultgenossenschaft angehören.

Den vorliegenden Brief sendet aber Athenodoros noch direkt an die Adresse
der Selbeina, die auf dem Verso genau bestimmt wird: nach der üblichen allgemeinen Angabe des Ortes, der Adressatin und des Absenders folgt die nähere
Anweisung für den Überbringer des Briefes (s. die Einzelbem.). Vielleicht haben
wir in ihm denselben Dioskoros zu erkennen, der nach Hermupolis kommandiert
ist und der Selbeina 30 Denare überbringen soll (Z. 12 ff.). Die für ihn be-

---

7) Über Verwendung von Soldaten bei der Steuererhebung s. Wilcken, *Ostr.* I 621. Über cen-
turiones als Steuererheber vgl. etwa *P. Oxy.* IX 1185, 23 ff. — S. auch zum Ostr.-Formular B b β) 2.

8) [Σελβεινᾶς ist wohl die hypokoristische Nebenform von Σελβείνα, ebenso wie wohl Λουκιᾶς
Z. 21. 23. 36 die von Λουκία. Das Nebeneinander des Namens und des Kosenamens in demselben
Text ist mir für die Lukios-Lukas-Frage wichtig. A. D.]

9) Von seinen im Briefe erwähnten Kameraden stammt der δεκαδάρχης aus dem Λυκοπολείτης
in der Thebais (Z. 7), Dioskoros (Z. 12 ff.) aus einem der drei Διοπολείτης genannten Gaue (Δ. μακρός und μικρός in der Thebais und Δ. κάτω im Delta).

10) Vgl. San Nicolò, *Ägyptisches Vereinswesen* I 16 ff. 198 ff.

11) Ἑρμωνθίτης νομός ist in römischer Zeit der offizielle Name für den ptolemäischen Παθυρίτης, der in dem Phaturites des Plinius erhalten ist. Daneben nennt Plinius auch den Hermon-
thites, den wir sonst bei Ptolemaeus, auf Münzen, Inschriften, Papyri finden.

12) Die Lage des Tempels läßt sich nicht feststellen. Zur Topographie von Antinonpolis
s. Kühn, *Antinoopolis* 20—80.

stimmten Briefe bittet Athenodoros an das ›Amt‹ unter dem Namen des Memnon zu senden, der sie ihm an seinen jeweiligen Standort nachsenden werde (Z. 49 ff.).

Was die stereotypen Briefformeln betrifft, so steht am Anfang nach dem Präskript (Z. 2 f.) die Wunschformel für die Gesundheit verbunden mit der Fürbitte bei den Göttern[13]. Die Grüße (ἀσπασμοί, salutationes)[14] finden sich sowohl am Schlusse des Briefes (Z. 51 f.) als in der Mitte (Z. 31 f. 36 f.).

[Der Brief des Athenodoros ist trefflich geeignet, vom äußeren Aussehen der kleinen apostolischen Briefe eine ungefähre Anschauung zu geben. Er hat fast genau den Umfang des Philemonbriefes des Paulus. Man begreift, da die Adresse auf der Rückseite stand, leicht, warum sie bei der Sammlung der Paulusbriefe nicht miterhalten wurde. — Stilistisch ist der Brief interessant durch die zahlreichen Fälle der Voranstellung des Verbums im Satze, die im Vulgärgriechischen häufig und nicht spezifisch semitisch ist. A. D.]

<pre>
    Ἀθηνόδωρος Σελβ[εί]νᾳ τῇ ἀδελφῇ πλεῖστα
    χα[ί]ρειν. Πρὸ μὲν πά[ν]των εὔχομαί σε ὑγιαίνειν
    καὶ τὸ προσκύνημά σου ποιῶ παρὰ τοῖς ἐπιξε-
    νο[ῦ]μαι θεοῖς. Γεινώσκειν σε θέλω ὅτι ἐν τῷ
 5 Ἀ[ρ]σιγοείτῃ πράσσω καὶ ἐν τῷ Ἡρακλεοπολεί-
    τ[ῃ] καὶ ἐν ἄλλοις νομ[ο]ῖς μετὰ Ἀρείου δεκα-
    δ[ά]ρχου. Ἀπὸ Τμέτν[.] τοῦ Λυκοπολείτου νο-
    μοῦ ἐ[σ]τιν. Τὰ οὖν κτήνη αὐτοῦ παρὰ σοί ἐστιν ἐν
    Ἀ[ν]τινόου, καὶ μέλλι πρὸς ἡμᾶς ἔρχεσθαι. Ἐξέ-
10 τ[α]σον τὴν γυναῖκα Ὠρίωνος τοῦ συστρατ[ι]ώ- –
    τ[ο]υ καὶ ἀναζήτει σοι αὐτούς, ἵνα μοι διὰ
    αὐτῶν δηλώσῃς. Ἔπεμσα διὰ Διοσκό-
    ρ[ο]υ συνστρατιώτου Διοπολείτου ἀναφερο-
    [μένου] σὺν ἡμεῖν εἰς τὸ ὀπ᾿φίκιον καὶ μέλ-
15 λοντος πρᾶξαι ἐν Ἑρμοῦ πόλι δηνάρια
    τ[ρι]άκοντα, γ(ίνονται) δρ(αχμαὶ) ρκ. Κομισαμένη οὖν αὐ-
    τὰ δήλωσόν μοι, εἰ ἐκομίσω, ἐὰν εἰσέλ-
    θῃ ὕδωρ εἰς τὴν ζώρυγα (sic). Μέλλω σοι ἀεὶ
    γράφειν καὶ πεῖν (sic) σοι δαπάνην. Συνπε-
</pre>

1 S. Einl. Anm. 8 (Deißmann). **3/4** l. παρ᾿ οἷς ἐ.; s. die Einzelbem. **4** l. γινώσκειν. **7/8** Trotz der Abkürzung v̅o̅ Z. 7 Schluß setzt der Schreiber nachträglich vor die Z. 8 μοⁿ. Die Satzabteilung nach Wilcken. **9** l. μέλλει. **11** σοι αὐτούς steht da, ist unverständlich: l. αὐτήν (?), περί statt διά (?). **12** l. αὐτῆς (?), ἔπεμψα. **14** l. ἡμῖν, ὀφφίκιον; s. Z. 49 und die Einl. **16** Pap. /ϛ ρ̅κ̅ = γ(ίνονται) δρ(αχμαί) 120; der Ordinalstrich ist, wie häufig, fälschlich gesetzt. — Das ο von κομισαμένη ist aus α korrigiert. **17 f.** S. die Einzelbem. **19** πεῖν = ποιεῖν; s. die Einzelbem. **21** und **23** (s. auch Z. 36) Λουκιᾶς: s. die Einl. Anm. 8 (Deißmann).

---

13) S. Ziemann aaO. 319 ff. und Einzelbem. 3 f. [Vgl. die Versicherungen der Fürbitte in den Briefanfängen des Paulus u. a. A. D.]

14) S. Ziemann aaO. 326 ff. [Auch hier sind die paulinischen Parallelen leicht feststellbar. A. D.]

20 ριφέρου τῷ καιρῷ ἕως σε καταλάβω.
’Εργαζέσθω Λουκιᾶς καὶ ζώτω ἐκ τοῦ
μισθαρ⟨ί⟩ου αὐτῆς. Βλέπετε καὶ ὕμεῖς τὸν καιρόν. Μὴ στρηνιάτω Λουκιᾶς, ἀλλὰ ἐργαζέσ-
θω. ’Α[ν]άβαλε τὸν ἄλλον κιθῶνα καὶ πώ-
25 λη[σο]ν, κα[ὶ] ὁμοίως τὰ ἄλλα τρία πώλη-
σ[ον κα]ί, ἐὰ[ν] παραβραδύνω μὴ πέμσας
[σ]οι, [......]ν, ἢν εὑρῇς. Μὴ ἀμελήσῃς δη-
[λῶσ]α[ί μοι], εἰ ἐκομίσω τὰ δηνάρια τριά-
[κοντα, ...]..[.].[... δ]ηλώσῃς, οὐκ..ι
30 [.......] σοι πέμσε· ἐὰν εὑρῶ, πάλιν
[..... π]έμπω σοι. ’Ασπάζομαι πολλὰ ’Αντωνίαν. Πρόσεχε αὐτῇ ἕως παρα-
γένωμα[ι]. Δήλωσον τῇ μητρί μου πῶς
δῖ[π]νο[ν] ἐπόε (sic) μοι Σίρτ’Ιτι. Δίδωμι αὐτῇ πό-
35 κ[ο'ν Ερ[ι]έως καὶ διὰ τοῦτό σοι οὐκ ἔπεμσα.
Χαλκὸν αὐτῷ οὐκ ἔδωκα τοῦ πόκου τῶν ἐρειδίω(ν). ’Ασπάζομαι Λου-
κιᾶν καὶ τὴν γυναῖκαν Παυλείνου σὺν
τέκνοις. Μὴ ἀμελήσῃς δηλῶσαί μοι περὶ τῆς σωτηρίας ὑμῶν· μὴ ἀγωνιᾶτε
40 περὶ ἐμοῦ. Πράσσι σὺν ἡμεῖν Τίτ’τος ὁ ἱπ’-
πεύς. Τὰ χάλκινα, ἃ ἔπεμσά σοι διὰ Σίρτ’
να[υ]τικοῦ, αὐτοῦ ἐστιν. Δὸς οὖν τῇ γυναικὶ
αὐτοῦ αὐτὰ καὶ τὸν χαλκοῦν ξέστην. Μίαν
σου ἐ[π]ι[σ]τολὴν ἐκομισάμην μόνην. Εἰπὲ
45 τῇ ἱερίσσᾳ (sic) τοῦ ἱεροῦ τῶν Ἑρμωνθιτῶν,
ἵνα ἐκεῖ πέμπω τὰς ἐπιστολάς, ἐπὶ εὐ-
σήμαντά ἐστιν. Δήλωσόν μοι οὖν,
εἰ ἐνετείλω αὐτῇ, ἵνα σοι ἐκεῖ πέμψω
τὰς ἐπιστολάς. Πέμσον μοι εἰς τὸ ὀπ’-
50 φίκιον ἐπιστόλιον Μέμνονι καὶ Μέμνων μοι διαπέμπεται. ’Ασπάζομαι τ[ὸ]ν σταθμοῦχον σὺν τέκνοις.
’Ερρῶσθ(αι) εὔχομ(αι).

24 κιθῶνα jonische Form = χιτῶνα. 25 l.
τοὺς ἄλλους τρεῖς. 26 l. πέμψας. 27 In dem
[......]ν steckt wohl ein von dem πύλησ[ον
Z. 25 f. abhängiges Kleidungsstück (wohl nicht
[σύνθεσι]ν). Danach ist, wie Wilcken vorschlägt,
ἢν (= ἐάν), nicht ἢν ⟨ἄν⟩, zu schreiben.
29 f. Dem Sinne nach wird etwa erwartet καὶ
ἐὰν δηλώσῃς, οὐκ ὀκνήσω ἄλλα (od. dgl.) σοι
πέμψαι (sic l.). 34 δῖ[π]νο[ν] ἐπόε (l. δεῖπνον
ἐποίει) las ich auf Wilckens Anregung. —Σίρτ’Ιτι:
s. Z. 41. 35 l. ἔπεμψα. 36 τοῦ πόκου τῶν
ἐρειδίω(ν) (l. ἐριδίων) ist über die Zeile geschrieben. 37 l. γυναῖκα. 40 l. πράσσει, ἡμῖν, Τίτος.
41 l. ἔπεμψα. — Σίρτ’: obwohl am Schluß der
Zeile ein freier Raum von 2 Buchstaben, stand nicht
mehr da; Σίρτ’⟨τι⟩ nach Z. 34? 42 να[υ]τικοῦ
Ergänzung Wilckens. 44 μονὴν Pap. 45 l.
ἱερίσσῃ. 46 l. ἐπεί. 48 Das ψ von πέμψω
ist aus π korrigiert. 49 l. πέμψον.

Verso.

2. Hd.　᾽Απόδ(ος) εἰς ᾽Αντινόου　　Σελβεινᾶτι π(αρὰ)
　　　　᾽Αθηνοδώρου　　　　　　　3. Hd. στρατιώτου.

Darunter in entgegengesetzter Richtung:

2. Hd.　Σημ[εῖο]ν· ἀπὸ βορρᾶ　　τοῦ ἱεροῦ τῶν
　　　　῾Ερμων[θ]ειτῶν　　　　ἀντικρὺ τοῦ [...]-
　　5 πωλίου ἥκεις ⟨εἰς⟩　　　τὸ ῥύμιον.

Verso 1 ⲡ Pap.　**4/5** Etwa [μυρο]- oder ῾ἐλαιο]πωλίου.　**5** Das ηκ von ἥκεις ist sehr unsicher.

Übersetzung. Athenodoros sendet seiner Schwester Selbeina viele Grüße. Vor allem wünsche ich, daß Du gesund bist und bete für Dich bei den Göttern in der Fremde. Ich will Dich wissen lassen, daß ich im Arsinoitischen Gau tätig bin und in dem Herakleopolitischen und in anderen Gauen, zusammen mit dem Decurio Areios. Er stammt aus Tmetn[i] im Lykopolitischen Gau. Sein Vieh ist bei Dir in Antinoupolis und er will uns noch besuchen. Erfrage die Frau meines Kameraden Hōrion und forsche sie Dir(?) aus, damit Du mir über(?) sie Kunde geben kannst. Ich sende Dir durch meinen Kameraden Dioskoros aus dem Diopolites, der mit uns zum Amt kommandiert ist und in Hermupolis tätig sein wird, dreißig Denare, macht 120 Drachmen. Nach Empfang teile mir mit, daß Du sie erhalten hast, »sobald Wasser sich in das Kanalbett (Deines leeren Beutels) ergossen hat.« Ich will Dir stets schreiben und Aufwendungen für Dich machen. Schicke Dich in die Zeit, bis ich zu Dir komme. Lukiās soll arbeiten und von ihrem Lohn leben. Blickt auch Ihr auf die Zeit. Lukiās soll nicht träge sein, sondern arbeiten. Breite den anderen Rock zum Bleichen aus(?) und verkaufe ihn und gleichfalls die übrigen drei und, falls ich mit der Sendung an Dich säumen sollte, (verkaufe) ein ......, wenn Du eins findest. Verabsäume nicht mir mitzuteilen, ob Du die dreißig Denare empfangen hast; [wenn Du es] mitgeteilt hast, [werde ich nicht zögern], Dir .... zu schicken; falls ich es finde, schicke ich Dir wiederum ...... Ich grüße vielmals Antonia; achte auf sie, bis ich da bin. Teile meiner Mutter mit, wie Sirtti mir Unterhalt gewährt hat. Ich gebe ihr ein dem Herieus gehöriges Vließ und deshalb habe ich es nicht an Dich gesandt; Geld habe ich ihm für das Wollen-Vließ nicht gegeben. Grüße Lukiās und die Frau des Paulinus mit Kindern. Verabsäume nicht mir von Eurem Wohlbefinden Kunde zu geben; sorgt Euch nicht um mich. Mit uns tut Dienst Titus der Reiter. Die Kupfersachen, die ich Dir durch Sirt' den Seemann geschickt habe, gehören ihm; gib sie seiner Frau, wie auch das Maß aus Kupfer. Ich habe von Dir nur einen einzigen Brief bekommen. Sage der Priesterin des Heiligtums der Hermonthiten, daß ich meine Briefe an ihre Adresse sende, da sie wohlbekannt ist. Teile mir nun mit, ob Du es ihr bestellt hast, damit ich Dir meine Briefe dorthin senden kann. Sende mir einen Brief an das Amt unter der Adresse des Memnon; Memnon wird ihn mir nachsenden. Ich grüße den Hauswirt mit Kindern. Ich wünsche (Dir) Gesundheit.

(*Adresse.*)

Abzugeben in Antinoupolis an Selbeinās vom Soldaten Athenodoros. Wegweiser: nördlich vom Heiligtum der Hermonthiten gegenüber dem .... Verkaufsladen kommst Du (in) das Gäßchen.

Einzelbemerkungen.

1 Πλεῖστα χαίρειν: s. Ziemann aaO. 299 f.; vgl. *Nr. 22*, 1.

3 f. Παρὰ τοῖς (l. παρ' οἷς) ἐπιξενο[ῦ]μαι θεοῖς: vgl. *P. Lips.* I 110, 8 f. (saec. III/IV) und *P. Hamb. ined.* Inv. Nr. 84, 3 (saec. III); in beiden Papyri steht παρὰ τοῖς ἐπιξενοῦμε θεοῖς, *PSI.* III 206, 6 (saec. III ex.) dagegen παρ' οἷς ἐπιξενοῦ-[μ]αι θ. Die gleiche Bedeutung hat wohl immer das παρὰ τοῖς ἐνθάδε θεοῖς: s. Preisigke, *SB.* 4586, 9 f. (Vespasian); *BGU.* 632 (= Deißmann, *Licht vom Osten*[2,3] 125 Nr. 10: Pius/Marcus), 5 f.; *P. Teb.* II 413, 2 (saec. II/III); *P. Fay.* 130, 5 (saec. III), ebenso das παρὰ τοῖς ἐπιχωρίοις θεοῖς *P. Oxy.* VI 936 I 4 f. (saec. III). Den Gegensatz bildet παρὰ τοῖς πατρῴοις θεοῖς *P. Lond.* III 973 b S. 213, 5 f. (saec. III). S. auch Ziemann aaO. 323. — Zu ἐπιξενοῦσθαι vgl. ἐπίξενοι, ἐπίξενον *Ostr. Nr. 31. 32.*

4 [Zur häufigen Briefformel γινώσκειν σε θέλω vgl. Paulus, 1 *Kor.* 11, 3: θέλω δὲ ὑμᾶς εἰδέναι und *Phil.* 1, 12: γινώσκειν ὑμᾶς βούλομαι. A. D.]

5 Πράσσω (s. auch Z. 15. 40), 6 f. δεκαδάρχης s. die Einl.

10 Hier steht συστρατ[ι]ώτ[ο]υ, Z. 13 συνστρατιώτου. [Vgl. *Phil.* 2, 25; *Philemon* 2. A. D.]

12 [Ἔπεμσα (vgl. nachher πέμσας, πέμσε): der Schwund des π, von Mayser erst für möglich gehalten (*Programm Karlsgymnasium Stuttgart* 1900, 3), dann bestritten (*Gramm.* 167), ist dadurch sicher belegt, wie in πέμτος aus πέμπτος und in *Samson* der Vulgata aus Σαμψών der LXX. — Man beachte auch hier die Inkonsequenz: Z. 48 ist πέμψω aus πέμπω korrigiert. A. D.]

13 f. ἀναφερο[μένου] ... εἰς τὸ ὀπ᾽φίκιον s. d. Einl.

15 f. δηνάρια τ[ρι]άκοντα, γ(ίνονται) δρ(αχμαὶ) ρ̄κ̄: 30 römische Silberdenare = 120 Billondrachmen. Seit Tiberius (a. 19/20) werden Billontetradrachmen = einem Denar geprägt; s. Wilcken, *Grundzüge* LXV f.

17/18 Ἐὰν εἰσέλθῃ ὕδωρ εἰς τὴν ζώρυγα: Wilcken schreibt mir hierzu: ›Hier liegt wohl ein Scherz des Briefschreibers vor, der ihren leeren Beutel, in den nun die 30 Denare fließen, mit einem Kanalbett vergleicht, in das sich das Wasser ergießt. Und haben wir es dann nicht vielleicht mit einem Zitat zu tun? Man könnte die Worte schließlich als einen, wenn auch nicht einwandfreien jambischen Trimeter lesen. Damit würde sich mit einem Schlage auch die Anwendung der Form ζώρυγα erklären, die eben nur des Versmaßes willen gewählt wäre‹. Ζωρύγων = διωρύγων findet sich auch in dem Wiener Faijum-Papyrus bei Preisigke, *S. B.* Nr. 5126 (Pachtangebot auf Palmland), 25 (a. 261).

19 [Das πεῖν = ποιεῖν ist als phonetische Schreibung anzusprechen: zwei *i*-Laute (οι und ει) sind, wie in πῖν (= πιεῖν) oder ταμῖον (= ταμιεῖον), zu einem einzigen zusammengeflossen. A. D.]

19 f. Wilcken weist mich auf das συμπεριφέρεσθαι τοῖς καιροῖς, »sich in die Zeiten fügen, schicken« bei Aeschines 2 (περὶ τῆς παραπρεσβείας), 164 hin. Vgl. den Gebrauch des Wortes σ. in der LXX: Hatch II p. 1305.

20 Καταλαμβάνειν τινά s. *Nr. 21*, 15 Einzelbem.

21 [Vgl. 2 *Thess.* 3, 12: ἵνα ... ἐργαζόμενοι τὸν ἑαυτῶν ἄρτον ἐσθίωσιν. A. D.]

23 Στρηνιᾶν = τρυφᾶν, »träge sein, ein lockeres Leben führen«: so bes. in der Neuen Komödie; s. auch *LXX* und *Ap. Joh.* 18, 7. 9. [Diese für den volkstümlichen Charakter des Wortes lehrreiche statistische Linie (Papyrus — Komödie — griechische Bibel) wiederholt sich in zahlreichen Fällen. A. D.]

24 Zu ἀ[ν]άβαλε schreibt mir Wilcken: »᾽Α. ist ein technischer Ausdruck für eine gewisse Behandlung von Kleidern. Vgl. meine *Ostraka* II 1154—1156; *P. Giss.* I 20, 16. Sie soll also die Kleider vor dem Verkauf ἀναβάλλειν (etwa ʽausbreiten zum Bleichenʼ?). Er schickt sie ihr wohl.«

36 Πόκος τῶν ἐρειδίω(ν) = πόκος ἐρίου, »wollenes Vließ«; vgl. Reil, *Beitr. z. Kenntnis des Gewerbes* 98. 117 (Wilcken). Zu πόκος s. Mayser, *Grammatik* 29, zu ἐρίδιον ebendort 428.

39 ᾽Αγωνιᾶν s. Crönert-Passow, *Wörterbuch* s. v.

41 Τὰ χάλκινα Kupfersachen; vgl. etwa die χαλκώματα, kupferne, bronzene Geräte und Gefäße *P. Hamb.* I 10, 34 mit Einzelbem. und außer den dort angeführten Stellen Preisigke, *SB.* 1160.

43 Der ξέστης entspricht dem Sextarius der Römer und ist von ihnen in Ägypten als Maß eingeführt, zwei ptolemäischen Kotylen (s. *Nr. 11*, 15) gleichgesetzt; s. Wilcken, *Ostr.* I 762 f.; Hultsch, *Archiv* III 438.

45 Zur Form ἱέρισσα, die βασίλισσα nachgebildet ist und seit dem 2. Jahrh. vor Chr. neben dem häufigeren ἱέρεια vorkommt, s. Mayser aaO. 255. — Zu ἱερὸν τῶν Ἑρμωνθιτῶν s. die Einl.

46 Über die Zunahme des Gebrauchs von ἵνα statt des Infinitivs in der Κοινή, bes. nach Verben des Befehlens u. dgl., s. Moulton, *Einl. in d. Sprache des NT.*, Deutsche Ausgabe 1911, 325 ff. — In rein finaler Bedeutung wird ἵνα Z. 48 gebraucht.

52 Σταθμοῦχος = Hausbesitzer, Hauswirt: s. Preisigke, *Fachwörter* 158 s. v.

53 Zur Formel ohne σέ, ὑμᾶς s. Ziemann aaO. 336 Anm. 1; *Nr. 37*, 5.

Verso: Zur vorangehenden allgemeinen Adresse mit der Formel ἀπόδος εἰς ... τῇ δεῖνι παρὰ τοῦ δεῖνος vgl. die Tabelle bei Ziemann aaO. 279 und die daselbst 281 ff. angeführten Beispiele. Parallelen für Z. 3 ff. bieten der älteste griechische Brief (4. Jahrh. vor Chr.) auf einem Bleitäfelchen aus Athen (s. statt aller Crönert, *Rhein. Museum* LXV, 1910, 157) und *BGU.* 1079 = Wilcken, *Chrest.* Nr. 60 (a. 41). S. auch *P. Lond.* III 897 S. 207, 16 ff. (a. 84) und das Mumientäfelchen bei Preisigke, *SB.* 2639. [Noch immer wird gelegentlich in unseren Kommentaren mit der Adresse das Praeskript verwechselt. A. D.]

Ἀντικρύ = ἀντικρύς c. gen. findet sich sonst *P. Oxy.* I 43 Verso III 21 (a. 295); III 471, 81 (saec. II); *P. Flor.* III 384, 5 (saec. V); *P. Teb.* II 395, 4 (a. 150); 398, 5 (a. 142); *P. Hawara* 116 Verso Z. 2. 11 (*Archiv* V 385 f.; Pius): διὰ τῆς Μέλανος τραπέζης ἀντικρὺς Τυχαίου. S. auch die von Herwerden, *Lex. suppl. graec.* s. v. angeführten Beispiele aus anderen Quellen. Vgl. καταντικρύ *P. Flor.* I 47 I (= Mitteis, *Chrest.* Nr. 146), 10. 31 (a. 213/7); *P. Lond.* III 978 S. 233, 8 (a. 331). — Von Synonyma begegnet ἀπέναντι m. W. nur in Papyri der Ptolemäerzeit: s. *P. P.* II 17, 2, 2; 17, 3, 3; *P. Grenf.* I 21 (= Mitteis, *Chrest.* Nr. 302), 14 (126 vor Chr.) und das Mumientäfelchen bei Preisigke, *SB.* 3556. Zu ἀπέναντι und κατέναντι (vgl. *P. Paris.* 50, 11: 2. Jahrh. vor Chr.) s. Rouffiac, *Recherches sur les caractères du grec dans le Nouveau Testament* ..., Paris 1911, 34. 35. — Vgl. noch *P. Flor.* III 370, 7 (a. 132): κ[άταν]τα Σαραπιήου. — Die engen Gassen werden in Antinoupolis ῥύμη στενή, στενορύμιον genannt; s. Kühn aaO. 30.

Nr. 21. GESCHÄFTSBRIEF.

Höhe 25, Breite 9,5 cm.   Herkunft unbekannt.   3./4. Jahrhundert nach Chr.

Im Mittelpunkt des Geschäftsbriefes steht ein πλοῖον, auf das sich Z. 4—14 beziehen. Dann ist noch von einem zweiten πλοῖον die Rede (Z. 15—17). Es handelt sich um Fluß-Lastschiffe, die für den Transport von Getreide usw. bestimmt sind. Für solche Lastschiffe finden wir in den Urkunden die umfassenden Ausdrücke πλοῖον, πλοιάριον, πλοιαρίδιον, σκάφος, σκάφη, σκαφίδιον, daneben begegnen spezielle Bezeichnungen, deren Bedeutung z. T. unklar ist, wie — um nur einige zu nennen — πλοῖον ναυλώσιμον, πλ. σκαφόπλωρον, πλ. κύδαρον, λέμβος, κέρκουρος, λουσωρία (= lusoria). Der Tonnengehalt dieser Lastschiffe bewegt sich zwischen 60 und 10000 Artaben[1]); die Berechnung nach Artaben ist die regelmäßige. In unserem Briefe wird der Tonnengehalt des zweiten Schiffes auf 400 Artaben angegeben (Z. 16). Das erste πλοῖον soll befrachtet werden mit 6 γόμοι und 178 Artaben, die zusammen 196 Artaben ergeben (Z. 5—8; s. unten).

Der Singular γόμος wird in bezug auf Schiffe im Sinne von φορτίον, φορτία, »Schiffsladung, Schiffslast, Schiffsfracht« verwandt (so z. B. in den recepta nautarum *P. Lond.* II 301 S. 256 = Mitteis, *Chrest.* Nr. 340, 12 und *Nr. 14*, 6: Pius, auch *P. Oxy.* I 63, 6), während als technischer Ausdruck für »Tonnengehalt«

---

1) S. Kornemann, *P. Giss.* I 11 (= Wilcken, *Chrest.* Nr. 444), 6 Einzelbem.; Reil, *Beitr. z. Kenntnis des Gewerbes im hellenistischen Ägypten*, 1913, 87 ff. An Belegen kommen hinzu: Tonnengehalt 60 Artaben: *P. Oxy.* VII 1068, 7 f., 250 A.: *P. Grenf.* I 49, 350 A.: *P. Oxy.* X 1260, 500 A.: *P. Cairo Preis.* 34; *P. Goodspeed* 14; *P. Monac.* I 4, 10, 900 A.: *P. P.* II 20, 4 (= III 36 b), 2000 A.: *P. Teb.* II 486. Im *P. Oxy.* X 1259, 3 f. haben 8 πλοῖα zusammen einen Tonnengehalt von 4000 Artaben.

immer ἀγωγή begegnet[2]). Der Plural γόμοι läßt sich aber in unserer Urkunde nur in der Bedeutung »Wagenlasten, Fuhren« auffassen, die wir aus den Quittungen über Lieferung von Spreu (ἄχυρον: s. *Ostr. Nr. 17—19*; vgl. auch *P. Lips.* I 92, dazu Wilcken, *Archiv* IV 482) kennen[3]). Die 6 γόμοι und die 178 Artaben werden Z. 7 f. zu Artaben zusammengefaßt. Als Ergänzung von Z. 8 Anfang kommt nur ὀγδοήκοντα oder ἐνενήκοντα in Betracht. Das letztere wird m. E. erfordert, schon weil die Differenz 196 — 178 = 18 durch 6 (Zahl der γόμοι) teilbar ist. Ist das richtig, dann erhalten wir die Gleichung 6 γόμοι = 18 Artaben, 1 γόμος = 3 Artaben; welche Artabe in Betracht kommt, läßt sich natürlich nicht sagen[4]).

Die Anrede und die ἀσπασμοί Z. 2 ff. machen es unwahrscheinlich, daß der Briefschreiber Reeder (Großspediteur, ναύκληρος)[5]) ist, der Adressat Kapitän (κυβερνήτης) eines ihm gehörigen Schiffes. Wahrscheinlich sind sie Geschäftsfreunde, beide Grundbesitzer (γεοῦχοι); dementsprechend habe ich Z. 14 προνοητῇ (= φροντιστῇ, Verwalter, Inspektor[6])) ergänzt. Auch Z. 10 f., wo wohl davon die Rede ist, daß die ναῦται (= αὐτοί?, sie sind vorher nicht erwähnt) schon Frachtgeld (ναῦλον) erhalten haben, weisen darauf hin. Der Briefschreiber läßt den Brief von einem seiner Leute oder einem Urkundenschreiber aufsetzen und unterfertigt nur die Grußformel Z. 26 eigenhändig.

[Αὐρήλιος Σαρ]απίων Ἄμμων χαίρειν.
[Προσαγορεύω σ]ε καὶ τὴν σύμβιόν σου σὺν τοῖς
[τέκνοις αὐτῆ]ς καὶ τὴν ἀδελφὴν ἡμῶν
[. . . . . Ν]ῦν οὖν γράφω σοι, κύριέ μου·
5 [Ἐνβαλοῦ ε]ἰς τ[ὸ] πλοῖον γόμων ϛ καὶ ἀρ-
[ταβῶν ἑκατ]ὸν ἑβδομήκοντα ὀκτώ,
[ὥστε τὸ πᾶ]ν γί(νεσθαι) ὁμοῦ ἀρτάβας ἑκατὸν
[ἐνενήκοντα] ϛ. Καὶ ἐκβίβασον τὸ με-

---

1 Ergänzung des Namens durch Wilcken. — l. Ἄμμωνι. 2 Ergänzung von Wilcken statt des von mir ergänzten [ἀσπαζόμενο]ς. 4 Anfang stand der Name der ἀδελφή. — Ν̣ῦν οὖν abgetrennt von Wilcken. 5 Ergänzung von Wilcken. — Das ω von γόμων ist sehr undeutlich, o stand nicht da; l. γόμους. — Das ι von καί ist nachträglich eingefügt. 5/6 l. ἀρτάβας. 7 γι Pap., nach Wilckens Vorschlag gelesen; = γί(νεσθαι). 8 Zur Ergänzung s. die Einl. — Vor ϛ ist oberhalb der Lücke ein Horizontalstrich erkennbar.

2) Auf denselben Unterschied von γόμος und ἀγωγή kommt auch die Erklärung Bells (bei Wenger, *P. Monac.* 4, 10 Einzelbem.) hinaus, die sich auf den mir nicht bekannten, unedierten *P. Lond.* Inv. Nr. 1729 (a. 570) stützt.

3) Was bedeutet ὑπὲρ γόμων δύο im receptum nautarum *P. Amh.* II 138 (= Mitteis, *Chrest.* Nr. 342), 11? Der Tonnengehalt (ἀγωγή) des betr. Schiffes ist auf 200 Artaben angegeben, die vom κυβερνήτης übernommene Ladung beträgt 200 Zentner Kohlen. Ausgeschlossen ist m. E. die Auffassung der zwei γόμοι als »Wagenladungen«, es bleibt nur die Erklärung »für zwei Schiffsfrachten«: die 200 Zentner Kohle nehmen das Doppelte des Tonnengehaltes ein. — Die Auflösung ἀχύ(ρο)υ ἀ(γωγαί) in dem receptum *P. Cairo Preis.* 34, 20 scheint mir nicht wahrscheinlich.

4) Vgl. Wilcken, *Ostr.* I 754 f.   5) S. *Ostr. Nr. 51—55*.   6) S. *Nr. 9* Einl. S. 57.

[.... καὶ ....] σάκκον ἀρτάβας δύο.
10 [Καὶ μὴ ......].ης αὐτοῖς ναῦλον
[..........].ς με· ἤδη γὰρ ἔλαβαν
[............] καὶ δραχμὰς τετρακο-
[σίας. Μὴ ἀμελήσ]ῃς, ἀλλὰ γράψον τῷ
[προνοητῇ σο]υ, ἵνα ἐνκλίσῃ αὐτά.
15 [..........]. αν σ.. καταλάβω τὸ –
[...... πλο]ῖον ⟨ἀρταβῶν⟩ τετρακοσίων
[..........]σοι ἄρακος καὶ φακὸς
[...... Μὴ ἀμ]ελήσῃς ⟪ης⟫ τῆς οἰκί-
[ας.......]κουσιν δὸς αὐτοῖς καὶ δὸς
20 [..........]η αλλορ[.]ᾳ· μὴ ἀμελή-
[σῃς.......].....[..].. δι Παθερ-
[μούθεως] καὶ ιπ.. νο[.....]
[..........]ν... νονεως
[..........].[.].. [δρα]χμ[ὰς] πεντή-
25 [κοντα καί, εἰ θ]έλις ἀγοράσαι, γράψον μοι.
2. Hd.   [Ἐρρῶσθαί σε ε]ὔχομαι.

9 κατὰ] σάκκον? 10 Der Buchstabe am Anfang vor ης ist eher ein δ als ein σ; also nicht
πληρώ]σῃς; ἀμελή]σῃς ist schon dem Sinne nach
ausgeschlossen. 11 Vor ς με steht kein α (etwa
δραχμ]ὰς με), wahrscheinlich ein ο: πρ]ός με?
14 S. die Einl. — l. ἐγκλείσῃ. 15 Am Anfang
steht nicht ἐάν σε. 16 [ἕτερον? 18 τῆς σῆς
steht nicht da. 19]κουσιν steht wohl da, bis auf
das ν sind die Buchstaben sicher; doch wohl ein
Akkusativ. 20 η ἀλλορ[.]ᾳ = ἡ ἀλλό⟨τ⟩ρ[ί]ᾳ?
21 Das .. δι (Dativ Sing. eines Eigennamens) ist
über einen anderen Buchstaben herübergeschrie-
ben. Auch in Z. 22/23 werden Namen und Patro-
nymika (s. .. νονεως) stecken. 25 l. θέλεις. Auf
dem Verso geringe Überreste.

Übersetzung. Aurelius Sarapion an Ammon Gruß. Ich begrüße Dich und
Deine Ehefrau mit ihren Kindern und unsere Schwester ..... Jetzt nun schreibe
ich Dir, o mein Herr. Verlade in das Lastschiff 6 Wagenlasten und 178 Artaben,
so daß es im ganzen zusammen sind 196 Artaben. Und nimm heraus das .....
und pro (?) Sack 2 Artaben. Und nicht (?) .... ihnen Frachtgeld ...... an (?)
mich; denn sie haben schon erhalten ..... und 400 Drachmen. Versäume es
nicht, sondern schreibe Deinem Verwalter (?), daß er dies einschließt ....
ich treffe das andere (?) Lastschiff von 400 (Artaben) ..... Dir .... Hülsenfrucht
und Linsen ..... Vernachlässige nicht das Haus .... gib ihnen .... und gib
..... oder fremde (?); versäume es nicht .... der ...... Tochter des Pather-
muthis und .... 50 Drachmen und, wenn Du kaufen willst, schreibe
mir. Ich wünsche, daß es Dir wohlergehe.

Einzelbemerkungen.

2 Zu den ἀσπασμοί am Anfang eines Briefes s. Ziemann aaO. S. 326. 333.

8 Das Wort ἐκβιβάζειν bedeutet »aus dem Schiffe aussteigen lassen, herausnehmen«. In dieser ursprünglichen Bedeutung wird es hier gebraucht. Daneben finden wir es übertragen verwendet = »etwas durchführen, zu Ende führen« (z. B. einen Rechtsstreit, ein Urteil: s. *P. Hamb.* I Nr. 4, 10 Einzelbem.; Wenger, *Ztschr. Savignyst. R. A.* XXXIII 489, *P. Monac.* 6, 17 Einzelbem.; ἐκβιβασμός = actio iudicati; ἐκβιβαστής = executor negotii). In Gestellungsbürgschaften verpflichtet sich der Gestellungsbürge, ἐκβιβάζειν τὰ πρὸς τὸν δεῖνα (reum) ἐπιζητούμενα = ἐ. τὸν δεῖνα.

9 σάκκος Sack, Esellast: s. Wilcken, *Ostr.* I 754 und die Einl. zu *Ostr. Nr. 15—19.*

10 ναῦλον Frachtgeld: s. Wilcken, *Ostr.* I 386 f.; Rostowzew, *Archiv* III 219 ff. und die Einl. zu *Ostr. Nr. 8.*

11 Zum Aorist I ἔλαβα und der Verbreitung der ersten Aoriste seit der hellenistischen Zeit s. Deißmann, *Neue Bibelstudien* 18 ff. Vgl. auch *Nr. 22,* 10.

15 καταλαμβάνειν τι, τινά »etwas; jemanden treffen, besuchen«: s. *P. Giss.* I Nr. 103, 8 Einzelbem.; *Nr. 20, 20; 23, 2.* Vgl. besonders *P. Oxy.* IX 1223, 2 f.: εἴπερ ὁ δεῖνα τὸ πλοῖον τὸ τοῦ γεούχου καταλαμβάνει. Καταλαμβάνω μετά τινος, »ich treffe mit jemandem zusammen«, steht *Nr. 24,* 5.

Nʀ. 22.   PRIVATBRIEF.

Höhe 13,5, Breite 11 cm.   Herkunft unbekannt.   3./4. Jahrhundert nach Chr.

Die Sprache des Briefes ist eine höchst vulgäre, die Briefschreiberin hat von der griechischen Grammatik nur geringe Ahnung [1]). Auffallend ist das Fehlen der üblichen Gesundheits-Wünsche und Grüße am Anfang und Schluß des Briefes. Im Mittelpunkt desselben steht die Anfertigung eines Halsbandes durch den Flickschneider [2]) Ἡρᾶς (es handelt sich also um ein Stoff-Halsband): Z. 4 steht ἀλύδιων, Z. 6 τὼ ἀλύσιων, Z. 7 korrekt τὸ ἀλύσιον, als Deminutiv von ἄλυσις neben ἀλυσίδιον gebraucht (s. Passow-Crönert, *Griech. Wörterbuch* s. v. ἄλυσις: κόσμος γυναικεῖος [vgl. auch *PSI.* III 240, 12]; dort Belege aus Papyri und LXX). Unklar ist die Bedeutung von τὼ ἀβίκτωρι Z. 10; sollte dies mit dem lateinischen pectus zusammenhängen: τὸ ἀπεκτόριον (a pectore), etwa = pectorale »Brusttuch« sein? Möglich wäre aber auch ἀμίκτωρι.

---

1) [Stilistisch ist wieder wie in *Nr. 19* die vulgäre Häufung der parataktischen καί-Sätzchen bemerkenswert. Auch das καὶ ἄν Z. 3 ist nicht das »selbst wenn« von *Mt.* 21, 21; 26, 35; *Joh.* 8, 14; 10, 28, das καί knüpft vielmehr an den Gruß an. A. D.]

2) Zu den ἡπηταί s. *Ostr. Nr. 34.*

Ἡρακλοῦς Σατρείων πολλὰ
χαίριν.
Καὶ ἂν δυνασθῇς, δὲς Ἡρᾶτι τῷ
ἠπητὶ ϛ ρμ, ἔγα ποιήσι ἀλύδιων
5 γυναικί. Καὶ δὶ σοῦ ποιησσέτω
τὼ ἀλύσιων καὶ λήσωμε ὦδε
χαλκών. Καὶ πέμψε τὸ ἀλύσιον
Ἡρᾶτος καὶ λήσωμε ὦδε
τὼν χαλκών. Καὶ γράψα μοι
10 ὅτι ἔλαβας τὼ ἀβίκτωρι
ἀπὸ τῆς ἀδελφῆ μου.

Verso.
Ἀπόδος Σατρείων ✕ ϵἰς .... ϵφ..

Darunter Spuren (✕) einer zweiten Adresse, oben links ein vereinzeltes Zeichen.

1 l. Σατρίωνι. — Zur Verstärkung des χαίρειν durch πολλά, meist in Schreiben an nahe Familienangehörige, s. Ziemann aaO. 299 f. 3 l. ἐάν. 4 l. ἠπητῇ. — ϛ (= δρ(αχμὰς)) ρμ ἔγα (= ἵνα): die richtige Erklärung des von mir ϵιρμϵγα gelesenen verdanke ich Wilcken; δές Z. 3 ist danach = δός. — l. ποιήσῃ ἀλύσιον (das υ von ἀλύδιων ist nachträglich eingefügt). 5 Nach dem κ von γυναικί steht vielleicht ein ausgestrichenes ο. — l. διὰ σοῦ ποιησάτω. 6 l. τὸ ἀλύσιον, λήμψομαι. 7 l. χαλκόν; vor dem Worte verwischte Striche. — l. πέμψον. 8 l. λήμψομαι. 9 l. τὸν χαλκόν, γράψον. 10 Zum Aorist I ἔλαβας s. *Nr. 21*, 11. — Zu ἀβίκτωρι s. die Einl. 11 l. ἀδελφῆς. Verso l. Σατρίωνι. — Der auf ϵἰς folgende Ortsname, von dem kaum etwas zu erkennen ist, ist nicht Φιλαδέλφειαν oder Θεαδέλφειαν. — Zur Form der Adresse s. Ziemann aaO. 281 ff.; vgl. *Nr.* 19, Verso Einzelbem.

Übersetzung. Heraklūs dem Satrion viele Grüße. Und wenn Du kannst, gib dem Herās dem Flickschneider 140 Drachmen, damit er ein Halsband für eine Frau anfertige. Und durch(?) Dich soll er das Halsband anfertigen und ich werde auf diese Weise Geld bekommen. Und schicke das Halsband des Herās und ich werde auf diese Weise das Geld bekommen. Und schreibe mir, daß Du das Brusttuch(?) von meiner Schwester erhalten hast.

Abzugeben an Satrion nach ...

Nr. 23. GESCHÄFTSBRIEF.

Höhe 18, Breite 13,5 cm. Herkunft unbekannt. Palimpsest (s. *Nr. 13* Anm. 1; *Nr. 20*). Die Form μαφόρτιον (s. Einzelbem. 6) und die Münzangabe Z. 9 f. (s. die Einzelbem.) weisen auf die vorbyzantinische Zeit, die Schrift ist frühestens an das Ende des 4. Jahrhunderts nach Chr. zu setzen.

Reste einer Zeile, der obere Teil fehlt.

 ωθη λε.. [......] ἐπιστόλ[ιό]ν μοι γράψει·
 ἤδη γὰρ ὑμᾶς καταλάβω, οὐδαμὶ γὰρ ἀνέμινα τοσοῦτον χρόνον ἐνταῦθα διακατοχῇ
 ἀνθρώπου τινὸς ἕνεκέν ἀργυρίου. Ποίησον
5 τὸν ἀδελφόν μου ἑτοιμάσαι τὸ κέρμα⌐ αὐτοῦ
 ἕως ἔλθω. Καὶ γενέσθω μοι μαφόρτιον·
 διὰ ταχέως, ἐπὶ οὐκ ἔχω. Καὶ λάβω
 παρὰ Τιθοῆτι τῷ προσφέροντί σοι
 ταῦτά μου τὰ γράμματα ἀργυρίου
10 τάλαντα διακοσε ὀγδοήκοντα.
 ʻΟπόταν θελήσῃ δίσομαι.
 Ἀσπάζομαι ὑμᾶς πάντας κατ᾽
 ὄνομα. Ἐρρῶσθαί σε εὔχομαι
 πολλοῖς χρόνοις.

1 λέγι [ὅτι...? Das γ ist sehr unsicher, σ vielleicht wahrscheinlicher. **2** Das δ von ἤδη ist eigenartig. **2 f.** l. οὐδαμῇ, ἀνέμεινα. **8** l. Τιθοῆτος. — Das φ in προσφέροντι ist korrigiert. **10** Das aus sachlichen Gründen von mir ergänzte τάλαντα vermutete Wilcken mit Recht in dem von mir τάξας τά gelesenen Anfangsworte. — l. διακόσια. — Die Worte ὁπόταν κτλ. sind zwischen Z. 10 und 11 nachträglich von derselben Hand hinzugefügt; δίσομαι unklar, = δεήσομαι? **11** Das κα von κατ᾽ ist nicht zu erkennen. **Verso:** Hier sind nur verwischte Buchstabenspuren der Adresse sowie eines früheren Textes erhalten.

Übersetzung. ...... (daß) er mir ein Briefchen schreiben wird. Denn endlich möchte ich Euch treffen; niemals nämlich habe ich solange Zeit hier gewartet auf die Erbfolge irgend eines Menschen wegen des Geldes. Mach', daß mein Bruder mir sein Kleingeld bereit hält bis ich komme. Auch der Schleier soll mir schnellstens werden, da ich keinen habe. Und ich möchte von Tithoēs, dem Überbringer dieses meines Schreibens an Dich, die 280 Talente bekommen. Wann er will, werde ich ihn darum bitten (?). Ich grüße Euch Alle namentlich. Ich wünsche, daß es Dir wohl ergehen möge lange Zeit.

Einzelbemerkungen.

2 οὐδαμῇ = οὐδαμᾶ nirgends, niemals (= οὐδαμοῦ, οὐδαμόθι), auf keine Weise (= οὐδαμῶς).

3 διακατοχή bedeutet in den Quellen der byzantinischen Zeit wohl allgemein »Erbfolge«. In vorbyzantinischer Zeit ist es der technische Ausdruck für bonorum possessio, prätorische Universalsukzession, im Gegensatz zu κληρο-νομία = hereditas ex testamento, testamentarische Eibfolge, und διαδοχή = successio, hereditas ab intestato, Intestaterbfolge. Aber auch damals kamen schon Ausnahmen vor. S. dazu statt aller Wenger, *P. Monac.* 1, 38 Einzelbem.

4 [ἕνεκεν ἀργυρίου: Stellung wie gewöhnlich im N. T., vgl. Blass-Debrunner, *Gramm.*[4] § 216, 1. A. D.]

6 μαφόρτιον Schleier: Es lassen sich 3 griechische Formen dieses Fremdwortes unterscheiden. Die älteste ist zweifellos μαφόρτης (s. *BGU.* 845, 15 f.: saec. II; *P. Hamb. ined.* Inv. Nr. 15; *P. Teb.* II 406 Kol. II 16; 417, 22; *P. Oxy.* VI 937, 27; I 109, 18: saec. III/IV). Das Wort ist wohl wie das lateinische maforte aus dem Keltischen abzuleiten (s. v. Wilamowitz, *Hermes* XXXIV 606 f. 686); weitere griechische Gallizismen s. Hahn, *Rom und Romanismus* Index S. 274. Gegen den von Lagarde u. a. behaupteten aramäischen Ursprung wendet sich mit Recht Deißmann, *Heidelberger Papyri* I S. 99 Anm. 9. Die Glossen er-klären maforte als operimentum capitum mulierum (Götz, *Corp. Gloss.* V 604, 30). Die zweite Form, μαφόρτιον, wird in unserem Briefe gebraucht (s. sonst *P. Oxy.* X 1295, 19: saec. II od. III in.; 1310; *P. Teb.* II 405, 4; *P. Oxy.* VI 921, 7; I 109, 6: saec. III/IV). Das μαφόρτιν in *P. Oxy.* I 114, 6 (saec. II/III; s. δερματι-κομαφόρτιν ebendort Z. 5, vgl. *Ed. Diocl. de pretiis* 19, 8 ff. 22, 6: δελματι-κομαφέρτια) ist mit Deißmann als Verschleifung hiervon zu fassen. In byzanti-nischer Zeit endlich ist die übliche Form μαφόριον (so am frühesten *BGU.* 948, 19 f.: saec. IV/V u. sonst). — Die Papyrusbelege hat zusammengestellt Reil aaO. 118, sonstige Belege bei Wessely, *CPR.* I S. 124, van Herwerden, *Lexicon suppl.*[1] 197; Blümner, *Röm. Privataltertümer*, 1911, 233 A. 4. Vgl. auch, worauf mich Deißmann hinweist, Rosweyd, *Vitae Patrum* S. 795 s. v. maphorium; Stroebe, *Die altenglischen Kleidernamen*, Diss. Heidelberg 1904, 67 f.

8 τῷ προσφέροντί σοι κτα.: Das übliche ist sonst ὁ ἀναδιδούς σοι τὸ ἐπι-στόλιόν μου od. ähnl.

9 f. ἀργυρίου τάλαντα διακοσε (l. διακόσια) ὀγδοήκοντα: Die Rechnung nach Talenten findet sich seit Diokletian, sie bleibt auch nach der Mitte des 4. Jahrh. neben der Myriaden-Rechnung bestehen. Seit dem 5. Jahrh. setzt sich in Ägypten die Rechnung nach Gold-Solidi (νομίσματα) und Siliquae (κεράτια) durch. S. Wessely, *Sitzgsber. Wiener Akad.* CXLIX 5, 1904, S. 11 ff.; Wilcken, *Grund-züge* LXVI f. — Ἀργύριον ist Z. 4 in der allgemeinen Bedeutung »Geld« ge-braucht, τὸ κέρμα Z. 5 ist »Kleingeld«. [Ebenso *Joh.* 2, 15. A. D.]

11 f. Belege für ἀσπάζομαι ... κατ' ὄνομα am Schlusse der Briefe gibt Ziemann aaO. S. 329 ff.

14 Zum Dativ der Zeit πολλοῖς χρόνοις s. Moulton, *Einl. in die Sprache des NT.*, Deutsche Ausgabe, 116.

Nr. 24.　BRIEF AN EINEN HOHEN GEISTLICHEN.

Höhe 11, Breite 31 cm.　Herkunft unbekannt.　6. Jahrhundert; am Anfang steht kein Kreuz.

Der spätbyzantinischen Sitte entsprechend fehlt das Präskript des Briefes; statt dessen steht am Kopf des Schreibens nur das durchstrichene Π (= π αρά ; s. *P. Giss.* I Nr. 57 Einl.). Da auch auf dem Verso eine Adresse fehlt, so kennen wir weder Briefschreiber noch Adressaten. Dieser wird mit der Anrede ἡ σὴ θεοσέβεια und ἡ σὴ ἁγιωσύνη[1]) bedacht; sie weisen auf geistlichen Stand hin. Zweifellos bekleidet er eine höhere kirchliche Würde[2]). Sein Sohn ist σχολαστικός, Anwalt[3]).

Der Briefschreiber dürfte auch Geistlicher sein. Er muß den geplanten Besuch beim Adressaten verschieben wegen des Todes des οἰκοδεσπότης, seines Hausherrn[4]). Ist er vielleicht Hauskaplan eines wohlhabenden Mannes? Die κηδεία τοῦ οἰκοδεσπότου hat in der letzten Nacht angefangen, in der nächsten Nacht will er sich mit dem Sohne des Adressaten an Ort und Stelle treffen[4a]).

Κηδεία (κηδεύειν[5])) bedeutet »Besorgung des Toten«. In diesem Sinne wird das Wort *P. Oxy.* III 475, 7 (a. 182); VIII 1121, 14 (a. 295); IX 1218, 7 (saec. III) gebraucht[6]). In den Testamenten tritt immer ein verwandtes Wort hinzu; *P. Teb.* II 381, 17 (a. 123): κηδίαν καὶ περιστολήν, ebenso *BGU.* 896, 7 (Marcus/Verus); *P. Oxy.* III 493, 5 (saec. II in.): ἐκφορᾶς καὶ κηδείας; *P. Cairo byz.* II 67151, 161 (a. 570): τὴν περιστολὴν ἤτοι κηδείαν. Wir haben unter κηδεία die Einbalsamierung und Mumifizierung (περιστολή)[7]), die Aufbahrung und Leichenwacht beim Toten und endlich die Beisetzung[8]) zu verstehen. Weitere an die Beisetzung sich anschließende Handlungen erwähnen Testamente von Christen, vor allem das

---

1) Ἁγιωσύνη *P. Grenf.* II 91, 2 (saec. VI/VII); *P. Cairo byz.* I 67021 R., 2; 67112, 17; Preisigke, *S. B.* 4658, 9; 4810; 4817.

2) S. Zehetmair, *De appellationibus honorificis in papyris graecis obviis,* Diss. Marpurg. 1912, S. 51.

3) S. *P. Giss.* I Nr. 57, 5 Einzelbem.

4) So häufig im Neuen Testament (s. *Mt.* 10, 25; 13, 27. 52; 20, 1. 11; 21, 33; 24, 43; *Marc.* 14, 14; *Luc.* 12, 39; 13, 25; 14, 21; 22, 11); in den Papyri findet sich das Wort m. W. nur in astrologischen Abhandlungen, z. B. *PSI.* III 158, 80; vgl. οἰκοδεσποτεῖν *P. Oxy.* II 235, 16 (Horoskop). [W. H. P. Hatch, *Journal of Biblical Literature* XXVII 2 (1908), 142 notiert οἰκοδεσπότης aus einer isaurischen Inschrift der Kaiserzeit: *Papers of the American School at Athens* III 150. A. D.]

4a) Auf die Bedeutung des καταλαμβάνω μετὰ τοῦ υἱοῦ σου hat mich Wilcken hingewiesen; s. *Nr. 21*, 15 Einzelbem. (Korr.-Zusatz.)

5) S. *P. Lond.* III 932 S. 149, 21; *P. Oxy.* VII 1067, 6; 1068, 14. 26.

6) Κηδεία (= ὑπηρεσία) νεκροταφική ist »Leichenbestattungs-Konzession« im *P. Grenf.* II 68, 6; 70, 9; 71 I 15. II 3; Preisigke, *S. B.* 4651, 10; 4653, 12; 4655, 4. Zu den νεκροτάφοι s. San Nicolò, *Ägyptisches Vereinswesen* I 98 ff.

7) S. Erman, *Ägypten und ägyptisches Leben* 429 ff., *Ägyptische Religion* 127 f. 233 ff.; Otto, *Priester und Tempel* I 105 ff.; Corssen, *Ztschr. f. Neutestamentl. Wissensch.* XVI, 1915, 58 f. (condire).

8) Corssen aaO. 57.

Testament des Bischofs Abraham von Hermonthis *P. Lond.* I 77 S. 234 (= Mitteis, *Chrest.* Nr. 319), 56 ff. (etwa a. 600); hier heißt es: βούλομαι καὶ κελεύω μετὰ τὴν ἐμὴν ἔξοδον τοῦ βίου τὴν περιστολὴν τοῦ ἐμοῦ σώματος καὶ τὰς ἁγίας μου προσφορὰς καὶ ἀγάπας καὶ τὰς τοῦ θανάτου ἐπισήμους ἡμέρας ἐπιτελεσθῆναι προνοίᾳ σου κατὰ τὸν ἐπιχώριον νόμον .... Nach dem Tode will der Bischof einbalsamiert und mumifiziert werden, dann sollen ὑπὲρ ἱλασμοῦ ψυχῆς, wie es sonst heißt, eine Abendmahls-Liturgie mit Opfergaben (ἅγίαι προσφοραί)[9]) und ein Liebesmahl (ἀγάπη)[10]) folgen. Und alljährlich an den Totentagen[11]) sollen diese Handlungen zum Gedächtnis wiederholt werden: Alles, wie es der ›alten, einheimischen, d. h. ägyptischen, Sitte‹ entspricht, die von den Christen beibehalten ist. Im Testamente *Stud. Pal.* I S. 7 Z. 26 ff. (a. 460) lautet die betreffende Bestimmung: τὸ σωμάτιόν μου περισταλῆναι βούλομαι καὶ τὰς ἁγίας μου προσφορὰς καὶ ἀγάπας γίγνεσθαι .... Zu vergleichen sind auch die Schenkungen auf den Todesfall *P. Monac.* 8, 4 ff. (saec. VI; s. auch Z. 14 ff. 23 ff.) und *P. Cairo byz.* I 67003, 21 f.[12]).

Ħ

Πάνυ προηρημένος ἐλθεῖν καὶ διὰ πολλοῦ χρόνου τῶν εὐχῶν τῆς σῆς ἁγιοσύνης
    ἀξιωθῆναι κεκώλυμαι ὑπὸ κηδίας τοῦ οἰκοδεσπότου ἀρξαμένης μὲν ἀπὸ τῆς
    νυκτὸς ἐπ[ι]ταθείσης δὲ σήμερον. Καταξιώσῃ οὖν ἡ σὴ θεοσέβεια εὔξασθαι
        ὑπὲρ ἐμοῦ,
5   καὶ σὺν θεῷ ὑπὸ νύκταν μετὰ τοῦ υἱοῦ σου τοῦ σχολαστικοῦ καταλαμβάνω
        πολλῶν
    καὶ [ἀ]ναγκαίων χάριν.

2 l. ἁγιωσύνης.   3 l. κηδείας.   5 l. νύκτα.

---

9) In der Septuaginta (s. Hatch and Redpath, *a Concordance to the LXX* s. v.) und im N. T. bedeutet προσφορά Opfer, Opfergabe: s. bes. *Eph.* 5, 2; *Hcb.* 10, 5. 8. 10. Später wird dann das Wort, hes. der Plural προσφοραί, für ›die zur Abendmahls-Liturgie dargebrachten Opfergaben‹ gebraucht und endlich im übertragenen Sinn für die Abendmahls-Liturgie selbst. S. dazu Wenger, *P. Monac.* 8,5 Einzelbem. mit den Belegen Schermanns. Vgl. auch Erman, *Ägyptische Religion* 134 f. — Zu πρόσφορον = προσφορά s. Deißmann bei Drews, *Ztschr. f. Kirchengesch.* XX 305 f. Τὰ πρόσφορα = ἡ καρπεία, τὰ καρπεῖα, Einnahmen, Ertrag, s. *P. Giss.* I Nr. 51, 18 Einzelbem. und *P. Oxy.* IX 1208, 22 Einzelbem., αἱ προσφοραί in der gleichen Bedeutung findet sich häufiger.

10) Die ἀγάπαι haben in den Leichenschmäusen der vorchristlichen Zeit ihr Gegenstück. S. Erman aaO. 138; Sudhoff, *Ärztliches aus griechischen Papyrusurkunden* 186 ff.; Wilcken, *Grundzüge* 422. Vgl. bes. den von Sudhoff aaO. angeführten *P. Grenf.* II 77 (= Wilcken, *Chrest.* Nr. 498: saec. III), 18 ff.: τιμ(ῆς) οἴνου τῇ πρώτῃ ἡμέρᾳ χο(ῶν) β..., [ὑπ(ὲρ)] δαπάνης ἐν ψωμίοις καὶ προσφαγίοις ... (a. M. Wilcken aaO.).

11) S. hierzu Schermann aaO. Vgl. das fragmentierte Testament *P. Lips.* I 30 (= Wilcken, *Chrest.* Nr. 500: saec. III); *P. Oxy.* III 494 (= Mitteis, *Chrest.* Nr. 305: a. 156), 22 ff., *P. Cairo byz.* II 67141 V b, 21: Παχὼν κγ΄ εἰς ἡμέρ(αν) καὶ ἀγάπην τῆς μητρ(ός) ... und bes. *LXX Esth.* 8 B, 22: καὶ ὑμεῖς οὖν ἐν ταῖς ἐπωνύμοις ὑμῶν ἑορταῖς ἐπίσημον ἡμέραν μετὰ πάσης εὐωχίας ἄγετε. — Für Griechenland, bes. Athen, s. I. v. Müller, *Griech. Privataltertümer*[2], 219 ff.

12) Vgl. auch den von Wenger nach Plaumann *P. Monac.* 8, 5 Einzelbem. angeführten koptischen Papyrus bei Crum-Steindorff, *Koptische Rechtsurkunden aus Djême* I, 1911, Nr. 68 Z. 65 f.

Übersetzung. Obwohl ich mir unbedingt vorgenommen hatte, zu kommen und lange Zeit hindurch der Segenswünsche Deiner Heiligkeit gewürdigt zu werden, bin ich verhindert worden durch die Beisetzung des Hausherrn, die in der Nacht angefangen hat und heute noch fortdauert. Möge nun Deine Gottesfürchtigkeit geruhen für mich zu beten. Und mit Gott will ich mich heute Nacht mit Deinem Sohn, dem Anwalt, um vieler notwendigen Dinge willen treffen.

FRAGMENTE UND BESCHREIBUNGEN.

NR. 25. DOPPELSEITIGE HABEQUITTUNG.

Höhe 9, Breite 10 cm. Der obere Teil fehlt, ebenso die Subscriptiones. Herkunft unbekannt. April/Mai 113 nach Chr.

Das Präskript des Handscheins lautete ὁ δεῖνα καὶ ὁ δεῖνα ἀλλήλοις χαίρειν (vgl. Z. 4 f.). Durch die vorliegende Quittung werden alle sonstigen gegenseitigen Verpflichtungen der Kontrahenten nicht berührt, sie bleiben in Kraft[1]: Z. 3—5 wird das von den συγγραφαί betont. Das καί (»auch«) am Anfang von Z. 4 verlangt eine vorhergehende andere Form der Schuldbegründung (durch χειρόγραφα?); die Herstellung der sehr zerfetzten beiden ersten Zeilen ist mir aber bisher nicht gelungen.

Der obere Teil fehlt.

```
. λ[. . .] εν [. .] . . . [. . . . .] . . .
[.]εδε[.] κ[. .] υπαλη[. .]μ[. .] δ [. .].
εἰληφαίνε μενουσῶ[ν] κ[υρίω]ν
καὶ ὧν ἔχωμεν πρὸς ἀλ[λή]-
5 λους συνγραφῶν ὡς περιέχου-
σι. Ἡ χὶρ ἥδε κυρία ἔστω
```

3 l. εἰληφέναι. — μενουσ σω[ν] κ[υριω]ν Pap. 4 l. ἔχομεν[2]).
5 ὡς ist über die Zeile geschrieben. 6 l. χείρ.

1) Vgl. unter den zahlreichen Parallelen bes. *P. Flor.* I 46 (= Mitteis, *Chrest.* Nr. 185), 20 ff.: κυρίων μ[ενόν]των [ὧν] ἔχομεν . . . . . ἄλλ[ων] γραμ[μά]των . . . . ὡς περιέχει; *P. Flor.* III 370, 21 ff.; *P. Oxy.* X 1270, 52 f.: μένουσαν κυρίαν τὴν ὁμολογί[αν ἐφ᾽ οἷς περιέχει]; *P. Cairo byz.* ed. Maspero II 67158, 5; 67159, 6; 67151, 51 f. und sonst. S. auch *Nr.* 7 Einl. Anm. 3.

2) [Die zu *Röm.* 5, 1 lebhaft besprochene Frage, ob ἔχομεν oder ἔχωμεν zu lesen sei, verliert an Bedeutung, wenn man sieht, wie leicht ο und ω auch sonst vertauscht werden; vgl. Moulton, *Einleitung* 51 und 179. Die äußere Bezeugung ist da nicht besonders wichtig. A. D.]

ὤν (sic) [ἐ]ν δημ[ο]σίῳ κατακεχωρισμένη. Ἔτου[ς ἑ]κκ[αι]-
[δ]εκάτου Αὐτοκράτορο[ς]
10 [Καί]σαρος [Νέρ]ουα Τρ[αιανοῦ]
[Σεβ]αστοῦ Γε[ρ]μαν[ικοῦ]
[Δα]κικοῦ Παχὼν [..].

2. Hd.]..[.].[....]......[...]

April/Mai 113 n. Chr.

Der Papyrus bricht ab.

7 l. ὡς; zur Vertragsklausel ἡ χείρ ἥδε ... κατακεχωρισμένη s. Belege und Literatur bei Jörs, *Ztschr. Savignyst. R. A.* XXXIV 112 f.; vgl. Steinwenter, *Beitr. z. öffentlichen Urkundenwesen der Römer* 75.

NR. 26. EINGABE.

Höhe 8, Breite 12,5 cm; oben Rand von 2 cm. Herkunft unbekannt. Anfang des 3. Jahrh. nach Chr.

Acht sehr unvollständig erhaltene Zeilen; es fehlt links mindestens die Hälfte. Soweit sich der Inhalt bestimmen läßt, kann es sich nur um eine Eingabe (ὑπόμνημα) handeln. Es sind mehrere Petenten; sie zahlen pro Kopf 4 Drachmen an den Fiskus (ταμῖον Z. 1). Z. 2 ergänze ich τὰ] εἰς τὸ θεῖο[ν] εὐσεβῆ = »die frommen Leistungen für die Gottheit« [1]). Der Vergleich mit den εὐσεβῆ τελέσματα = εὐσεβεῖς εἰσφοραί in Papyri des 4. Jahrh. nach Chr. liegt nahe (s. *P. Cairo Preis.* 4 = Wilcken, *Chrest.* Nr. 379, 4: a. 320; *CPR.* I 19 = Mitteis, *Chrest.* Nr. 69, 9: a. 330; *BGU.* 917, 15: a. 348). Seeck hat dies als Übersetzung von devotae functiones = devotio, »Abgaben an den Kaiser«, erwiesen (*Untergang der antiken Welt* II 553). Das Adjektiv θεῖος läßt sich als Bezeichnung für »kaiserlich (divinus)« schon unter Augustus und dann die ganze Kaiserzeit hindurch nachweisen, in byzantinischer Zeit ist besonders der Superlativ θειότατος (= sacratissimus) eine der gebräuchlichsten Titulaturen der Kaiser (s. Deißmann, *Licht vom Osten*[2,3] 60. 262). Es fragt sich nun aber, ob wir τὰ εὐσεβῆ und τὸ θεῖον in unserer Urkunde, die in den Anfang des 3. Jahrh. nach Chr. fällt, in dem angeführten Sinne auffassen können. Erstlich läßt sich das unpersönliche τὸ θεῖον [2]) m. W. nicht als Bezeichnung für den Kaiser als Personifikation des Staates nachweisen. Sodann finden wir devotio = »Abgabe für den Kaiser« noch nicht in den römischen Quellen der Zeit unseres Papyrus [3]); wenn wir hier also εὐσεβῆ

1) Wilcken glaubt, wie er mir schreibt, daß nur von der Frömmigkeit gegenüber der Gottheit die Rede ist, nicht von Abgaben, und daß εὐσεβῆ der auf eine Person bezügliche acc. sing. sei. Er verweist auf das in den Ptolemäertexten häufige καθ' (δι') ἥν ἔχεις εἰς (oder πρὸς) τὸ θεῖον εὐσέβειαν o. ä.; s. z. B. *P. Lond.* I 33 S. 19, 5; 21 Verso S. 29, 4; *Inschr. von Priene* 117, 63; 118, 33.

2) Vgl. Rouffiac, *Recherches sur le caractère du grec dans le Nouveau Testament etc.*, Paris 1911, S. 64.

3) Wohl aber die devotio pro salute principis (s. Wissowa bei Pauly-Wissowa V 280).

13*

so übersetzten, müßten wir es wohl als Vorlage des lateinischen Ausdruckes annehmen, nicht umgekehrt. So ist die Übersetzung »die frommen Spenden 'für die Gottheit« vorzuziehen; sie werden an den Fiskus, dem die Sakralverwaltung untersteht, geleistet. Zu vergleichen sind etwa τὰ κατ' εὐσέβειαν διδόμενα im *P. Rainer* 171 vom 1. August 138 und τὰ κατ' εὐσέβειαν ἐπ[η]γγελμ[έ]να Σοκνοπαίῳ θεῶι μεγάλωι θύματα καὶ ἕτερα im *P. Rainer* 172 aus neronischer Zeit (s. Wessely, *Karanis und Soknopaiu Nesos* S. 71. 73). — Interessant ist auch die leider ganz zerfetzte Zeile 7, wo ἱερὸς Αὐρηλι . [sicher ist.

[Präskript ....   Etwa τελοῦμεν   ] τῷ ταμίῳ κατ' [ἄνδρ]α τὰς δ̄ δραχμάς,
                                        [μ]άλιστα
[μὲν διὰ τὸ .... ἡμᾶς ..... τὰ] εἰς τὸ θεῖο[ν] εὐσεβῆ, [ὁμοί]ως δὲ καὶ
                                        διὰ τὸ οὕτω[ς] ὑπειλη-
[φέναι ἡμᾶς   ] . ὑσαντ[ας] ὑπὲρ ὐ . [. .] . τῆς χάριδος τ..
                                        γ[.] . . ς βεβαι-
[   ]ιτιγε[. .] εἰς τὰ συ[νκε]χωρημένα [ὑ]πο-
                                        βλέπον-
5 [τας   π]αραδε[ίγ]ματος το.οστων ο ἐργω[....]...ς
[   ] πρὸς τὴν νῦν δοθεῖσα[ν ....] ει τε-
[   ]ρ . τοραν ἱερὸς Αὐρηλι . [............]ρχαι
[   ]νει[............]ς
[   ]ς [..........].

Der Papyrus bricht ab.

2 Vgl. etwa *P. Cairo Prcis.* 4 = Wilcken, *Chrest.* Nr. 379, 9: ὑπὲρ τοῦ εὐμαρῶς δύνασθαί με διαλύσασθαι τὰς εὐσεβεῖς εἰσφοράς. 3]θύσαντ[ας] wäre möglich, dann ὑμ[ῶ]ν? — l. χάριτος.

7 Möglich wäre]ρατοραν (nicht -τορων), aber Αὐτοκ]ράτοραν (sic) gibt hier keinen Sinn. —]ρχαι: etwa κατ' ἀ]ρχαί(ους) oder ähnl.?

NR. 27. ABSCHRIFTEN VON GRABINSCHRIFTEN (?).

Höhe 8, Breite 9,5 cm. Faijum (?; s. Z. 6). 2./3. Jahrhundert nach Chr.

Unterer Teil eines Papyrusblattes. In der obersten Zeile ist nur der Anfang τοις zu lesen, der Rest der Zeile sowie die beiden folgenden Zeilen sind verwischt; es folgt von Z. 4 ab:

(2. Hd.)   .... ραβα .... [
    5 κιται.   (3. Hd.) Μᾶρκος Λον[γῖνος
      ν Βούβαστον καὶ ὁ [
      πατρὸς ἡμῶν Α[(4. Hd.)
      τῇ ἀδελφῇ μου καὶ τοῖς τέ[κνοις   (5. Hd.)
      της Πετρονίᾳ Λυσεδίου (sic) .. [(6. Hd.)
    10 θυγατράσιν Νεμεσίλλᾳ κα[ί

Die von verschiedener Hand geschriebenen kurzen Vermerke legen es zunächst nahe, sie als Subscriptiones (ὑπογραφαί) eines Vertrages aufzufassen, von dessen Kontext nur noch das τοις in Z. 1 vorhanden ist. Dann wäre Z. 4/5 (2. Hd.) die Unterschrift des ὁμολογῶν, endigend mit ὡς πρό]κιται. Z. 5—7 (3. Hd.) müßten wir wohl als εὐδόκησις[1]) zweier Söhne (Z. 6: ὁ [ἀδελφός ....) zur Homologie des Vaters auffassen. Die 4.—6. Hand ließen sich aber kaum eine jede als εὐδόκησις oder vielmehr συνευδόκησις herstellen. Diese Erklärung ist also abzuweisen; ebensowenig kann an die Unterschriften einer συγγραφοδιαθήκη gedacht werden.

Wahrscheinlicher, wenn auch durchaus nicht sicher, ist mir die·Annahme, daß auf den unteren, unbeschriebenen Teil eines Papyrusblattes, nachdem er von der oben stehenden Urkunde abgetrennt (zu ihr gehört das τοις in Z. 1), Abschriften mehrerer, vielleicht auf dieselbe Familie bezüglicher oder lokal zusammenhängender, Inschriften bzw. Graffiti (aus Bubastos[2]) im Faijum?) von verschiedenen Händen geschrieben sind. Bei dieser Deutung — Bedenken erregen nur die verschiedenen Hände — würden sich folgende Bestandteile feststellen lassen:

1. Grabinschrift (Z. 4 f.), die fast ganz verlöscht ist; sie endigt mit ἐνθάδε] κῖται.

2. Titulus memorialis (Z. 5—7): Μᾶρκος Λον[γῖνος ...... ἐλθὼν εἰς κώμη]ν Βούβαστον καὶ ὁ [ἀδελφὸς .... ἐμνήσθημεν (τὸ προσκύνημα ἐποιήσαμεν ist zu lang) τοῦ] πατρὸς ἡμῶν Α[......

3. Grabinschrift (Z. 7 f.): ὁ δεῖνα Name im Dativ]τῇ ἀδελφῇ μου καὶ τοῖς τέ[κνοις Namen.

4. Grabinschrift (Z. 8 f.): ὁ δεῖνα .....]της (etwa beispielshalber κυβερνή]της) Πετρονίᾳ (sic) Λυσεδίου (sic) ..[......

5. Grabinschrift (Z. 9 f.): ὁ δεῖνα ταῖς] θυγατράσιν Νεμεσίλλᾳ κα[ί ......
-Abschriften von Inschriften auf Papyri sind *P. Hamb.* I Nr. *22*; *P. Giss.* I Nr. *99*.

<h1 style="text-align:center">NR. 28. ABRECHNUNG.</h1>

Höhe 10,5, Breite 4,2 cm. Herkunft unbekannt. Alleinherrschaft des Marcus (Febr. 169—Jan. 177[1]). 10 Zeilen von höchstens je 8—10 Buchstaben erhalten. Das Datum Z. 9 f. ist von 2. Hand, zeigt lateinischen Typus: s. besonders das *l* Z. 9. Vgl. hierzu *P. Hamb.* I Nr. 54 Einl.

<h1 style="text-align:center">NR. 29. RECHNUNGSAUFSTELLUNG.</h1>

Höhe 10, Breite 8,5 cm. 8 Zeilen mit je 13—24 Buchstaben erhalten. Herkunft unbekannt. Commodus. — Auf dem Verso spärliche Reste einer anderen Urkunde.

---

1) S. Gradenwitz, *Einführung* 160 ff.

2) S. *P. Teb.* II S. 373 f. — Das Dorf Βούβαστος wird neben anderen Dörfern der Ἡρακλείδου μερίς auch in dem nicht in die Ausgabe aufgenommenen *Ostr. Deißmann* Inv. Nr. I 20 (saec. II; Faijum) genannt; s. Z. 2 ff.: γρς (= γρα(μματ..)) Σεβεννυ[T] | Ψενύρεως Βουβασ[T] | Ατρα...τος Φιλοπα[T] (= Φιλοπάτωρ ἡ καὶ Θεογένους).

Nr. 30. KATASTERFRAGMENT(?).

Höhe 7, Breite 5 cm. 5 Zeilen mit je 1—10 Buchstaben sind erhalten. Herkunft unbekannt.
2. Jahrhundert nach Chr.

Nr. 31. NAMENLISTE.

Höhe 12, Breite 4 cm. 16 Zeilen mit durchschnittlich 10 Buchstaben sind erhalten. 3. Jahrhundert
nach Chr. — Auf dem Verso 6 Zeilen einer anderen Urkunde mit vereinzelten Buchstaben lateinischen
Schrifttypes.

Nr. 32. VERTRAGSFRAGMENT.

Höhe 6,8, Breite 5 cm. 5 Zeilen mit je 15 Buchstaben sind erhalten. Herkunft unbekannt.
2./3. Jahrhundert. — Auf dem Verso 8 Zeilenenden (mit wenigen Buchstaben) eines Privatbriefes.

Nr. 33. VERTRAGSFRAGMENT.

Höhe 4,3, Breite 3 cm. 2. Jahrhundert. 3 Zeilen des Protokolls einer agoranomischen Vertragsurkunde (in der ersten steht Ἀ]φροδίσιος [; s. die Einl. zu *Nr. 5—10* S. 30 Anm. 5); als Schluß des
Protokolls steht: Ὑπογραφ]εὺς τοῦ ὁμολ(ογοῦντος) [ὁ δεῖνα (Z. 4 f.); s. *Nr. 13*, 17 mit Einl.

Nr. 34. PRIVATBRIEF.

Höhe 5,2, Breite 11 cm. Herkunft unbekannt. 3. Jahrhundert vor Chr. Palimpsest (s. *Nr. 13. 20. 23*);
auf dem Verso sind deutliche Spuren der früheren Schrift erkennbar.

[Ὁ δεῖνα] Φιλίσται χαίρειν. Ἐκομισάμην
[παρὰ   ]μιος το[ῦ] Σαραπ[ίωνος .]. αι[....].
]αισθαι καὶ αὐτὸς δὲ Θοτσυτάιν
] περὶ αὐτά σε γεγονέναι σφόδρα

Der Papyrus bricht ab.

Verso: Φιλίσται.

Nr. 35. PRIVATBRIEF.

Höhe 18,5, Breite 31 cm. Oben und unten unvollständig. Eine Klebung. 2. Jahrhundert nach Chr.
Breite Schriftkolumne von 16 cm und 23 erhaltenen Zeilen, deren gewandte, auf einen geübten
Schreiber hinweisende Schrift leider zum nicht geringen Teile verwischt ist. Auf dem Verso der
Kolumne ganz verwischte Schrift.

NR. 36. PRIVATBRIEF.

Höhe 18,5, Breite 7 cm. Herkunft unbekannt. 3./4. Jahrhundert. Die linke größere Hälfte fehlt,
der Papyrus ist unten abgebrochen.

Auf dem Verso oben: ['Απόδος] παρ[ὰ Δημητρίου].
Darunter: Κυρίῳ μου ἀδελφῷ .... ῳ.
Rechts davon in entgegengesetzter Richtung Kreuze und Striche als Siegel-
Ersatz.

Das Präskript ist entsprechend zu ergänzen:

[Κυρίῳ μου ἀδελφῷ .... ῳ Δη]μήτριος
[πλεῖστα   χαίρειν].

Zur Form des Präskriptes und der Adresse s. Ziemann aaO. 268—284.
Vgl. *Nr. 19 ff.*

NR. 37. PRIVATBRIEF.

Höhe 11, Breite 11 cm. Nur die letzten 5 Zeilen sind erhalten. Herkunft unbekannt.
5. Jahrhundert nach Chr. — Auf dem Verso eine koptische Urkunde.

Reste einer Zeile.

Καὶ οὐκ ἐφόρεσα ἀπὸ τῶν δύο
εἰ μὴ μία, ἔχω τὴν ἄλλη[ν].
Καὶ μὴ ἀμελή(σης). 'Απόστειλόν μοι
τὴν φάσιν καὶ οὐ θέλω χόντρον.
5   'Ερρῶσθαι εὔχομαι.

2 l. μίαν.   3 αμελή‾ Pap.   4 φάσις Bericht. — Das erste ν von χόντρον ist aus ρ korrigiert; wir haben aber wohl eher Verschreibung für χόνδρον (Korn-Graupe) als für χόρτον (Gras, Heu) anzunehmen.   5 Zur verkürzten Formel s. *Nr. 20*, 53 Einzelbem.

NICHT NÄHER BESTIMMBARE FRAGMENTE KLEINSTEN UMFANGES.

Nr. 38: Höhe 7,   Breite 7 cm.   3. Jahrhundert.

Nr. 39: Höhe 5,   Breite 2,8 cm.   2. Jahrhundert.

Nr. 40: Höhe 4,5, Breite 2,5 cm.   2./3. Jahrhundert.

Nr. 41: Höhe 3,   Breite 3 cm.   2. Jahrhundert.

Nr. 42: Höhe 4,   Breite 2 cm.   2./3. Jahrhundert.

Nr. 43: Höhe 5,   Breite 1 cm.   2./3. Jahrhundert.

Nr. 44: Höhe 4,5, Breite 2 cm.   2./3. Jahrhundert.

Nr. 45: Höhe 17,   Breite 4,5 cm.   Geringe Schriftreste.

II.

OSTRAKA DER SAMMLUNG DEISSMANN

FORMULARE.

A. QUITTUNGEN ÜBER GELDZAHLUNGEN.

I. Ptolemäerzeit.

a. Von der Staatskasse ausgestellte Quittungen.

α) Aus Theben.

1. Datum. Πέπτωκεν für Abgabe (im Genitiv) διὰ τοῦ δεῖνος ὁ δεῖνα Summe. — Demotische Beischrift: *Nr. 7*: 255 vor Chr.[1].

Die inkorrekte Konstruktion πέπτωκεν (sc. ἐπὶ τὴν ἐν ... τράπεζαν) διὰ τοῦ δεῖνος (Pächter) ὁ δεῖνα (Zahler) δραχμάς ... findet sich in allen Staatskassenquittungen der älteren Ptolemäerzeit. Die demotische Beischrift rührt von dem Trapeziten ägyptischer Nationalität her; s. Wilcken, *Ostr.* I 63 ff.

2. Datum. Τέτακται ἐπὶ τὴν ἐν Διὸς πόλει τῇ μεγάλῃ τράπεζαν für Abgabe des x. Jahres ὁ δεῖνα Summe. — Subskription des Trapeziten. — Summe + Zuschlag[2]): *Nr. 1. 2*: 123 vor Chr., *Nr. 3*: 117 vor Chr.

Zu τάσσεσθαι (med.) = entrichten, bezahlen s. Wilcken, *Ostr.* I 61 f. Im übrigen s. die Zusammenfassung unter γ) S. 109—113.

β) Aus Hermonthis.

3. Datum. Τέτακται ἐπὶ τὴν ἐν Ἑρμώνθει τράπεζαν, ἐφ' ἧς ὁ δεῖνα (der Trapezit)[3], für Abgabe des x. Jahres ὁ δεῖνα Summe. — Subskription des Trapeziten[4]). — Summe + Zuschlag: *Nr. 4*: 2. Jahrh. vor Chr.; *Nr. 11*: 155 oder 144 vor Chr.

Die Formel unterscheidet sich nicht von der thebanischen unter 2.; Wilcken aaO. hat daher beide vereinigt. Während der Zusatz ἐφ' ἧς ὁ δεῖνα in der vom Trapeziten subskribierten *Nr. 4* fehlt, steht er in der einer Subskription entbehrenden *Nr. 11*; das eine macht das andere entbehrlich.

---

1) Aus demselben Jahr (L λ Χοίαχ ҁ) stammt das nicht in die Ausgabe aufgenommene Ostrakon Inv. Nr. VIII 7, in dem die Steuer nicht zu erkennen ist. Das Formular ist dasselbe (πέπτωκεν ὁ δεῖνα διὰ τοῦ δεῖνος εἰς ... Summe. Demotische Beischrift).

2) Der Zuschlag fehlt in *Nr. 3*; s. S. 122 f.

3) Es fehlt in *Nr. 4*.

4) Sie fehlt in *Nr. 11*.

γ) Aus Edfu.

Im Papyruskabinet des Berliner Museums befindet sich eine Serie von Ostraka aus Edfu, enthaltend Quittungen der Staatskasse von Apollonopolis Magna wie unsere Nummern *5. 6. 8. 9*, die derselben Zeit angehören[5]), und eine Staatskassenquittung von Ἀρσινόη ἡ κατὰ Ἀπόλλωνος πόλιν[6]), wie es im *P. Hal.* 1, 179 f. heißt. Es sind die zusammen erworbenen Inventarnummern P. 12514—12534 aus den Jahren 116/115 bis 93/92 und 81 vor Chr.; dazu kommen die schon früher erworbenen Stücke P. 11033 aus dem Jahre 120/119, P. 11012 aus dem Jahre 119, P. 10992 (116/115), P. 11000. 11022 (115/14), P. 10993. 11014 (114/113), P. 10986. 10989. 10991. 10997. 11011. 11013. 11018. 11021. 11023. 11024 (113/112), P. 11004. 11026. 11030 (110/9), P. 11002 (108/7), P. 10987 (107/6), P. 11005. 11036 (104/3) und P. 10982. Veröffentlicht sind von diesen P. 10987. 11012. 11005 durch Schubart (*P. graecae Berol.* Taf. VIII b—d = Preisigke, *SB.* Nr. 4631—4633). Für die freundliche Erlaubnis, die unveröffentlichten Stücke zu transskribieren und zu verwerten, bin ich W. Schubart zu großem Danke verpflichtet. — Diese Staatskassenquittungen aus Edfu zeigen nun folgendes Formular:

4a. Datum. Τέτακται ἐπὶ τὴν ἐν Ἀπόλλωνος πόλει τῇ μεγάλῃ τράπεζαν für Abgabe (Genitiv bzw. εἰς) des x. Jahres ὁ δεῖνα Summe: *Nr. 6* (99/98 v. Chr.); P. 10987 (107/6 v.: s. S. 128 Anm. 10); 12514 (105 v.); 12522 (98 v.: s. S. 110 Anm. 16); 12519 (s. S. 110 Anm. 14). 12520. 12521 (96/5 v.); 12517. 12518 (93/92 v.).

4b. Dasselbe mit Subskription, und zwar

α) dem Namen des τραπεζίτης: *Nr. 5.* P. 11012 (119 v.); 11000 (115/114); 11014 (114/113); 10989. 10991. 11018 (s. S. 128 Anm. 7). 11021 (113/112); 10982 (Jahr fortgefallen),

---

5) Weitere Ptolemäer-Ostraka unserer Sammlung aus Edfu sind *Nr. 10.* — *45* (145 od. 134 vor Chr.). — *46* (115 vor Chr.). — *62* (2. Jahrh. vor Chr.). — *63* (2. Jahrh. vor Chr.).

6) Es ist dies P. 12524 aus dem Jahr 81 vor Chr. (wie P. 12515 aus dem Jahr 100 vor Chr. = L ιδ Μεσορή ergibt), die späteste der ganzen Serie, deren Text folgendermaßen lautet:

L λς Ἐπείφ κ̄β̄. Τέτα(κται) ἐπὶ τὴν ἐν Ἀρ᾿σινόηι τρά᾿πεζαν᾿ θέμα εἰς τι᾿μὴν᾿ ἐγ-γαί᾿ων) τῶν ἐπι᾿καταβεβλη᾿μένων) ἐν τῶι λδ L πρὸς τὰ προτα᾿χθέντα) | τοῦ κ̄θ̄ L Παχόις Παραῦτος (s. P. 12515) χα᾿λκοῦ) σὺν | ⁵τέλεσι τά᾿λαντον) ἐν τετρακισ᾿χιλίας τετρακοσίας | ◢ π̄αΔ̄υ. Δράκων τρα(πεζίτης).

Es handelt sich wohl um das τέλος ἐπικαταβολῆς, wie es in römischer Zeit heißt, die Steuer für den Zuschlag der verpfändeten Immobilien an den Gläubiger (s. Schwarz, *Hypothek und Hypallagma* 119 f.; Mitteis, *Grundzüge* 164). Sie ist vom Eigentumserwerber und Gläubiger entrichtet an das Dienstkonto des Steuerpächters bei der Staatskasse. — Zu τέτακται .... θέμα s. Preisigke, *Girowesen* 247. — χα(λκοῦ) σὺν τέλεσι = χαλκοῦ οὗ ἀλλαγή? — Die Staatskasse von Arsinoe bei Apollonopolis Magna war uns schon aus *P. Eleph.* 15, 4 und 28, 2 für das Jahr 223/22 vor Chr. bezeugt. Haben wir in unserem Arsinoe eine makedonisch-griechische Kolonie zu erblicken (s. *Dikaiomata* 11. 106; Schubart, *GGA.* 1913, 622 f.), dann erklärt sich die für das 3. bis 1. Jahrh. vor Chr. bezeugte Existenz einer Staatskasse daselbst sehr gut. Dafür, daß in den Dörfern in ptolemäischer Zeit Staatskassen-Filialen vorhanden waren (vgl. Preisigke, *Girowesen* 8 f.; *Dikaiomata* 221), kommt dies also nicht in Betracht.

β) demotischer Beischrift: P. 11024 (112 v.)[7]; 11005 (104 v.); 12515. 12516 (100 v.); 12534 (100/99 v.: s. S 110 Anm. 13),

γ) dem Namen des τραπεζίτης *und* demotischer Beischrift: P. 11033 (120/19 v.); 10992 (116/15); 11022 (115/14); 10993 (114/13); 10997. 11011. 11013. 11023 (112 v.),

δ) die Subskription ist verlöscht: P. 10986 (113/12 v.).

5 a. Datum. Τέτακται εἰς (πρὸς) Abgabe (des x. Jahres) ὁ δεῖνα Summe: P. 11004 (110/9); 11002 (108/7); 12523.

5 b. Dasselbe mit Subskription, und zwar

α) Name des τραπεζίτης: P. 12527. 12532 (101/100 v.: s. S. 128 Anm. 11),

β) demotische Beischrift: P. 12533 (95/94 v.: s. S. 129 Anm. 17).

6. Τέτακται für Abgabe (Genitiv bzw. εἰς) εἰς τὸ x. ἔτος (bzw. des x. Jahres) ὁ δεῖνα Summe. — Subscriptio, und zwar

α) Name des τραπεζίτης: *Nr. 8* (104/3 v.); P. 12529 (106/5 v.); 11036 (104/3 v.),

β) demotische Beischrift: P. 12528 (116/15 v.: s. S. 128 Anm. 15); 11026. 12530 (110/9 v.: s. S. 128 Anm. 14); 12526 (106/5 v.: s. S. 128 Anm. 16),

γ) demotische Beischrift. Ὁ δεῖνα (Name des τραπεζίτης) κεχρημά-τικα: P. 12525 (105/4 v.: s. S. 128 Anm. 8),

δ) Datum. Ὁ δεῖνα (Name des τραπεζίτης). Demotische Beischrift: P. 12531 (108/7 v.: s. S. 128 Anm. 13),

ε) Datum. Das weitere verlöscht: P. 11030 (110/9 v.: s. S. 128 Anm. 9).

7. Τέτακται ὁ δεῖνα Summe. Datum: *Nr. 9* (112 v.).

Gestattet uns dieses Material mit Sicherheit zu entscheiden, wer die als Subjekt von τέτακται in den Edfu-Quittungen des 2. Jahrhunderts vor Chr. Genannten, d. h. die Quittungsempfänger, sind, die Abgabenerheber, d. h. die Pächter, oder die Abgabenzahler? Fast alle Berliner Quittungen der Serie P. 12514—12534 sind Mitgliedern *einer* Familie ausgestellt, die wir durch mehrere Generationen hindurch verfolgen können: in den Jahren 116/115 bis 106/5 heißt der Quittungsempfänger Ἁρπαῆσις Ποήριος[8], in den Jahren 106/5 bis 98 vor Chr. Ποῆρις Ἁρπαήσιος[9] — gelegentlich werden neben ihm οἱ ἀδελφοί genannt[10] —, in den Jahren 96/95 bis 93/2 Παχοῦμις Ποήριος τοῦ Ἁρπαήσιος[11]. Die in den übrigen Staatskassenquittungen aus Edfu genannten Quittungsempfänger begegnen uns mit Ausnahme des Ποῆρις Ἁρθώτου (s. unten) nur gelegentlich[12]. Sehen wir von ihnen ab, so können wir mit Sicherheit drei Generationen feststellen: Auf Ἁρπαῆσις folgt sein Sohn Ποῆρις, auf diesen der Enkel Παχοῦμις. Daß

---

7) Die Beischrift ist, da unten kein Platz war, über den griechischen Text gesetzt.

8) P. 12528—12531.   9) P. 12516. 12522. 12525—12527. 12532. 12534 (vgl. 12515).

10) P. 12525. 12526.

11) P. 12517—12521. 12533; der Großvater Ἁρπαῆσις wird P. 12517 genannt.

12) Πατοῦς Ἁρεμούνιος (P. 11002. 11030. 11036), Πατοῦς Παχούμιος (P. 12523), Παχόις Πα-ραῦτος (P. 12515. 12524), Πετεῦρις Πετεαρσέμθεως (P. 11026) usw.

die Steuerpacht in derselben Familie erblich war, ist durchaus nichts merkwürdiges. Unwahrscheinlicher wäre schon, daß die als socii einer Pachtgenossenschaft fungierenden Brüder des ἀρχώνης nur als οἱ ἀδελφοί, nicht als μέτοχοι ἀδελφοί charakterisiert werden sollten. Gegen die Annahme, daß wir es mit Steuerpächtern zu tun haben, spricht aber die Tatsache, daß alle drei, Großvater, Vater, Sohn, gelegentlich als λίνυφος, Leinweber[13]), bezeichnet werden und uns von letzterem drei Quittungen über die Leinweber-Gewerbelizenzsteuer (τέλος λινύφων) erhalten sind[14]). Auch das läßt sich dagegen anführen, daß ihnen für dasselbe Etatsjahr Quittungen über verschiedenartige Steuern ausgestellt werden: so zahlt Ἁρπαῆσις Ποήριος bei der Staatskasse für das Etatsjahr 106/5 vor Chr. Fährbootabgabe (πορθμικά: P. 12529), für διαγωγὴ τοῦ οἴνου (zusammen mit seinen Brüdern: P. 12526) und ἀπόμοιρα (zwei Raten von 2005 und 3045 Dr.: P. 12514)[15]). Sein Sohn Ποῆρις Ἁρπαήσιος zahlt für das Etatsjahr 101/100 vor Chr. σύνταξις τῶν πορθμικῶν (P. 12532), für διαγωγὴ τοῦ οἴνου (P. 12527) und ἀπόμοιρα (P. 12516), die Quittung P. 12522 (s. Anm. 16) ist ihm ausgestellt über ἀπόμοιρα und ἐπαρούριον. Andrerseits begegnen uns in Quittungen für das gleiche Etatsjahr mehrere Leute als Quittungsempfänger über dieselbe Steuer, anscheinend desselben Bezirks; sie können also nicht Pächter sein: so für πορθμικά 110/9 vor Chr. Ἁρπαῆσις (P. 12530) und Πατοῦς Ἁρεμούνιος (P. 11030), 104/3 derselbe Πατοῦς Ἁρεμούνιος (P. 11036) und Ποῆρις Ψενοσίριος καὶ οἱ ἀδελφοί (Nr. 8). Für die ἀπόμοιρα des Etatsjahres 101/100 zahlt im Μεσορή des Jahres Παχόις Παραῦτος διὰ Ποήριος τοῦ Ἁρπαήσιος 2001 Dr. (P. 12515), Ποῆρις Ἁρπαήσιος 5725 Dr. (P. 12516). Das διά weist hier nicht auf den Pächter hin, vielmehr empfängt Ποῆρις gleichzeitig, aber gesondert eine Giroquittung für eigene Zahlung und für Zahlung im Namen des Παχόις (vgl. P. 12514). Endlich will ich noch auf eine Besonderheit des schon als Quittung für einen Steuerzahler in Anspruch genommenen Ostrakon P. 12522 (98 vor Chr.) und von P. 12523 hinweisen[16]). In beiden findet sich die Formel: τέ(τακται) εἰς τὰ

---

13) Ἁρπαῆσις Ποήριος P. 12530. 12531, Ποῆρις Ἁρπαήσιος P. 12522 (s. Anm. 16). 12534; diese Quittung vom J. 100/99 lautet:

L ιε. Τέ(τακται) ἐπὶ τὴν ἐν Ἀπόλ(λωνος πόλει) | τῇ μεγ(άλη) τρά(πεζαν) ἀπο(μοίρας) τοῦ αὐ(τοῦ) L | Ποῆρις Ἁρπαήσιος | λίνυφος τρισχιλίας | ⁵πεντακοσίας ⟋ϯφ. Eine Zeile Demotisch. — Zur Steuer s. die Einl. zu Nr. 1—5.

14) Sie beziehen sich auf Ratenzahlungen für das Etatsjahr 96/95 vor Chr.: P. 12519: 1000 Dr.; P. 12520: 665 Dr.; P. 12521: 2990 Dr. Zusammen also 4655 Kupferdrachmen = etwas über 9 Silberdrachmen. P. 12519 lautet:

L ιθ. Τέ(τακται) ἐπὶ τὴν ἐν | Ἀπόλ(λωνος πόλει) τῇ μεγ(άλη) τρά(πεζαν) ἰς τέ(λος) λινύ(φων) τοῦ αὐτοῦ L | Παχοῦμις Ποήριος | χιλίας ⟋ Ἀ. — Vgl. auch P. 12523 (s. Anm. 16).

15) Zu den betr. Steuern s. die Einl. zu Nr. 1—5 und 8.

16) P. 12522 lautet: L ις Μεσορή. Τέ(τακται) εἰς τὰ | ἀνενεχθέντα ἐν λήμ(μ)ατι ὑπὸ Πτολεμαίου | τοῦ στρα(τηγοῦ) ἀπο(μοίρας) τοῦ αὐτοῦ L | ⁵Ποῆρις Ἁρπαήσιος | λίνυ(φος) τάλαντον ἐν | τετρακοσίας ν | ⟋ πα υν, ἐπαρου(ρίου) | τοῦ αὐτοῦ L χιλίας | ¹⁰πεντακοσίας ο | ⟋ Ἀφο δραχμάς | ιε καὶ ις L ὁ αὐ(τὸς) | ἑπτακοσίας ν | ⟋ ψν. Es sind Ratenzahlungen: Etatsjahr 16 ἀπόμοιρα 1 Tal. 450 Dr., ἐπαρούριον 1570 Dr., Etatsjahr 15 und 16 ἐπαρούριον 750 Dr. — In P. 12523 (das Jahr ist fortgefallen) werden 1 Talent 2000 Dr. für Leinwebersteuern gezahlt.

ἀνενεχθέντα ἐν λήμματι ὑπὸ Πτολεμαίου τοῦ στρα(τηγοῦ) (folgt die Steuer) ὁ δεῖνα, »es hat gezahlt X auf das durch Ptolemaios den Strategen mitgeteilte (angewiesene) Steuer-Soll«. Das ist zu vergleichen dem τέτακται . . . . κατὰ τὴν παρὰ τοῦ δεῖνος διαγραφήν . . . ὁ δεῖνα in den Quittungen aus Theben und Hermonthis, welche die Staatskasse den Zahlern der Wertumsatzsteuer bzw. des Erbpachtkaufgeldes ausstellt. Διαγραφή ist dort die Kassenverfügung des Steuerpächters bzw. eines kgl. Gaubeamten an die Staatskasse über die Höhe des Steuerbetrages (s. Preisigke, *Girowesen* 238 ff. 248 ff.). In den beiden Ostraka des Gaus von Edfu aus dem Beginn des 1. Jahrh. vor Chr. werden diese Anweisungen auf den Namen des Strategen abgestellt. Die Quittungsempfänger haben wir nach Analogie der thebanischen Ostraka als Steuerzahler anzusehen. Das paßt zu unseren sonstigen Beobachtungen.

Danach läge der Schluß nahe, daß als Quittungsempfänger (und Subjekt von τέτακται) in den Staatskassenquittungen von Apollonopolis Magna des 2. und 1. Jahrh. vor Chr. die Abgaben-*Zahler* zu betrachten sind. Es handelt sich in allen angeführten Ostraka durchaus nicht um allzu hohe Beträge, wenn man sich vergegenwärtigt, daß seit dem Ausgang des 2. Jahrh. vor Chr. das Verhältnis des Kupfers zum Silber 1 : 450 bis 500 betrug.

Der Verallgemeinerung des Satzes steht nun aber eine Serie von Ostraka entgegen, die sich auf einen Mann namens Ποῆρις Ἀρθώτου beziehen. Zehn dieser Scherben enthalten ihm ausgestellte Quittungen über πορθμικά (s. *Nr. 8* Einl.) für das Etatsjahr 113/112 vor Chr. (P. 10986. 10989. 10991. 10997. 11011. 11013. 11018. 11021. 11023. 11024): er zahlt in den Monaten Χοίαχ, Ἐπείφ, Μεσορή (vor allem im letzteren) an die Staatskasse Einzelbeträge in Höhe von 500 Drachmen bis 4 Tal. 2660 Drachmen (so P. 11018: s. S. 128 Anm. 7), zusammen 7 Talente 1085 Drachmen. Das scheint mir als Abgabe *eines* Mannes reichlich hoch zu sein. Außerdem liegt nur noch eine demselben Ποῆρις über diese Abgabe ausgestellte Quittung vom Etatsjahr 116/15 (Ἐπείφ 115 vor Chr.) über 1240 Dr. vor (P. 10992). Dagegen begegnet er uns als Quittungsempfänger über Zahlung· der νιτρική, der Waschnatron-Konsumsteuer[17]), in Ostraka der Etatsjahre 120/119, 115/114, 114/113: im Χοίαχ 120 vor Chr. zahlt er 2 Talente 1000 Dr. (P. 11033), im Φαμενώθ 114: 2820 Dr. (P. 11022), im Ἐπείφ 114: 5030 Dr. (P. 11000), im Μεσορή 113: 2500 Dr. (P. 10993) und 2 Talente (P. 11014). Im letztgenannten Ostrakon lautet die Formel: τέ(τακται) .... νιτρικῆς ... Ποῆρις Ἀρθώτου διὰ τῶν γναφείων (l. γναφέων) ... Wie in römischer, war auch in ptolemäischer Zeit die Walkerei (γναφική) Staatsmonopol[18]). Die Ausübung des Monopols eines Gewerbes fand entweder statt durch alleinige Produktion und Verkauf seitens des Staates oder durch (vollständige bzw. teilweise) Freigabe

---

17) Wie die ἁλική die Salz-Konsumsteuer ist (s. *Nr. 7*), so werden wir die νιτρική als Natron-Konsumsteuer aufzufassen haben, und zwar in unseren Ostraka speziell als νιτρικὴ πλύνου, Waschnatron-Konsumsteuer (s. Wilcken, *Ostr.* I 264 f. § 81; Bouché-Leclercq, *Hist. des Lagides* III 240). Produktion und Verkauf des Natron waren monopolisiert (s. Wilcken, *Grundzüge* 252 f.).

18) S. Wilcken, *Grundzüge* 250; Reil, *Beitr. zur Kenntnis des Gewerbes im hell. Ägypten*, 1913, 7. 107. Die Belege für die γναφεῖς und ähnliche Gewerbe stellt Reil aaO. 103 ff. zusammen.

des Gewerbes an Private in Form der Konzessionspacht[19]). Über die Art der Ausübung des Walkerei-Monopols geben die uns bekannten Urkunden keine Aufklärung. Bei unbeschränkter staatlicher Monopol-Ausübung wären die γναφεῖς Monopolarbeiter, im anderen Fall Konzessionspächter. In beiden Fällen ist die ihnen zukommende Bezeichnung ὑποτελεῖς[20]); so wird auch der γναφεύς *P. P.* II Nr. 18, 1 (= III Nr. 32 R. c = Mitteis, *Chrest.* Nr. 6) genannt. Jedenfalls aber scheint mir das absolut gebrauchte οἱ γναφεῖς auf die Gesamtheit der am betreffenden Ort befindlichen Walker hinzuweisen. Da gibt die Übersetzung: es hat gezahlt Ποῆρις »durch die Walker« keinen Sinn. Wir müssen wohl vielmehr das διὰ τῶν γναφείων (l. -φέων) erklären durch die Quittungen der Speicherverwalter in römischer Zeit mit der Formel: Μεμετρήμεθα (oder ähnl.) ... διὰ δημοσίων γεωργῶν (oder διὰ δημοσίων, διὰ κληρούχων), in denen die mit διά Eingeführten Zahler sind (s. Preisigke, *Girowesen* 152 ff.). Die γναφεῖς sind also, wenn meine Auffassung richtig ist, hier Zahler der Natron-Konsumsteuer und als solche können sie nur Konzessionspächter, nicht staatliche Monopolarbeiter sein[21]). Sie sind als ὑποτελεῖς (s. oben) korporativ organisiert und zahlen als Gesamtheit für das als Reinigungsmaterial von ihnen gebrauchte Waschnatron die Konsumsteuer. Ποῆρις Ἀρθώτου kann danach nur Pächter der νιτρική sein, ist an die Seite zu stellen dem Dorion, ἐγλήμπτωρ τῆς νιτρικῆς des Μεμφίτης im *P. Zois* (153/2 vor Chr.) und dem ἐξειληφὼς τὴν ζυτηρὰν καὶ νιτρικὴν Κερκεοσίρεως *P. Teb.* I 40 (117 v.). Wie er in den Etatsjahren 120/119, 115/114, 114/113 die Natron-Konsumsteuer gepachtet hat, so ist er auch als Pächter der Fährboot-Konzessionspacht in den Etatsjahren 116/115 und 113/112 aufzufassen. Daß die Pachtjahre der Fährboot- und Natron-Steuer nicht zusammenfallen, kann auch auf dem zufälligen Bestand der uns bekannten Ostraka beruhen. Jedenfalls sehen wir, daß in den Staatskassenquittungen von Apollonopolis Magna bald der Abgabenzahler, bald der Pächter Quittungsempfänger ist.

Und zu dem gleichen Resultat gelangen wir auf Grund der Staatskassenquittungen derselben Zeit aus Theben und Hermonthis (s. α)2, β)3). Wilcken hatte angenommen (*Ostr.* I 71 ff.), im 2. Jahrhundert seien im Gegensatz zum 3. Jahrhundert vor Chr. (s. α)1) die Quittungs-Empfänger *stets* die Erheber, d. h. die Pächter. Eine Anzahl von Quittungen bestätigt diese Annahme, so die von Wilcken aaO. 72 f. 281 angeführten Beispiele. Auch ein Ostrakon des Ontario-Museum in Toronto (Canada: *Theban Ostraca*, Greek Texts ed. Milne Nr. 9) vom J. 134 ist wohl ebenso aufzufassen. Wie Ποῆρις Ἀρθώτου, so ist auch hier der Quittungsempfänger Ἰσίδωρος, dem über die Zahlung von 2 Talenten 5140 Drachmen für Fährboot-Abgabe quittiert wird, Abgabenpächter und nicht Abgabenzahler. Andere Quittungen aber zeigen das Gegenteil. So hat schon Wilcken selbst (aaO. 74 A. 2) auf das Berliner Ostrakon P. 8622 (136 vor Chr.)

---

19) S. Reil aaO. 3 ff.

20) Vgl. Wilcken, *Grundzüge* 248; Reil aaO. 7. 9. 177.

21) Ob das für die Ausübung des Walkerei-Monopols in ptolemäischer Zeit zu verallgemeinern ist, steht dahin.

hingewiesen, in dem die Staatskasse von Hermonthis zwei Frauen quittiert. Der Name des Zahlers bei Wilcken II Nr. 1315 kann mit ihm als der eines Mannes aufgelöst werden. Sicher aber ist eine Frau Quittungsempfängerin in unserer *Nr. 2* vom J. 123 vor Chr.: Ἑρμιόνη Ἀπολλω(νίου) kann nur Abgabenzahlerin sein, nicht Pächter. Daraus folgt, daß die auf der Außenseite desselben Ostrakon befindliche Quittung *Nr. 1* vom gleichen Jahre und Tage, die auf den Vater der Hermione, Ἀπολλώνιος Μενάνδρου, lautet, auch ihm als Abgabenzahler ausgestellt ist. Und nicht anders wird die Sache in *Nr. 3* vom J. 117 vor Chr. und in *Nr. 4* (wohl vom Jahre 112 vor Chr.) liegen: Αἰσχίνης Γλαυκίου und Πασῆμις Πάσιτος empfangen eine Staatskassenquittung über die von ihnen entrichtete ἀπόμοιρα.

Danach läßt sich also für die Staatskassenquittungen aus ganz Ägypten im 2. und 1. Jahrhundert vor Chr. keine einheitliche Regel aufstellen; wer der Quittungsempfänger ist, der Abgabenpächter oder der Abgabenzahler, muß von Fall zu Fall entschieden werden.

b. Von Pächtern ausgestellte Quittungen.

Οἱ δεῖνες καὶ οἱ μέτοχοι[21a]) τῷ δεῖνι χαίρειν. Ἔχομεν παρὰ σοῦ τὸ τέλος. Datum: *Nr. 10*; Edfu(?).

Vgl. Wilcken, *Ostr.* I 60 f. Eine Pächterquittung enthält auch das nur in seinem rechten Teil erhaltene Ostrakon der Sammlung Inv. Nr. I 18 (2. Jahrh. vor Chr.) aus Edfu, das nicht in die Ausgabe aufgenommen ist: hier findet sich zwischen οἱ δεῖνες τῷ δεῖνι [χα(ίρειν). Ἔχομ(εν)] πα(ρὰ) σ(οῦ) κτλ. und dem Datum der Zusatz [κοὐθέ]ν σοι ἐνκαλοῦμεν, der nach Wilcken (*Ostr.* I 62 zu den Ostraka Nr. 1028. 1029. 1523. 1530. 1536. 1537 seiner Sammlung; s. auch Waszyński, *Bodenpacht* 97) auf die Schlußzahlung einer Gesamtschuld hinweist. Vgl. aber *Nr. 60* und die in der Einl. daselbst angeführte Inv. Nr. VII 3 unserer Sammlung (2. Jahrh. vor Chr.).

---

21 a) Vgl. Rostowzew, *Gesch. der Staatspacht* 347 ff.; Wilcken, *Ostr.* I 535 ff., *Grundzüge* 183; Steiner, *Steuergesetz des Ptolemaios Philadelphos*, Diss. Heidelberg 1910, 7 ff. S. auch *Nr. 12* (Formular S. 117,7) und *Nr. 34* (Formular S. 117,6). [Der Ausdruck μέτοχοι für die Mitglieder einer Pachtgenossenschaft legt es nahe, die *Luk.* 5, 7 als μέτοχοι und *Luk.* 5, 10 als κοινωνοί (auch dieses Wort ist technisch; Literatur wie zu μέτοχοι) bezeichneten Fischer des Sees von Gennesaret, Simon Petros, Jakobos Sohn des Zebedaios und Johannes Sohn des Zebedaios, ebenfalls als Mitglieder einer Pachtgenossenschaft zu fassen. Dadurch würde die soziale Lage dieser ersten Apostel schärfere Züge gewinnen. Auch *Hiob* 40, 30 sind die חַבָּרִים wohl die Mitglieder einer Fischereipachtgenossenschaft. Schon vor Jahren vertrat Wilcken in einem Gespräch mit mir, wenn ich mich recht entsinne, diese Auffassung von μέτοχοι *Luk.* 5, 7. A. S. R. Kennedy hatte bereits (*Encyclopaedia Biblica* II 1528) angedeutet: »fishermen seem to have formed a partnership among themselves.« A. D.]

II. Kaiserzeit.

a. Staatskassenquittungen.

α) Aus Theben.

In unseren thebanischen Quittungen findet sich nur das auch in den sonstigen Trapezitenquittungen bei weitem üblichste Formular (s. Wilcken, *Ostr.* I 93, 6a. b):

1a. Διαγεγράφηκεν bzw. διέγραψεν ὁ δεῖνα (Zahler) für Abgabe des x. Jahres Summe. Datum. — Subskription des Trapeziten: *Nr. 36*: a. 33; *Nr. 35*: a. 42; *Nr. 24*: a. 63.

1b. Dasselbe ohne die Subskription des Trapeziten: *Nr. 38*: a. 45; *Nr. 21*: a. 54; *Nr. 22. 23. 36a*: a. 62; *Nr. 37*: a. 67; *Nr. 25*: a. 68; *Nr. 44*: a. 92. Wohl auch *Nr. 40*: Domitian. — Das Verbum ist ausgelassen in *Nr. 39*: a. 62; s. 2b.

Zur Bedeutung von διαγράφειν in den Trapezitenquittungen der Kaiserzeit, wie über die eigentümliche Perfektbildung διαγεγράφηκεν s. Wilcken aaO. 89 ff. Das Wort begegnet im allgemeinen nur in Trapezitenquittungen, vereinzelt aber schon in ptolemäischen aus Elephantine-Syene (vgl. Preisigke, *SB.* I Nr. 1096)[22]). Nur hier wird es auch in Erheberquittungen der Kaiserzeit gebraucht (s. Wilcken aaO. 120 ff. und unten die Formulare II b β) S. 116 f.). — Als Subskription des Trapeziten steht in *Nr. 35* und *36* der bloße Name ohne Titel und ohne σεσημείωμαι (s. Wilcken aaO. 95, 4), in *Nr. 24* σ(εσημείωμαι) mit folgendem Datum[23]). In *Nr. 23* steht über dem griechischen Text eine demotische Zeile.

β) Aus Edfu[24]).

2a. Διέγραψεν ὁ δεῖνα (Zahler) für Abgabe (ohne ὑπέρ) des x. Jahres Summe. Datum: *Nr. 29*: a. 180.

2b. Ὁ δεῖνα (Zahler) für Abgabe (ohne ὑπέρ) des x. Jahres — Summe. Datum: *Nr. 30*: a. 111 (?); *Nr. 33*: a. 116. Es liegt Verkürzung von 2a vor; wie in den anderen Edfu-Juden-Ostraka (s. *Nr. 33* Einl.) und den thebanischen Quittungen bei Wilcken, *Ostr.* I 96, 8, sowie in *Nr. 39* (s. oben 1b), ist das Verbum fortgefallen.

γ) Aus dem Faijum.

Die sicher aus dem Faijum stammende Ratskassenquittung *Nr. 42* vom J. 264/5 hat folgendes Formular:

3. Datum (ohne Monat, Tag). Διέγραψεν ὁ δεῖνα — Abgabe (εἰς τὸν τῆς νομαρχίας λόγον) — Summe.

---

22) Datum. Διέγρα(ψεν) ἐπὶ τὴν ἐξ Συ(ήνης) τρά(πεζαν), ἐφ᾽ ἧς ὁ δεῖνα, εἰς τὸ x. ἔτος ὁ δεῖνα Summe — Abgabe. Subscriptio.

23) Die Quittung ist vom 14. März, die Subskription vom 28. Mai 63 datiert.

24) Vgl. *Archiv* V 173 Nr. 11; 176 Nr. 24. 25 und die in der Einl. zu *Nr. 33* angeführten Ostraka; s. auch Wilcken, *Ostr.* I 21.

Wie in den Staatskassenquittungen der gleichen Herkunft[25]) ist das Datum vorangestellt. Dieser in der Ptolemäerzeit allgemeine Usus läßt sich für Staatskassenquittungen der Kaiserzeit außerhalb des Faijum nur in augusteischer Zeit belegen[26]), so für das Jahr 13 nach Chr. für Syene in dem Ostrakon bei Wilcken aaO. II Nr. 2: in diesem ist aber im Gegensatz zu unserem sonst römischen Formular das altptolemäische vollständig beibehalten[27]). — Im übrigen s. *Nr. 42* Einl.

δ) Nicht zu bestimmender Herkunft.

·4. Διαγεγράφηκεν ὁ δεῖνα Abgabe (ohne ὑπέρ) des x. Jahres Summe. Datum: *Nr. 20*: 8 vor Chr.

Das fehlende ὑπέρ vor der Abgabe beweist nichts für die Herkunft. Ebenso wie in den Quittungen aus Edfu fehlt ὑπέρ gelegentlich auch in denen aus Theben.

b. Erheberquittungen.

α) Aus Theben.

1. Ὁ δεῖνα (Erheber) τῷ δεῖνι (Zahler). Ἀπέχω παρὰ σοῦ Abgabe — Summe. Subskription. Datum: *Nr. 31*: a. 32; *Nr. 32*: a. 33.

2. Ὁ δεῖνα (οἱ δεῖνες) mit folgendem Titel (Erheber) τῷ δεῖνι (Zahler). Ἔσχον (ἔσχομεν) ὑπέρ Abgabe — Summe. Datum. — Subskription: *Nr. 26*: a. 118; *Nr. 27*: a. 145. Das Verbum fehlt *Nr. 30 a*: a. 112.

Aussteller der Quittungen *Nr. 26. 27. 30 a* sind ein bzw. zwei πράκτορες ἀργυρικῶν; im Titel des ersteren (*Nr. 26*) erscheint die seit dem 2. Jahrh. nach Chr. häufige Gesamtstadtbezeichnung μητρόπολις; in *Nr. 27* quittieren zwei πράκτορες ἀργυρικῶν Χάρακος, in *Nr. 30 a* zwei πρ. ἀργ. Μεμνο(νείων)[28]). In *Nr. 31* und *32* wird kein Titel des Erhebers genannt; wir wissen von der hier gezahlten Ortsfremdensteuer nicht, ob sie direkt oder indirekt erhoben wurde (s. daselbst).

In der Adresse aller fünf Quittungen fehlt χαίρειν. Daß wir es hier mit einer bewußten Unhöflichkeit zu tun haben, die in der ganzen hellenistisch-römischen Zeit und in allen Ländern der griechischen Zunge nachweisbar ist, hat Wilcken (aaO. I 84 f.) unter Hinweis auf Plut., *vit. Phoc.* 17 hervorgehoben. Während in den Quittungen des ersten Jahrhunderts *Nr. 31. 32* — und ebenso in *Nr. 12. 34* (s. unten Formular 6. 7) — ἀπέχω als regierendes Verbum steht, wird in den beiden Quittungen *Nr. 26. 27* das im 2. Jahrh. fast allein übliche ἔσχον (ἔσχομεν) gebraucht (vgl. unten Formular 3; s. Wilcken aaO. I 86; H. Erman, *Archiv* I 77 ff.; Deißmann, *Licht vom Osten*[2. 3] 77 ff.). Auch hierin werden die Beobachtungen Wilckens bestätigt, ebenso inbezug auf die Subscriptio: In

---

25) Ich verweise auf die Ostraka-Quittungen *P. Fay.* S. 320 ff. Nr. 1—4. 10; *P. Teb.* II S. 335 Nr. 1. 2 und die zahlreichen Quittungen auf Papyri.

26) Die thebanischen Quittungen bei Wilcken, *Ostr.* I 97, 10 stehen für sich.

27) Ἔτους μγ Καίσαρος Χοία(κ) [ι]ε. Τέτακται ἐπὶ τὴν ἐν Συή(νη) τρά(πεζαν) κτλ.

28) S. dazu Wilcken, *Ostr.* I 711. 713, die Einl. zu *Nr. 20—30 a*, sowie *Nr. 26* und *27* Apparat.

Nr. 26. 27 hat sie die Form ὁ δεῖνα σεσημείωμαι (s. Wilcken aaO. I 83; Preisigke, *Girowesen* 455). In *Nr. 31* und *32* steht nur abgekürzt (vgl. *Nr. 17* und die Staatskassenquittung *Nr. 24*) ohne vorausgehenden Namen σ(εσ)η(μείωμαι) bzw. σε(σημείωμαι). In *Nr. 27*, in deren Adresse zwei πράκτορες genannt sind, unterzeichnet Z. 5 als Empfänger einer am 8. März 145 erfolgten Zahlung der an zweiter Stelle stehende πράκτωρ, in Z. 7 quittiert der erste über eine weitere, am 10. April desselben Jahres erfolgte Zahlung. Den in *Nr. 26* subskribierenden Φθουμῖ(νις) (ebenso *P. Lips.* I 69, 6) werden wir als Gehülfen (γραμματεύς, χειριστής, βοηθός od. dgl.) des πράκτωρ anzusprechen haben.

β) Aus Elephantine.

3. Διέγραψεν ὁ δεῖνα (Zahler) ὑπέρ Abgabe des x. Jahres Summe. — Subskription ([ὁ δεῖνα πράκτωρ ἔγραψα od. ähnl.]. Datum). — (2. Hand) Ὁμοίως ἔσχον Summe. Datum: *Nr. 28*: a. 109.

Genau dasselbe Schema — wenn ich von der späteren Zahlung mit ὁμοίως absehe — mit der hier von mir ergänzten Subskription findet sich in den Elephantine-Syene-Quittungen bei Wilcken, *Ostr.* II Nr. 41. 47. 73. 77—79. 82[29]).

4. Datum. Διέγραψεν bzw. διαγεγράφηκεν ὁ δεῖνα (Zahler) Abgabe — Summe. — Subskription: *Nr. 13*: 6 vor Chr.; *Nr. 14*: 5 vor Chr.

Die Herkunft dieser beiden Ostraka ist nicht vermerkt. Ich nahm zuerst an, vor allem auf Grund des voranstehenden Datum, diese Badsteuerquittungen seien Staatskassenbescheinigungen aus dem Faijum (s. a γ) 3 und besonders *P. Fay.* S. 321 Ostr. 2—4). Jetzt scheint es mir aber bei weitem wahrscheinlicher, in ihnen nach dem Muster der Quittungen bei Wilcken, *Ostr.* I 124, 6 (= II Nr. 269. 270. 275) Erheberquittungen aus Syene-Elephantine zu sehen. In beiden Quittungen tritt zum Kontext eine Subscriptio des Erhebers (und zwar eines Pächters), die in *Nr. 13* von der gleichen Hand, in *Nr. 14* von einer neuen Hand geschrieben ist. Sie lautet in *Nr. 13*: ὁ δεῖνα ἐπεκλούθηκα (l. ἐπηκολούθηκα), »ich bin bei der Zahlung dabeigewesen und habe kontrolliert«. Jeder, der eine Staatsabgabe entgegennahm, konnte sich dieser Formel bei der Quittung bedienen (s. Wilcken, *Ostr.* I 76 f. 95. 640)[30]); wir finden sie von Trapeziten und von Erhebern gebraucht, ziemlich häufig aber gerade von diesen letzteren in Elephantine-Syene (s. Wilcken aaO. 124). *Nr. 14* enthält zwei Empfangsbestätigungen über Zahlungen vom 24. Juni und 6. Juli des Jahres 5 vor Chr., in beiden subskribiert der Erheber mit ὁ δεῖνα ἀπέχω (s. zu Formular b α) 1. 2: S. 115).

---

29) Das Datum steht in der Subscriptio vor dem ὁ δεῖνα ἔγραψα bei Wilcken, *Ostr.* II Nr. 33 und Preisigke, *SB.* I 1925. — Διὰ τοῦ δεῖνος. Monat Tag: bei Wilcken aaO. Nr. 42. 104, Jahr Monat Tag. Διὰ τοῦ δεῖνος: ebendort Nr. 85. 86. Wo Jahr, Monat, Tag in der Subscriptio fehlen, werden sie im Anschluß an den Namen der Abgabe genannt: s. Wilcken aaO. Nr. 3 ff.; Zereteli, *Archiv* V 170 ff.; Preisigke, *SB.* 1086. 1097. 1926. — Die Subscriptio fehlt u. a. *Archiv* V 170 ff. Nr. 1. 2; Preisigke, *SB.* 1922. 1927. 1929—1932.

30) Zur sonstigen Verwendung des Wortes s. die bei Preisigke, *Fachwörter* s. v. angeführte Literatur.

5. Präskript. Διέγραψεν ὁ δεῖνα (Zahler) ὑπέρ Abgabe des x. Jahres Summe. Datum.

    a. ὁ δεῖνα πράκτωρ. Διέγραψεν κτλ.: *Nr. 41*: a. 137.

    b. διὰ τοῦ δεῖνος. Διέγραψεν κτλ.: *Nr. 43*: a. 130.

Zum Präskript, das eine Eigentümlichkeit der Erheberquittungen aus Elephantine-Syene bildet, vgl. Wilcken aaO. I 122 f. und die daselbst S. 120, 4a. b angeführten Beispiele; s. auch Goodspeed, *American Journ. of Philology* XXV (1904), 53 ff. = Preisigke, *SB*. Nr. 4354 ff. In unseren beiden Ostraka fehlt die Subskription, wie auch *Archiv* V 170 ff. Nr. 5. 6. 20. 21. 26. 31 und in den meisten der eben angeführten Ostraka Goodspeeds. Als Erheber werden in den Präskripten dieser Quittungskategorie die πράκτορες ἀργυρικῆς Ἐλεφαντίνης, die ἐπιτηρηταὶ und μισθωταὶ ἱερᾶς πύλης Σοήνης genannt. Der auf διά in *Nr. 43* folgende Name ist wohl der eines βοηθός, χειριστής oder γραμματεύς der Erheber, vgl. Wilcken aaO. II Nr. 109; s. auch daselbst Nr. 48. 95. 97. 106. 129. 194. 291, *Archiv* V 170 ff. Nr. 5. 6. 20—22. 30—32, *Nr. 26*.

    6. Δια(γραφή). Ὁ δεῖνα καὶ μέτοχοι τελῶναι . . . τῷ δεῖνι καὶ τῷ δεῖνι ἀδελφῷ (ohne χαίρειν). Ἀπέχομεν παρ' ὑμῶν τὸ τέλος . . . Summe. Datum: *Nr. 34*: a. 35.

Das Präskript δια(γραφή) vor der eigentlichen Habequittung in Briefform (s. das thebanische Formular II b α)) ist sonst nicht bezeugt. Ich halte den elephantinischen Ursprung für das wahrscheinlichste. Χαίρειν fehlt; s. S. 115.

γ) Aus dem Faijum.

7. Ὁ δεῖνα καὶ μέτοχοι τῷ δεῖνι (Zahler) χαίρειν. Ἀπέχομεν für Abgabe (ohne ὑπέρ) des Ortes — Summe für das x. Jahr. Datum (Monat Tag): *Nr. 12*: wahrscheinlich 22 vor Chr. Die von einer Pachtgenossenschaft ausgestellte Quittung (s. S. 132) zeigt das übliche Formular der Habequittung.

B. BESCHEINIGUNGEN ÜBER NATURALLEISTUNGEN.

a. Staatsspeicherbescheinigungen: Steuergiroquittungen.

1. Datum. Εἰσμε(μέτρηκεν) εἰς θη(σαυρὸν) Ἀπό(λλωνος πόλεως) εἰς τὸ αὐτὸ ἔτος Κάτω (sc. τοπαρχίας) ὁ δεῖνα (Steuerzahler) Summe. — Subscriptiones: *Nr. 46*: 115 vor Chr.; Edfu.

Dieses vollständige Schema liegt auch vor in vier Edfu-Ostraka des Berliner Museums, P. 11031 (= Schubart, *P. graecae Berol.* Taf. VIIIe = Preisigke, *SB*. Nr. 4634: 142 vor Chr.) und den unveröffentlichten P. 10988 (112/111 v.). 11006. 11015 (108/7 v.), verkürzt findet es sich in *Nr. 45* (145 od. 134 v.).

Das Verbum εἰσμετρεῖν statt des einfachen μετρεῖν (so *Nr. 45*, P. 11015. 11031) läßt sich auch in Quittungen aus Syene (Wilcken aaO. II Nr. 295. 1608) und Theben (aaO. Nr. 1253. 1349. 1489) des 3. und 2. Jahrh. vor Chr. nachweisen. —

Die Subskriptionen enthalten Namen und Vermerke von Thesaurosbeamten. Den Κινέας in *Nr. 45* und den Κάσ(τωρ) in *Nr. 46*, deren Namen vom Schreiber des Kontextes herrühren, werden wir als σιτολόγοι aufzufassen haben. Ἀπολλωνί-δης und Κράττης (sic) in *Nr. 45*, Ἱερα(ξ) in *Nr. 46*, die nochmals, jeder eigen-händig, die Höhe der geleisteten Zahlung angeben, sind wohl die Thesauros-Unterbeamten (γραμματεῖς? vgl. etwa *Theb. Ostr.*, Greek Texts Nr. 115, 5: 16 vor Chr.), an welche die Leistung der Abgabe erfolgt ist. Hinter ihren Namen ist in *Nr. 45* με(μέτρημαι) zu ergänzen; vgl. Wilcken, *Ostr.* I 100 und besonders II Nr. 725. Entsprechend quittiert Ἱερα(ξ) in *Nr. 46* mit Ἱ. με(μέτρημαι) καθότι πρόκειται und folgender Summe nebst Datum. Zwischen seiner Subskription und dem Kontext steht eine demotische Beischrift[31]).

2. Μεμέτρηκεν ὁ δεῖνα (Steuerzahler) εἰς θησαυρὸν ἱερατικ(ῶν) Κάτω τοπ αρ-χίας) γενήματος des x. Jahres für das Memnon-Quartier ... Summe. Datum: *Nr. 47*: a. 77; Theben.

Die Leistung findet statt an das Tempelressort des Staatsspeichers der nörd-lichen Toparchie des Περιθήβας νομός. Die nächste Parallele bietet *Theban Ostr.*, Greek Texts Nr. 116 (a. 61): εἰς θησαυροῦ (l. -ὸν) ἱερατικοῦ (l. -ῶν). S. die Einl. zu *Nr. 45—50*.

3. Μεμετρήκασιν οἱ δεῖνες (Steuerzahler) γενήματος des x. Jahres Summe. Datum: *Nr. 48*: a. 72; Herkunft unbekannt. — Es fehlt, was sehr selten vorkommt, εἰς θησαυρόν (s. auch sub 1 *Nr. 45*) und die Subskription des σιτολόγος. Vgl. Wilcken, *Ostr.* I 109 ff. und und besonders 113.

4. Μέτρημα θησαυροῦ ... γενήματος des x. Jahres Monat Tag. Für das Stadtquartier (Name) ὀνόματος τοῦ δεῖνος (des Steuerzahlers) Summe. Subskription: *Nr. 49*: a. 144; *Nr. 50*: a. 162, beide aus Theben. — S. das Formular 4 e bei Wilcken, *Ostr.* I 113 ff., weiter *Archiv* V 173 f. Nr. 14—19; *Theban Ostr.*, Greek Texts S. 141 ff.; *PSI.* III Nr. 265. 267. 268. 270. 272—277.

Über die Staatsspeicherbescheinigungen s. Preisigke, *Girowesen* 138 ff. Es liegen entweder Quittungen des Staatsspeichers für den Steuerzahler oder Meldungen des Staatsspeichers an den Erheber vor. Die Zahlung wird gebucht auf dem Steuer-Girokonto des Erhebers für den in Betracht kommenden Stadt-bezirk (ὑπ(ὲρ) Χά(ρακος) *Nr. 49*, ὑπ(ὲρ) Νό(του) *Nr. 50*, vgl. *Nr. 47*) bei dem betreffenden Staatsspeicher (s. *Nr. 45—50* Einl.). Die Abgabe ist nicht näher bezeichnet. — Zu ὀνόματος τοῦ δεῖνος (des Zahlers) s. Preisigke aaO. 142. — Die Subskription lautet in *Nr. 49* ὁ δεῖνα σι(τολόγος), in *Nr. 50* ὁ δεῖνα σ(εσ)η(μείωμαι).

---

31) Die Subskription in P. 10988 ist verlöscht, in P. 11015 stehen als Unterschrift zwei demo-tische Zeilen. In P. 11006 (108/7 v.) ist auch Κάσ(τωρ) als σιτολόγος genannt; es folgen zwei demo-tische Zeilen. In P. 11031 (= Preisigke, *SB.* Nr. 4634: 142 v.) fungiert als σιτολόγος: Ἀπολ(λώνιος); die auf diesen Namen von zweiter Hand folgende Subskription schreibt der Speicher-Unterbeamte Λέων; hier ist Λέων εἰσμε(μέτρημαι) [nicht -με(μέτρηκεν)] aufzulösen.

b. Quittungen der Erheber von Spreulieferungen.

α) Ptolemäerzeit.

ʽΟ δεῖνα (Erheber) τῷ δεῖνι (Abgabepflichtiger) χαίρειν. Παραδέδωκας (τὸ καθῆκον) ἀχύρου ἀγωγάς x. Datum: *Nr. 15. 16:* 2. Jahrh. vor Chr.; Theben.

Zum Gebrauch des Verbum παραδιδόναι in den ptolemäischen Quittungen dieser Gattung, sowohl der von der ἀχυροθήκη als von Erhebern ausgestellten, vgl. Wilcken aaO. I 102 f.; Preisigke, *SB.* I Nr. 1092. 5669. — Die Spreuabgabe wird in *Nr. 15*, wie auch sonst (s. Wilcken aaO. 164 s. 9), ohne nähere Zweckbestimmung als τὸ καθῆκον (sc. ἀχυρικὸν τέλος), »pflichtmäßig zu liefernde«, bezeichnet [32]).

Die epistolare Form weist auf eine dem Abgabepflichtigen seitens des Erhebers ausgestellte Quittung hin und schließt eine von Beamten der ἀχυροθήκη aufgesetzte aus, die, wie alle Thesaurosquittungen, objektive Stilisierung erheischen würde (s. Wilcken aaO. I 102; II S. 467). Dafür spricht auch die in beiden Ostraka gleiche Höhe der »Fuhren«. Die Erheber der Ptolemäerzeit, welche die Spreulieferungen an die ἀχυροθήκη-Abteilung des Thesauros abzuliefern haben, werden in den uns bekannten Ostraka nicht näher charakterisiert. Wir wissen daher nicht, ob es sich hier um einen Pächter oder staatlichen Erheber handelt.

β) Kaiserzeit.

1. Οἱ δεῖνες ἀχυροπράκτορες μητροπόλεως τοῖς δεῖσι (χαίρειν fehlt). Παρεκο(μίσατε) .. ὑπὲρ γενήματος des x. Jahres γόμον, folgt die Ziffer. Datum. — Subskription (ὁ δεῖνα σεσημείωμαι γόμον, folgt die Ziffer): *Nr. 19:* a. 170; Theben.

Parallelquittungen, die von den auch als ἀπαιτηταί oder παραλῆμπται ἀχύρου bzw. ἀχυράριοι bezeichneten ἀχυροπράκτορες den Abgabepflichtigen ausgestellt sind, stellt Wilcken aaO. II S. 468 im Index zusammen; s. auch ebendort I 162 ff., sodann *Theban Ostraca*, Greek Texts ed. Milne, 1913, Nr. 106 ff. Ἀχυροπράκτορες wie in unserem Ostrakon werden sie bei Wilcken II Nr. 906. 936. 1012. 1015 genannt. In der Mehrzahl dieser Quittungen quittieren die Erheber mit ἔσχον, ἔσχομεν, ἐσχήκαμεν, ὁμολογοῦμεν ἔχειν, ἀπέχομεν (s. S. 115), daneben findet sich παρελάβαμεν, παρέσχες, παρεκόμισας (-μίσατε) wie in *Nr. 19.*

2. ʽΟ δεῖνα στρατιώτης τῷ δεῖνι (Abgabepflichtiger) χαίρειν. Ἀπέχω παρὰ σοῦ γόμον ἀχύρου des x. Jahres. Datum: *Nr. 18:* a. 77/8; Theben.

Ich fasse den Quittungsempfänger als Abgabepflichtigen und nicht als Erheber. Diesem würde, wenn er die Spreu direkt an die Militärbehörde abführt, sicher nicht von einem gemeinen Soldaten, sondern von Offizieren oder Chargierten quittiert, wie z. B. bei Wilcken II Nr. 927 von einem χιλίαρχος σπείρης β Θρᾳκῶν; vgl. Wilcken I 117 f. Wo ein als στρατιώτης Bezeichneter quittiert, haben wir es wohl mit einem zur Spreuerhebung abkommandierten [33]) Soldaten zu tun, so bei Wilcken II Nr. 1011. 1258; *Theban Ostr.* Nr. 103. 104 und Wilcken Nr. 776 (a. 76/77):

---

32) Vgl. *Papyrus Nr. 10.*
33) S. *Papyrus Nr. 20* Z. 5. 15. 40 mit Einl. Anm. 8.

der in dieser Quittung genannte Κᾶσις ist mit dem Κάσσιος unseres Ostrakon und des *Theban Ostr.* Nr. 103 (a. 77/78) identisch.

3. Ὁ δεῖνα πλῆρες (s. zum Text) τὸν γόμον τοῦ ἀχύρου des x. Jahres. — Subskription (ἐσημειωσάμην): *No. 17*: a. 74/75.

Das Fehlen des Verbum[34]) macht die nähere Bestimmung ziemlich unmöglich. Wahrscheinlich ist mir aber, daß das Schema einer objektiv stilisierten Quittung zugrunde liegt, παρεκόμισε ausgefallen ist. Danach hätten wir die Wahl zwischen einer von der ἀχυροθήκη oder von der Militärverwaltung ausgestellten Quittung (vgl. Wilcken, *Ostr.* I 117 f.). Je nachdem haben wir in dem Quittungsempfänger den Abgabepflichtigen oder den Erheber zu sehen. Ich möchte das erstere vorziehen.

---

34) Vgl. die Staatskassenquittung *Nr. 30*.

STEUERQUITTUNGEN.

Nr. 1—5. ERTRAGSSTEUER VON WEIN- UND GARTENLAND (ΑΠΟΜΟΙΡΑ).

Zur ἀπόμοιρα, der Sechstel-Ertragssteuer von ἀμπελῶνες und παράδεισοι, vgl. im allgemeinen Wilcken, *Ostr.* I 157 ff. § 17; die weitere Literatur gibt Wilcken, *Chrestomathie* Nr. 249 Einl.*). Die hier vereinigten fünf Stücke sind Staatskassenquittungen, *Nr. 1—3* von der Zentralkasse in Theben, *Nr. 4* von der in Hermonthis, *Nr. 5* von der in Apollonopolis Magna [1]) ausgestellt. Quittungsempfänger sind in allen die Abgabenzahler; s. meine Ausführungen S. 112 f.. Das Wort ἀπόμοιρα ist nur in *Nr. 5* ausgeschrieben, der Quittung aus Apollonopolis; in den übrigen Ostraka derselben Herkunft ist stets α ᴄ abgekürzt, nur in dem Ostrakon P. 11012 des Berliner Museums (s. unten Anm. 1) findet sich gleichfalls ἀπομοίρας. In *Nr. 1. 2. 4* steht απ^οι, in *Nr. 3* απομ^οι. Während die Stücke aus Theben

---

[*] Aus dem sakral-technischen Gebrauche des Wortes ἀπόμοιρα wird wohl die sonderbare Stelle LXX *Ez.* 45, 20 verständlicher: καὶ οὕτως ποιήσεις ἐν τῷ ἑβδόμῳ μηνὶ μιᾷ τοῦ μηνὸς (λήμψῃ) παρ' ἑκάστου ἀπόμοιραν. Wie die durch den hebräischen Text nicht gedeckte griechische Lesart entstanden ist, kann ich nicht sagen. Ihr Sinn ist aber jedenfalls der, daß am ersten Tag des siebenten Monats eine Abgabe für den Tempel erhoben werden soll. A. D.]

1) Weitere Staatskassenquittungen aus Apollonopolis Magna über ἀπόμοιρα-Zahlung enthalten die Berliner Museums-Ostraka P. 11012 (= Schubart, *P. graec. Berol.* VIIIc = Preisigke, *SB.* Nr. 4632: 119 v.) und 11005 (= Schubart VIIId = Preisigke Nr. 4633: 104 v.), sowie die unveröffentlichten P. 10982. 12514—12518. 12522 (s. S. 110 Anm. 16). 12534 (s. S. 110 Anm. 13).

und Hermonthis Sonderquittungen über die ἀπόμοιρα repräsentieren, wird in *Nr. 5* zugleich über das ἐπαρούριον (s. *Nr. 6*) quittiert, ebenso wie in P. 12522 (98 vor Chr.: s. S. 110 Anm. 16) und Wilcken, *Ostr.* II Nr. 332. 352 (Theben), 1234 (Koptos).

In allen unseren fünf Ostraka wird über Geldzahlung (in Kupfer) quittiert. Daraus darf man durchaus nicht schließen, daß es sich nur um Ertragssteuer für Gartenland (παράδεισοι) handelt; die allgemeine Adärierung der ἀπόμοιρα (auch für Weinland) wird schon im 2. Jahrh. vor Chr. erfolgt sein²). Dafür sprechen auch die Berliner Edfu-Ostraka, in welchen den gleichen Personen einerseits Quittungen über die Ertragssteuer, andrerseits über Zahlungen für διαγωγή τοῦ οἴνου ausgestellt werden (s. S. 110); es läßt sich wohl hieraus entnehmen, daß die Ertragssteuer für Weinland geleistet ist. Die Höhe des Betrages schwankt je nach dem Ertrage: in *Nr. 1* wird dem Ἀπολλώνιος Μενάνδρου τοῦ καὶ Θοτρω( ) über Zahlung von 3 (Kupfer-)Talenten 5375 Drachmen quittiert, in *Nr. 2* seiner Tochter Ἑρμιόνη Ἀπολλω(νίου) auf der Innenseite desselben Ostrakon über 1600 Dr., in *Nr. 3* über 2950 Dr., in *Nr. 4* über 1180 Dr., in *Nr. 5* über 3965 Drachmen. Die Quittungsempfänger und Abgabenzahler der drei thebanischen Ostraka *Nr. 1—3* sind Griechen, zweifellos in besserer sozialer und materieller Lage. So erklärt sich auch der verhältnismäßig hohe Betrag in *Nr. 1*, zu dem sich übrigens Parallelen in den Berliner Museums-Ostraka nachweisen lassen³).

Die Quittungsempfänger von *Nr. 1—3* zahlen an die Staatskasse in Diospolis Magna, aber ὑπὲρ τοῦ Κοπτίτου. Das erweist keineswegs, daß in den Jahren 123 und 117 vor Chr. im Κοπτίτης νομός keine Staatskasse existierte und die thebanische zugleich für den Κοπτίτης fungierte, damals also dieser Gau mit dem Περιθήβας νομός unter gemeinsamer Verwaltung stand. Denn in der aus dem J. 119 vor Chr. stammenden ἀπόμοιρα-Quittung bei Wilcken, *Ostr.* II Nr. 1234 wird die Steuer ἐπὶ τὴν ἐν Κόπ(τῳ) τρά(πεζαν) gezahlt (s. auch Nr. 1235: 106 vor Chr.). Es handelt sich wohl vielmehr um die ἀπόμοιρα von Leuten, die z. Z. im Περιθήβας domiziliert sind, aber ihre ἰδία und Landbesitz im Κοπτίτης haben, daher auch in den Hebelisten dieses Gaues als Zahlungspflichtige eingetragen sind. Die von dem im Κοπτίτης gelegenen Wein- und Gartenland dieser ἐπίξενοι (s. *Nr. 31* f.) an die Zentralkasse des Περιθήβας als ihres Domizils für die ἀπόμοιρα gezahlten Beträge sind an die Pächter der ἀπόμοιρα im Κοπτίτης zu überweisen. Zu diesem Zweck hat sich die Zentralkasse des Περιθήβας mit der des Κοπτίτης zwecks buchmäßigen Ausgleichs auf dem Wege des Girofernverkehrs

---

2) S. Otto, *Priester und Tempel* I 354 ff.

3) S. bes. P. 12517 und 12518: Παχοῦμις Ποήριος zahlt für ἀπόμοιρα in den beiden Etatsjahren 94/3 und 93/2 vor Chr. je 2 (Kupfer-)Talente 1800 Dr. Diese Summe repräsentiert vielleicht den Gesamtbetrag seiner ἀπόμοιρα in jedem dieser beiden Jahre. P. 12517 lautet:

L κβ. Τέ(τακται) ἐπὶ τὴν | ἐν Ἀπόλλωνος πό(λει) | τῇ μεγ(άλη) τρά(πεζαν) ἀπο(μοίρας) κα L | Παχοῦμις Ποήριος | ⁵τοῦ Ἁρπαήσιος | τάλαντα δύο χιλίας | ⌐ Ⲧβ Ᾱ. Ἄλλας ὁ αὐ(τὸς) | τοῦ αὐτοῦ L ὀκτακοσίας | ⌐ ω.

P. 12518: L·κβ. Τέ(τακται) ἐπὶ τὴν ἐν Ἀπόλ(λωνος πόλει τῆι μεγ(άληι) | τρά(πεζαν) ἀπο(μοίρας) τοῦ αὐτοῦ L | Παχοῦμις Ποή(ριος) λίνυ(φος) | ⁵τάλαντα δύο χιλίας | ὀκτακοσίας ⌐ Ⲧβ Ᾱω. — S. auch P. 12522 (S. 110 Anm. 16): 1 Tal. 450 Dr.

in Verbindung zu setzen. Des Näheren ist auf Preisigke, *Girowesen* Abschnitt 22 S. 89 ff. und Abschnitt 57 S. 265 ff. zu verweisen.

Unterhalb der oben angegebenen Beträge, über deren Empfang die Kasse quittiert, und der Subskription des τραπεζίτης finden wir in *Nr. 1. 2. 4* eine zweite Zahlangabe[4]). Ich veranschauliche das Verhältnis der beiden Angaben in der folgenden Tabelle:

	Kassenquittung über	Zahlangabe in der Subskription	Differenz
Nr. 1	3 Tal. 5375 Dr.	4 Tal. 1000 Dr.	1625 Dr.
Nr. 2	1600 Dr.	1720 Dr.	120 »
Nr. 4	1180 »	1300 »	120 »

Wilcken nahm an (*Ostr.* I 75 f.), daß mit der höheren Zahl bei solchen Doppelangaben das bezeichnet sei, was der Erheber (?: s. S. 109 ff.) bisher überhaupt in dem betreffenden Monat gezahlt habe. Doch dann wäre es, abgesehen von anderen Bedenken, sehr merkwürdig, daß alles vor dieser Zahlung Geleistete stets nur einen geringen Bruchteil dieser Zahlung ausmacht. Milne (*Theban Ostraca* S. 75 f. 91) erklärt jetzt die zweite Zahlangabe damit, daß es sich in allen Quittungen, in denen diese Doppelangaben begegnen, um πρὸς ἀργύριον verpachtete Steuern handle, für die bei Kupferzahlung statt Silberzahlung ein Agio zu entrichten war. Die Summe, über die quittiert wird, bezeichnet nach ihm die vorgeschriebene Pachthöhe, die unten hinzugefügte die faktische Zahlung in Kupfer mit dem Agio. So einleuchtend diese Vermutung scheint, so erregt sie doch mancherlei Bedenken. Wir wissen aus dem *P. Paris.* 62 des 2. Jahrhunderts vor Chr. (Kol. V 16), daß damals der Aufschlag für die πρὸς ἀργύριον verpachteten, in Kupfer gezahlten Steuern 10 Kupferdrachmen 2$\frac{1}{2}$ Obolen für die Silbermine von 100 Kupferdrachmen betrug, also rund 10 %, ebenso wie im 3. Jahrhundert vor Chr. (s. Wilcken, *Ostr.* I 723 f.; *Grundzüge* LXIV). Nun läßt sich aber das Resultat der an der Hand der Ostraka mit solchen Doppel-Zahlangaben angestellten Rechnung, selbst wenn wir Kursschwankungen in Betracht ziehen, in den meisten Fällen[5]) durchaus nicht mit diesen Ansätzen für den Aufschlag vereinigen, zumal dieser, wie die Papyri vermuten lassen[6]), ·sehr genau berechnet wurde. Gegen die Annahme Milnes spricht weiter, daß in unserer Zeit die ἀπόμοιρα, um die es sich in unseren Ostraka handelt, wohl nicht mehr, wie im 3. Jahrhundert, πρὸς ἀργύριον, sondern πρὸς χαλκὸν ἰσόνομον verpachtet wurde, also in Kupfer *ohne* Agio gezahlt wurde: das haben Grenfell und Wilcken

---

4) S. auch in der Badsteuerquittung *Nr. 11* (155 oder 144 vor Chr.): 3470 + 530 = 4000 Dr.; *Theban Ostraca*, Greek Texts Nr. 2 (154 oder 143 vor Chr., Badsteuer: 3620 + 560 = 4180 Dr.), Nr. 8 (155 oder 144 v. Chr., νιτρική: 2085 + 315 = 2400 Dr.), Nr. 9 (134 vor Chr., πορθμίδων: 2 Tal. 5140 + 2580 = 3 Tal. 1720 Dr.) und in zahlreichen Ostraka Wilckens.

5) Die Rechnung stimmt in unserer *Nr. 4*, ebenso wie z. B. annähernd in den Ostraka bei Wilcken, *Ostr.* II Nr. 322. 332. 352. 1315. 1345.

6) S. Hultsch, *Die ptolemäischen Münz- und Rechnungswerte*: Abh. der Sächs. Ges. d. Wiss. 1903 Nr. III S. 45.

aus Wilcken, *Ostr.* II Nr. 1518 (138 vor Chr.) geschlossen (s. Wilcken, *Ostr.* I 724 f.). Eine befriedigende Erklärung weiß ich selbst nicht zu geben. Auffallend ist, daß in sämtlichen aus Edfu stammenden Quittungen keine zweite Summe vermerkt ist, auch durchaus nicht in allen Quittungen aus Theben, Hermonthis, Koptos.

Nr. 1.

Höhe 10, Breite 9 cm.   Theben.   Staatskassenquittung: Formular S. 107 A I a a) 2.
26. November 123 vor Chr.   S. Tafel IV.

Ἔτους μη Ἀθὺρ ε̄. Τέ(τακται) ἐπὶ τὴν ἐν
Διὸς πόλ(ει) τῇ μεγ(άλῃ) τρά(πεζαν) ὑπὲρ τοῦ Κοπ(τίτου)
ἀπ(ομ)οί(ρας) ὀγδόου καὶ μ L Ἀπολλώνιος
Μενάνδρου ὃς καὶ Θοτρω( ) τά(λαντα) τρία πεντα-
5 κισχιλίας τριακοσίας οε, γ(ίνεται) τά(λαντα) γ Ἔτοε.
Πτολ(εμαῖος) τρα(πεζίτης).

(2. Hd.)   τά(λαντα) δ Â.

1 ∠ Ostr. = τέ(τακται).   4 ⊼ Ostr. = τά,λαντα᾽; s. Z. 5
und 7.   5 / ϟ Ostr. = γ(ίνεται) τά,λαντα᾽; s. Z. 7. — Ê = 5000.

Übersetzung. Im Jahre 48 am 5. Hathyr. Es hat gezahlt an die Staatskasse in Diospolis Magna für den Koptitischen Gau an Ertragssteuer des 48. Jahres Apollonios, Sohn des Menandros, der auch Thotro( ) (heißt), drei Talente fünftausend dreihundert und 75 (Drachmen), macht 3 Tal. 5375.
Ptolemaios Staatskassendirektor.

4 Talente 1000 (Drachmen).

Nr. 2.

Höhe 10, Breite 9 cm.   Theben.   Staatskassenquittung: Formular S. 107 A I a a) 2.   Auf der Innenseite von *Nr. 1*, jedoch von anderer Hand.   26. November 123 vor Chr.

L μη Ἀθὺρ ε̄. Τέ(τακται) ἐπὶ τὴν ἐν Διὸς πόλ(ει)
τῇ μεγ(άλῃ) τρά(πεζαν) ὑπὲρ τοῦ Κοπτίτου
ἀπ(ομ)οί(ρας) μη L Ἑρμιόνη Ἀπολλω(νίου)
χιλίας ἑξακοσίας /Αχ. Πτολ(εμαῖος) τρα(πεζίτης).

5   Âψκ.

Übersetzung. Im Jahre 48 am 5. Hathyr. Es hat gezahlt an die Staatskasse in Diospolis Magna für den Koptitischen Gau an Ertragssteuer des 48. Jahres Hermione, Tochter des Apollonios, eintausend sechshundert (Drachmen), macht 1600. Ptolemaios Staatskassendirektor.

1720.

Nr. 3.

Höhe 8, Breite 10,5 cm. Theben. Staatskassenquittung: Formular S. 107 A I a α) 2.
6. November 117 vor Chr.

```
Ἔ[τ]ους νδ Φαῶφι ιζ̄.  Τέ(τακται) ἐπὶ τὴν
ἐν Διὸς πόλ(ει) τῆι μεγ(άλη) τρά(πεζαν) ὑπὲρ τοῦ
Κοπτίτου ἀπομοί(ρας) νδ L Αἰσχίνης
Γλαυκίου δισχιλίας ἐ[ν]ακο(σίας) ν
5 ⟋ B̂͡Τν.                    Ἑρ(μίας) τρα(πεζίτης).
```

Nr. 4.

Höhe 9,5, Breite 7,7 cm. Hermonthis. Staatskassenquittung: Formular S. 107 A I a α) 3.
2. Jahrhundert vor Chr., wahrscheinlich 28. Juli 112 vor Chr.

```
Ἔτους ε Ἐπεὶφ ιβ̄.  Τέ(τακται)
ἐπὶ τὴν ἐν Ἑρμ(ώνθει) τρά(πεζαν) ἀπ(ομ)οί(ρας) ε L
Πασῆ(μις) Πάσιτος χειλί-
ας ρπ / Ἀρπ.
5                   .. τρα(πεζίτης).
                    Ἀτ.
```

5 Anfang: Möglich wäre ᾳρ, ερ, ὁρ; von einem dritten hochgestellten Buchstaben oder einem Horizontalstrich ist nichts zu sehen.

Übersetzung. Jahr 5 am 12. Epeiph. Es hat gezahlt an die Staatskasse in
Hermonthis an Ertragssteuer für das 5. Jahr Pasemis, Sohn des Pasis, eintausend
180 (Drachmen), macht 1180.

X. Staatskassendirektor.

1300.

Nr. 5.

Höhe 9, Breite 10,5 cm. Edfu. Staatskassenquittung: Formular S. 108 A I a γ) 4 b α).
Sept./Oktober 119 vor Chr.

```
L νβ Θώυθ.  Τέ(τακται) ἐπὶ τὴν ἐν Ἀπόλλω(νος πόλει)
τῆ μεγ(άλη) τρά(πεζαν) ἀπομοίρας τοῦ αὐ(τοῦ) L
Ἀπολλοφάνης Ἀπολλωνίου . αν . τουφ . ο(  )
τρισχιλίας ἐνακοσίας ξε
5 ⟋ Τ̂͡ξε, ἐπαρου(ρίου) τοῦ αὐ(τοῦ) L
χιλίας ἑκατὸν τεσσα-
ράκοντα / Ἀρμ.
       (2. Hd.)  Χαρ(μογένης) τρα(πεζίτης).
```

2 Über ἀπομοίρας Korrekturen; so über dem
ρ ein Haken-Alpha. 3 Die Lesung des Schlusses
ist schwierig; ein Name scheint dazustehen: der des
Großvaters? Παυκτούφιο(ς)? 8 Der Name des

τραπεζίτης ist im Ostr. Berlin P. 11012 (= Schubart aaO. 8 c = Preisigke, *SB.* I 4632: 120/119
v. Chr.) ausgeschrieben.

Übersetzung. Jahr 52 Thot. Es hat gezahlt an die Staatskasse in Apollinopolis Magna an Ertragssteuer für das genannte Jahr Apollophanes, Sohn des Apollonios ...., dreitausend neunhundert und 65 (Drachmen), macht 3965, an Zusatzsteuer für das genannte Jahr eintausend einhundertundvierzig (Drachmen), macht 1140.

Charmogenes Staatskassendirektor.

Nr. 6. ZUSATZSTEUER FÜR WEIN- UND GARTENLAND (ΕΠΑΡΟΥΡΙΟΝ).

Höhe 8, Breite 4,5 cm. Edfu. Staatskassenquittung: Formular S. 108 A I a Γ, 4 a. 99/8 vor Chr.

Das ἐπαρούριον gehört zu den Zuschlagssteuern im weiteren Sinne: s. *P. Hamb.* I S. 185 f. Im allgemeinen vgl. Wilcken, *Ostr.* I 193 § 43, *Grundzüge* 171 Anm. 1; Otto, *Priester und Tempel* II 57 § 9; Grenfell-Hunt, *P. Fay.* p. 160, *P. Hib.* I 112, 13 Einzelbem.; Preisigke, *Fachwörter* 81. — Die Steuer ist in Geld zahlbar. S. auch *Nr. 5*, 5 f. mit Einl. S. 121.

L ιϛ. Τέ(τακται) ἐπὶ τὴν ἐν
  Ἀπόλ(λωνος πόλει) τῇ μεγ(άλῃ) τρά(πεζαν) ἐπα(ρουρίου)
  τοῦ αὐ(τοῦ) L Ψενενοῦφις Ἁρεμσύ(του)
5 χιλίας χ / Ᾱχ,
  ἄλλας · ἑκατὸν
  τριάκοντα
  ρλ.

1 Das 16. Jahr ist auf Ptolemaios XI. Alexander I. zu beziehen, also 99/98 v. Chr. 2 Der untere Schenkel des α von ἐπα(ρουρίου) ist aus Mangel an Platz etwas in die Höbe gebogen.

Übersetzung. Jahr 16. Es hat gezahlt an die Staatskasse in Apollinopolis Magna an Zusatzsteuer für das genannte Jahr Psenenuphis, Sohn des Haremsytes, eintausend 600 (Drachmen), macht 1600, weiter einhundertunddreißig, macht 130.

NR. 7. SALZKONSUMSTEUER.

Höhe 7, Breite 8 cm. Theben. Staatskassenquittung: Formular S. 107 A I a α) 1. 18. Juli 255 vor Chr.
Von der demotischen Beischrift, die ich nach Spiegelbergs Lesung und Übersetzung gebe, ist die
letzte Zeile fast ganz abgebrochen, die erste sehr verwischt.

Mit Ausnahme eines Ostrakon[1]) gehören alle uns bekannten Quittungen über
die Salzkonsumsteuer der Ptolemäerzeit, und zwar der Regierung des Ptolemaios II.
an; alle stammen aus Theben. Über das ptolemäische Salz-Monopol und die
Konsumsteuer, deren Höhe sich nach dem Jahresverbrauch der Hausstände
richtet[2]), ist zu vergleichen Wilcken, *Ostr.* I 141 ff. § 8, *Grundzüge* 249 und
Rostowzew, *Staatspacht* 411 f.; bei ihnen ist die übrige Literatur verzeichnet.
S. jetzt auch *P. Hal. (Dikaiomata)* 1 Z. 260 ff. (τοῦ ἁλὸς τὸ τέλος); *P. Grad.* (ed.
Plaumann) 6 II 5. 11. III 8.

Kleitandros, der Pächter, der die Steuer an die Staatskasse abführt und von
dieser eine auch den Namen des Zahlers nennende Quittung erhält, begegnet
uns als Pächter derselben Steuer in den Quittungen bei Wilcken, *Ostr.* II Nr. 1337
(264/3 vor Chr.), 313 (256/5 Παχὼνς κ͞ζ), 1493. 1494 (256/5 Μεσορεί). — Bemerkenswert ist die altertümliche Form des Monatsnamens Παχώνς (= »der des Gottes
Chôns«); s. dazu Wilcken, *Ostr.* I 808.

L λ Παχὼνς λ͞.
Πέπτωκεν
ἁλικῆς διὰ Κλει-
τάνδρου Καλι-
5 . . . . υυ . οτρη

Reste einer Zeile.

4/5 Am Anfang von Z. 5 steht keinesfalls ein
β, eher ein π, die beiden folgenden Buchstaben
sind nicht zu erkennen (Καλι|πι?), dann wäre
υυτοτρη möglich (υυ und τρη scheint sicher):
das ist vielleicht an die Seite zu stellen dem Πα-
τοή (bzw. Πατοτοή) bei Wilcken, *Ostr.* II Nr. 1337
(bzw. 1494). G ͱ = δρ(αχμαί). — Zum Demotischen: Die Lesung des Namens ist nur in den
ersten Zeichen sicher. Was zwischen *Gl* und dem
Personen-Determinativ steht, vermag ich nicht zu
lesen. *Gl-hb* (= Καλῖβις) ist deshalb ausgeschlossen, weil dieser Name sonst ohne jenes Deter-
minativ geschrieben wird. (Sp.)

Übersetzung. Jahr 30 am 30. Pachons. Es sind gezahlt worden für Salz-
konsumsteuer durch (den Pächter) Kleitandros (seitens des) Kali . . . .
30 Drachmen.

(Demotisch) Gl . ?. . Geschrieben [im Jahre 30 am 30. Pachons].

---

1) *Theban Ostraca*, Greek Texts (ed. Milne) Nr. 41 (a. 64/65).
2) Anders Milne aaO.

Nr. 8. FÄHRBOOT-ABGABE.

Höhe 10, Breite 9 cm.   Edfu.   Staatskassenquittung: Formular S. 109 A I a γ) 6a.   104/3 vor Chr.

Über Fährboot-Abgaben haben uns schon die Papyri Aufschluß gewährt. Die durch sie für die Kaiserzeit gewonnene Kenntnis wird jetzt auch auf die ptolemäische Zeit ausgedehnt durch die Ostraka. Unter den S. 108 ff. behandelten, zum größten Teil unveröffentlichten Staatskassenquittungen aus Edfu im Berliner Museum befinden sich, soweit ich ermitteln konnte, 26 über Zahlung der Fährboot-Abgaben. Dazu kommt unser Edfu-Ostrakon, eine Scherbe aus Theben im Ontario-Museum in Toronto (*Theban Ostraca*, Greek Texts Nr. 9), sodann ein griechisches und ein demotisches Ostrakon desselben Museums aus Dendera (*Archiv* VI S. 132 VIII. 134 XIV). Alle Stücke gehören dem Ausgange des 2. Jahrhunderts vor Chr. an.

Die Papyri der ptolemäischen Zeit lassen uns das Wesen der Abgabe nicht erkennen: im *P. P.* III Nr. 37 Verso Kol. III 14 (257/6 vor Chr.) werden 29 Dr. 1 Obol »für Fährboote«, προθμίδων (l. πορθμίδων sc. νεῶν), entrichtet. Im *P. Paris.* 67 II 17 (2. Jahrh. vor Chr.) liest Wilcken (*Ostr.* I 394 § 197) [π]ορθμ[έ]ων; nach den Ostraka (s. unten) dürfte [π]ορθμ[ίδ]ων oder [π]ορθμ[ικ]ῶν vorzuziehen sein, falls es der Raum zuläßt. Weiter bringen uns die Papyri der Kaiserzeit, vor allem zwei Papyri der augustischen Zeit aus dem Herakleopolites: in *BGU.* 1188 (15/14 vor Chr.) handelt es sich um ein πορθμῆον (= πορθμεῖον)[1], ein Fährboot, das der Gesamtheit der γεωργοί eines Dorfes »gehört« (ὑπάρχει). Der von ihnen eingesetzte Fährmann (πορθμεύς)[2] hat εἰς τὸ δημόσιον, an die Staatskasse, jährlich 300 Silberdrachmen zu entrichten (τελεῖν), erhoben wird die Abgabe von τελῶναι, Pächtern. Es besteht also ein staatliches Fährmonopol[3]. Die Erlaubnis zur Ausübung (ἐργασία) des Fährgewerbes wird an τελῶναι vom Staat verpachtet, die Besitzer von Fährbooten bzw. die von ihnen eingesetzten Fährleute haben (als Afterpächter) jährlich eine *Konzessionspacht* zu leisten[4]. Sie wird *BGU.* 1208 III 41 (27/26 vor Chr.), wie auch sonst[5], als φόρος bezeichnet.

---

1) Vgl. *BGU.* 1208, 29; *P. Lips.* I 32, 2 (etwa a. 240); *P. Oxy.* I 118 Verso Z. 6 (saec. III).

2) Πορθμεῖς *BGU.* 1188, 11; *P. Amh.* II 110, 16. — Ναυτικοί *BGU.* 1208 III 40. — Über die πορευταί s. Wilcken, *Ostr.* I 280 § 98. — Vgl. auch *P. Flor.* III 387 III 33 (a. 108(?); Hermupolis Magna): προθμεύσ(αντι) διώρυγ(ος) Ἐρωτ(ος) ὑπ(ὲρ) συντάξεω(ς) ¹/₂ Artabe; hier bedeutet σύνταξις »Gehalt«. Zur Bedeutung des Wortes in den Ptolemäer-Ostraka s. S. 129 f.

3) Entsprechend besteht z. B. in Myra in Lycien in der Kaiserzeit ein städtisches Fährmonopol: s. die Inschrift bei Dittenberger, *OGI.* II Nr. 572 (saec. II/III; Wilcken, *Grundzüge* 254). Es ist an einen Pächter (ὁ τὴν ὠνὴν ἔχων) verpachtet: πορθμικὴ ὠνή. Nur wer von ihm die Konzession erlangt hat, darf die Schiffahrt zwischen Myra und Limyra ausüben.

4) Zur Konzessionspacht der römischen Zeit s. Reil, *Gewerbe im hellenistischen Ägypten* S. 11 ff.; zur ptolemäischen Zeit s. S. 112. — Handelt es sich bei der μισθοπρασία *P. Lond.* III S. 163 f. Nr. 1164 h (a. 212) etwa um den Verkauf der nach 60 Jahren ablaufenden Konzession für ein πλοῖον?

5) S. Reil aaO. 11 ff. 167 ff.

Eine Quittung, welche die τελῶναι ὠνῆς προθμίδων (l. πορθμίδων)[6] im Bezirk der Stadt Oxyrhynchos und mehrerer Dörfer über den Empfang des Gesamtbetrages der Jahres-Konzessionspacht für ein πορθμεῖον (φόρος πορθμείου) den Besitzern ausstellen, liegt in *P. Oxy.* IV 732 (a. 150) vor. Auch hier beträgt die Jahresabgabe für *ein* Boot wie in *BGU.* 1188 dreihundert Silberdrachmen; das hat sich also in den 165 Jahren nicht geändert.

In den Quittungen auf Ostraka des 2. Jahrhunderts vor Chr. finden wir nun folgende Bezeichnungen der Fährboot-Abgaben:

A. 1. Πορθμ(ικῶν): P. 10986. 10989. 10991. 10997. 11011. 11013. 11018[7]. 11021. 11023. 11024 (113/112 v. Chr.); 10992 (116/115 v.).

2. τὰ πορθμικά: P. 12529 (106/5 v.); 12525[8] (105/4 v.).

3. εἰς τὰ πορθμικά: P. 11030[9] (110/9 v.).

4. εἰς τὰ πορθμικά .... ἀπὸ τῆς συντάξεως: *Nr. 8*; P. 11036 (104/3 v.).

5. εἰς τὴν σύνταξιν τῶν πορθμικῶν: P. 11002 (108/7 v.); 10987 (= Schubart, *P. graec. Berol.* VIIIb = Preisigke, *SB.* I Nr. 4631: 107/6 v.)[10]); 12532[11]) (101/100 v.).

B. 1. Πορθμίδων; *Theban Ostraca* Nr. 9 (134 v.)[12]); Dendera-Ostr. *Archiv* VI 134 XIV (προθμί(δων)).

2. εἰς τὴν σύνταξιν τῶν πορθμίδων: P. 12531[13]) (108/7 v.).

C. 1. εἰς τὰ πορθμικὰ ναύλου τοῦ οἴνου: P. 11026. 12530[14]) (110/9 v.).

2. εἰς τὴν διαγωγὴν τοῦ οἴνου (τῶν οἴνων): P. 12528[15]) (116/15 v.); 11004 (110/9 v.); 12527 (101/100 v.).

3. τῆς διαγω(γῆς) τοῦ οἴνου (τῶν οἴνων): P. 10987 (s. Anm. 10); 12526[16]) (106/5 v.).

---

6) Vgl. die πορθμικὴ ὠνή der in Anmerkung 3 erwähnten Inschrift von Myra.

7) Ἔτους ε Χοίαχ. Τέ(τακται) | ἐπὶ τὴν ἐν Ἀπόλλω(νος πόλει) | τῇ μεγ(άλη) τρά(πεζαν) πορθμ(ικῶν) | τοῦ αὐ(τοῦ) L Ποῆρις | 5 Ἀρθώτου τάλαν|τα τέσσαρα | Β ἑξακοσίας | ἑξήκοντα | ⟋ ⲭ δ Β χ ε. | 10 Χαι(ρήμων) τρα(πεζίτης).

8) Τέτακται τὰ πορθμικὰ | εἰς τὸ ιγ L ὁ καὶ ι L Ποῆριν (sic) | Ἀρπαήσιος καὶ οἱ ἀδελ(φοὶ) χαλ(κοῦ) Α / Α. | Eine Zeile Demotisch. | 5 Ἀσκλ(ηπιάδης) κεχρη(μάτικα).

9) Τέτακται εἰς τὰ πορθμικὰ | τοῦ η L Πατοῦς Ἀρεμούνιος | χα(λκοῦ) υ / υ. L η Παῦνι ε.

10) Τέτακται εἰς τὴν σύντα|ξιν τῶν πορθμικῶν τοῦ | ια L ὁ καὶ η Ἀτπεῦς Πε(μαῦτος χα(λκοῦ) (δραχμὰς) υ / υ | 5 κ(αὶ) τῆς διαγωγῆς τῶν | οἴνων χα(λκοῦ) (δραχμὰς) υ / υ.

11) Ἔτους ιδ. Τέτακται εἰς | τὴν σύνταξιν τῶν πορ(θμικῶν Ποήριος (sic) Ἀρπα(ήσιος χα(λκοῦ) (δραχμὰς) Αχ / Αχ. | 5 Σαρα(πίων).

12) L λϚ Μεσορή. Τέ(τακται) ἐπὶ τὴν ἐν Διὸς πό(λει) | τῆι μεγ(άλη) τρά(πεζαν) πορθμίδων ἕκτου καὶ λ L | Ἰσίδωρος ⲭ δύο πεντακισχιλίας | ἑκατὸν μ / ⲭ β Ἑρμ. Διογέ(νης) τρα(πεζίτης).
ⲭ ⲩ Α ⲩ κ (s. S. 122).

13) Τέτακταί εἰς τὴν | σύνταξιν τῶν πορ(θμίδων τοῦ ι L Ἀρπαῆσις | Ποήριος λίνυφος χα(λκοῦ) Βν | / Βν. L ι Χοίαχ ιβ. | 5 Κάστωρ. | Zwei Zeilen Demotisch.

14) Τέτακται εἰς τὰ πορ|θμικὰ ναύλου τοῦ | οἴνου τοῦ η L | Ἀρπαῆσις λίνυφος | χα(λκοῦ) Βυ / Βυ. | Eine Zeile Demotisch.

15) Τέτακται εἰς τὴν | διαγωγὴν τῶν οἴνων | τοῦ α L Ἀρπαῆσις Ποή(ριος χα(λκοῦ) Βφ / Βφ. | Eine Zeile Demotisch.

16) Τέτακται τῆς διαγω(γῆς) τοῦ | οἴνου εἰς τὸ ιβ L ὁ καὶ θ L | Ποήρει (sic) Ἀρπαήσιος καὶ οἱ ἀδελ(φοὶ) | ⲩ ν / ⲩ ν. | Eine Zeile Demotisch.

D. πρὸς τὴ[ν διαγω(γὴν) τοῦ οἴνου] καὶ πορθμίδων: P. 12533 [17]) (95/94 v.).

Wie die von mir durch die Buchstaben A—D gekennzeichneten Rubriken zeigen, unterscheide ich vier Kategorien, innerhalb derer die geringen Abweichungen auf die verschiedenen τραπεζῖται bzw. ihre Schreiber zurückzuführen sind. Ich habe mit freundlicher Erlaubnis von W. Schubart Beispiele für jedes Schema aus den unveröffentlichten Berliner Edfu-Ostraka in den Anmerkungen 7—17 nach meiner Umschrift gegeben.

Die allgemeine Bezeichnung ist (τὰ) πορθμικά, »Fährboot-Abgaben«; in diesem umfassenden Sinn wird das Wort in C 1 gebraucht (s. unten). Meist aber hat es eine engere Bedeutung, bezieht sich nur auf die Fährboot-Konzessionspacht: so P. 10987 (A 5; s. Anm. 10), wo es sicher ist, und wohl ebenso in allen übrigen unter A 1—5 aufgeführten Stücken. Das eben genannte Ostrakon P. 10987 und das ergänzte P. 12533 (D; s. Anm. 17) erweisen, daß zwei verschiedene Abgaben für Fährboote in unseren Urkunden zu scheiden sind:

1. Πορθμίδων (sc. νεῶν) [18]) = σύνταξις τῶν πορθμίδων (B), die ich mit dem römischen φόρος πορθμείων identifiziere: das ist also die von den Besitzern [19]) der Fährboote als fester Jahresbeitrag zu leistende Konzessionspacht. Meist wird die allgemeine Bezeichnung (τὰ) πορθμικά, πορθμικῶν (εἰς τὰ π.) gebraucht (A 1—5).

2. Ναῦλον τοῦ οἴνου, »Fährgeld für den Wein«, = εἰς τὴν διαγωγὴν τοῦ οἴνου od. ähnl., »Beitrag für den Transport des Weines über den Fluß« [20]) (C): das ist eine Fährgeld-Abgabe, die von den Besitzern von Weinland (s. S. 121) für die Benutzung königlicher Fährboote zu entrichten war. In C 1 (s. Anm. 14) folgt auf die umfassende Bezeichnung εἰς τὰ πορθμικά die spezielle ναύλου τοῦ οἴνου, »für Fährboot-Abgaben, nämlich an Fährgeld usw.«. Die »Wein-Transportabgabe« unserer Ostraka müssen wir natürlich zu einer allgemeinen »Fährboot-Transportabgabe« erweitern.

Beide Abgaben sind verpachtet. Für das ναῦλον bietet hierfür ein Beispiel *Theb. Bankakt.* Nr. XII [21]). Pächter der Konzessionspacht ist der in den unter A 1 aufgeführten Ostraka der Jahre 116/5 und 113/12 v. Chr. als Quittungsempfänger genannte Ποῆρις Ἀρθώτου; es werden ihm Quittungen über Ratenzahlungen in Höhe von 500 Drachmen bis zu 4 Talenten 2660 Drachmen Kupfers von der Staatskasse in Apollinopolis Magna ausgestellt (s. S. 111 f.). In allen auf ihn bezüglichen Ostraka, und nur in ihnen, wird die Abgabe mit πορθμ(ικῶν) bezeichnet. Als Pächter der Konzessionspacht fasse ich auch den in der Staatskassenquittung

---

17) Ἔτους κ. Τέτακται πρὸς τὴ[ν διαγω(γὴν) τοῦ οἴνου] | καὶ πορθμίδων τοῦ αὐτ[οῦ ἔτους] | Παχοῦμις Ποήριος [χα(λκοῦ) (δραχμὰς) . . . . .]. .   Eine Zeile Demotisch.

18) Vgl. *P. P.* III Nr. 37 Verso Kol. III 14 (s. S. 127).

19) Vgl. Rostowzew, *Archiv* V 298; *Kolonat* 403 f. — In den meisten Fällen handelt es sich hier wohl um Konzessions-Erbpacht, die vom Vater auf den Sohn übergeht: s. S. 109.

20) Auf die Fähre von Edfu weist wohl der Ort Mächen hin, den Dümichen, *Einl. z. Gesch. des alten Ägyptens* S. 51 als »Fähre« erklärt.

21) S. Wilcken, *Ostr.* I 386 § 190; *Grundzüge* 254.

von Diospolis Magna aus d. J. 134 vor Chr. *Theban Ostr.* Nr. 9 (s. B 1) als Quittungsempfänger genannten Ἰσίδωρος; er entrichtet eine Rate von 2 Talenten 5140 Drachmen in Kupfer. In allen anderen Ostraka unserer Liste sind die Quittungsempfänger die Abgabenzahler (s. S. 109 ff.). Sie zahlen in Raten (vgl. das ἀπὸ τῆς συντάξεως A 4 und *Nr. 9*); die Raten für Konzessionspacht bewegen sich zwischen 400 und 2050 Kupferdrachmen, für ναῦλον zwischen 350 und 2700 Kupferdrachmen.

Τέτακται εἰς τὰ πορθμ(ικὰ)
εἰς τὸ ιδ L τοῦ καὶ ια L   104/3 v. Chr.
ἀπὸ τῆς συντάξεως
Ποῆρις Ψενοσίριος καὶ οἱ
5 ἀδελφοὶ χαλκοῦ δισχιλίας
/ Β.
Πισάις Ῥόδω(νος).

Eine Parallele aus dem gleichen Jahr vom gleichen Schema mit der Subskription desselben τραπεζίτης ist P. 11036 (s. A 4). 2 l. ὃ καί. 4 f. Zahlung der Fährboot-Abgabe durch ὁ δεῖνα καὶ οἱ ἀδελφοί s. auch P. 12525. 12526 (Anm. 8 und 16). Es sind die Bootsbesitzer und Abgabenzahler, nicht Pächter; s. S. 110.

Übersetzung. Es haben gezahlt für die Fährboot-Konzessionspacht des 14. = 11. Jahres als Rate von dem Jahresbetrag Poëris, Sohn des Psenosiris, und seine Brüder zweitausend Kupfer(drachmen), macht 2000.

Pisaïs, Sohn des Rhodon (Staatskassendirektor).

Nr. 9.

Höhe 10,5, Breite 8 cm.   Edfu.   Staatskassenquittung: Formular S. 109 A I a γ) 7.
17. Dezember 112 vor Chr.

Die Steuer ist nicht genannt. Fährboot-Abgabe kann (vgl. *Nr. 8*), aber muß nicht in Betracht kommen.

Τέτακται Πεβῶς
Παχόιτος ἀπὸ τῆς
συντά(ξεως) χα(λκοῦ) ω.
L ϛ Ἀθὺρ κη̄.

Übersetzung. Es hat gezahlt Pebōs, Sohn des Pachoïs, als Rate von dem Jahresbetrag 800 Kupfer(drachmen). Im Jahr 6 am 28. Hathyr.

Nr. 10. QUITTUNG EINER PACHTGENOSSENSCHAFT ÜBER ZAHLUNG EINES ΤΕΛΟΣ.

Höhe 9, Breite 5 cm. Edfu(?). Erheberquittung: Formular S. 113 A I b. Ptolemäische Zeit.

Welche Abgabe unter τὸ τέλος verstanden ist, läßt sich nicht feststellen. Die Sprache und Orthographie der Quittung ist eine höchst vulgäre. Bemerkenswert sind die Eigennamen: Πάσρις (»der von dem Tempelsee zu Karnak«; s. Spiegelberg, *Erbstreit a. d. ptol. Ägypten*, 1912, 44 f.), Ταλειβανῶς, Πραματῆς: vgl. etwa Πραμαρρῆς Pharao Marrēs (= Amenemhēt III), Πραμῆνις Pharao Menis (= Mēne); dazu Spiegelberg, *Ztschr. Äg. Spr.* XLIII (1906), 85 f.; Wilcken, *Archiv* IV 211 f. n. 51; 244 f. n. 136, Πιμενῆς (statt Παμενῆς) und vor allem Ὀβοῦχις. In diesem letzteren Namen steckt der Gott Βοῦχις, der heilige Stier von Hermonthis (s. Spiegelberg, *Archiv* I 339 ff.; Wilcken, *Grundzüge* 105), wie in Πετεβοῦχις, Πετοσορβοῦχις (= »Geschenk des Osorbuchis«, des zum Osiris gewordenen Buchis; s. jetzt auch Zereteli, *Archiv* V 173 Nr. 10 und das von Plaumann, *Archiv* VI 219 Nr. 3 veröffentlichte Berliner Ostrakon P. 9439), Παβοῦχις, Πιβοῦχις (*Nr. 59*), Πβοῦχις und Πβοῦκις (= »der Buchis«). Die Herkunft des Stückes aus Edfu erscheint nach den erwähnten Namen nicht sicher.

Πασρίου Ταλειβα-
νῶτι καὶ Π-
ραματοῦ Πι-
μενοῦς καὶ οἱ
5 μέτοχοι
Ὀβούχει χαίρι.
Ἔχουμεν πα-
ρὰ σοῦ τοῦ τέ-
λος. Παῶπει
10   κγ̄.

1/2 l. Πάσρις Ταλειβανῶτος.   2/3 l. Πραματῆς.
6 l. χαίρειν.   7 l. ἔχομεν.   8 l. τό.   9 l. Φαῶφι.

Übersetzung. Pasris, Sohn des Taleibanōs, und Pramatēs, Sohn des Pimenēs, und Genossen dem Obuchis Gruß. Wir haben von Dir die Steuer. Am 23. Phaophi.

NR. 11—14[1]). BADSTEUERN.

Es lassen sich auf Grund der Ostraka und Papyri drei verschiedene ›Badsteuern‹ feststellen. Alle drei Kategorien sind entgegen der Annahme Wilckens (*Ostr.* I 165 ff.; *Grundzüge* 213) schon in ptolemäischer Zeit nachweisbar. Es sind folgende:

1. eine kopfsteuerartig, jährlich allgemein zu leistende Abgabe für die Unkosten der Instandhaltung der öffentlichen Bäder. Sie ist an den Staat zu zahlen, wo die Bäder sich im Besitze von Tempeln befanden, an das staatliche Tempelressort[2]). In ptolemäischer Zeit wird diese Abgabe bezeichnet als (τέλος) βαλανείου (*P. Hib.* I 108, 7; 112, 96; *Theban Ostraca*, Greek Texts Nr. 2) bzw. (τέλος) βαλανείων (*P.P.* III 37 b Verso Z. 7; 119 a, 2; 121 a, 14). In römischer Zeit ist die gebräuchlichste Bezeichnung βαλανικόν, daneben finden wir τέλος, φόρος βαλανείων u. ähnl. Auch die ὑπὲρ μερισμοῦ βαλανικοῦ ausgestellten Quittungen (s. Wilcken, *Ostr.* I 256 f.; Otto, *Priester u. Tempel* I 292 Anm. 4; *Theban Ostraca* Nr. 52) beziehen sich auf diese Abgabe, ebenso wohl auch die ἀποφορὰ βαλανείου in *BGU.* 362 (= Wilcken, *Chrest.* Nr. 96; s. Wilcken, *Ostr.* I 167; Otto aaO. II 112 Anm. 4).

Alle Ostraka unserer Sammlung enthalten Quittungen über diese Kategorie der Badsteuer, und zwar für staatliche Bäder: *Nr. 11* ist eine für die Badsteuer des Memnon-Bezirkes ausgestellte Staatskassenquittung aus Hermonthis v. J. 155 oder 144 vor Chr. über 3470 Drachmen + 530 Dr.[3]). — Quittungen aus römischer Zeit enthalten *Nr. 12* (βαλα(νείων)), *Nr. 13; 14* (τέλ[ος) βαλ(ανείων)) und *Nr. 27, 3; 35, 2; 36, 2* (βαλ(ανικόν)).

Zwischen dem 1. und 15. Jahr des Tiberius tritt inbezug auf die Erhebungsart der Staatsbad-Abgabe eine Änderung ein: die indirekte Erhebung mittelst Verpachtung wird durch direkte Erhebung der πράκτορες ersetzt, wie Wilcken (*Grundzüge* 213) gezeigt hat; für das an das Tempelressort zu zahlende βαλανικόν läßt sich aber noch im 3. Jahrh. nach Chr. Verpachtung nachweisen (s. Otto aaO. II 111 A. 5[4])). Die älteste unserer römischen Quittungen über die Staatsbad-Abgabe, *Nr. 12* aus Karanis, wahrscheinlich vom Jahre 22 vor Chr., ist dem Steuerzahler von der Pächtergenossenschaft des Sarapion ausgestellt (s. Formular S. 117 A II b γ) 7). Als Pächterquittungen aus Elephantine habe ich *Nr. 13* und *14* aus den Jahren 6 bzw. 5 vor Chr. gefaßt (s. Formular S. 116 A II b β) 4). *Nr. 35* und *36* aus den Jahren 42 und 33 nach Chr. sind Staatskassenquittungen aus Theben (s. Formular S. 114 A II a α) 1 a). *Nr. 27* (a. 145) endlich ist eine Erheberquittung zweier πράκτορες ἀργυρικῶν Χάρακος (s. Formular S. 115 A II b α) 2).

---

1) Vgl. auch die Quittungen *Nr. 27. 35. 36.*

2) S. Wilcken, *Ostr.* I 165 ff.; Otto, *Priester u. Tempel* I 292 f. II 111 ff.; Grenfell-Hunt, *P. Hib.* I Nr. 108, 7 Einzelbem.   3) S. *Nr. 1—5* Einl. Anm. 4.

4) Vgl. auch *Theban Ostraca*, Greek Texts Nr. 44 (a. 78). 46 (a. 80). 54 (a. 189/190). 55 (a. 190/1).

Über die Höhe der den einzelnen Ortsangehörigen kopfsteuerartig auferlegten Staatsbad-Abgabe bringen auch unsere Ostraka keine Aufklärung[5]; es handelt sich in allen Fällen um Ratenzahlungen: 3 Obolen in *Nr. 13*, 4 Obolen in *Nr. 12*, $4\frac{1}{2}$ Obolen in *Nr. 35* und *36*, zwei Raten von 3 und 2 Obolen in *Nr. 14*. In *Nr. 27* werden als Kopf- und Badsteuer-Rate zusammen 8 Billondrachmen gezahlt (vgl. z. B. die Quittung gleicher Zeit und gleicher Herkunft Wilcken, *Ostr.* II Nr. 619); auf die Badsteuer entfällt davon nur ein geringer Bruchteil.

2. Neben der eben behandelten Abgabe finden wir in Urkunden der frühen Ptolemäerzeit eine dem römischen balneaticum entsprechende Zahlung für einmalige Benutzung eines öffentlichen Bades. Diese Zahlung (meist $\frac{1}{4}$ Obol) wird gekennzeichnet durch βαλανεῖ oder εἰς βαλανεῖα bzw. βαλανεῖον: s. *P. P.* III Nr. 135. 137. 139b. 140—142; P. Sakkakini (Révillout, *Rev. ég.* III 121).

3. Zu scheiden von dem τέλος βαλανείων = βαλανικόν ist endlich die τρίτη βαλανείων, eine Ertragssteuer der Inhaber von Privatbädern[6], die an den Staat zu entrichten ist. Wir begegnen ihr in dem Papyrus aus der Zeit des zweiten oder dritten Ptolemäers *P. Hib.* I 116 Kol. II 1 f.; hier zahlt der Inhaber des Bades 1320 (Kupfer)drachmen. In dem unveröffentlichten Berliner Papyrus P. 1394 (Kol. I Z. 11) aus der Zeit des Pius werden 12 (Silber)drachmen 1 Obol für τρίτη βαλανείου gezahlt. Auch das τέλεσμα βαλανείου in *BGU.* 362 (s. Otto aaO. II 53) ist eine solche von dem Tempel des Juppiter Capitolinus in Arsinoe als Inhaber eines Bades zu leistende Ertragssteuer.

Nr. 11.

Höhe 6,5, Breite 10,5 cm. Hermonthis. Staatskassenquittung: Formular S. 107 A I a β) 3.
27. Oktober 155 oder 24. Oktober 144 vor Chr.

<pre>
”Ετους κζ Θώυθ κ̄ζ̄. Τέ(τακται) ἐπὶ τὴν ἐγ
                                    ‘Ερμ(ώνθει)
τρά(πεζαν), ἐφ’ ἧς ‘Ερμίας, βαλα(νείων) Μεμνο(νείων) κζ L
’Αμμώνιος ’Οννό(φρεως) τρισχιλίας τετρα-
κοσίας ἑβδομήκοντα /Ϛ υο.
                              Δ̣.
5
</pre>

2 ‘Ερμίας wird als τραπεζίτης auch in dem gleichzeitigen Hermonthis-Ostrakon bei Wilcken II Nr. 1615 (156/5 oder 145/4 vor Chr.) genannt.

5 Das Δ̣ ist so gut wie sicher; ein links oben erkennbarer Punkt ist ohne Bedeutung. — Vgl. S. 122 Anm. 4.

---

5) Auch *Theban Ostraca* S. 99 ff. Nr. 43—55 bringen uns hierin nicht weiter. In der Staatskassenquittung Nr. 47 (a. 82) wird über eine Zahlung von 16 Drachmen nebst Zuschlag nur für die beiden Monate Mecheir und Phamenoth quittiert; der Herausgeber hat daraus wohl mit Recht auf monatliche Zahlung geschlossen. Mit dem sich hieraus ergebenden Jahresbetrag von 96 Drachmen lassen sich die in allen sonstigen Ostraka begegnenden Ratenzahlungen kaum vereinigen (vgl. höchstens *Archiv* V 172 Nr. 8 Z. 3).

6) Verpachtung eines βαλανεῖον durch den Privateigentümer liegt nach den Ausführungen Plaumanns dem *P. Grad.* 10 (215/14 vor Chr.) aus Tholtis im Oxyrhynchites zugrunde (s. *P. Grad.* S. 55).

Übersetzung. Jahr 27 am 27. Thot. Es hat gezahlt an die Staatskasse in
Hermonthis, deren Direktor Hermias ist, an Badsteuer des Memnon-Bezirks
für das 27. Jahr Ammonios, Sohn des Onnophris, dreitausend vierhundert und
siebenzig (Drachmen), macht 3470.

4000.

Nr. 12.

Höhe 5, Breite 8 cm.   Karanis (Faijum).   Erheberquittung: Formular S. 117 A II b γ) 7.   Wahrscheinlich
25. April 22 vor Chr.

> Σαραπίων καὶ μέτ(οχοι)
> Ψενχώ(νσι) Πικῶ(τος) χα(ίρειν). ’Απέχο(μεν)
> βαλα(νείων) Καρα(νίδος) Ϝ τοῦ η L.
> Φαρμ(οῦθι) λ̄.

Übersetzung. Sarapion und Genossen dem Psenchonsis, Sohne des Pikōs, Gruß.
Wir haben an Badsteuer von Karanis 4 Obolen für das 8. Jahr weg.
Am 30. Pharmuthi.

Nr. 13.

Höhe 7, Breite 7,5 cm.   Elephantine.   Erheberquittung: Formular S. 116 A II b β) 4.
6. April 6 vor Chr.

> ῎Ετ(ους) κδ Καίσαρος
> Φαρμ(οῦθι) ῑᾱ. Δι(έγραψεν) Πνεφ(ερῶς)
> Πνεφ(ερῶτος) ’Αβῶς τέλ(ος)
> βαλ(ανείων) ἐπὶ λόγο(υ) ὀβο(λοὺς) τρῖς
> 5 ⌐ ὀβο(λοὶ) γ.
> Τιμαγένης ἐπεκλούθη-
> κα.

2 δ̄ι, πνεφ̄ Ostr.   3 l. ’Αβῶτος.   4 l. τρεῖς.   6 l. ἐπηκολούθηκα.

Übersetzung. Jahr 24 des Caesar am 11. Pharmuthi. Es hat gezahlt Pnepherōs, Sohn des Pnepherōs, Enkel des Abōs, als Badsteuer-Rate drei Obolen,
macht 3 Obolen. Ich Timagenes bin bei der Zahlung dabeigewesen.

Nr. 14.

Höhe 7,5, Breite 8,5 cm.   Elephantine.   Ähnliche, aber nicht die gleiche Schrift wie *Nr. 13.*
Erheberquittung: Formular S. 116 A II b β) 4.   24. Juni/6. Juli 5 vor Chr.

1. Hd.	Ἔτους κε Καίσαρος Παῦνι λ̄.	24. Juni 5 v. Chr.
	Δια(γεγράφηκεν) γυνὴ Ἁρφαήσι(ος) Αβαβικ( )	
	τέλ(ος) βαλ(ανείων) ἐπὶ λόγ(ου) χα(λκοῦ) ὀβο(λοὺς) τρῖς / γ.	
2. Hd.	Ἡρακλᾶς ἀπέχω ὀβολ(οὺς) τρῖς / γ.	
1. Hd.	5 Ἐπεὶφ ιβ χα(λκοῦ) ὀβο(λοὺς) δύο / β.	6. Juli 5 v. Chr.
2. Hd.	Ἡρακλᾶς ἀπέχω ὀβολ(οὺς) δύο / β.	

2 δι̅ γυνη Ostr. — Am Schluß der Zeile lese ich αβαβικ: das ist der Name der Frau des Harphaësis; αραβικ (also etwa γυνὴ .. Ἀραβικ(ή)) steht nicht da.

Übersetzung. Jahr 25 des Caesar am 30. Payni. Es hat gezahlt die Frau des Harphaësis, Ababik( ), als Badsteuer-Rate drei Kupfer-obolen, macht 3.
(2. Hd.) Ich Heraklās habe drei Obolen weg, macht 3.
(1. Hd.) Am 12. Epeiph (hat sie gezahlt) zwei Kupferobolen, macht 2.
(2. Hd.) Ich Heraklās habe zwei Obolen weg, macht 2.

Nr. 15—19. QUITTUNGEN ÜBER SPREULIEFERUNGEN.

Von den hier zusammengestellten fünf Quittungen gehören zwei (*Nr. 15. 16*) der Ptolemäerzeit an, drei (*Nr. 17—19*) der Kaiserzeit. Alle fünf berechnen, wie die meisten sonst bekannten Quittungen über Spreulieferungen, die Spreu (ἄχυρον) nach Wagenlasten, Fuhren: die ptolemäischen gebrauchen hierfür den Ausdruck ἀγωγή, die römischen γόμος (s. Wilcken, *Ostr.* I 754 f.) [1].

Die beiden ptolemäischen Quittungen *Nr. 15. 16* sowie die römischen *Nr. 18. 19* sind den Abgabepflichtigen ausgestellte Erheberquittungen: *Nr. 19* ist von den ἀχυροπράκτορες μητροπόλεως ausgestellt, *Nr. 18* von einem Soldaten; der Charakter der Erheber in *Nr. 15. 16* läßt sich nicht feststellen. *Nr. 17* ist

---

1) Ausnahmsweise finden wir die Spreulieferung berechnet nach Bündeln, μανδάκαι (s. *Nr. 61*, 7; vgl. *P. Hamb.* I 21, 5 Einzelbem. und *P. Flor.* II 198, 6 Einzelbem.), σάκκοι, Esellasten, Säcken (s. *P. Fay.* S. 325 Ostr. Nr. 21: a. 306) und μώια, wohl irdenen Krügen (s. die Ostraka bei Preisigke, *SB.* I Nr. 1092. 5666 b. 5669: ptol. Zeit; 1964: 3. Jahrh. nach Chr.; Ostr. Berlin P. 9276: Plaumann, *Archiv* VI 220 Nr. 8, 4 und die Papyri *P. P.* III Nr. 65 b Z. 6, *P. Grenf.* I 14, 16. Vgl. auch Grenfell-Hunt, *P. Hib.* I Nr. 49, 8 Einzelbem.). Übrigens sind die Abkürzungen αγ^ω und μ^ω schwer zu unterscheiden. — Zur Bedeutung von ἀγωγή und γόμος in bezug auf Schiffe s. *Papyrus Nr. 21* Einl.

entweder eine ἀχυροθήκη- oder Militärverwaltungs-Quittung. Ich verweise auf die Ausführungen S. 119 f. (Formulare B b α) β)).

In den römischen Quittungen handelt es sich wohl sicher um Spreulieferungen für militärische Zwecke; wahrscheinlich war die Spreu, wie auch sonst meist, für die Heizung der Militärbäder bestimmt (s. dazu Wilcken aaO. I 162 ff.). In *Nr. 19* findet die Lieferung statt εἰς Ὀφιῆ(ον); das ist das thebanische Stadtquartier Ophi. Entsprechend steht in den von der Militärverwaltung den Erhebern ausgestellten Quittungen *Theban Ostraca*, Greek Texts Nr. 110 (a. 182) und bei Wilcken aaO. II Nr. 1475 und 1458 (a. 185): Παρεκο(μίσθη bzw. -θησαν) ... εἰς Ὀφιῆο(ν) bzw. εἰς] Ὀφιήου (sc. ἄμφοδον) und εἰς Ὀφιτ°. Im übrigen vgl. Wilcken aaO. I 236. 713 f., II Index S. 489.

NR. 15.

Höhe 7, Breite 7 cm.   Jetzt als Geschenk Deißmanns im Besitz des Professors Allan Menzies, D. D., St. Andrews.   Theben.   Erheberquittung: Formular S. 119 B b α).   2. Jahrhundert vor Chr.

> Ἡρακλείδης Πετεψάιτι χαί(ρειν).
> Παραδέδω(κας) τὸ καθῆ(κον) ἀχύ(ρου) ἀγω(γὰς)
> δεκαπέντε / ἀγω(γαὶ) ιε.
> L .. Ἐπείφ.

2 εἰς τὸ κ. steht nicht da.   4 Die Jahresziffer ist schwer erkennbar; vielleicht steht κγ da.

Übersetzung.   Herakleides dem Petepsais Gruß.   Du hast das pflichtmäßig zu liefernde, nämlich fünfzehn Fuhren Spreu, übergeben, macht 15 Fuhren. Jahr .. im Epeiph.

NR. 16.

Höhe 11,5, Breite 8,5; unten freier Raum von 7 cm.   Theben.   Erheberquittung: Formular S. 119 B b α).   2. Jahrhundert vor Chr.

> [Ἡ]ρακλείδης Περμάμι
> χα(ίρειν). Παρα(δέδωκας) ἀχύ(ρου) ἀγω(γὰς) δεκα-
> πέντε / ἀγω(γαὶ) ιε.
> L [. . . .

4 Die Schriftzeichen nach L sind vollkommen verschwunden.

Nr. 17.

Höhe 10, Breite 11 cm.　Eigentum von Professor D. H. Windisch, Leiden, dem die Scherbe von Deißmann geschenkt.　Theben.　Erheberquittung: Formular S. 120 B b β) 3.　74/75 nach Chr.

Veröffentlicht nach Wilckens Lesung von H. Windisch, *Neue Jahrb.* Abteil. 1, XXV (1910), 204[1]).

Ὧρος Πετεχῶντος πλῆρες
τὸν γόμ(ον) τοῦ ἀχύρου τοῦ ζ̄ᵘ L Οὐεσπασιανοῦ τοῦ κυρίου. Ἐσ(ημειωσάμην).

1 πλῆρες: das Neutrum ist, wie sonst öfter das [für *Joh.* 1, 14 wichtige A. D.] indeklinable maskulinische πλήρης (vgl. Wilcken, *Ostr.* II Nr. 1071. 1222 und die bei Crönert, *Memoria Herculan.* 179 n. 2; *P. Jand.* Nr. 35, 8 Apparat angeführten Beispiele und Literatur, dazu u. a. Preisigke, *SB.* I 5615, ll. 19), erstarrt. 2 ζ̄ᵘ = ἑβδόμου: so lese ich, ζ̄ʷ bei Windisch ist wohl Druckfehler. 3 Schluß: ⊃ Ostr., nach Wilcken — ἐσ(ημειωσάμην); vgl., ebenso ohne vorausgebenden Namen (s. zu Formular A II b α): S. 116', *Nr. 24,* 3: σ(εσημείωμαι) und *Nr. 31. 32.*

Übersetzung.　Horos, Sohn des Petechōn, (hat herbeigeschafft) voll die Fuhre Spreu des 7. Jahres Vespasians des Herrn.　Gezeichnet.

---

1) S. jetzt Preisigke, *SB.* I Nr. 5665. [Die Scherbe ist, wie *Nr. 18. 22—25. 37. 39. 47. 59,* von Wichtigkeit für das frühe Einsetzen des κύριος-Titels der römischen Kaiser in Ägypten. Die Weigerung jüdischer Sikarier in Ägypten, den Kaiser »Herr« zu nennen, führte gerade in jener Zeit zum Märtyrertod jüdischer Männer und Knaben daselbst. Vgl. *Licht vom Osten*[2.3] 266 f. und Windisch aaO. 204 f., der die Scherbe gut mit jener jüdischen Weigerung kontrastiert. A. D.]

Nr. 18.

Höhe 8, Breite 11,7 cm.　Eigentum des Herrn Pfarrers D. Schlosser, Wiesbaden (Geschenk Deißmanns).　Theben.　Erheberquittung: Formular S. 119 B b β) 2.　77/78 nach Chr.

Κάσσιος στρατιώτης Ὥρωι
Ὀσορουήρεος χαί(ρειν). Ἀπέχωι παρὰ ·
σοῦ γόμ(ον) ἀχύ(ρου) τοῦ [ἐνε(στῶτος) ἔτους].
L ῑ Οὐεσπασιανοῦ τοῦ κυρίου.

2 l. Ὀσορουήρεως, ἀπέχω. 3 Der Schluß der Zeile ist fast ganz verwischt. — Nach γόμ(ον) ist wohl α zu ergänzen. 4 Zu κύριος s. *Nr. 17* Anm. 1. Nach Z. 4 ist keine weitere Zeile geschrieben; Monat und Tag fehlen also, ebenso wie in den beiden anderen von Κάσσιος (= Κᾶσις; s. zum Formular S. 120) ausgestellten Quittungen.

Übersetzung.　Cassius Soldat dem Horos, Sohn des Osoruëris, Gruß. Ich habe von Dir eine Fuhre Spreu für das laufende Jahr weg. Jahr 10 Vespasians des Herrn.

Nr. 19.

Höhe 7,5, Breite 9,5 cm.   Theben.   Erheberquittung: Formular S. 119 B b β) 1.   20. Juni 170 n. Chr.

Πατσέβθι(ς) καὶ Μιύειο(ς) ἀχυροπράκ(τορες) μη(τροπόλεως)
Φατρῆτι Πεκύσιο(ς) καὶ Πασήμιο(ς) Πε̣. φιος.
Παρεκο(μίσατε) εἰς Ὠφιῆ(ον) ὑπ(ὲρ) γενή(ματος) ις γόμο(ν)
ἕνα ἥμυσι τρίτον / γόμο(ς) α Ⳑ γ̅. Ⳑ ι
5 Αὐρηλίου Ἀντωνίνου Καίσαρος
        τοῦ κυρίου Παῦνι κ̅ϛ̅.
2. Hd. Μιῦις σεση(μείωμαι) γόμ(ον) ἕνα ἥμισυ τρίτον.

1 l. Μιῦις; s. Z. 7. Μιῦις (ohne σ, wie Wilcken nach einer früheren Kopie feststellte) doch wohl = Μιῦσις = Μιῶς, dem Namen des in Leontopolis verehrten heiligen Löwen; s. Spiegelberg bei Preisigke, *SB.* I Nr. 5620.   2 l. Πασήμι. — Wahrscheinlich steht Πε̣ϲφιος da.   3 ι ϛ = δεκάτου ἔτους.   4 l. ἥμισυ; s. Z. 7. [In beiden Fällen ist ἥμισυ erstarrt und indeklinabel, wie in der beachtenswerten Variante *Luk.* 19, 8 und LXX *Tob.* 10, 10; vgl. Blass-Debrunner[4] § 48. A. D.]

Übersetzung. Patsebthis und Miyis, Spreueintreiber der Metropole, dem Phatrēs, Sohn des Pekysis, und Pasemis, Sohn des Pẹ. phis. Ihr habt herbeigeschafft nach (dem Stadtbezirk) Ophi für Rechnung des Etatsjahres 10 anderthalb ein drittel Fuhren, macht 1 ½ ⅓ Fuhren. Jahr 10 des Aurelius Antoninus Caesar des Herrn am 26. Payni.

2. Hd. Ich Miyis habe quittiert über anderthalb ein drittel Fuhren.

Nr. 20—30a. KOPFSTEUER (ΛΑΟΓΡΑΦΙΑ).

Die zwölf Kopfsteuerquittungen der Sammlung lehren uns wenig Neues. Was die kopfsteuerpflichtigen Personen betrifft, so tragen sie alle ägyptische Namen; nur der Τεύφιλος Τευφίλου (= Θεόφιλος Θεοφίλου)[1]) in *Nr. 30* aus Edfu (a. 111?) ist ein Jude (s. *Nr. 33* Einl.). Eine Quittung, die Erheberquittung *Nr. 28*, ist aus Elephantine, zwei, die Staatskassenquittungen *Nr. 29. 30*, aus Edfu; die Staatskassenquittung *Nr. 20* weist nach Oberägypten. Die übrigen Quittungen stammen sicher aus Theben; neben fünf Staatskassenquittungen (*Nr. 21—25*) finden

---

1) [Zum Wandel des θ in τ vgl. Mayser, *Gramm.* 179 f., zu ευ aus εο ebendort 10. Als Judenname ist Θεόφιλος auch literarisch belegt, s. z. B. Schürer, *Gesch. d. jüd. Volkes*[4] Register s. v. Theophilus. Vgl. auch *P. Fay.* 123, 15 f. (etwa a. 100, Euhemereia): Τεύφιλος Ἰουδαῖος und *BGU.* 715 I 4 (a. 101/2, Faijum): Ἰωσῆς ὁ καὶ Τεύφιλο(ς). A. D.] S. die Judensteuer-Quittung bei Wessely, *Stud. Pal.* XIII S. 9 Nr. 13 b = Preisigke, *SB.* I Nr. 5823: Θεουφίλας Ἀκου( ). — Τεύφιλος zahlt in unserer Quittung die von der jüdischen Tempelsteuer (Ἰουδαίων τέλεσμα = δίδραχμον) zu sondernde, allgemeine Kopfsteuer (λαογραφία = φόρος τῶν σωμάτων); s. *Nr. 33* Einl. Anm. 6.

wir drei Erheberquittungen: in *Nr. 30a* (a. 112) quittieren zwei πράκτορες ἀργυρικῶν Μεμνονείων über Zahlung der Kopfsteuer für das Memnon-Quartier, in
Nr. 26 (a. 118) ein πράκτωρ ἀργυρικῶν μητροπόλεως über Zahlung für das Nordmarkt-Quartier, endlich in *Nr. 27* (a. 145) zwei πράκτορες ἀργυρικῶν Χάρακος über
Zahlung der λαογραφία und des βαλανικόν ohne Angabe des Quartiers und sodann
von λαογραφία für das Πόλις-Quartier.

Folgende Quartiere (Stadtteile) Thebens[2]) werden genannt: die Μεμνόνεια,
das auf dem Westufer des Nils gelegene Memnon-Quartier (*Nr. 21. 22. 30a*),
Ἀγορὰ Βορρᾶ, das Nordmarkt-Quartier (*Nr. 26*), ein Πακερ[κ] abgekürztes Quartier
(*Nr. 23—25*; s. auch *Nr. 36a; 37*), Χάραξ (*Nr. 27*; s. auch *Nr. 49*) und endlich
das Πόλις-Quartier (*Nr. 27*), das ich als die eigentliche innere Stadt fasse[3]).
Außer diesem Πόλις-Bezirk war bisher auch Πακερ[κ] nicht bekannt. Auf Grund
von *Nr. 39* (a. 62), wo ich Z. 2 f. lese: ὑπὲρ φυλακον Πακηρκεησι (= ὑπὲρ
φυλάκων Πακερκεήσεως), glaube ich in den drei, der gleichen Zeit (a. 62—68)
angehörigen Quittungen *Nr. 23—25* Πακερκ(εήσεως) auflösen und Πακερκεῆσις
als Quartier Thebens in Anspruch nehmen zu dürfen[4]). Entsprechend wäre
Nr. 36a und *37* Πακ(ερκεήσεως) zu lesen.

Was nun die Höhe der Kopfsteuer betrifft, so gibt nur die Quittung *Nr. 28*
aus *Elephantine* die Schlußrate ausdrücklich als solche an, wie wir das auch
sonst häufig bei den Ostraka dieser Herkunft finden. Der sich danach für das
Jahr 109 in Elephantine ergebende Kopfsteuersatz von 17 Drachmen entspricht
dem, was wir durch Wilckens Untersuchungen (aaO. I 232 ff.) wissen. — Die
in *Nr. 22* (a. 62) ὑπ(ὲρ) λαο(γραφίας) Μεμνο(νείων) am Ende des 8. Jahres des Nero
für dieses Jahr in einer Rate gezahlten 16 Drachmen könnten wir als Bestätigung
des Satzes von 16 Drachmen für das *Memnon-Quartier* nehmen, den Wilcken
(*Ostr.* I 236) aufgestellt, wenn nicht neuerdings Milne aus den Ostraka des
Ontario-Museum in Toronto weit höhere Sätze für diesen Bezirk, zwar erst für
die Zeit Trajans und Hadrians, erschlossen hätte (s. *Theban Ostraca* S. 119). In
Nr. 21 (a. 54) werden vier Raten zu 4 Drachmen, also auch 16 Drachmen, gezahlt,
in *Nr. 30 a* (a. 112) drei Raten zu 4 Drachmen im 14. Etatsjahr, im Beginn des
15. weitere 4 Drachmen, die aber wohl auch auf Rechnung des Etatsjahres 14
gehen. — Der Kopfsteuersatz von *Pakerkeisis* beträgt wahrscheinlich nach *Nr. 23*
(a. 62) 20 Drachmen, die in drei Raten (8 + 8 + 4 Dr.) gezahlt werden; in
Nr. 24 (a. 63) wird über die Zahlung einer Rate von 8 Dr., in *Nr. 25* (a. 68)
über zwei Raten zu 4 Dr. quittiert. — Im *Nordmarkt-Quartier* werden nach

---

2) S. dazu Wilcken, *Ostr.* I 234 ff. 711 ff.

3) Wenn hier über Zahlung der λαογραφία Πόλεως seitens der πράκτορες ἀργυρικῶν Χάρακος
quittiert wird, so handelt es sich wohl um ἀναγραφόμενοι ἐπὶ Πόλεως, die in der λαύρα Χάρακος
domiziliert sind; s. *Nr. 31. 32* Einl. — Der Ausdruck μητρόπολις in *Nr. 26* bezieht sich dagegen
wohl auf die Gesamtstadt (s. Wilcken aaO. I 711).

4) Vgl. das Dorf Πακερκή = Πακερκεή (τόποι) im Oxyrhynchites (z. B. *P. Oxy.* VI 910. 998.
VII 1024. IX 1196. X 1285, 89; *P. Lips.* I 116, 7. 13; Preisigke, *SB.* I 2253, 20. 5724), das Dorf Κερ-
κεῆσις und die sonstigen mit κερκε- zusammengesetzten Ortsnamen des Faijum (*P. Teb.* II S. 383 f.),
sowie den ὅρμος Κερκῆ τοῦ Μεμφίτου in den Mumientäfelchen.

Wilcken (aaO. I 236. 238) 10 Drachmen pro Jahr und Kopf gezahlt. Entsprechend findet in *Nr. 26* (a. 118) eine einmalige Zahlung von 12 ῥυπαραὶ δραχμαί (Billondrachmen) zu 6 Obolen statt, die gleich 10 Silberdrachmen zu 7 bzw. 7 ¹/₄ Obolen sind[5]. — Die Ratenzahlung von 4 Billondrachmen für den *Stadtbezirk* in *Nr. 27*, 6 (a. 145) hilft uns nicht weiter, auch nicht die in derselben Quittung (Z. 2 ff.) zusammen für Kopfsteuer und Badsteuer eines nicht genannten Bezirkes gezahlten 8 Billondrachmen. — Um Ratenzahlung handelt es sich endlich auch in den bei den Quittungen aus *Edfu*: in *Nr. 29* (a. 180) werden 8, in *Nr. 30* (a. 111 ?) 4 Drachmen gezahlt.

Neben der Kopfsteuer, die stets an erster Stelle steht, wird in den Quittungen dieser Serie noch über folgende Steuern quittiert:

die Badsteuer (*Nr. 27*, 3): s. die Einl. zu *Nr. 11—14*,

die Dammsteuer (*Nr. 21. 23. 25. 30a*): s. die Einl. zu *Nr. 35—37*,

die Wachtturmsteuer (*Nr. 30a*, 4): s. die Einl. zu *Nr. 40*,

die Abgabe für den Unterhalt der Lokalpolizisten (*Nr. 25*, 6): s. die Einl. zu *Nr. 39*,

die in *Nr. 23*, 6 mit ὑπ(ὲρ) ἐνκ(υκλίου) καὶ ἄλλ(ων) (vgl. Wilcken, *Ostr.* II Nr. 1378: a. 43) bezeichnete »Umsatzsteuer« (s. die Literatur bei Preisigke, *Fachwörter* s. v. ἐγκύκλιον).

Nicht oder unsicher gelesen sind bisher die Steuern in *Nr. 21*, 5 f. *22*, 4. 5 und *25*, 4. — Zu αιᴷ = αἱ κ(αθήκουσαι) s. die Einleitung zu *Nr. 43. 44.*

---

5) S. Wilcken, *Ostr.* I 732; *Grundzüge* S. LXVI.

Nr. 20.

Höhe 7, Breite 9 cm.　Herkunft unbekannt; Παμώνθης weist auf die Thebais (Hermonthis). Staatskassenquittung: Formular S. 115 A II a δ) 4.　April/Mai 8 vor Chr.

Διαγεγρά(φηκεν) ᾿Επι . ι[. . . .]
Πετεχῶ(ντος) Παμώνθ(ου) λασγ(ραφίας)
κβ ∟ ⟨⟨⟩η.　∟ κβ Καίσαρος Παχ(ὼν) [.].

Übersetzung.　Es hat gezahlt Epi . . . ., Sohn des Petechon, Enkel des Pamonthes, für Kopfsteuer des 22. Jahres 8 (Drachmen).　Jahr 22 Caesars am [.] Pachon.

Nr. 21.

Höhe 8,6, Breite 11 cm. Theben. Staatskassenquittung: Formular S. 114 A II a α) 1 b. Die einzelnen Posten sind von der gleichen Hand zu verschiedener Zeit geschrieben. 28. Febr. bis 25. Sept. 54.

[Δι(έγραψεν) ....]νθης Πικ(ῶτος) Παήριο(ς) ὑπ(ὲρ) λαο(γραφίας) Μεμνο(νείων) ιδ L
[Τιβερί]ου Κλαυδίου Καίσαρος Σεβαστοῦ

[Α]ὐτοκράτορος Φαμενὼθ δ̄ ⟨ϛδ⟩. ⟪ὁμοί(ως)⟫	28. Febr. 54.
Ὁμοί(ως) κ̄γ̄ ϛδ. Ὁμοί(ως) Παχὼ(ν) κ̄θ̄ ϛδ. Ὁμοί(ως)	19. März, 24. Mai 54.
5 [.... ϛ]δ. Ὁμοί(ως) ιε L Θὼθ γ̄ ὑπ(ὲρ) . . υ( ) ϛβ.	31. Aug. 54.
[Ὁμοί(ως) .. ϛ .. Ὁμο]ί(ως) κ̄η̄ ὑπ(ὲρ) χωμ(ατικοῦ) ϛβ ϛ̄.	25. Sept. 54.

1 Ergänze etwa Παμώ]νθης, s. z. B. Nr. 20,2; 27,1; Φθουμώ]νθης und Ψενμώ]νθης enthalten zuviel Buchstaben. 3 ϛ δ ist ausgelassen, ὁμοί(ως) doppelt geschrieben. 5 Anfang stand Monat (abgekürzt) und Tag. — Den Namen der Steuer ..υ konnte ich bisher nicht entziffern (nicht ενκ^υ).

6 Nach ὁμοί(ως) am Anfang stand der Tag (zwischen dem 3. und 28. Thot) und sodann das Drachmenzeichen mit einer Ziffer. — ὑπ(ὲρ) χωμ(ατικοῦ) s. Nr. 35—37. — ϛ̄ Ostr. = 5½ Obolen; s. Viereck, Archiv I 450 ff. Taf. B 6.

Übersetzung. Es hat gezahlt [Pamo]nthes, Sohn des Pikōs, Enkel des Paëris, für Kopfsteuer des Memnon-Bezirkes im 14. Jahre des Tiberius Claudius Caesar Augustus Imperator am 4. Phamenoth ⟨4 Dr.⟩, desgleichen am 23. 4 Dr., desgleichen am 29. Pachon 4 Dr., desgleichen am .... 4 Dr., desgleichen im 15. Jahr am 3. Thot für ..... (-Steuer) 2 Dr., desgleichen am .. (Thot) . Dr., desgleichen am 28. für Dammsteuer 2 Dr. 5 ½ Obolen.

Nr. 22.

Höhe 12, Breite 11 cm. Theben. Staatskassenquittung: Formular S. 114 A II a α) 1 b.
20. August bis 29. September 62. S. Tafel IV.

	Δι(έγραψεν) Πμουτίων Πικῶς ὑπ(ὲρ)	
	λαο(γραφίας) Μεμνο(νείων) η L ϛ ιϛ. L η Νέρωνος	
	τοῦ κυρίου μη(νὸς) Καισαρείου κ̄ζ.	20. Aug. 62.
2. Hd.	Ὁμο(ίως) θ ϛ μη(νὸς) Σεβαστοῦ κ̄ε ὑπ(ὲρ) .· ϛη	22. Sept. 62.
5	αι^κ ϛ ζϛ. Ὁμο(ίως) Φαῶ(φι) β̄ ὑπ(ὲρ) .· ϛτ√	29. Sept. 62.
	αι^κ ϛβ ϛ̄.	

1 ⚒ Ostr. — Möglich wäre auch Παμουτίων; Πλουτίων steht nicht da. — l. Πικῶτος. 3 Zu κύριος vgl. Nr. 17 Anm. 1. 4 θ ϛ = ἐνάτου ἔτους. — Die Lesung der Steuer hier und in Z. 5 ist mir nicht gelungen, χ^ω steht nicht da. 5 Zur

Auflösung von αι^κ in αἱ κ(αθήκουσαι) s. die Einl. zu Nr. 43. 44. — ϛ ζϛ = 7 Dr. 3 Obolen. — ϛ τ√ = 3 Dr. ½ Obol; s. Viereck, Archiv I 450 ff. Taf. B 1. 6 S. Nr. 21, 6.

Übersetzung. Es hat gezahlt Pmution, Sohn des Pikōs, für Kopfsteuer des Memnon-Bezirkes im 8. Jahre 16 Dr. Jahr 8 Neros des Herrn im Caesar-Monat am 27. Desgleichen im 9. Jahr im Augustus-Monat am 25. für ... 8 Dr. (ein-schließlich des Zuschlages) entsprechend dem Normalsatz von 7 Dr. 3 Obolen. Desgleichen am 2. Phaophi für ... 3 Dr. ¹/₂ Obol (einschließlich des Zuschlages) entsprechend dem Normalsatz von 2 Dr. 5 ¹/₂ Obolen.

Nr. 23.

Höhe 7,6, Breite 12 cm.   Theben.   Staatskassenquittung: Formular S. 114 A II a α) 1 b.
26. Febr. bis 6. August 62.

Den demotischen Text Z. 1 nebst Erklärung verdanke ich Spiegelberg.

(Demotisch)

P³-šrj-p³-nb(?)-ḥtp s³ P³-tj-.(?).-ḥms-nfr
Διέγρ(αψεν) Ψενπεγπῦπις Πε⟨τε⟩μαρσνο(ύφιος)
λαογρ(αφίας) Πακερᴷ η L ϛ η.   L η Νερωνου (sic)
τοῦ κυρίου Φαὼθ (sic) β. Ὁμο(ίως) Φαρμοῦθι κζ   26. Febr., 22. Apr. 62.
5 ϛ η.   (2. Hd.) Ὁμο(ίως) Παχὼν κ̄θ ϛ δ.   (3. Hd.) Ὁμο(ίως)
                    Ἐπεὶφ ā   24. Mai, 25. Juni 62.
ὑπ(ὲρ) ἐνκ(υκλίου) καὶ ἄλλ(ων) ϛ δ.   (4. Hd.) Ὁμο(ίως) Με-
          σορὴ ῑγ ὑπ(ὲρ) χω(ματικοῦ)   6. Aug. 62.
.... ‖ ϛ β ʄ.

1 Die Lesung der Mittelgruppe in dem zwei-ten Namen ist mir nicht geglückt. Dieser selbst ist aber durch das Holzbrett 1551 der Straßburger Universitätssammlung (*Recueil* XXX, 1908, 156) be-kannt, wo er griechisch durch Πετεμαρσνο(ῦφις) wiedergegeben ist [s. weitere Beispiele aus unserer Sammlung zu Z. 2]. Dadurch wird die Lesung des griechischen Namens und gleichzeitig die Richtig-keit der Straßburger Form entgegen meinem Bes-serungsvorschlag (Preisigke-Spiegelberg, *Silsile-Inschr.* 97) gesichert. (Sp.)
2 Nach dem Demotischen und dem Vorschlage Spiegelbergs habe ich Ψενπεγπῦπις gelesen, ob-wohl das εν durchaus nicht sicher ist. Das Fol-gende lese ich: πεμαρσῠ und ergänze es, wieder-um nach dem Demotischen (s. auch *Nr. 24,1. 36a,1. 47,2; 37,* 1), zu Πε⟨τε⟩μαρσνο(ύφιος). 3 Zur Auf-lösung von πακερᴷ in Πακερκ(εήσεως) s. die Einl. S. 139. — 1. Νέρωνος; der Anfang des Wortes ist korrigiert, das ων ist nicht zu erkennen. 4 1. Φα-μενώθ.   6 εν ᴷ Ostr.; vgl. Wilcken, *Ostr.* II Nr. 1378 (a. 43).   7 Vom Anfang sind nur geringe Reste vorhanden; erwartet wird, wie in *Nr. 22,* ϛ γ ∫ αιᴷ ϛ β ʄ.

Übersetzung.   (Demotisch) Psen-p-neb(?)-hotep, Sohn des Pete-...ens-nufer.

Es hat gezahlt Psenpenpypis, Sohn des Pe⟨te⟩marsnuphis, für Kopfsteuer des Pakerkeïsis-Quartiers im 8. Jahre 8 Dr(achmen). Jahr 8 Neros des Herrn am 2. Phamenoth. Desgleichen am 27. Pharmuthi 8 Dr. (2. Hd.) Desgleichen am 29. Pachon 4 Dr. (3. Hd.) Desgleichen am 1. Epeiph für Umsatzsteuer und anderes 4 Dr. (4. Hd.) Desgleichen am 13. Mesore für Dammsteuer ..... 2 Dr. 5 ¹/₂ Obolen.

Nr. 24.

Höhe 7, Breite 14,5 cm.   Theben.   Staatskassenquittung: Formular S. 114 A II a a) 1 a.
14. März (28. Mai) 63 nach Chr.

Διέγρα(ψεν) Ψενμώνθης Πετεμαρσνούφιος
ὑπ(ὲρ) λαογρα(φίας) Πακερ κ θ L ϛ η. L ἐνάτου Νέρωνος
τοῦ κυρίου Φαμεγὼθ ιη. 2.Hd. Σ(εσημείωμαι), L θ Παῦνι γ, 14.März, 28.Mai 63.
ϛ η.

1 Derselbe Zahler begegnet in der Dammsteuerquittung *Nr. 36a* vom 1. Sept. 62. Er ist
vielleicht ein Bruder des Zahlers in *Nr. 23*.

2 Zur Auflösung von πακερ κ in Πακερκ(εήσεως)
s. die Einl. S. 139.   3 (——— Ostr. = σ(εσημείωμαι); vgl. *Nr. 17*, auch *Nr. 31. 32*.

Übersetzug.   Es hat gezahlt Psenmonthes, Sohn des Petemarsnuphis, für
Kopfsteuer des Pakerkeïsis-Quartiers des 9. Jahres 8 Drachmen.   Im 9. Jahr Neros
des Herrn am 18. Phamenoth.   (2. Hd.) Quittiert im Jahr 9 am 3. Payni über 8 Dr.

Nr. 25.

Höhe 12,4, Breite 13 cm; unten 6 cm freier Raum.   Theben.   Staatskassenquittung: Formular
S. 114 A II a a) 1 b.   30. April bis 21. August 68.

Διέγρα(ψεν) Πετεμενῶφις Ψ...θι.. Πάσι(τος)
ὑπ(ὲρ) λαο(γραφίας) Πακερ κ ιδ ϛ ϛ δ. L ιδ Νέρωνος
τοῦ κυρίου Παχὼν ε. Ὁμο(ίως) ιδ ϛ δ.   30. April, 9. Mai 68.
2. Hd.   Ὁμο(ίως) Ἐπὶπ α(?) ὑπ(ὲρ) β.. τοὶ ϛ δ ....   29. Juni(?) 68.
3. Hd. 5   Μεσορὴ κη ὑπ(ὲρ) χωμ(ατικοῦ) ϛ Ƶ— αικ ⟨ϛ⟩ ϛ f. 21. Aug. 68.
4. Hd.   Ὁμο(ίως) κη ὑπ(ὲρ) ὀψωγί(ου) φυλά(κων) ϛ α f.

2 Zur Auflösung von πακερ κ in Πακερκ(ε-
ήσεως) s. die Einl.; das π von πακερ κ ist (aus
βα?) korrigiert. — ιδ ϛ ϛ δ. L ιδ = 14. (ἔτους)
δρ(αχμὰς) 4. (Ἔτους) 14.   4 l. Ἐπείφ. — Das
ᾱ ist unsicher. — Ich lese β.. τοὶ, eine Abkürzung von βαλανικοῦ steht nicht da; τοὶ = τόπ(ου)

oder τοπ(αρχίας)? — Am Schluß der Zeile wäre
ϛ (αικ steht nicht da) Ƶ— möglich(!).   5 Am Anfang stand nicht ὁμο(ίως). — Zur Auflösung und
Erklärung von αικ = αἱ κ(αθήκουσαι) s. die Einl.
zu *Nr. 43. 44*.   6 ὑπ(ὲρ) ὀψωγί(ου), φυλά(κων)
s. *Nr. 39*.

Übersetzung.   Es hat gezahlt Petemenophis, Sohn des Ps...., Enkel des
Pasis, für Kopfsteuer des Stadtquartiers Pakerkeïsis des 14. Jahres 4 Drachmen.
Jahr 14 Neros des Herrn am 5. Pachon.   Desgleichen am 14.   4 Drachmen.
(2. Hd.) Desgleichen am 1.(?) Epeiph für ..... 4 Drachmen ...   (3. Hd.) Am
28. Mesore für Dammsteuer 7 Drachmen 1 Obol (einschließlich des Zuschlages)
entsprechend dem Normalsatz von 6 Drachmen 4 Obolen.   (4. Hd.) Desgleichen
am 28. für Wächtersold 1 Drachme 4 Obolen.

Nr. 26.

Höhe 8,6, Breite 7,2 cm; unten ein freier Raum von 4, 6 cm.   Theben.   Erheberquittung: Formular
S. 115 A II b α) 2.   14. April 118.

Χεσφμόις πράκ(τωρ) ἀργ(υρικῶν) μη(τροπόλεως)
Πικῶς νεώτ(ερος) Ἀπολλοδώρο(υ).
Ἔσχ(ον) ὑπ(ὲρ) λαο(γραφίας) Ἀγο(ρᾶς) Βο(ρρᾶ) βϛ ῥυπ(αρὰς) δραχ(μὰς)
δυόδεκα / ῥυπ(αραὶ) ϛ ιβ. L β
5 Ἀδριανοῦ τοῦ κυρίου
Φαρμοῦθ(ι) ῑθ. Φθουμῖ(νις) σ(εσ)η(μείωμαι).

1 Χεσφμόις πράκτωρ ἀργυρικῶν μητροπόλεως
wird sonst genannt bei Wilcken, *Ostr.* II Nr. 1241.
1570 (a. 121), *Theban Ostraca* Nr. 94 (a. 119) und
P. Lips. I Nr. 69 (a. 118); s. Wilcken, *Archiv* IV 480.
2 l. Πικῶτι νεωτέρῳ.   **4** δυόδεκα = δώδεκα,
sonst m. W. in den Urkunden nicht bezeugt; dagegen wird δεκαδύο in der Ptolemäerzeit fast regelmäßig gebraucht: s. Mayser, *Grammatik* 316. —
ϛ aus δ korrigiert.   **6** Φθ(ουμῖνις) ist danach
P. Lips. I 69, 6 zu lesen. Er ist Gehülfe des πράκτωρ; s. S. 116. — ϭῆ Ostr.

Übersetzung.   Chesphmois, Geldsteuererheber der Metropole, Pikōs dem jüngeren, Sohne des Apollodoros.   Ich habe für Kopfsteuer des Nordmarkt-Quartiers
des zweiten Jahres zwölf Billondrachmen erhalten, macht 12 Billondr.   Jahr 2
Hadrians des Herrn am 19. Pharmuth.   Ich Phthuminis habe gezeichnet.

Nr. 27.

Höhe 8, Breite 8,5 cm; unten ein freier Raum von 3 cm.   Theben.   Erheberquittung: Formular
S. 115 A II b α) 2.   8. März/10. April 145.

Πετεαρο(υῆρις) καὶ Παμώγθ(ης) πράκ(τορες) ἀργ(υρικῶν) Χά(ρακος)
Πε. · ⌐ Ὀννό(φρεως). Ἔσχ(ομεν) ὑπ(ὲρ) λαο(γραφίας) καὶ
βαλ(ανικοῦ) ης ῥυπ(αρὰς) ϛ ὀκτώι / ῥυπ(αραὶ) ϛ η.
L η Ἀντωνίνου Καίσαρος τοῦ κυρίου   8. März 145.
5   Φαμ(ενὼθ) ῑβ. Παμώ(νθης) σ(εσ)η(μείωμαι).
2. Hd.   Ἄλ(λα) Φαρμ(οῦθι) ῑε ὀνό(ματος) τοῦ α(ὐτοῦ) ὑπ(ὲρ) λαο(γραφίας)
         Πό(λεως) ῥυπ(αρὰς) ϛ δ   10. April 145.
     / ῥυπ(αραὶ) ϛ δ. Πετεαρο(υῆρις) σεση(μείωμαι).

1 Petearuëris und Pamonthes werden zusammen als πράκτορες ἀργυρικῶν Χάρακος genannt
bei Wilcken, *Ostr.* II Nr. 618. 619 (a. 144/45), Petearuëris allein aaO. Nr. 622. 623. 625 (a. 145),
626. 627 (a. 146), 629 (a. 147), Pamonthes aaO.
Nr. 610 (a. 142), 612—614 (a. 143).   **2** Der am
Anfang der Zeile stehende, abgekürzte Name läßt
sich nicht erkennen, der hochgestellte Buchstabe
scheint α oder ε zu sein; auf den Namen folgt ⌐ =
ὁμ(οίως) (s. Wilcken aaO. I S. 819; Viereck, *Archiv*
I 452 mit Tafel): Vater und Sohn führen denselben
Namen.   **3** βαλ(ανικοῦ): s. *Nr. 11—14.*   **4** Ἀντωνίνου ist ganz verschliffen.   **5** Das μ von Πα-
μώ(νθης) ist kaum zu erkennen (ebenso Z. 1); es
liegt hier aber zweifellos die Subskription des
Z. 1 an zweiter Stelle genannten Erhebers vor,
ebenso wie Z. 7 die des ersten. Entsprechend ist
auch Wilcken, *Ostr.* II Nr. 618,5; 619, 5 Παμώ(ν-
θης) zu lesen. — ϭῆ Ostr. = σ(εσ)η(μείωμαι).
6 Vgl. z. B. Wilcken aaO. II Nr. 625,4 (a. 145). —
τοῦ α(ὐτοῦ) ist kaum zu erkennen. — ⌐ Ostr. =
Πό(λεως).   **7** σεϭῆ Ostr. = σεση(μείωμαι); vgl.
Z. 5.

Übersetzung. Petearuëris und Pamonthes, Geldsteuererheber des Quartiers Charax, dem Pe....., Sohne des Pe...., Enkel des Onnophris. Wir haben erhalten für Kopf- und Badsteuer des 8. Jahres acht Billondr., macht 8 Billondr. Jahr 8 des Antoninus Caesar des Herrn am 12. Phamenoth. Ich Pamonthes habe gezeichnet. (2. Hd.) Weiter am 15. Pharmuthi auf denselben Namen für Kopfsteuer des Stadtbezirkes 4 Billondrachmen, macht 4 Billondr. Ich Petearuëris habe gezeichnet.

Nr. 28.

Höhe 9, Breite 11 cm; unten ein freier Raum von 4,3 cm. Die Schrift ist am Anfang und Ende der Zeilen verschwunden oder sehr verblaßt. Elephantine. Erheberquittung: Formular S. 116 A II b β) 3. 109 nach Chr.

[Διέγρα(ψεν) ..]....ως Βιήχεω[ς ὁ]
[καὶ Ψ]ενπατεθρις τῶν ἀπὸ Ἐ[λεφ(αντίνης) ὑπ(ἐρ)]
[λαο]γραφίας ιβ L Τραιανοῦ τοῦ κ[υρίου ἐπὶ]
[λόγου δ]ραχμὰς ὀκτώ / ⟨ η. Ὡ[ρος πράκ(τωρ)]
5 [ἔγραψα. L] ιβ Τραιανοῦ Καίσαρος τ[οῦ κυρίου]
               Πα[.....].   Mai(?) 109.
2. Hd. Ὁμ(οίως) ἔσχον ἄλλ(ας) δραχ(μὰς) τέσσαρες / ⟨ δ Ἐπὶπ ᾱ. 25. Juni 109.
       Ὁμ(οίως) ἔσχον τὰς λοιπὰς δραχ(μὰς) ε Μ[εσορὴ .].   Juli/Aug. 109.

Zu den Ergänzungen vgl. die S. 116 angeführten Parallelen. 1 Βιήχεω[ς: vgl. Βιῆνχις bzw. Βιῆγχις in den sonstigen Elephantine-Syene-Ostraka. 2 τῶν ἀπὸ Ἐ[λεφ(αντίνης): vgl. Wilcken, *Ostr.* II Nr. 82, 2. 3/4 Der bes. Z. 4 Anfang zur Verfügung stehende Raum erfordert das ἐπὶ λόγου. 4 Statt Ὡ[ρος wäre auch Ὡ[ρίων möglich. 6 Πα[χών .] oder Πα[ῦνι .]. 7 [τέσσαρες als Akkusativ statt τέσσαρας, wie in *LXX* und *N. T.*; Belege bei Blass-Debrunner § 46. A. D.] — 1. Ἐπείφ.

Übersetzung. Es hat gezahlt ......, Sohn des Biëchis, der auch Psenpateuris heißt, heimatsberechtigt in Elephantine, für Kopfsteuer des 12. Jahres Trajans des Herrn eine Rate von acht Drachmen, macht 8 Dr. Ich Ho[ros, Erheber, habe es geschrieben]. Jahr 12 des Traianus Caesar des Herrn am . Pa[...]. (2. Hd.) Desgleichen habe ich weitere vier Drachmen, macht 4 Dr., erhalten am 1. Epeiph. Desgleichen habe ich die Restzahlung von 5 Drachmen erhalten am Mesore.

Nr. 29.

Höhe 13,5, Breite 9 cm; unten ein freier Raum von 6 cm, auf dem Spuren von 3 Buchstaben. Edfu. Staatskassenquittung: Formular S. 114 A II a β) 2 a. 26. März 180 nach Chr.

Διέγρα(ψεν) Βεκονθώτης Πουήριο(ς) λαογρα(φίας) κ ς
Αὐρηλίων Ἀντωνίνου καὶ Κομμόδου
τῶν κυρίων Σεβαστῶν δραχ(μὰς) ὀκτώ /. ς η.
L. κ Φα(μενὼθ) λ̄.

Übersetzung. Es hat gezahlt Bekonthotes, Sohn des Puëris, für Kopfsteuer des 20. Jahres der Aurelii Antoninus und Commodus der Herren Augusti acht Drachmen, macht 8 Dr. Jahr 20 am 30. Phamenoth.

Nr. 30.

Höhe 6,5, Breite 9,7 cm. Edfu. Staatskassenquittung: Formular S. 114 A II a β) 2b.
24. Juni 111 nach Chr.

Τεύφιλος Τευφίλου
λαοτρ(αφίας) ιγ L ϛ δ.
L ιδ Ἐπεὶφ κθ.

1 Τεύφιλος Τευφίλου = Θεόφιλος Θεοφίλου; s. S. 138 Anm. 1. 2 Die Schrift und die übrigen Juden-Ostraka aus Edfu (s. *Nr. 33* Einl.) lassen als 13. und 14. Jahr das des Trajan vermuten. 3 ιʹδ Ostr.

Übersetzung. Teuphilos, Sohn des Teuphilos, für Kopfsteuer des 13. Jahres 4 Dr(achmen). Jahr 14 am 29. Epeiph.

Nr. 30 a.

Höhe 12,2, Breite 11,6 cm. Theben. Erheberquittung: Formular S. 115 A II b α) 2. 112 nach Chr.

Ψ.... θ( ) Ἀπφοῦ(τος) καὶ Πετοσῖρις
Πετεαρπ(ρέους) πράκ(τορες) ἀργ(υρικῶν) Μεμνο(νείων)
Πεμσάιτι Παθ(ώτου) Πουήριο(ς). Ὑπ(ὲρ) λαο(τραφίας) Μεμ-
νο(νείων)
ιδ L ϛ δ, ματδ(ώλων) ϛ γ. L ιδ Τραιανοῦ   5. April 112.
5 Καίσαρος τοῦ κυρίου Φαρμοῦθι ῑ. 2. Hd. Παχὼ(ν) ῑβ   7. Mai 112.
δραχ(μὰς) τέσσαρας / ϛ δ. Παῦνι ῑε δι(ὰ) Ὡρο(υ) Πα(ήσιος)
λαο(τραφίας)   9. Juni 112.
δραχ(μὰς) τέσσαρας / ϛ δ. ιε ϛ Φαῶφι ῑα δραχμ(ὰς)   8. Okt. 112.
τέσσαρας / ϛ δ. Πετ....... ιε ϛ ὁμοίως ῑθ   16. Okt.(?) 112.
α ... εεδωκας[.........].
3. Hd. 10 Ἀθὺρ ῑ χω(ματικοῦ) ϛ [............]. ⚏   30. Okt. 112,
α . ꞏ β— [.............].

1 f. Πετοσῖρις begegnet uns als πράκτωρ ἀργυρικῶν Μεμνονείων auch im J. 109 in der Quittung bei Wilcken, *Ostr.* II Nr. 1613. 3 Das Verbum (ἔσχομεν) ist ausgelassen. 4 Zu ματδ(ώλων) s. *Nr. 40.* 6 Die Auflösung Πα(ήσιος) ist beispielshalber gegeben. 8 Vor ιε ϛ scheint ein Eigenname zu stehen. Das ὁμοίως ist sehr unsicher. 9 Ἀποδέ((ε))δωκας? 11 αιᴷ steht nicht da. — β —: doch wohl 2 (Dr.) 1 Obol.

Übersetzung. Ps...., Sohn des Apphūs, und Petosiris, Sohn des Peteharprēs, Geldsteuererheber des Memnon-Bezirkes, dem Pemsais, Sohn des Pathotes, Enkel des Puëris. Für Kopfsteuer des Memnon-Bezirkes des 14. Jahres 4 Dr(achmen), für Wachtturmsteuer 3 Dr(achmen). Jahr 14 des Traianus Caesar des Herrn am 10. Pharmuthi. (2. Hd.) Am 12. Pachon vier Drachmen, macht 4 Dr. Am 15. Payni durch Horos, Sohn des Paësis, für Kopfsteuer vier Drachmen, macht 4 Dr. 15. Jahr am 11. Phaophi vier Drachmen, macht 4 Dr. Pet...... 15. Jahr am 19. (Phaophi) hast Du gegeben (?)........ (3. Hd.) Am 3. Hathyr für Dammsteuer .. Dr(achmen) .... 2 (Dr.) 1 Obol .....

Nr. 31. 32. ORTSFREMDEN-ABGABE.

Die gleiche Schrift und dieselben sprachlichen Fehler der beiden hier vereinigten Ostraka aus dem 19. Jahre des Tiberius führten mich zur Bestimmung und Ergänzung der *Nr. 32*, deren linke Seite fehlt. Beide Quittungen sind von Παμᾶρις Ἑρμοδώρου als Erheber an einen ἐπίξενος ausgestellt; der Name des Zahlers in *Nr. 31* ist ᾽Αβῶς, in *Nr. 32* ist er ausgefallen. Wie in dem Kairener Ostrakon Gizeh 9632 vom J. 58 (s. Wilcken, *Archiv* I 153) wird über die Zahlung für zwei Monate quittiert, in der Quittung des 2. Jahrh. *Theban Ostraca* Nr. 87 (a. 133) nur über einen Monat.

Im Kairener und Toronto-Ostrakon steht τέλ(ους) ἐπιξένων bzw. ἐπιξένω(ν), unser Παμᾶρις schreibt τέλος (s. den Apparat zu *Nr. 31*, 3) ἐπιξένου. Wenn auch sein Griechisch sonst recht inkorrekt ist, so läßt sich doch der Singular ἐπιξένου neben ἐπιξένων aufrecht erhalten. Die ἐπίξενοι = ξένοι im engeren Sinne sind die außerhalb ihrer ἰδία (origo) domizilierten Ortsfremden (incolae)[1]. Sie sind in ihrer ἰδία steuerpflichtig, zahlen aber die Steuern am Orte ihres Domizils an die dortigen Steuererheber bzw. an deren Konto bei der Staatskasse. Von dort werden dann die Steuerbeträge auf dem Girowege an die Steuererheber ihrer ἰδία überwiesen. S. dazu Preisigke, *Girowesen* 89 ff. und 265 ff. zu *P. Teb.* II 391 (οἱ τὸ ἐπίξενον κληρωσάμενοι) vom J. 99 und für die ptolemäische Zeit die Einleitung zu *Nr. 1—5* (S. 121). Zum Prinzip der ἰδία s. statt aller Wilcken, *Grundzüge* 26 f., zur Liturgienfrage meine Bemerkungen *P. Giss.* I Nr. 58 S. 9 f.; Wilcken, *Grundzüge* 344.

Am Orte ihres Domizils werden demnach die ἐπίξενοι zu den übrigen Steuern nicht herangezogen, sie haben hier nur die Ortsfremden-Abgabe[2] zu leisten. Im Kairener Ostrakon, das wohl wie die anderen Scherben aus Theben stammt, werden ὑπ(ὲρ) τέλ(ους) ἐπιξένων Παχὼν Παῦνι τοῦ δ L (des Nero) 4 Drachmen gezahlt, also zwei Drachmen für den Monat, ebenso in *Nr. 32* 4 Drachmen für die beiden Monate Epeiph und Mesore, im *Theb. Ostr.* Nr. 87 (a. 133) 2 Drachmen für den Monat Μεχείρ; in *Nr. 31* dagegen zahlt ᾽Αβῶς nur 2 Drachmen für die Monate Thot und Phaophi, also 1 Drachme für den Monat. Die Höhe des τέλος ἐπιξένων (bzw. -ου) hängt danach wohl weniger vom Orte des Domizils

---

1) Vgl. auch das Verbum ἐπιξενοῦσθαι; dazu *Papyrus Nr. 20*, 3 f. Einzelbem.
2) Die Auffassung des τέλος ἐπιξένων durch Milne (*Theban Ostraca* S. 123) ist nicht zu billigen.

als von der sozialen und Vermögensstellung des ἐπίξενος ab. — Ob das τέλος ἐπιξένου direkt erhoben wurde oder durch Pächter, läßt sich aus unseren Ostraka nicht entnehmen. Die Quittung *Theb. Ostr.* Nr. 87 ist ausgestellt von dem Sekretär einer Genossenschaft von ἐπιτηρητ(αὶ) τέλ(ους) ἐπιξένω(ν). Da die ἐπιτηρηταί als »Aufpasser« sowohl bei der direkten als bei der indirekten Erhebung fungieren[3], bringt auch dieses Ostrakon hierüber keine Entscheidung.

3) S. Wilcken, *Grundzüge* 215.

Nr. 31.

Höhe 12,8, Breite 9 cm. Theben. Erheberquittung: Formular S. 115 A II b α) 1. September/Oktober 32 nach Chr. Veröffentlicht mit Unterstützung Wilckens von Deißmann, *Licht vom Osten*[2,3] 78 mit Abbildung (danach Preisigke, *SB.* I Nr. 4251). Das Original ist von mir nachverglichen.

Παμᾶρις Ἑρμοδώρου
Ἀβῶς. Ἀπέχων παρὰ σοῦ
τολες (sic) ἐπιξένου Θώυθ
καὶ Φαῶφι ϛ— β. L ιθ
Τιβερίου Καίσαρος
Σεβαστός.
      Σ(εσ)η(μείωμαι).

2 l. Ἀβῶτι, ἀπέχω (vgl. *Nr. 32*, 2). 3 τολες ist aus τελες korrigiert: vielleicht wollte der Schreiber zuerst τέλεσμα setzen; bevor er das μα schrieb, korrigierte er, um τὸ τέλος zu erhalten, τε in το, ließ dann aber τε aus und vergaß λες in λος zu ändern. 4 Das θ in ιθ ist aus η korrigiert.

6 l. Σεβαστοῦ; vgl. *Nr. 32*, 5. — Monat und Tag fehlen wie in *Nr. 32*. 7 Das σ nach Σεβαστός (l. -οῦ; das ο ist aus ε korrigiert) ist sicher, Reste eines folgenden Buchstabens lassen sich erkennen; σε (wie wohl in *Nr. 32*) stand nicht da, am wahrscheinlichsten ist mir σῆ. Vgl. auch *Nr. 17. 24.*

Übersetzung. Pamaris, Sohn des Hermodoros, dem Abōs. Ich habe von Dir weg an Fremdensteuer für Thot und Phaophi 2 Dr(achmen). Jahr 19 des Tiberius Caesar Augustus. Gezeichnet.

Nr. 32.

Höhe 6,5, Breite 10,5 cm. Theben. Erheberquittung: Formular S. 115 A II b α) 1.
Juli/August 33 nach Chr.

[Παμᾶρις Ἑρμοδ]ώρου
[τῷ δεῖνι. Ἀπέ]χων παρὰ σοῦ
[τέλος ἐπιξ]ένου Ἐπεὶφ καὶ
[Μεσο]ρὴ ϛ— δ. L ιθ Τιβερίου
[Κα]ίσαρος Σεβαστός. Σε(σημείωμαι).

Zu den Ergänzungen und sprachlichen Inkorrektheiten s. *Nr. 31.* 2 Ob auch hier wie in *Nr. 31* der Name des Zahlers im Nominativ stand, muß dahingestellt bleiben. — l. ἀπέχω. 3 Ich habe τέλος ergänzt; vielleicht stand auch hier wie in *Nr. 31* τολες, τελες od. dgl. 5 l. Σεβαστοῦ.

Übersetzung. Pamaris, Sohn des Hermodoros, dem X. Ich habe von Dir weg an Fremdensteuer für Epeiph und Mesore 4 Dr(achmen). Jahr 19 des Tiberius Caesar Augustus. Gezeichnet.

Nr. 33. JUDENSTEUER.

Höhe 7, Breite 9 cm.   Edfu.   Staatskassenquittung: Formular S. 114 A II a β) 2 b.
31. März 116.   S. Tafel IV.

Die auf »das Ghetto von Apollinopolis Magna« bezüglichen Ostraka hat kürzlich Wessely in den *Stud. Pal.* XIII (1913) S. 8 f. zusammengestellt[1]); es sind 21 an der Zahl aus den Jahren 71/72 bis 116/117, in erster Linie aus trajanischer Zeit, die sich im Hofmuseum und in der Sammlung Junker in Wien, sowie im Berliner Museum befinden und Quittungen über Schaf-, Bad-, Damm-, Gendarmerie-(?), Kopf- und vor allem die Juden-Steuer enthalten. Soweit der Stadtbezirk, in dem die steuerzahlenden Juden wohnhaft sind, genannt und erhalten ist — das ist in vier Ostraka der Fall —, ist dies der vierte; daraus hat Wessely geschlossen, daß die Juden auch in Apollinopolis Magna wie in Alexandreia einen gesonderten Stadtteil bewohnten[2]).

Zu den 21 Ostraka Wesselys sind sieben weitere, auf Juden bezügliche Edfu-Ostraka hinzuzufügen. Zunächst aus der Ptolemäerzeit drei dem Ἀπολλώνιος Δωσιθέου von der Staatskasse in Apollinopolis Magna ausgestellte Quittungen über Ratenzahlungen für die ἀπόμοιρα (s. S. 120 Anm. 1; Schubart, *P.gr. Berol.* Taf. VIII c. d = Preisigke, *SB.* I Nr. 4632. 4633 aus den Jahren 119 und 104 vor Chr., Berlin P. 10982). Sodann ein Fragment unserer Sammlung aus spätptolemäischer Zeit, das u. a. die Namen Θηδῶριν (sic)[3]), Φίλων, Δωσ⟨ι⟩θέα enthält (*Inv. Nr.* I 3). Aus der Kaiserzeit kommt hinzu eine von Plaumann (*Archiv* VI 220 Nr. 6) herausgegebene Berliner Kopfsteuer-Quittung eines Juden Σαμβα-

---

1) S. jetzt auch Preisigke, *SB.* I Nr. 4429—4433. 5811—5823.

2) Zwei Weihinschriften von Juden aus dem Pan-(Min-)Tempel von Apollinopolis Magna aus spätptolemäischer Zeit enthalten Danksagungen an Gott. Sie lauten:
   a) Εὐλογεῖ τὸν θεὸν Πτολεμαῖος Διονυσίου Ἰουδαῖος.
   b) Θεοῦ εὐλογία. Θεόδοτος Δωρίωνος Ἰουδαῖος σωθεὶς ἐκ [Τρω]γο[δ]υ[τῶν]. S. Lepsius, *Denkmäler* XII Taf. 11 Nr. 136. 144.

3) Anläßlich des auf einen Juden bezüglichen Namens Θεόδωρος möchte ich eine von Th. Reinach (*Rev. Ét. juives* LXV, 1913, 135) und Breccia (*Rapport du Musée d'Alexandrie en 1912* S. 36 f.) herausgegebene alexandrinische Inschrift der Zeit des Ptol. VIII. Euergetes II. (s. jetzt Preisigke, *SB.* I Nr. 5862) nicht unerwähnt lassen; sie lautet:
   Ὑπὲρ βασιλέως Πτολεμαίου | καὶ βασιλίσσης Κλεοπάτρας τῆς | ἀδελφῆς καὶ βασιλίσσης Κλε[ο]πάτρας τῆς γυναικὸς οἱ ἀπὸ | 5 Ξενεφύρεος Ἰουδαῖοι τὸν | πυλῶνα τῆς προσευχῆς · προστάντων Θεοδώρου | καὶ Ἀχιλλίωνος.

θίω(ν) ὁ καὶ Ἰησοῦς Παπίου⁴), der schon in den Urkunden Wesselys als Zahler der Kopf-, Damm- und Judensteuer mehrfach begegnet[5]), aus dem Jahre 103/4 nach Chr.   Eine weitere Kopfsteuerquittung aus Edfu, die sicher auf einen Juden zu beziehen ist, liegt in unserer *Nr. 30* vor, in der Τεύφιλος Τευφίλου (= Θεόφιλος Θεοφίλου; s. S. 138 Anm. 1) als Zahler figuriert.   Das 13. und 14. Jahr, das ohne Hinzufügung eines Kaisernamens gesetzt ist, beziehe ich wie die meisten obigen Juden-Scherben derselben Herkunft auf Trajan; das ergäbe dann als Datum den 24. Juni 111.

Unsere Quittung *Nr. 33* endlich über die Judensteuer, das Ἰουδ(αίων τέλεσμα)[6]), ist vom 31. März 116 datiert.   Es werden vier (Billon)drachmen gezahlt (ebenso Wessely Nr. 13 a. 16. 17); wir haben sie als Halbjahrsquote für die ›Tempelsteuer‹, das alte Didrachmon[7]), aufzufassen, die seit dem Jahre 70 nach Chr., der Eroberung Jerusalems durch Titus, von *allen* Juden (Männern, Frauen, Kindern) vom 3. bis 60. Lebensjahre und ihren Sklaven an den Juppiter Capitolinus in Höhe von 8 Billondrachmen 2 Obolen = 2 römischen Denaren[8]) = ¹/₂ jüdischem Schekel jährlich zu entrichten war[9]).   Eine Frau, Μαρία (s. *Nr. 56*, 5)[10]), Tochter des

---

4) So ist statt Πανοῦ zu lesen.

5) Wessely Nr. 7 (a. 96); 9 (a. 100); 11 (a. 102); 13 (a. 111).   Ob er mit dem bei Wessely Nr. 2 genannten Ἰησοῦς Παπίου identisch ist, muß dahingestellt bleiben.   Daneben finden wir einen Δωσαρίων Ἰησοῦτ(ος) bei Wessely Nr. 2 und 20 (a. 98). — Ein Ἰησοῦς begegnet auch im *P. Oxy.* IV 816 R. vom J. 6/5 vor Chr.   [Die aus inschriftlichen Texten Palästinas sowie aus der Literatur vermehrbare Gebrauchs-Statistik des gräzisierten Namens Ἰησοῦς ist von Wichtigkeit für die oft so unfruchtbare Diskussion über das ›Christusproblem‹.   Die Behauptung, der Name *Jesus* sei von Hause aus Kultname und erst aus dem Jesuskult sei ein Träger des Personennamens *Jesus* durch Fiktion entstanden, ist angesichts jener Statistik völlig haltlos.   Ἰησοῦς war vor und in der Urzeit des Evangeliums ein weitverbreiteter Personenname.   A. D.]

6) Ἰουδ(αίων) τέλ(εσμα) Wessely Nr. 10. 14. 15. 17. 20, Ἰουδαϊκὸν τέλεσμα Wilcken, *Chrestomathie* Nr. 61, Ἰουδ(αίων τέλεσμα) Wessely Nr. 4. 6. 13. 13 b. 15. 16. 18. 19.   Zur Scheidung der den Juden wie *allen dediticii* auferlegten Kopfsteuer und der ›Judensteuer‹ (Tempelsteuer: Ἰουδαίων τέλεσμα = δίδραχμον) s. Wilcken, *Ostr.* I 247 Anm. 1, *Grundzüge* 198, *Chrest.* Nr. 61 Einl., 295 Einl.; Wessely, *Stud. Pal.* II S. 10 s. 2. 3; IV 59; XIII S. 8 f.; Paul M. Meyer, *P. Giss.* I Nr. 40 Einl. S. 31 f. mit Anm. 6; W. Weber, *Hermes* L, 1915, 62 f.

7) [Das Didrachmon der Zeit vor 70 n. Chr. steht im Mittelpunkte der Perikope *Matth.* 17, 24—27.   Unsere Scherbe ist, wie die anderen Judenscherben, von hohem Interesse für die Geschichte des Judentums der Kaiserzeit und indirekt auch des evangelischen Zeitalters.   Die von Schürer II⁴ 314 ff. gegebenen Nachweise zur Halbschekelsteuer werden durch diese Originaldokumente jetzt trefflich illustriert.   A. D.]

8) S. Wessely Nr. 4. 6. 19: τιμῆς δηναρίω(ν) δύο; dazu Wilcken, *Chrestom.* Nr. 295 Einl., vgl. auch *Papyrus Nr. 20*, 15 f.

9) Genau betrug also die Halbjahrsquote 4 Drachmen 1 Obol: s. Wessely Nr. 4. 6. 18. 20. Die 2 Obolen wurden wohl, wenn Halbjahrszahlung stattfand, bald bei der ersten, bald bei der zweiten Quote entrichtet. — Zur ›Tempelsteuer‹ tritt die in Höhe von einer Billondrachme zu leistende, nicht immer als solche ausdrücklich erwähnte ἀπαρχή; s. Wessely Nr. 6: Jahreszahlung; 10: Halbjahrszahlung; 18: Halbjahrszahlung; 20: Jahreszahlung.

10) Zu den verschiedenen Namensformen Μαριάμ, Μαριάμη und Μαρία vgl. Deißmann, *Die Urgeschichte des Christentums im Lichte der Sprachforschung*, Tübingen 1910, S. 22.

Abietas[11]), ist Zahlerin[12]). — Daß es sich hier und bei den anderen 23 Juden-Ostraka der Kaiserzeit aus Edfu nicht um Erheberquittungen[13]), sondern vielmehr um Staatskassenquittungen handelt, zeigt Wessely Nr. 6, die als einzige unter den Judensteuer-Quittungen — s. außerdem die Kopfsteuerquittung Wessely Nr. 7 — das vollständige Schema mit διέγρα(ψε) bietet[14]). Es liegt Verkürzung vor (s. zum Formular II a β) 2 b S. 114).

Unsere Quittung ist sehr flüchtig geschrieben, die Buchstaben sind meist verschliffen; so wird die beigegebene Tafel zur Nachprüfung willkommen sein.

Μαρία Ἀβιήτου
Ἰουδ(αίων τελέσματος) ιθ ϛ Τραιανοῦ Ἀρίστου
Καίσαρος τοῦ κυρίου ⟨ δ
/⟨ δ. ∟ ιθ Φαρμοῦθι ε̄.   31. März 116.

2 Die Buchstaben der Kaisertitulatur sind fast alle verschliffen. — Die Verleihung des Titels Optimus (Ἄριστος) an Trajan ist in den Juli/August des Jahres 114 zu setzen; s. W. Weber, *Untersuchungen z. Gesch. des Kaisers Hadrian* S. 7 Anm. 18. 3 Das Ende der Zeile ist freigelassen. 4 Das μου von Φαρμοῦθι (möglich wäre auch Φαρμοῦθ ῑε) ist fast ganz verschluckt.

Übersetzung. Maria, Tochter des Abietas, für Judensteuer des 19. Jahres des Traianus Optimus Caesar des Herrn 4 Dr(achmen), macht 4 Dr(achmen). Jahr 19 Pharmuthi 5.

11) Daß der Nominativ Ἀβιήτας lautet, läßt sich aus einem unveröffentlichten Ostrakon des 3. Jahrhunderts vor Chr. entnehmen, in dem εἰς Ἀβιήταν Ἰασήπιος [vgl. Ἰασήβ LXX *Jos.* 17, 10. A. D.] steht. Diese Kenntnis verdanke ich Wilcken.

12) Weitere Judensteuerquittungen für Frauen sind *Stud. Pal.* XIII S. 9 Nr. 18 = Preisigke, *SB.* I Nr. 4433 (Σενσιμῶν; a. 108) und *Stud. Pal.* aaO. Nr. 13 b = Preisigke, *SB.* I Nr. 5823 (Θεουφίλα; a. 115/6; s. S. 138 Anm. 1).

13) Das nahm Plaumann, *Amtliche Berichte aus den Kgl. Pr. Kunstsammlungen* 1913, 115, mit Unrecht an.

14) Die Subscriptio in Wessely Nr. 4 Φίλων Μ[έν]ης ist die des Trapeziten; vgl. *Nr. 35. 36.*

Nr. 34. GEWERBLICHE LIZENZSTEUER
DER FLICKSCHNEIDER.

Höhe 13,2, Breite 11,8 cm.   Elephantine(?).   Erheberquittung: Formular S. 117 A II b β) 6.
6. Februar 35 nach Chr.

Zum τέλος ἡπητῶν vgl. Wilcken, *Ostr.* I 220 § 57. Die auf die ägyptischen
ἡπηταί (= ῥαφεῖς, ῥάπται) bezüglichen Belege hat Reil (*Beitr. z. Kenntnis des
Gewerbes im hellenistischen Ägypten*, 1913, 106) zusammengestellt; außerdem
s. Spiegelberg, *Ztschr. f. ägypt. Sprache* LI (1914), 91. 93, und *Papyrus Nr. 22.*

Als Erheber der Steuer fungiert in unserem Ostrakon eine Pachtgenossenschaft von τελῶναι ἡπητῶν [1]). Der Pachtbezirk ist nicht angegeben, jede Orts-
angabe fehlt; das δια(γραφή) in einer Erheberquittung weist aber wohl auf
Elephantine-Syene hin. Steuerzahler sind die Brüder Πασῆμις und Θουσῶμις.
Die Zahlung findet, wie für alle Kategorien des χειρωνάξιον, monatlich statt (vgl.
Wilcken, *Archiv* V 273 f., *Grundzüge* 188; Milne, *Theban Ostraca* S. 153 f.), hier
für den Monat Μεχείρ, und zwar werden von beiden Brüdern — vorausgesetzt,
daß die Ausdrucksweise des Schreibers korrekt ist — für diesen Monat *zusammen*
4 Drachmen gezahlt. Das läßt wohl den Schluß zu, daß beide zusammen eine
Werkstatt (ἐργαστήριον) haben, in der sie gemeinsam als selbständige Flickschneider ihr Gewerbe ausüben. Es fragt sich nun, wie die 4 Drachmen hier
aufzufassen sind. Bezieht sich der festgesetzte Monatssatz des χειρωνάξιον nur
auf die Werkstatt, ohne Rücksicht auf die Zahl der in dieser Werkstatt gemeinsam
(als socii) arbeitenden, selbständigen Gewerbetreibenden, die sich in diesen Betrag
teilen? Oder hat *jeder* Gewerbetreibende, der selbständige wie der unselbständige,
den betreffenden Betrag zu leisten? Je nach der Beantwortung dieser Frage betrug
die Höhe des Jahres-Betrages der Lizenzsteuer für die Flickschneider unter Tiberius in Elephantine(?) 48 oder 24 Drachmen. Nach der Analogie des Steuer-
tarifes von Palmyra (s. Dittenberger, *OGI.* II 629 Z. 78 ff.; dazu Wilcken, *Ostr.*
I 329 f.) würde mir das erstere wahrscheinlicher sein [2]).

In späterer Zeit ist der Normalsatz erhöht worden; das ergibt sich aus
Theban Ostraca Nr. 76 aus dem 2./3. Jahrhundert. Hier werden als τὸ τέλ(ος)

---

1) Vgl. S. 113 Anm. 21 a. — Seit dem letzten Fünftel des 2. Jahrhunderts nach Chr. sind die
Gewerbesteuer-Quittungen fast regelmäßig von den ἐπιτηρηταί, den »Aufpassern« (s. Wilcken, *Ostr.*
I 599 f., *Grundzüge* 215; *Papyrus Nr. 3; Nr. 31. 32* Einl. am Ende), ausgestellt, gelegentlich auch
schon in früherer Zeit (s. Milne, *Theban Ostraca* S. 106. 115). — [Als eine von τελῶναι ausgestellte
Urkunde aus dem Jahre 35 n. Chr. ist dies Ostrakon *Nr. 34* von Interesse für die Exegese der Evan-
gelien, in denen die gleichzeitigen palästinensischen τελῶναι eine große Rolle spielen; s. dazu
Rostowzew, *Staatspacht* 479 f.   A. D.]

2) Wie lassen sich damit aber die Lehrlingsverträge *P. Teb.* II 384 (a. 10). 385 (a. 117) vereinigen, nach denen für den Weber-Lehrling Webersteuer zu leisten ist? Muß man mit Reil (aaO. 19
Anm. 1) daraus schließen, daß damals auch die unselbständigen Gewerbetreibenden im Faijum die
Gewerbelizenz-Steuer zu zahlen hatten? Nach der Eingabe in Sachen der Gewerbesteuer (*P. Grad.*)
bei Preisigke, *SB.* I Nr. 5678 (etwa a. 118) scheint gerade von ἀφήλικες nach einer Entscheidung des
praef. Aeg. Vibius Maximus kein χειρωνάξιον gefordert zu sein.

τοῦ Παχώ(ν) 10 Drachmen 5 Obolen am 2. Payni gezahlt. Entsprechend läßt sich die Erhöhung des Normal-Monatssatzes für die Weber-Gewerbelizenzsteuer an der Hand der *Theban Ostraca* S. 106 ff. feststellen: nach Nr. 56—58 beträgt er in den Jahren 136—167 vier Drachmen, nach Nr. 59—62 in den Jahren 189—191 acht Drachmen (s. auch Nr. 67: a. 197 (?), Wilcken, *Ostr.* II Nr. 664: a. 191), nach Nr. 70 im Anfang des 3. Jahrhunderts zehn Drachmen. Die Nummern 63. 65. 66. 68 aus den Jahren 192—198 ließen sich zwar, wenn die Ausdrucksweise der Schreiber ganz korrekt wäre, mit diesem Ergebnis nicht vereinigen; es werden 2 bzw. 4 bzw. 6 Drachmen ὑπὲρ μηνός . . . oder als τὸ τέλος μηνός . . . gezahlt. Wir können aber zweifellos, wie das schon Wilcken getan hat (*Ostr.* I 172), die hier angeführten Summen als Ratenzahlungen auffassen[3]. Dafür spricht auch *Theban Ostraca* Nr. 69 (wahrscheinlich aus dem J. 198), wo ὑπὲρ Φαῶφι 4 Dr. καὶ ἀπὸ Ἀθύρ 4 Dr. gezahlt werden. Jedenfalls ist Milne (*Theban Ostraca* S. 106. 115) mit seiner Annahme im Unrecht, daß die Angehörigen auch desselben Gewerbes in Theben nicht gleichmäßig zum χειρωνάξιον herangezogen seien, sondern die Höhe der Steuer sich nach dem Umfange ihres Betriebes gerichtet habe. Diese Annahme steht im Widerspruch mit den Feststellungen Wilckens, wonach die Gewerbelizenzsteuern den Angehörigen des gleichen Gewerbes stets in gleicher Höhe auferlegt wurden (s. die Hauptbelege und die Literatur bei Wilcken, *Grundzüge* 188). Nur mit dieser Wilckenschen Auffassung läßt sich m. E. die Formulierung der Quittungen bei Wilcken, *Ostr.* II Nr. 1069 (a. 182), *Theban Ostraca* Nr. 75 (a. 190) für das τέλος ἠπητῶν und Wilcken, *Ostr.* II Nr. 1067 (a. 178), *Theban Ostraca* Nr. 64 (a. 193) für das τέλος γερδίων vereinigen, in denen über den Empfang des καθῆκον τέλος ohne Angabe der Höhe der Summe quittiert wird.

Δια(γραφή). Ψενοσῖ(ρις) Κάλλων[ος]

κα[ὶ]

μέτοχ(οι) τελ(ῶναι) ἠπη(τῶν) Πασήμιος

Ὥρου καὶ Θουσώμιος ἀδελφο(ῦ).

5 Ἀπέχωι παρ᾽ ὑ(μῶν) τὸ τέλ(ος) τοῦ Μεχεὶρ

ϛ δ. Τοῦ κα ∟ Τιβερίου Καίσαρος

[Σε]βαστοῦ Μεχ(εὶρ) ιβ.   6. Febr. 35.

1 Das δί des Ostrakon kann m. E. nur substantivisch mit δια(γραφή) aufgelöst werden. 3 l. Πασήμι. 4 l. Θουσώμι ἀδελφῷ. 5 l. ἀπέχομεν. — παρῩ Ostr. 6 Die Datierungsform ist bemerkenswert.

Übersetzung. Zahlung. Psenosiris, Sohn des Kallon, und Genossen, Steuerpächter der Flickschneider-Gewerbesteuer, dem Pasemis, Sohn des Horos, und seinem Bruder Thusomis. Ich habe von Euch die Steuer für den Mecheir, 4 Dr(achmen), weg. Im 21. Jahr des Tiberius Caesar Augustus am 12. Mecheir.

---

3) Die Papyri *P. Oxy.* II 288 (a. 22/25), *P. Fay.* 48 (a. 98), *P. Teb.* II 603. 604 (a. 154/6—161), *BGU.* 617 (a. 215/6) lassen sich durchaus nicht als Beweis dafür anführen, daß das χειρωνάξιον der γέρδιοι zur Zeit dieser Urkunden jährlich 36 bis 39¾ Drachmen betrug.

NR. 35—37[1]). DAMMSTEUER (XΩMATIKON).

Die Quittungen unserer Sammlung über Dammsteuer sind Staatskassen-Bescheinigungen aus Theben. Meist wird zugleich über andere Steuern quittiert (Kopfsteuer, Badsteuer usw.), nur in *Nr. 36a* und *37* liegen Sonderquittungen über Dammsteuer (für den thebanischen Stadtbezirk Pakerkeïsis) vor. Aber in allen Quittungen findet gesonderte Berechnung für jede Steuer statt. Der Normal-Jahressatz von 6 Drachmen 4 Obolen pro Kopf[2]) wird nebst dem üblichen Zuschlag (προσδιαγραφόμενα) in *Nr. 36* (a. 33) und *35* (a. 42) gezahlt. Dieser Zuschlag ist in *Nr. 36* berechnet nach dem Satze von 1 $^1/_2$ Obolen pro Stater (Tetradrachmon): ἐξ (ὀβολοῦ) (ἡμιωβελίου) = προσδιαγρα(φόμενα) ὡς τοῦ ἑνὸς στατῆρος ἐκ — ∟[3]). In *Nr. 35* beträgt er für 7 Dr. 2 $^1/_2$ Obolen (Damm- und Badsteuer) 2 Obolen[4]). Während in *Nr. 35* und *36* das Schema der Quittung lautet: Normalsatz (6 Dr. 4 Obolen) + Zuschlag, steht in *Nr. 25* Z. 5 (a. 68): ὑπ(ὲρ) χωμ(ατικοῦ) ς ∠— αι^κ ς f. Hier folgt auf den Betrag der faktischen Zahlung (Normalsatz + Zuschlag = 6 Dr. 4 Obolen + 3 Obolen = 7 Dr. 1 Obol) mit αι^κ = αἰ κ(αθήκουσαι) die Angabe des Normalsatzes (s. *Nr. 43. 44* Einl.). — Um Ratenzahlungen handelt es sich in den Quittungen *Nr. 21* (Z. 6: 2 Dr. 5 $^1/_2$ Obolen einschließlich des Zuschlages), *23* (Z. 6: 2 Dr. 5 $^1/_2$ Obolen ohne Zuschlag), *36a* (3 Dr. 1 Obol ohne Zuschlag), *37* (Z. 7: 4 Dr. einschließlich des Zuschlages); in *Nr. 30a* (Z. 10 f.) ist der Betrag nicht erhalten.

Dammsteuerquittungen des 2. Jahrhunderts befinden sich in unserer Sammlung nicht. Seit der zweiten Hälfte der Regierung des Trajan scheint die Normaltaxe, ebenso wie bei der Kopfsteuer, erhöht worden zu sein[5]).

---

1) S. auch *Nr. 21*, 6; *23*, 6; *25*, 5; *30a*, 10.

2) S. Wilcken, *Ostr.* I 334 f., *Grundzüge* 337.

3) S. das Straßburger Ostrakon Nr. 203, das von Wilcken im *Archiv* IV 146 f. herausgegeben und erläutert ist; Wilcken, *Ostr.* II Nr. 362 ff.; *Archiv* V 172 Nr. 7, 3 u. sonst.

4) Vgl. Wilcken, *Ostr.* II Nr. 377. 378.

5) S. Milne, *Theban Ostraca* S. 129 f. Das Ostrakon Nr. 98 der griechischen Texte dieser Publikation aus dem J. 111 nach Chr., wo 7 ῥυπ(αραὶ) δρ(αχμαί) (Billondrachmen) ohne Erwähnung des Zuschlags gezahlt werden, beweist das zwar durchaus nicht; eher, abgesehen von Quittungen mit noch höheren Beträgen, *P. Lips.* I Nr. 72 (a. 115) und *BGU.* 359 (a. 178/9), wo über 7 Billondrachmen 4 Obolen 2 Chalkoi quittiert wird, weiter *P. Lips.* I Nr. 69 (a. 118) mit einer Zahlung von 7 Billondrachmen 5 Obolen und *Theban Ostr.* Nr. 100 (a. 177) mit einer solchen von 7 Billondrachmen 5 Obolen 2 Chalkoi, immer ohne Erwähnung des Zuschlags, der also schon einbegriffen ist (s *Nr. 43. 44* Einl.).

Nr. 35.

Höhe 9,3, Breite 6,6 cm.   Jetzt als Geschenk Deißmanns im Besitz des Professors Allan Menzies,
D. D., St. Andrews.   Theben.   Staatskassenquittung: Formular S. 114 A II a α) 1 a.
9./10. November 42 nach Chr.

Διέγρα(ψεν) Σαιλῆς Ἑρμίου ὑπ(ὲρ) χω(ματικοῦ)
β L ⦠ ἓξ τετρόβολ(ον) καὶ βαλ(ανικοῦ) τετρόβολ(ον) L / ⦠ ζ = L,
προσδ(ιαγραφόμενα) δύο ὀβολ(ούς). L γ Τιβερίου Κλαυδίου
Καίσαρος Σεβαστοῦ Γερμανικοῦ
5 Αὐτοκράτορος Νέου Σεβαστοῦ ιγ κ(αὶ) ιδ.
Πικ(ῶς) Πικ(ῶτος).

2 ⦠ = δρ(αχμάς). — L = ½ Obol (ἡμιωβέλιον). — / = γ(ίνονται). — = L = 2½ Obolen.
3 Vgl. die Einl.   5 Νέος Σεβαστός = Ἀθύρ;

s. *P. Giss.* I Nr. 94, 8 mit meiner Einzelbem.   6 Zur
Subscriptio des Trapeziten s. das Formular S. 114;
der Trapezit ist sonst nicht bekannt.

Übersetzung. Es hat gezahlt Sailēs, Sohn des Hermias, für Dammsteuer
des 2. Jahres sechs Dr(achmen) vier Obolen und für Badsteuer vier und einen
halben Obol, macht 7 Dr(achmen) 2½ Obol, an Zuschlagsgebühr zwei Obolen.
Jahr 3 des Tiberius Claudius Caesar Augustus Germanicus im Monat des Neuen
Augustus am 13. und 14.   Pikōs, Sohn des Pikōs, (Staatskassendirektor).

Nr. 36.

Höhe 8, Breite 6 cm.   Veröffentlicht von Deißmann, *Licht vom Osten* 2.3 S. 272 mit Abbildung 56,
nach Wilckens Entzifferung (danach Preisigke, *SB.* I Nr. 4255).   Original von mir nachverglichen.
Theben.   Staatskassenquittung: Formular S. 114 A II a α) 1 a.   21. September 33.

Διαγεγρά(φηκεν) Ὧρος Περμάμιος ὑπ(ὲρ) χω(ματικοῦ)
ιθ L ⦠ ἓξ τετρόβολ(ον) καὶ βαλ(ανικοῦ) τετρόβολ(ον)
L / ⦠ ζ = L καὶ τὰ τούτ(ων) προσδ(ιαγραφόμενα)
ἐξ — L. L κ Τιβερίου Καίσαρος
5   Σεβαστοῦ μηνὸς Σεβαστοῦ
Σεβαστῆι. Πετεμε(νῶφις) Πικ(ῶτος).

Zu den Abkürzungen und Symbolen s. *Nr. 35.*
4 ἐξ — L = ἐξ (ὀβολοῦ) (ἡμιωβελίου): s. die Einl.
5 Σεβαστοῦ μηνός = Θώθ.   6 Zum Σεβαστή-
Tag s. Deißmann aaO. 272 ff. und jetzt Blumen-
thal, *Archiv* V 336 ff.   Nach seiner sehr wahr-
scheinlichen Vermutung (aaO. 342 f.) ist in der Zeit
vom Jahre 30 vor Chr. bis Trajan in Ägypten der
24. *jedes* Monats als ἡμέρα Σεβαστή zum Anden-
ken an den im J. 30 vor Chr. auf den 24. Θώθ
fallenden Geburtstag des Augustus (23. September)
gefeiert worden.   Ein Tagesdatum wird bei Datierung nach diesem (auf den 24. fallenden) »Kaiser-
tage« nicht hinzugefügt.   Danach ist unser Ostrakon
auf den 24. Σεβαστός (= Θώθ) = 21. September 33
zu setzen.   — Zum τραπεζίτης Πετεμενῶφις Πικῶτος s. Wilcken, *Ostr.* II Index S. 447 (a. 32—42).

Übersetzung. Es hat gezahlt Horos, Sohn des Permamis, für Dammsteuer des 19. Jahres sechs Dr(achmen) vier Obolen und für Badsteuer vier und einen halben Obol, macht 7 Dr(achmen) 2¹/₂ Obol, dazu die hierfür nach dem Satze 1¹/₂ Obolen pro Stater zu zahlende Zusatzgebühr. Jahr 20 des Tiberius Caesar Augustus im Monat Augustus am Augustus-Tage. Petemenophis, Sohn des Pikōs, (Staatskassendirektor).

Nr. 36 a.

Höhe 8, Breite 12 cm.   Als Geschenk Deißmanns im Besitz des Herrn Pastor Lasson, Berlin.
Theben.   Staatskassenquittung: Formular S. 114 II a α) 1 b.   1. September 62 nach Chr.

Διαγεγρά(φηκεν) Ψεμμῶνθης [Πετεμαρσνού]-
φιος ὑπ(ἐρ) χω(ματικοῦ) Πακ θ ς ⟨ γ ⎯ καὶ πρ[οσδιαγραφόμενα)].
L ἐνάτου Νέρωνος τοῦ κυρίου
μη(νὸς) Σεβαστοῦ δ̄.

1 διˡγεγρ) Ostr. — Die Ergänzung des Patronymikon ergibt sich aus *Nr. 24*, 1, wo derselbe Zahler begegnet.   2 Zu Πακ = Πακ(ερκεήσεως) s.
S. 139. Das π von πακ ist aus η korrigiert.

Übersetzung. Es hat gezahlt Psemmonthes, Sohn des Petemarsnuphis, für Dammsteuer (des Stadtquartiers) Pakerkeïsis des 9. Jahres 3 Dr. 1 Obol und Zuschlagsgebühr. Neuntes Jahr Neros des Herrn im Augustus-Monat am 4.

Nr. 37.

Höhe 11, Breite 12,5 cm.   Theben.   Staatskassenquittung: Formular S. 114 A II a α) 1 b.
7. Januar 67 nach Chr.

Διαγεγρά(φηκεν) Ψεμπτῦτις Πετεμαρσνοῦφις Ψ.... ὑπ(ἐρ) χω(ματικοῦ) Πακ ιβ L
ς δ αικ ς γ ƒ. L ιγ Νέρωνος τοῦ
[κυρ]ίου Τῦβι ῑβ̄.

1 f. Zum Namen des Zahlers vgl. *Nr. 47*: Ψενπτούτης Πετεμαρσνοῦφις; s. auch *Nr. 39*, 1 und
Nr. 23. 24. 36 a. Das π von Πετεμαρσνοῦφις
(1. -ούφιος) ist aus ψ korrigiert, durch das erste
σ geht ein Strich.   2 χω ist aus πακ korrigiert,
das κ als ω stehengelassen. — Zu πακ = Πακ(ερκεήσεως) s. S. 139.   3 Zu αικ = αἱ κ(αθήκουσαι)
s. S. 154 und die Einl. zu *Nr. 43. 44.*

Übersetzung. Es hat gezahlt Psemptytis, Sohn des Petemarsnuphis, Enkel des Ps...., für Dammsteuer (des Stadtquartiers) Pakerkeïsis des 12. Jahres 4 Dr(achmen) (einschließlich des Zuschlags) entsprechend dem Normalsatz von 3 Dr. 4¹/₂ Obolen. Jahr 13 Neros des Herrn am 12. Tybi.

Nr. 38. ABGABE FÜR DIE FÜNFPHYLENSCHAFT DER PRIESTER.

Höhe 9,5, Breite 9 cm. Theben. Staatskassenquittung: Formular S. 114 A II a α) 1 b.
30. April 45 nach Chr.

Die richtige Lesung der Abgabe (Z. 2) $\bar{\epsilon}$ φυλὶ = (πεντα)φυλία(ς) verdanke
ich Wilcken, der die Scherbe vor Jahren kopiert hatte. Ich las $\bar{\epsilon}$ φυλ' und löste
dies auf in ἐ(πιστατείας) (nicht πέμπτης) φυλα(κιτῶν): »Abgabe für die Besoldung
und den Unterhalt der Gendarmeriekommandanten« [1]). Πενταφυλία ist die Gesamtheit der fünf Phylen, in die sich die Priester aller ägyptischen Tempel seit Ptolemaios III. Euergetes I. gliedern; dieser hat die fünfte Phyle zu den bestehenden
vier Phylen hinzugefügt. Es handelt sich also wohl um eine Abgabe für die Fünf-
phylenschaft der Priester. Sie ist m. W. sonst nicht bezeugt. Bezieht sie sich
auf alle ägyptischen Tempel oder nur auf einen einzelnen, etwa den berühmten
Tempel des Amonrasonter in Theben? Wer hat die Abgabe zu leisten? — Im
allgemeinen verweise ich auf Otto, *Priester und Tempel* I 23 ff., bes. 30 ff.

Διέγρα(ψεν) Ψ̣ε̣νμώ[νθης]
"Ωρου ὑπ(ὲρ) (πεντα)φυλία(ς) ε[ς]
ϛ ϙ ϝ̅. Ⳑ ε Τιβερίου Κ[λαυδίου]
Καίσαρος Σεβαστοῦ
5 Γερμανικοῦ Αὐτοκράτορ[ος]
Παχὼ(ν) ε̅.

2 Zur Auflösung der Abkürzung s. die Einl. 3 ϝ̅ = 4½ Obolen.

Übersetzung. Es hat gezahlt Psenmonthes, Sohn des Horos, für die Fünf-
phylenschaft (der Priester) des 5. Jahres 3 Dr. 4½ Obolen. Jahr 5 des Tiberius
Claudius Caesar Augustus Germanicus Imperator am 5. Pachon.

---

1) S. *P. Oxy.* IV 803 (Beginn der Kaiserzeit); *PSI.* I 106, 15 (Marcus), wohl auch *P Lond.*
III 1107 S. 47 (saec. III).

Nr. 39. ABGABE FÜR DEN UNTERHALT DER LOKALPOLIZISTEN.

Höhe 9, Breite 12,5 cm.   Theben.   Staatskassenquittung: Formular S. 114 A II a α) 1 b.   2. Juni 62.

Die Ausbildung des Instituts der φύλακες, der eine Liturgie bekleidenden Lokalpolizisten, die in erster Linie an die Stelle der φυλακῖται treten, der ptolemäischen, nach dem jetzigen Quellenstande zuletzt im Jahre 42 nach Chr. nachweisbaren [1]) Gendarmen, gehört der römischen Zeit an. Vgl. Wilcken, *Grundzüge* 414 f.; Jouguet, *Vie municipale* 263 ff.; *P. Hamb.* I S. 151.

Für die Abgabe zur Bestreitung des Unterhaltes der Lokalpolizisten lassen sich in den Quittungen zwei verschiedene Ausdrücke nachweisen; für beide liegt in den Ostraka unserer Sammlung je ein Beispiel vor. In *Nr. 39* wird sie bezeichnet mit ὑπὲρ φυλάκων, in *Nr. 25*, 6 (a. 68) mit ὑπ(ὲρ) ὀψωνί(ου) φυλά(κων). Es ist eine kopfsteuerartig auferlegte Umlage[2]). In *Nr. 39* werden am 2. Juni 62 für den Bezirk Pakerkeïsis 2 Drachmen gezahlt; in *Nr. 25*, 6 am 21. August 68 für denselben Bezirk 1 Drachme 4 Obolen.

Ψενπτοῦτις Πετραεμσνοῦπις ὑπὲρ φυλακον
Πακηρκεησι ϛ β. Ἔτος η̄
Νέρονος κυρίου Παῦνι η̄.

1 Das Verbum ist ausgelassen. — Ψενπτοῦτις: das υ ist an Stelle eines τ gesetzt. Vgl. Ψενπτούτης *Nr. 47*, 1. Das τ und μ von Πετραεμσνοῦπις (l. -νούπιος) verdanke ich einer früheren Lesung Wilckens. **2** l. φυλάκων. **3** l. Πακερκεήσεως; vgl. *Nr. 23—25. 36 a. 37* (s. S. 139). — l. ἔτους.

4 l. Νέρωνος. — [Das artikellose κυρίου ist eine sehr eigenartige Parallele zu neutestamentlichen Stellen aus derselben Zeit wie *Kol.* 3, 17 κυρίου Ἰησοῦ, *Luk.* 2, 11 Χριστὸς κύριος u. a., in denen κύριος schon fast als Eigenname gebraucht ist. A. D.]

Übersetzung.   Psenptutis, Sohn des Petraemsnupis, für Lokalpolizisten-Abgabe (des Stadtquartiers) Pakerkeïsis 2 Dr(achmen). Jahr 8 des Nero-Herrn am 8. Payni.

---

1) *P. Ryl.* 152, 1 (Martin, *Archiv* VI 166); vgl. auch Wilcken, *Grundzüge* 413. Die Abgabe ὑπὲρ ἐπιστατείας φυλακιτῶν ist dagegen, wie das φυλακιτικόν, noch später nachweisbar (s. *Nr. 38* Anm. 1).
2) S. Wilcken, *Ostr.* I 320 § 134.

NR. 40. WACHTTURMSTEUER.

Höhe 6,5, Breite 7,5 cm. Wahrscheinlich aus Theben.
Staatskassenquittung: Formular S. 114 A II a) 1 b. Domitian.

Zwei Stücke unserer Sammlung erwähnen die »Wachtturmsteuer«, ὑπὲρ μαγδώλων, das thebanische Ostrakon *Nr. 30a*, 4 (a. 112) und unsere Quittung, für die
wir wohl auch thebanischen Ursprung annehmen können; der Name des Zahlers
Σαχομνεύς begegnet u. a. in Ostraka der trajanischen Zeit aus Theben: s. Wilcken,
Ostr. II Nr. 793 und 800; Milne, *Theban Ostr.*, Greek Texts Nr. 35,1; 130,3.

Das Wort μαγδῶλον ist semitischen Ursprungs („*migdol*'; vgl. πυργομαγδώλ
BGU. 282,13; 542, 6; Crönert, *Stud. Pal.* IV 91). Dörfer des Namens (Μαγδῶλον
bzw. -λα) kennen wir im Arsinoites und im Hermopolites[1]). Die Abgaben ὑπὲρ
μαγδώλων, »Wachtturmsteuer«, und ὀψωνίου μαγδωλοφυλάκων, »für den Unterhalt
der Wachtturmwächter«, waren uns bisher, ebenso wie die μαγδωλοφύλακες, nur
für den Arsinoites bezeugt[2]); sie lassen sich jetzt auch für Theben nachweisen.

Aus *P. Flor.* III 375 Verso II 22 (Faijum, saec. III) lernen wir als neue Bezeichnung für die letztere Abgabe ὑπ(ὲρ) ὑποκειμένου μαγδωλ(οφύλαξιν)[3]) kennen. Der
Ausdruck entspricht den uns bekannten und zuerst von Martin[4]) richtig erklärten
ὑποκείμενα ἐπιστρατήγῳ, βασιλικῷ γραμματεῖ usw. In der Florentiner Urkunde
handelt es sich aber um die von Insassen einer οὐσία an den Gutsverwalter gezahlten Beiträge zum Unterhalt der Guts-Wachtturmwächter, nicht um die staatliche
Abgabe. Die Beträge belaufen sich auf 9 Drachmen 5 Obolen, 10 Dr. 1 Chalkūs
und für zwei Brüder auf 21 Dr. 5 Obolen. Ebenso ist Z. 3 der ersten Kolumne
ὑπ(ὲρ) μαγδώλ(ων) aufzulösen und als »Guts-Wachtturm-Abgabe« zu fassen (Beträge
16, 8, 4 Dr.)[4]).

> Διέγρα(ψεν) Σαχομνε(ὺς) Ψ[εν]-
> πεχύτο(υ) υἱὸ(ς) ὑπ(ὲρ) μαγδ(ώλων) . [.. L .]
> Δομιτιανοῦ τοῦ κυρίου Π[.....].

2 Am Schluß stand der gezahlte Betrag, sodann das Jahr; die geringen Reste weisen auf den
Ansatz eines wagerechten Striches hin, vielleicht
standen zwei Obolenzeichen da: *P. Fay.* 54, 13
und 317 werden 2 ½ Obolen (⸗) gezahlt. 3 Π[ַαῦ-
vι.] oder Π[ַαχὼν.].

Übersetzung. Es hat gezahlt Sachomneus, Sohn des Psenpechytes, für
Wachtturmsteuer ... Jahr .. Domitians des Herrn am ....

---

1) [Der LXX *Jer.* 26 (46), 14 und 51 (44), 1 genannte ägyptische Stadtname wird danach wohl
auch eher neutrisch Μάγδωλον oder Μαγδῶλον als maskulinisch Μάγδωλος heißen, vgl. *Es.* 29, 10;
30, 6; *Exod.* 14, 2; *Num.* 33, 7. A. D.]

2) S. *P. Fay.* 38, 5; 42 a II 4; 54, 13; 108, 13; 239; 316; 317; *P. Teb.* II 353; *P. Lond.* III
S. 35 Nr. 1235, 12; S. 55 Nr. 844. — Πυργοφύλαξ *P. Cairo byz.* ed. Maspero I 67054 I 4; 67058 III 2;
P. Flor. III 297, 469 (saec. VI, alle drei aus Aphrodito).

3) So ist aufzulösen.   4) *Les Épistratèges* 137 ff.; Wilcken, *Grundzüge* 37. 215.

4) An »Autopragie« des Gutes ist in dieser Zeit noch nicht zu denken.

Nr. 41. BEITRAG FÜR DIE NILFLUSSWACHTSCHIFFE.

Höhe 8, Breite 10,5 cm.　Elephantine.　Erheberquittung: Formular S. 117 A II b β) 5 a.　25. März 137.

Die Flußflottille, die den Wachtdienst auf den Nilarmen[1]) und Kanälen versah und Stationen, zugleich zur Kontrolle der Nilzölle, bis nach Syene-Elephantine herunter hatte, unterstand dem praef. classis Aug. Alexandrinae[2]). Für den Unterhalt dieser Flußwachtschiffe und der auf ihr dienenden[3]) Mannschaften wurde die Abgabe ὑπὲρ ποταμοφυλακίδων (sc. νεῶν)[4]) bzw. -ίδος[5]) erhoben[6]). Die meist übliche Form der Quittung ist, wie in unserem Ostrakon, ὑπὲρ μερισμοῦ ποταμοφυλακίδος (bzw. -ίδων), was dafür spricht, daß die Abgabe kopfsteuerartig in gleicher Höhe für alle Bewohner desselben Bezirkes festgesetzt wurde[7]). Daneben finden wir die Quittungsformen ὑπὲρ ποταμῶν φυλακῆς[8]), ὑπὲρ μισθοῦ ποταμοφυλακίδος[9]), ὑπὲρ ὀψωνίου ποταμοφυλακίδος[10]). Das Wort ποταμοφυλακία wird in griechischen Quittungen nicht gebraucht; wo die Abkürzungen ποτ, ποτα, ποταμο von den Editoren so aufgelöst werden, ist wohl statt dessen immer ποταμοφυλακίδος (bzw. -ίδων) zu lesen (s. Anm. 5). Nur in der lateinischen Inschrift *CIL.* II 1970 steht praef. classis Alexandrin(ae) et potamophylaciae.

Ψανμοῦς πράκ(τωρ).　Διέγραψ(εν) Πεκῦσις
Πατχναῦτ(ος) μητ(ρὸς) Θρακῆτος ὑπ(ὲρ) μερισμ(οῦ)
ποταμοφυλ(ακίδος) κα ϛ ῥυ(παρὰν) ϛ α Γ.　L κα
Ἁδριανοῦ Καίσαρος τοῦ κυρίου
Φαμ(ενὼθ) κη.

1 Ψανμοῦς ist als πράκτωρ in Syene-Elephantine für die Jahre 136 und 137 schon durch die Ostraka Wilcken, *Ostr.* II Nr. 161—164; Goodspeed aaO. 56 n. 7. 8 (= Preisigke, *SB.* I Nr. 4358. 4359) bezeugt.　3 ϛ α Γ = δραχμὴν μίαν τετρώβολον (= ὀβολοὺς τέσσαρας). — Zum Betrag von einer Billondrachme 4 Obolen vgl. die Elephantine-Quittungen Wilcken, *Ostr.* II Nr. 145—147 aus den Jahren 127/128 und 128/9 nach Chr. In der für das Jahr 135/136 ausgestellten Quittung Nr. 162 werden eine Billondrachme und 3 Obolen 4 Chalkoi gezahlt.

---

1) Das kommt in der Quittungsform ὑπὲρ ποταμῶν φυλακῆς zum Ausdruck (s. Anm. 8).

2) S. Wilcken, *Ostr.* I 282 ff. § 99, *Grundzüge* 392; v. Premerstein, *Klio* III 16 Anm. 9.

3) Vgl. *P. Flor.* I Nr. 91, 4 (saec. II): λιτουργία ποταμοφυλακίδων; zur Bedeutung von λιτουργία s. Oertel, *Die Liturgie* 53 f.　　4) Vgl. die πορθμίδες (νῆες) *Nr. 8* Einl.

5) S. Wilcken, Ostr. II Nr. 48. 507. Ebenso ist in *P. Fay.* 54, 17 (a. 117/8) und *P. Teb.* II 355, 17 (etwa a. 145) ποτ(αμοφυλακίδος bzw. -ίδων), *Theban Ostraca* Nr. 93, 5 (a. 113) ποταμο(φυλακίδος bzw. -ίδων) aufzulösen, in *BGU.* 881, 6 f. (a. 153/4) wahrscheinlich ποτα(μοφυλακίδος) δεσπ(οτικῆς).

6) Daneben besteht eine Abgabe für die Instandhaltung der Stationsanlagen, ὑπὲρ στατίωνος (ποταμοφυλακίδων); s. Wilcken, *Ostr.* I 294 § 116.

7) S. Wilcken, *Ostr.* I 256 § 75, auch Goodspeed, *American Journ. of Philol.* XXV (1904), 54 n. 3; 55 n. 6; 57 n. 10 (= Preisigke, *SB.* I Nr. 4354. 4357. 4361) aus Syene-Elephantine.

8) Wilcken, *Ostr.* II Nr. 439. 440; *Theban Ostraca*, Greek Texts Nr. 36, 5 (a. 113): ὑπ(ὲρ) ποταμον (l. -ῶν) φυλ(ακῆς); *P. Lond.* III S. 55 Nr. 844, 5 (a. 174: ποτ φυλ).

9) Wilcken, *Ostr.* II Nr. 89—92.　　10) Wilcken, *Ostr.* II Nr. 104, wo ποταμοφυλακίδου verschrieben ist; Goodspeed aaO. 55 n. 5 (= Preisigke, *SB.* I Nr. 4356).

Übersetzung. Psanmūs Erheber. Es hat gezahlt Pekysis, Sohn des Patchnaus und der Mutter Thrakēs, für die auf seinen Kopfteil fallende Flußwachtschiff-Abgabe des 21. Jahres 1 Billondrachme 4 Obolen. Jahr 21 des Hadrianus Caesar des Herrn am 28. Phamenoth.

Nr. 42. NOMARCHENSTEUER.

Höhe 9, Breite 10 cm.   Faijum.   Ratskassenquittung: Formular S. 114 A II a γ) 3.   264/5 nach Chr.

Eine Quittung über Einzahlung von 4 Drachmen εἰς τὸν τῆς νομαρχίας λόγο(ν), auf das »Nomarchen-Konto«, also für Nomarchensteuern, εἴδη νομαρχίας = νομαρχικὰ ἀσχολήματα, liegt vor. Es sind »lose« Steuern, deren Fälligkeit nicht vorausgesehen werden kann (s. dazu Wilcken, *Ostr.* 1597 f.; Martin, *Épistratèges* 141 f. und besonders Preisigke, *Girowesen* 256 ff.).

In einer Urkunde des Jahres 70/71 wird als gesonderte Abteilung der Staatskasse ἡ τῆς νομαρχίας τράπεζα genannt (*P. Teb.* II 350)[1], in Urkunden des 2. Jahrhunderts nach Chr. heißt sie ὁ νομάρχου λόγος (*P. Teb.* II 329, 7: a. 139; *P. Teb.* II 580: a. 155), in solchen des 3. Jahrhunderts steht ὁ τῆς νομαρχίας λόγος (*BGU.* 337 = Wilcken, *Chrest.* Nr. 92 I 25; *P. Straßb.* I 62, 4: a. 229/230). Und so lautet auch die Bezeichnung in unserem Ostrakon des Jahres 264/5. Es ist m. W. die einzige zurzeit bekannte Nomarchensteuer-Quittung auf einer Tonscherbe. Wir besitzen dagegen viele solcher Bescheinigungen auf Papyri des Faijum. Auf Grund der ausdrücklich als Nomarchensteuer-Quittungen bezeichneten Urkunden lassen sich folgende Modi der Einzahlung unterscheiden:

a) Die Steuerzahler zahlen direkt an das Nomarchen-Konto der Staatskasse: so *P. Teb.* II 350 (a. 70/71; Abteilung ἐγκύκλιον); ebenso wird in einer Urkunde des Jahres 139 die Abgabe für das Fischereirecht an das Nomarchen-Konto der Staatskasse direkt vom Steuerzahler geleistet (*P. Teb.* II 329, 7).

b) Die Mehrzahl der von der Staatskasse ausgestellten Quittungen über Nomarchensteuern weisen die Formel auf: διέγραψε oder διεγράφη νομάρχῃ Ἀρσινοΐτου διὰ χειριστοῦ bzw. βοηθοῦ, λογευτοῦ oder πραγματευτοῦ . . .; es folgt der Name der Steuer und der Erhebungsbezirk, dann der Name des Steuerzahlers im Nominativ oder häufiger mit διά. Die Steuerpflichtigen zahlen also zu Händen von Stellvertretern des Nomarchen[2] an das Nomarchen-Konto bei der Staatskasse[3].

---

1) Ebenso ist in *BGU.* 914, 4 ἡ . . . [ἐνκυ]κλίο(υ) τράπ(εζα) (s. Preisigke, *BL.* S. 83) aufzufassen. Diese Bezeichnung zeigt, daß wir es auch bei der νομαρχίας τράπεζα nur mit einer Kassenabteilung zu tun haben, wie schon Preisigke, *Girowesen* 257, richtig annahm.

2) S. Preisigke, *Girowesen* 258. 261.

3) *BGU.* 463: a. 148. — *P. Teb.* II 580: a. 155. — *P. Fay.* 244: Marcus/Verus. — *BGU.* 756: a. 199. — *BGU.* 221: a. 200. — *BGU.* 220: a. 204. — *BGU.* 345: a. 207. — *P. Lond.* III 933 S. 69: a. 211. — *BGU.* 356: a. 213.

c) Die zeitlich jüngste Kategorie von Nomarchensteuer-Quittungen repräsentieren endlich *P. Straßb.* I Nr. 58—64 aus den Jahren 227—231 nach Chr. In Nr. 58—61. 63. 64 lautet das Formular: κατέβαλεν εἰς τὸν τῆς βουλῆς λόγον διὰ τῶν αἱρεθέντων ἰς τὸ προστῆναι τῶν τῆς νομαρχίας διαφερόντων Πολυδευκείας Steuer διὰ πρεσβυτέρων. Die Einzahlungen bzw. Überweisungen der Steuerbeträge finden durch die vom Rat der Metropole Arsinoe zur Erhebung der staatlichen Nomarchen-Steuern bestellten Nomarchen (und die Meridarchen) an die Ratskasse statt. In welcher Weise sie hier gebucht werden, zeigt Nr. 62 (aus dem Jahre 229/30): κατέβαλεν ἰς τὸν τῆς νομαρχίας λόγον διὰ τῶν αἱρεθέντων ἰς τὸ προστ[ῆναι] τῶν τῆ(ς) βουλῆ(ς) διαφερόντ[ων … Daß der βουλῆς λόγος und der νομαρχίας λόγος, wie Preisigke (*P. Straßb.* I S. 196) annahm, identisch sind, kann ich nicht zugeben. M. E. zeigen diese Urkunden, daß ὁ τῆς νομαρχίας λόγος damals eine Sonderabteilung der Ratskasse, nicht mehr der Staatskasse bildet. Die Nomarchen und die Meridarchen werden vom Rat erwählt, sind jetzt städtische Beamte, der Rat haftet für die von ihnen zu erhebenden Steuern [4]). Da ist es nur natürlich, daß ihr Konto jetzt von der Ratskasse ressortiert. Dieser Wechsel muß in den Gaumetropolen [5]) in der Zeit zwischen 213 (*BGU.* 356: s. Anm. 3) und 227 eingetreten sein. Ist das richtig, dann quittiert auch in unserem Ostrakon die Ratskasse von Arsinoe über die an ihre Sonderabteilung, den νομαρχίας λόγος, abgeführten Nomarchensteuern. Die spezielle Steuer, um die es sich in unserem Fall handelt, ist nicht zu ermitteln (Z. 4). Ἑρμίας war wohl ein Untergebener des Nomarchen und nicht der Steuerzahler.

L ιβ// τοῦ κυρίου ἡμῶν
Γαλλιηνοῦ Σεβαστοῦ. Δι(έγραψεν)
Ἑρμίας Τι . αρχι . . ου εἰς τὸν τῆς
νομαρχίας λόγο(ν) . . . ϛ δ.

2 Monat und Tag fehlen. — δ⋆ Ostr. **3** Τι-καρχιαγοῦ? **4** Was vor ϛ gestanden hat, ist nicht zu erkennen, wohl doch die Steuer? Die Schrift des ganzen Ostrakon ist sehr verwischt.

Übersetzung. Jahr 12 unseres Herrn Gallienus Augustus. Es hat gezahlt Hermias, Sohn des Ti. archi..us, auf das Nomarchen-Konto (für) … 4 Dr.

---

[4]) S. Wilcken, *Ostr.* I 625.

[5]) In dem autonomen Antinoupolis war der νομάρχης τῆς Ἀντινόου πόλεως sicher schon im J. 203 nach Chr. städtischer, vom Rat erwählter Beamter, wie *PSI.* III 199, 17 ff. zeigt. Er begegnet uns außerdem noch in zwei weiteren Urkunden, *P. Lond.* Inv. Nr. 1891 (*New Pal. Soc.* X Taf. 227 = P. Jouguet 2 bei Kühn, *Antinoopolis* 143 f. = Preisigke, *SB.* I Nr. 5343; s. auch Jouguet, *Vie municipale* 477 f.; Lewald, *Vierteljahrsschrift f. Soz. u. Wirtschaftsgesch.* XII 476) vom J. 182 und in einem *P. Würzburg* (bei Kühn aaO. 146 = Preisigke, *SB.* I Nr. 5280) vom J. 158. Kühn (aaO. 146 ff.) schließt aus dieser letzteren Urkunde, der νομάρχης τῆς Ἀντινόου πόλεως sei ein staatlicher Beamter gewesen. Es steht aber m. E. nichts im Wege, ihn, wie im J. 203, so auch schon von der Stadtgründung an als städtischen Beamten anzusehen, der ein Staatsamt bekleidet und dessen Amtsbezirk über die Stadt hinaus den ganzen Gau umfaßt (vgl. den ἀγορανόμος). Seine Kompetenz erstreckt sich hier aber nicht nur auf die Steuerverwaltung; er übt auch, wie die beiden angeführten Papyri zeigen, eine polizeiliche und friedensrichterliche Tätigkeit aus; s. Kühn aaO. 148.

Nr. 43. 44. ΑΙ^Κ = ΑΙ Κ(ΑΘΗΚΟΥΣΑΙ) SC. ΔΡΑΧΜΑΙ.

In mehreren unserer Ostraka aus Theben, sowie in einem, das wohl aus Elephantine-Syene stammt, finden wir die Abkürzung αι^Κ zwischen zwei auf dieselbe Steuerzahlung bezüglichen Summen; die erste Summe ist *stets höher* als die zweite, auf die sich die Abkürzung bezieht. Es sind folgende Ostraka unserer Sammlung:

Nr. 22 Z. 4 f. (a. 62, Theben-Memnoneia): ὑπ(έρ) . ·(?) ϛ η αι^Κ ϛ Ζ Γ. Ὁμο(ίως) Φαῶ(φι) β̄ ὑπ(έρ) . ·(?) ϛ Υ^ι αι^Κ ϛ β ϗ.

Nr. 37 Z. 2 f. (a. 67, Theben-Pakerk.): ὑ(πέρ) χω(ματικοῦ) Πα^Κ ιβ ∠ ϛ δ αι^Κ ϛ Υ ϗ.

Nr. 25 Z. 5 (a. 68, Theben-Pakerk.): ὑπ(έρ) χωμ(ατικοῦ) ϛ Ζ— αι^Κ ⟨ϛ⟩ ϛ Γ.

Nr. 44 passim (a. 91/92, Theben?): ὑπ(έρ) τέλ(ους) [· · · ια ∠] ϛ αῑ αι^Κ ϛ α.

Nr. 43 (a. 130, Elephantine-Syene): ὑπ(έρ) ἐλαίο(υ) ιε ϛ ϛ δ αι^Κ ϛ Υ Γ⌐.

Im Anschluß an das Ostrakon Nr. 1379 seiner Publikation, einer Dammsteuerquittung aus dem J. 43 nach Chr., sah Wilcken (*Ostr.* I 133 A. 1) die mit αι^Κ eingeführte Summe (6 Dr. 4 Obolen) als Angabe der Normalhöhe der Steuer an und schlug vor, αἱ κ(αθήκουσαι) aufzulösen. Doch da die in diesem Ostrakon an erster Stelle, vor αι^Κ stehende Summe bei weitem niedriger war (μίαν = ι)[1] als die auf αι^Κ folgende, war er gezwungen, den ersten Betrag als Rate im Gegensatz zur folgenden Jahres-Normalhöhe zu fassen. Das ließ sich mit den sonstigen Belegen für αι^Κ nicht vereinigen. Daher führte Wilcken diesen Gedanken nicht weiter durch. Milne (*Theban Ostraca* S. 90 ff. Nr. 32—40) hat nun soeben richtig darauf hingewiesen, daß die Differenz zwischen den beiden durch αι^Κ verbundenen Summen dem Verhältnis der Zuschlagsgebühr (προσδιαγραφόμενα) zur Normaltaxe bei bestimmten Steuern (besonders bei der Dammsteuer, dann auch bei der Kopf-, Badsteuer und anderen Steuern) entspricht, nämlich pro Stater (Tetradrachmon) rund 1¹/₂ Obolen beträgt[2]. Wenn er dann aber αι^Κ mit αἱ κ(αί) auflöst und weiter diese 1¹/₂ Obolen pro Stater mit dem Agio vergleicht, das in der Ptolemäerzeit bei Kupferzahlung für πρὸς ἀργύριον verpachtete Steuern zu entrichten war (s. Einl. zu *Nr. 1—5*: S. 122), so kann ich ihm nicht zustimmen. Die Differenz zwischen der Silber- und Billondrachme beträgt in römischer Zeit 1 bis 1¹/₄ Obol, also auf den Stater 4 bis 5 Obolen[3].

---

1) = 1 Drachme 2¹/₂ Obolen. Das ist mir auch heute noch unverständlich; erwartet wird, wie *Nr. 25*, 5, ϛ Ζ— = 7 Drachmen 1 Obol.

2) S. das von Wilcken herausgegebene Straßburger Ostrakon Nr. 203 (*Archiv* IV 146 f.): προσδιαγρα(φόμενα) ὡς τοῦ ἑνὸς στατῆρος ἐκ —ι. Vgl. unsere *Nr. 36*, 3 f.: (für Damm- und Badsteuer) ∈ Ζ = ι καὶ τὰ τούτ(ων) προσδ(ιαγραφόμενα) ἐξ —ι; *Nr. 35*, 2 f.; s. die Einl. zu *Nr. 35—37*.

3) S. Wilcken, *Grundzüge* LXVI.

Zur Erklärung des αι^κ gehen wir am besten von unserer *Nr. 25* aus; hier lautet der betreffende Passus (Z. 5): ὑπ(ὲρ) χωμ(ατικοῦ) ϛ ζ— (= 7 Dr. 1 Obol) αι^κ ⟨ϛ⟩ ϛ ϝ (= 6 Dr. 4 Obolen). Die 6 Drachmen 4 Obolen repräsentieren den üblichen jährlichen Normalsatz für die Dammsteuer im 1. Jahrhundert nach Chr. Hierzu treten als Zuschlag (προσδιαγραφόμενα) nach dem von Milne erkannten Satze 3 Obolen = 7 Dr. 1 Obol. Zum wirklich gezahlten Betrag (Normalsatz + Zuschlag) wird also der Normalsatz mit αι^κ hinzugefügt; ich löse das daher, wie schon Wilcken vorschlug, mit αἱ κ(αθήκουσαι)[4]) sc. δραχμαί auf. Damit wird stets, ob es sich nun um Zahlung des Jahressatzes handelt oder um Ratenzahlung, der einfache Steuerbetrag *ohne* die Zuschlagsgebühr bezeichnet.

Wo bei den mit Zuschlag zu zahlenden Steuern nur *eine* Summe als Steuerbetrag steht ohne folgendes αι^κ, haben wir daher diese Summe wohl stets als den einen Zuschlag schon enthaltenden Steuerbetrag aufzufassen, entsprechend dem bei Doppelangabe an erster Stelle vor αι^κ stehenden Betrag.

---

4) Vgl. αι^κ, αι κα^θ, αι κα^θ προ(σδιαγραφόμεναι) od. ähnl. *PSI.* I 102, 18. 22; 103, 10 u. sonst; auch αι^π = αἱ π(ροκείμεναι).

NR. 43.

Höhe 8, Breite 10,5 cm.   Elephantine-Syene.   Erheberquittung: Formular S. 117 A II b β) 5 b.
8. Oktober 130 nach Chr.

Διὰ Ἁρμήνιο(ς) Ψεῶτο(ς). Διέ(γραψεν) Ἐπα(   ) Ἀπολ(λωνίου)
ὑπ(ὲρ) ἐλαίο(υ) ιε ϛ ⟨ δ αι^κ ⟨ γ ϝ 𐅵. L ιε Ἁδριανοῦ
τοῦ κυρίου Φαῶ(φι) ι̅α̅.

1 ⟃ ∟ Ostr.   2 *H* Ostr. = 4½ Obolen; s. Viereck, *Archiv* I 450 ff. Taf. B 5).

Übersetzung.   Durch Harmenis, Sohn des Pseōs, (als Erheber). Es hat gezahlt Epa(phroditos? oder -gathos?), Sohn des Apollonios, für Öl[1]) des 15. Jahres 4 Dr(achmen) (einschließlich des Zuschlages) entsprechend dem Normalsatze von 3 Dr(achmen) 4½ Obolen. Jahr 15 Hadrians des Herrn am 11. Phaophi.

---

1) Vgl. Wilcken, *Ostr.* II Nr. 687; dazu *Ostr.* I 190 (Grundsteuer für Ölland?).

Nr. 44.

Höhe 8,5, Breite 10 cm. Theben(?). Staatskassenquittung: Formular S. 114 A II a α) 1 b. 28. September 91 bis 1. September 92. Das Ostrakon enthält 12 Zahlungen zu 1 Drachme ½ Obol, die sich über ein Jahr erstrecken, für eine nicht zu ermittelnde Steuer (ὑπ(ὲρ) τέλ(ους) [...: Z. 2). Alle Zahlungen zeigen dieselbe Hand, das Schreibutensil ist aber nicht das gleiche; besonders Z. 6 weicht im Charakter vom übrigen ab.

Διέγρα(ψεν) Ψενταρῶφις [............]
Πετεορσνούφιος ὑπ(ὲρ) τέλ(ους) [... ια L ϛ α ῑ]
αι^κ ϛ α. L ια Δομιτιανοῦ [τοῦ κυρίου]
Φαῶφι ᾱ. Ὁμοί(ως) Ἀθὺρ δ̄ ϛ α [ῑ αι^κ ϛ α. Ὁμοί(ως)]   28.Sept. 91.
5 Ἀθὺρ κ̄η̄ ϛ α ῑ αι^κ ϛ α. Ὁ[μοί(ως) ....].
Ὁμοί(ως) Μεχεὶρ ζ̄ ϛ α ῑ αι^κ ϛ α. Ὁμ[οί(ως) ....].
Ὁμοί(ως) Φαρμ(οῦθι) ζ̄ ϛ α ῑ αι^κ α. Ὁμο(ίως) Παχ[ὼν]
κη ῑ. Ὁμο(ίως) Παῦ(νι) δ̄ ϛ α ῑ αι^κ α. Ὁ[μο(ίως)]
Ἐπεὶφ δ̄ ϛ α ῑ αι^κ α. Ὁμο(ίως) Μεσο(ρὴ) δ̄
10   ϛ α ῑ αι^κ α. Καὶ ιβ L
Θὼθ δ̄ ϛ α ῑ αι^κ α.   1.Sept. 92.

2 εν^κ ist wohl nicht zu ergänzen. — ῑ = ½ Obol = 4 Chalkoi. 5 Für den (abgekürzten) Monat, Tag und ϛ α ῑ αι^κ ϛ α ist, ebenso wie am Schlusse der Z. 6, kein Platz; s. Z. 8. 7 Von dieser Zeile ab fehlt das Drachmenzeichen zwischen αι^κ und α. 8 Wenn κη (statt κ̄η̄: 28. Pachon) richtig ist, dann ist vor ῑ: ϛ α, nach ῑ: αι^κ α ausgefallen, ähnlich vielleicht Z. 5 und 6 Schluß.

Übersetzung. Es hat gezahlt Psentarophis, Sohn des ...., Enkel des Peteorsnuphis, für die ......-Steuer des 11. Jahres 1 Dr. ½ Obol (einschließlich des Zuschlags) entsprechend dem Normalsatz von 1 Dr. Jahr 11 Domitians des Herrn am 1. Phaophi. Desgleichen am 4. Hathyr 1 Dr. ½ Obol (einschließlich des Zuschlags) entsprechend dem Normalsatz von 1 Dr. Desgleichen am 28. Hathyr 1 Dr. ½ Obol (einschließlich des Zuschlags) entsprechend dem Normalsatz von 1 Dr. usw.

Nr. 45—50. STAATSSPEICHER-BESCHEINIGUNGEN ÜBER NATURALABGABEN VOM GETREIDELAND.

Der Περιθήβας νομός und seine Nachbargaue, der Κοπτίτης, Παθυρίτης, Λατοπολίτης, Ἀπολλωνοπολίτης, zerfallen in je zwei τοπαρχίαι, die Ἄνω und Κάτω τοπαρχία[1]). In der Ptolemäerzeit besteht ein einziger Staatsspeicher im Περιθήβας νομός: ὁ ἐν Διὸς πόλει τῇ μεγάλῃ θησαυρός. Dasselbe gilt für den Gau von Edfu; in *Nr. 46* und den Parallel-Ostraka des Berliner Museums, die ich zum Formular B a 1 (S. 117) angeführt habe[2]), heißt es stets: εἰσμε(μέτρηκεν) bzw. με(μέτρηκεν) εἰς θη(σαυρὸν) Ἀπό(λλωνος πόλεως).

Für die Kaiserzeit liegt dagegen die Frage nach den θησαυροί des Περιθήβας νομός — über den Gau von Edfu sind wir nicht unterrichtet — sehr im unklaren; sie ist auch durch Preisigke (*Girowesen* 53 ff.) noch nicht geklärt. Seiner Scheidung in zwei Staatsspeicher (θησαυρὸς διοικήσεως [= μητροπόλεως] Ἄνω und Κάτω τοπαρχίας) und zwei Tempelspeicher (θ. ἱερῶν κωμῶν Ἄνω und Κάτω τοπαρχίας) kann ich nicht zustimmen. M. E. hat *jeder* θησαυρός, d. h. Staatsspeicher, ein διοίκησις-Ressort (= θησαυρὸς διοικήσεως) und ein ἱερατικά-Ressort (= θησαυρὸς ἱερῶν oder ἱερατικῶν: s. *Nr. 47*)[3]). Das hat schon Otto (*Priester und Tempel* II 104 ff., bes. 108 Anm. 2) mit Recht betont. Dem ἱερατικά-(Tempel-)Ressort, das erst in römischer Zeit geschaffen ist, sind die Einkünfte der Tempel überwiesen. Vielleicht haben wir daneben im Περιθήβας ein μητροπόλεως- und ein κωμῶν-Ressort anzunehmen. Die Existenz besonderer Speicher unter dem Namen θησαυρὸς μητροπόλεως und θ. κωμῶν scheint mir aber unwahrscheinlich.

---

1) Vgl. die Skizze bei Gerhard, *Philologus* LXIII (1905!, 522; Spiegelberg, *Recueil* XXXV (1913), 161. S. Anm. 2.

2) P. 11031 (= Schubart aaO. Taf. VIII e = Preisigke, *SB.* I Nr. 4634). 10983. 11006. 11015. Der Text dieses Ostrakon vom J. 108/7 v. Chr. lautet:

> Ⱡ 1 Παχὼν ιδ. Εἰσμε(μέτρηκεν) εἰς θη(σαυρὸν) Ἀπό(λλωνος πόλεως) εἰς τὸ αὐτὸ
> Ⱡ Αρ̇ Παχιρεθ (sic) Βαχόις Ψενή(σιος) ꜩ μίαν ἥμισυ ⟋ ꜩ α ἥμισ(υ). Es folgen zwei demotische Zeilen.

Αρ^α Παχιρεθ steht auch in P. 11006, in P. 11031 nur Αρ^α, an derselben Stelle, wo sich in *Nr. 45. 46* und P. 10988 Κάτω (sc. τοπαρχίας) findet. Es kann sich also wohl nur um einen Ortsbezirk handeln.

3) S. Wilcken, *Ostr.* I 656, *Grundzüge* 301 und das zu Formular B a 2 (S. 118) angeführte *Theban Ostr.*, Greek Texts Nr. 116 (a. 61). — *PSI.* I 104, 6; 106, 20. 25; III 233, 15 aus der Zeit des Marcus ist etwa ἱερα(τικῶν) θησ(αυρικόν) aufzulösen, »an das Tempel-Ressort zu zahlendes Magazingeld« (vgl. auch *PSI.* I 106, 11. 13. 22; 104, 25; 106, 26). Es handelt sich um eine dem Tempel-Ressort der Staatsspeicherverwaltung geschuldete, adärierte Naturalabgabe. Die dafür gebrauchte Bezeichnung begegnet m. W. hier zum ersten Male. An die Auflösung θησ(αυροφυλακιτικόν bzw. -λακικόν: s. die Literatur bei Preisigke, *Fachwörter* s. v.) ist doch wohl nicht zu denken; daß diese Speicherwachtdienst-Gebühr nur für die Ptolemäerzeit bezeugt ist, besagt zwar nicht viel.

Ebensowenig bestehen für die einzelnen Stadtbezirke Thebens besondere Staatsspeicher, vielmehr hatte jedes dieser Quartiere mit seinen ἀναγραφόμενοι bei jedem Staatsspeicher-Ressort seine besondere Abteilung; darauf weisen auch unsere Ostraka *Nr. 47. 49. 50*, besonders aber die Staatsspeicher-Giroanweisung *Nr. 56* hin[4]). Sicher ist also nur, daß im Gegensatz zur Ptolemäerzeit mehrere Staatsspeicher vorhanden waren, jedenfalls ein θησαυρὸς Ἄνω τοπαρχίας und ein θ. Κάτω τοπαρχίας.

---

4) S. jetzt auch *PSI.* III 268. 272—277; in Nr. 268 und 277 ist ὑπ(ὲρ) Ἀγο(ρᾶς), »für das Marktquartier«, aufzulösen.

Nr. 45.

Höhe 7,5, Breite 9 cm. Edfu. Staatsspeicherbescheinigung: Formular S. 117 B a 1. 12. Juni 145 oder 9. Juni 134 vor Chr.

    Ἔτους λϛ Παχὼν ιζ.
    Με(μέτρηκεν) λϛ L Κάτω Πετοσῖρις
    Πετοσίριος ⁒ τρεῖς ἥμυσυ
    τρίτον ⟋ ⁒ ϒ ∠ ϒ΄.
5   Κινέας.
2. Hd. Ἀπολλωνίδης ⁒ ϒ ∠ ϒ΄.
3. Hd. Κράττης ⁒ τρεῖς ∠ ϒ΄ / ⁒ ϒ ∠ ϒ΄.

2 Ꝟ Ostr. = με(μέτρηκεν), sc. εἰς θη(σαυρὸν) Ἀπό(λλωνος πόλεως) εἰς τὸ (λϛ L). — Κάτω sc. τοπαρχίας. 3 ⁒ = ·πυ(ροῦ). 4 ∠ = $\frac{1}{2}$.

5/7 Zu den Subscriptiones s. die Bemerkungen zum Formular B a 1: S. 118. Z. 6 und 7 ist nach dem Namen με(μέτρημαι) zu ergänzen.

Übersetzung. Jahr 36 am 17. Pachon. Es hat gemessen (an den Staatsspeicher in Apollinopolis auf das) 36. Jahr (für Land) in der Nord-Toparchie Petosiris, Sohn des Petosiris, drei ein Halb ein Drittel (Artaben) Weizen, macht 3 ¹/₂ ¹/₃ (Art.) Weizen. Kineas (Staatsspeicher-Verwalter). (2. Hd.) (Ich) Apollonides (habe mir zumessen lassen) 3 ¹/₂ ¹/₃ (Art.) Weizen. (3. Hd.). (Ich) Krattes (habe mir zumessen lassen) drei ¹/₂ ¹/₃ (Art.) Weizen, macht 3 ¹/₂ ¹/₃ (Art.) Weizen.

Nr. 46.

Höhe 10, Breite 10 cm. Edfu. Staatsspeicherbescheinigung: Formular S. 117 B a 1. Die Umschrift und Übersetzung der demotischen Beischrift verdanke ich Spiegelberg. 12. September 115 vor Chr.
S. Tafel IV.

(1. Hd.) 1 L β Μεσορὴ κζ. Εἰσμε(μέτρηκεν) εἰς θη(σαυρὸν) Ἀπό(λλωνος πόλεως)
2 εἰς τὸ αὐτὸ L Κάτω Ἁρνᾶσις
3 Τεῶτος ⳨ ∠ γ′ ⟋ ⳨ ∠ γ′. Κάσ(τωρ).
(2. Hd.) 4 *Ḥsp·t II·t IV·nw šmw sw XXVII ḥi Ḥr-nʿšte sꜣ Dd-ḥr r pꜣ rꜣ Tb*(?)
5 *n pꜣ wꜣḥ*(?) *n ḥsp·t II·t nꜣ ʿj·w mḥjtj·w* .?. *sḫ Hiꜣrks*

4
5

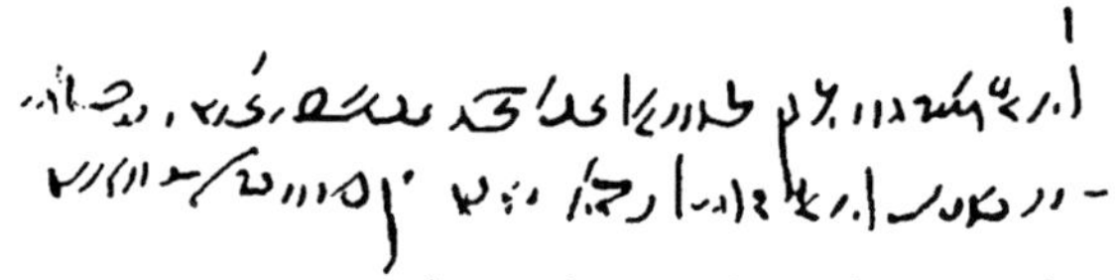

6 Ἱέρα(ξ) με(μέτρημαι) καθότι πρόκειται ⳨ ∠ γ′ / ⳨ ∠ γ′.
7 L β Μεσο(ρὴ) κζ.

1 L = ἔτους. — εισ⸗ εις θηα Ostr.; vgl. *Nr. 45*, 2 und die Einl. Anm. 2. 2 L = ἔτος. 3 ⳨ = πυ(ροῦ). — ∠ γ′ = ½ ⅓. — / = γ(ίνεται). — κ^LS Ostr. 4 Schluß: Die Gruppe ist so stark verwischt, daß man zunächst zweifeln kann, ob die Farbschatten überhaupt Schriftreste sind. Bei näherem Zusehen glaube ich die Reste von *Tb* = »Edfu« zu erkennen. Dagegen scheint *Pr-ʿꜣ* »König«, das häufig in Verbindung mit *pꜣ rꜣ* (= θησαυρὸς βασιλικός) erscheint, nicht möglich zu sein. (Sp.) 6 ιερ^L ⸗ Ostr.

Übersetzung. Jahr 2 am 27. Mesore. Es hat zugemessen an den Staatsspeicher von Apollinopolis auf dasselbe Jahr (für Land) in der Nord-Toparchie Harnasis, Sohn des Teōs, ½ ⅓ (Artabe) Weizen, macht ½ ⅓ (Artabe) Weizen. Kastor (Staatsspeicher-Verwalter).

(2. Hd.: Demotisch.) Jahr 2 am 27. Mesore. Es hat gemessen Ḥar-naschte, Sohn des Dje-ḥo, an den Speicher von Edfu (?) | mit der Taxe (?) des Jahres 2 — Die Nordgegend (wörtlich »die nördlichen Häuser«) .?. Geschrieben von Hierax.

(2. Hd.: Griechisch.) Ich Hierax habe mir zumessen lassen, wie oben angegeben, ½ ⅓ (Artabe) Weizen, macht ½ ⅓ (Artabe) Weizen. Jahr 2 am 27. Mesore.

Nr. 47.

Höhe 12, Breite 9,5 cm. Theben. Staatsspeicherbescheinigung: Formular S. 118 B a 2.
17. Juli 77 nach Chr.

Μεμέττρη(κεν) (sic) Ψενπτούτης Πετεμαρσνοῦφις
εἰς θησ(αυρὸν) ἱερατικ(ῶν) Κάτω τοπ(αρχίας)
γενήματ(ος) θ ∟ ὑπ(ὲρ) Μεμνο(νείων)
5 πυρο(ῦ) σωρο(ῦ) ἀρτάβας
τρῖς ἡμίσο(υς) (sic) ⟨/⟩ ⳨ γ ∟. ∟ θ
Οὐεσπασιανοῦ τοῦ κυρ(ί)ο(υ)
Ἐπεὶφ κγ.

1 f. Vgl. *Nr. 37*, 1 f.   2 l. Πετεμαρσνούφιος.   Einzelbem.   6 l. τρεῖς ἥμισυ. — ⳨ = πυ(ροῦ)
5 Zu πυρο(ῦ) σωρο(ῦ) s. *P. Giss.* I Nr. 63, 7   ἀ(ρτάβας).   7 S. *Nr. 17* Anm. 1.

Übersetzung. Es hat gemessen Psenptutes, Sohn des Petemarsnuphis, an das
Tempelressort des Nordbezirks-Staatsspeichers von der Ernte des 9. Jahres für
das Memnon-Quartier an Weizenhaufen drei und eine halbe Artabe, (macht)
3 ¹/₂ Art. Weiz. Jahr 9 Vespasians des Herrn am 23. Epeiph.

Nr. 48.

Höhe 6, Breite 10,5 cm. Herkunft unbekannt. Staatsspeicherbescheinigung: Formular S. 118 B a 3.
22. Juni 72 nach Chr.

[Μεμετ]ρήκα(σιν) υἱῶν Διέως Σωστράτου
[ἐπί]τροπ(οι) γενή(ματος) δ ∟ Οὐεσπασιανοῦ
[πυρο]ῦ ἀρτάβας ὀκτὼι δίμυρον
[/] ⳨ ηβ'. ∟ δ' Παῦνι κη.

1 Διεύς ist ein Frauenname; oder liegt Verschreibung statt Διέους vor? — l. οἱ τῶν υἱῶν ...
ἐπίτροποι.   2]τρο) Ostr.; die Ergänzung und Auflösung [εἰς θησ(αυρὸν) μη]τροπ(όλεως) ist schon
durch Platzmangel ausgeschlossen.   3 l. ὀκτώ,
δίμοιρον.   4 ⳨ = πυ(ροῦ) ἀ(ρτάβας). — β' (δίμοιρον, τὰ δύο μέρη) = ²/₃.

Übersetzung. Es haben gemessen die Altersvormünder¹) der Söhne der
Dieus, der Tochter des Sostratos, aus der Ernte des 4. Jahres Vespasians acht und
zwei Drittel Artaben Weizen, macht 8²/₃ Art. W. Jahr 4 am 28. Payni.

---

1) Zur Sache vgl. Preisigke, *Girowesen* 112 zur Speicher-Giroanweisung *P. Lips.* I 112, die der
ἐπίτροπος des Unmündigen gegenzeichnet. Auffallend ist, daß unsere Quittung den (zwar nicht mit
Namen genannten) ἐπίτροποι ausgestellt wird, nicht den ἀφήλικες διὰ τῶν ἐπιτρόπων. [Das Ostrakon
ist eine gute gleichzeitige Illustration zu der vielbehandelten Stelle *Gal.* 4. 1. 2, an der Paulus die
Vormundschaft von ἐπίτροποι καὶ οἰκονόμοι über den unmündigen Erben bildlich verwertet. A. D.]

NR. 49.

Höhe 7,5, Breite 11 cm.   Theben.   Staatsspeicherbescheinigung: Formular S. 118 B a 4.
5. Juli 144 nach Chr.

Μέ(τρημα) θησ(αυροῦ) κω(μῶν) γενή(ματος) Ζ ϛ ᾿Αντωνίνου
Καίσαρος τοῦ κυρίου ᾿Επεὶφ ια̅.
῾Υπ(ὲρ) Χά(ρακος) ὀνό(ματος) Πεβρίχιο(ς) ῾Ηρακλῆọ(υς)
κρι(θῆς) μίαν δωδέκ(ατον)
5   / κρι(θῆς) α ιο̅. ῾Αρπọ(κρατίων) σι(τολόγος).

1 κω(μῶν): möglich wäre auch die Lesung
βο(ρρᾶ), die aber aus sachlichen Gründen ausgeschlossen ist; s. die Einl.   3 Zu ὀνόματος τοῦ
δεῖνος, »namens des Zahlers« (so hier) oder »namens des Zahlungsempfängers (für den Erheber)«,
s. Preisigke, Girowesen 140 f. 151; Nr. 50, 4. —
Das ε von Πεβρίχιο(ς) ist korrigiert. — ῾Ηρα-

κλῆọ(υς) (l. ῾Ηρακλέους) ist nicht sicher.   5 ιο̅ =
ιβ̅: ¹/₁₂. — Die Lesung ῾Αρπọ(κρατίων) ist wahrscheinlich: als σιτολόγοι des J. 144 nach Chr. kennen wir ῝Ωρος (Wilcken, Ostr. II 876. 880) und ῾Αρ-
ποκρατίων (ebendort 878. 879). — σι(τολόγος),
nicht σ(εσ)η(μείωμαι).

Übersetzung. Zumessung an den Staatsspeicher, Dörfer-Ressort, aus der
Ernte des 7. Jahres des Antoninus Caesar des Herrn am 11. Epeiph. Für das
Charax-Quartier namens des Pebrichis, des Sohnes des Heraklēs, (als Steuerzahler)
ein ¹/₁₂ (Artabe) Gerste, macht 1 ¹/₁₂ (Art.) Gerste. Harpọ(kration) Staatsspeicher-
verwalter.

NR. 50.

Höhe 6, Breite 7,5 cm.   Theben.   Staatsspeicherbescheinigung: Formular S. 118 B a 4.
30. Juni 162 nach Chr.

Μέ(τρημα) θησ(αυροῦ) μη(τροπόλεως) γενή(ματος) β ϛ
᾿Αντωνίνου καὶ Οὐήρου
τῶν κυρίων Αὐτοκρατόρων
᾿Επεὶφ ϛ̅. ῾Υπ(ὲρ) Νό(του) ὀ(νόματος) ῾Εριέως
5 Πουέ(ριος) Ψέστους ⨎ ἕκτ(ον)
κο̅ / ⨎ ϛκο̅. Π.. σ(εσ)η(μείωμαι).

4 Das ο̅ von ὀ(νόματος) ist aus ε̅ korrigiert.
5 Πουέ(ριος) ist unsicher. · – ⨎ = πυ(ροῦ).   6 κο̅
= ¹/₂₄. — Den abgekürzten Namen habe ich nicht
entziffert. Wir kennen als thebanische σιτολόγοι

in dieser Zeit Πατ( ): Wilcken, Ostr. II 1589
(a. 161) und Πανα(μεύς): ebendort 921 (a. 163); das
letztere wäre vielleicht möglich. — σ̅η̅ Ostr. =
σ(εσ)η(μείωμαι).

Übersetzung. Zumessung an den Staatsspeicher, Ressort-Metropole, aus der
Ernte des 2. Jahres des Antoninus und Verus, der Herren und Kaiser, am
6. Epeiph. Für das Südquartier namens des (Zahlers) Herieus, des Sohnes des
Puëris, Enkels des Psestes, ein Sechstel ¹/₂₄ (Artabe) Weizen, macht ⅙ ¹/₂₄ (Artabe)
Weizen. P.. Staatsspeicherverwalter.

GETREIDETRANSPORTSCHEINE, PACHTZINS-QUITTUNGEN, ANWEISUNGEN UND DERGLEICHEN.

Nr. 51—55. BESCHEINIGUNGEN DER ΝΑΥΚΛΗΡΟΙ ÜBER DEN VON IHNEN ÜBERNOMMENEN GETREIDETRANSPORT.

Die fünf Bescheinigungen sind den Staatsspeicherbeamten in Theadelpheia (Harît) ausgestellt und berühren sich aufs engste mit den von Grenfell-Hunt (*P. Fayum* S. 327 ff. Nr. 24 ff.) und Jouguet (*Bull. de l'Inst. d'arch. orient.* II 97 ff. = Preisigke, *SB.* I Nr. 1492—1517) veröffentlichten Ostraka'), die fast alle derselben Herkunft sind und der gleichen oder annähernd gleichen Zeit angehören.

Eine genauere Datierung unserer Ostraka gewinnen wir trotz des fehlenden Kaisernamens aus *Nr. 51*: auf ein 7. Jahr (Z. 3) folgt das 1. Jahr (Z. 5) eines neuen Herrschers. Das kann sich, ebenso wie das Datum der Ostr. Jouguet Nr. 3—13 (= Preisigke, *SB.* I Nr. 1494—1504), wie besonders *P. Lips.* I Nr. 57 und *P. Flor.* II Nr. 273 zeigen, nur auf das 7. Jahr des Valerianus/Gallienus und das 1. Jahr der in Ägypten anerkannten Prätendenten Macrianus und Quietus beziehen. Wir besitzen sicher nach ihnen datierte Papyri aus der Zeit vom 29. August 260 bis zum 30. Oktober 261 ²). Zwischen dem 7. Juli 260 und 30. März 262 sind zurzeit keine Urkunden des Valerianus/Gallienus bekannt ³). Ob die Herrschaft der beiden Prätendenten, die also zwischen dem 7. Juli und 29. August 260 in Ägypten begonnen hat, daselbst bis Anfang des Jahres 262 gedauert hat, läßt sich nicht entscheiden. *Nr. 51* ist danach auf den 24. März 261 anzusetzen, *Nr. 52* auf den 25. März 261. Das 15. Jahr in *Nr. 53* ist das des Gallienus, wir haben das Ostrakon also auf den 12. März 268, *Nr. 54* auf den 14. März 268 anzusetzen; in *Nr. 55* steht kein Datum.

---

1) Vgl. dazu Rostowzew, *Archiv* III 215 ff. V 298; *Klio* VI 253 f.; Paul M. Meyer, *P. Hamb.* I 17 Einl.; Wilcken, *Grundzüge* 378; San Nicolò, *Ägypt. Vereinswesen* I 135 ff.

2) *P. Flor.* II Nr. 273 Verso (29. VIII. 260); *P. Straßb.* I 6, 27 ff. (1. X. 260); *P. Grenf.* I 50 (24. X. 260); *P. Oxy.* X 1254 (27. XI. 260); *P. Lond.* III 954 S. 153 (29. XI. 260); P. Rainer: s. *P. Flor.* II S. 57 (8. XII. 260); *P. Lond.* III 905 S. 127 (15. II. 261); *P. Rainer: Führer* S. 84 Nr. 284 = *Mitt. PER.* II S. 33 = Preisigke, *SB.* I Nr. 5126 (1. III. 261); *P. Lips.* I 57 (6. III. 261); *P. Straßb.* I 6, 37 f. (30. X. 261). Vgl. Comparetti, *P. Flor.* II S. 56 ff. — Von Ostraka kommen unsere Nummern sowie die genannten Ostr. Jouguet Nr. 3—13 (= Preisigke, *SB.* I Nr. 1494—1504) in Betracht, dagegen beziehen sich die Ostr. Jouguet Nr. 14 ff. (= Preisigke, *SB.* I Nr. 1505 ff.) und *P. Fay.* Ostr. Nr. 25 ff. nicht auf die Regierung des Macrianus und Quietus, vielmehr auf die des Valerianus/Gallienus.

3) *P. Flor.* II 273 R.: 7. VII. 260; *P. Straßb.* I 7, 1: 30. III. 262. Der *P. Straßb.* I 32 vom 6. V. 261 ist versehentlich nach dem 8. Jahr des Gallienus datiert.

Alle fünf Ostraka haben, wie die der beiden obengenannten Publikationen, Naukleroi-Agenten ausgestellt, und zwar, soweit ein Datum vorliegt, in der zweiten Hälfte des Phamenoth, d. h. im März [4]. Sie enthalten die Bescheinigung darüber, daß die Agenten vom θησαυρὸς κώμης Θεαδελφείας (= Θρασώ) [5], vom Staatsspeicher des Dorfes Th., ein bestimmtes Quantum Getreide der Ernte des vergangenen Jahres zum Transport (καταγωγή) auf Eseln nach dem nächsten Hafen (ὅρμος), wahrscheinlich der Metropole Arsinoe, und von dort weiter nach Alexandreia zu Schiff übernommen haben [6]. Das Getreide wird nicht nach Artaben, sondern nach der Zahl der transportierenden Esel berechnet: 1 ὄνος (= 1 σάκκος) = 3 ἀρτάβαι [7]. Diese Esel sind δημόσιοι ὄνοι, von der Regierung requirierte Esel von ὀνηλάται, die für das betr. Jahr liturgiepflichtig sind [8]. Die in *Nr. 51* verzeichneten 8 Esel sind in Πῶις im Ἡρακλεοπολίτης [9] requiriert, die 10 in *Nr. 52* in Τρικωμία im Faijum [10], die 5 in *Nr. 54* im Κυνοπολίτης νομός (s. dazu *P. Hamb.* I Nr. 17, 6 nebst Einl. S. 71 f.). In *Nr. 53* läßt sich wohl auch das Τῆει am Anfang nur auf den Requisitionsort der in Z. 4 genannten 4 Esel beziehen (vgl. *P. Fay.* S. 328 Ostr. Nr. 27. 28: (διὰ κτηνῶν) Τῆεως), obwohl der Dativ merkwürdig ist. Τῆις ist ein Dorf des Ὀξυρυγχίτης, das im 4. Jahrh. im 8. pagus liegt (s. *P. Giss.* I Nr. 115 Einl.).

Die beiden Bescheinigungen des Jahres 261 (*Nr. 51. 52*) sind auf den Namen des Ἀππιανὸς ἐξηγ(ητεύσας) ausgestellt, der uns als Ratsherr und gewesener Exeget von Alexandreia, sowie als Domanialgroßpächter in den Dorfbezirken von Theadelpheia, Euhemereia, Theoxenis hinlänglich bekannt ist [11]. Hier fungiert er als Groß-Naukleros; die Bescheinigungen sind nicht von ihm selbst geschrieben, sondern von seinen Agenten, die den Transport leiten; wir haben Ἀππιανός, wie in den Ostr. Jouguet Nr. 23. 24 (= Preisigke, *SB.* I Nr. 1514. 1515), als ὀνόματος Ἀππιανοῦ aufzufassen. Das erweist auch die zwar ähnliche, aber doch nicht der gleichen Hand angehörige Schrift von *Nr. 51* und *52* [12]. Auch in *Nr. 53* und *54* vom J. 268 handelt es sich um eine Transportunternehmung des Appianos: hier zeichnet der Agent mit seinem Namen; es ist der Gutsverwalter (φροντιστής) Heroninos [13]. Unter seiner von Comparetti im *P. Flor.* II veröffentlichten Kor-

---

4) Ebenso Jouguet aaO. Nr. 6—13 = Preisigke, *SB.* I Nr. 1497—1504.

5) S. Comparetti, *P. Flor.* II S. 59.

6) S. dazu *P. Hamb.* I Nr. 17 Einl.

7) S. Wilcken, *Ostr.* I 754.

8) Vgl. *P. Hamb.* I S. 144 f.

9) S. Jouguet aaO.; über Πῶις im Heptakomia-Gau, im Hermopolites und Koptites s. *P. Giss.* I Nr. 58 S. 6 A. 3.

10) S. Grenfell-Hunt, *P. Teb.* II S. 405.

11) S. die in meinen *Libelli a. d. decianischen Christenverfolgung* Nr. 16 zu Z. 4 ff. angeführten Belege und dazu *P. Flor.* I 10, 1; 100 I 2; II S. 254 (s. Preisigke, *B. L.* I S. 155); III 321 I 1; 322 I 2.

12) *Nr. 51* ist sein Name Ἀπιανός, *Nr. 52* Ἀππιανός geschrieben; s. dazu *Libelli* aaO.

13) S. Comparetti, *P. Flor.* II S. 58 f.; *P. Hamb.* I Nr. 55 Einl. Er wird wahrscheinlich Ende 268 als Gutsverwalter durch seinen Sohn Ἡρωνᾶς ersetzt. — Abrechnungen des Heroninos an Appianos sind *P. Flor.* I 9 a; 100; III 321; 372; 375; *P. Lond.* III 1226 S. 103. 1289 S. LXXI (s. *P. Flor.* II S. 250), vgl. auch 1210 S. 173; 1170 Verso S. 193. — Zum Worte φροντιστής s. *Papyrus Nr. 9* Einl. S. 57, bes. Anm. 24 (dort ist *Ostr. 48—52* in *Ostr. 51—55* zu ändern).

respondenz der Jahre 253—268 befinden sich auch 11 Briefe des Appianos an ihn (Nr. 170—180: a. 255—263), 6 seiner Briefe an verschiedene Adressaten (Nr. 272—277: a. 258—266). In gleicher Eigenschaft wie in unseren beiden Ostraka fungiert Heroninos in den vier Ostr. Jouguet Nr. 6—9 (= Preisigke, *SB.* I Nr. 1497—1500) vom 24. März 261: hier ist statt des Ἥρωνι πασφ᾽ Ἀππιανοῦ der editio princeps zu lesen Ἡρωνῖνος φρ(οντιστὴς) Ἀππιανοῦ [14]).

Ob auch der Ἡρακλᾶς Ζωΐλου in *Nr. 55* ein Agent des Appianos ist, muß dahingestellt bleiben.

---

14) S. Vitelli, *P. Flor.* I S. 27 unten und danach Preisigke aaO.

Nr. 51.

Höhe 8, Breite 4,5 cm; unten freier Raum von 4 cm.   Faijum.   24. März 261 nach Chr.

Θησαυροῦ κώ(μης) Θεα-
δελφείας ἀπὸ γε(νήματος)
Ζ ς/ Ἀπιανὸς ἐξηγ(ητεύσας)
Πώεως ὄν(οι) η΄.
5 L α ς/ Φαμενὼθ κη.

2 Das ἀπό scheint aus απι korrigiert zu sein; der Schreiber wollte schon hier den Namen des Ἀπιανός (l. Ἀππιανός) setzen. 3 Zur Auflösung ἐξηγ(ητεύσας) s. meine *Libelli aus der decianischen Christenverfolgung* Nr. 16 Z. 4 ff. Apparat. 4 ον/ Ostr. 5 L α ς/ = (ἔτους) α (ἔτους); vgl. *Nr. 52*, 5; *P. Fay.* Ostr. S. 325 Nr. 21; Ostr. Jouguet Nr. 5. 10—13 (= Preisigke, *SB.* I Nr. 1496. 1501—1504).

Übersetzung. Vom Staatsspeicher des Dorfes Theadelpheia (hat) Appianos, gewesener Exeget, aus der Ernte des 7. Jahres (den Transport von) 8 Eseln aus Pois (übernommen). Jahr 1 am 28. Phamenoth.

Nr. 52.

Höhe 8,5, Breite 8 cm; unten ein freier Raum von 4 cm.   Faijum.   25. März 261.
Ähnliche, aber nicht die gleiche Schrift wie in *Nr. 51*.

Θησαυροῦ κώ(μης) Θεα-
δελφείας Ἀππι-
ανὸς ἐξηγ(ητεύσας)
[Τ]ρικωμίας ὄν(οι)
5 ι΄. L α ς/ Φαμ(ενὼθ) κθ.

S. den Apparat und die Übersetzung von *Nr. 51*.

Nr. 53.

Höhe 6, Breite 7,5 cm.   Faijum.   12. März 268.

Τήει ... θησαυροῦ
Θρασὼ Ἡρωνῖνος
φροντιστὴς
ὄνοι— δ—.
5 L ιε Φαμενὼθ
ιϛ.

1 Die auf Τήει folgenden Buchstaben sind nicht zu erkennen,
ἀπό oder ἐκ steht nicht da; vielleicht ὀγο(ι)? S. die Einl.

Nr. 54.

Höhe 8, Breite 9,8 cm.   Faijum.   14. März 268.   Zur Erklärung s. die Einl.

Γενή(ματος) ιδ ϛ´ θη-
σαυροῦ Θρασὼ
Ἡρωνῖνος φρον-
τιστὴς ὄνοι ε
5 διὰ κτηνῶν Κυνο-
[πο]λίτου.
L ιε Φαμ[εν]ὼθ ιη.

Übersetzung. Aus der Ernte des 14. Jahres (hat) vom Staátsspeicher von
Thrasō der Gutsverwalter Heroninos (den Transport von) 5 Eseln, Tieren aus
dem Kynopolitischen Gau, (übernommen). Jahr 15 am 18. Phamenoth.

Nr. 55.

Höhe 8,5, Breite 5 cm.   Faijum.   Dieselbe Zeit wie *Nr. 51—54.*

Θησ(αυροῦ) Θεαδελφ(είας)
Ἡρακλᾶς
Ζωΐλου
ὄν(οι) κ.

Übersetzung. Vom Staatsspeicher von Theadelpheia (hat) Heraklās, Sohn
des Zoilos, (zum Transport) 20 Esel (übernommen).

NR. 56. GIROANWEISUNG AN EINEN STAATSSPEICHER-BEAMTEN.

Höhe 7,5, Breite 11 cm. Theben. 2. Jahrhundert nach Chr. Veröffentlicht nach Wilckens Lesung von Deißmann, *Licht vom Osten*[2-3] 86 f. mit Abbildung (danach Preisigke, *SB.* I Nr. 4252). Original von mir nachverglichen.

Über Giroanweisungen an den Staatsspeicher s. Preisigke, *Girowesen* 119 ff., der als charakteristische Beispiele Wilcken, *Ostr.* II Nr. 1159. 1164, *P. Lips.* I 112—117 anführt. Sie sind an das Kollegium der σιτολόγοι, der Staatsspeicher-Verwalter, bzw. an einen von ihnen oder an ihren γραμματεύς gerichtet. Auch der Adressat unseres Ostrakon ist σιτολόγος oder γραμματεύς σιτολογίας. Διάστειλον ist das Schlagwort in den Giroanweisungen der Kaiserzeit (ebenso wie in den auf Staatsspeicher lautenden Schecks: s. Preisigke aaO. 128 ff.; *Papyrus Nr. 6* Einl. S. 38).

Die Überweisung soll εἰς ὄνομ(α) Οὐεστ(ειδίας) Σεκούδα (sic) διὰ Πολλία Μαρία νεωτ(έρα) (sic) stattfinden: »durch Gutschrift an[1]) Vestidia Secunda durch Pollia Maria die Jüngere«. Die einfachste Erklärung ist die, daß die Zahlungsempfängerin Vestidia kein eigenes Konto beim Staatsspeicher hat, daher Überweisung für sie an das Konto der Pollia Maria stattfindet[2]). Es wäre dann zu übersetzen: »durch Gutschrift auf das Konto Pollia Maria für Vestidia Secunda«.

Möglich wären aber noch andere Erklärungen. Es handelt sich um eine ständig wiederkehrende Zahlung; der Anweisende spricht von τὰς τοῦ πυροῦ ἀρτάβ(ας) . . . ., »die gewöhnliche, übliche Überweisung von . . .«. Daß die Frau Pollia Maria Verwalterin eines Grundstückes der Vestidia Secunda war und Crispus etwa ihr Pächter, scheint ausgeschlossen. Eher ist denkbar, daß Pollia Maria Pächterin der Vestidia ist und Crispus dieser — wofür, wird nicht gesagt — die 2 ¹/₂ ¹/₃ ¹/₂₄ Artaben zu Händen der Pollia Maria überweisen läßt; vgl. *P. Lips.* I 114. Auch die Möglichkeit wäre in Erwägung zu ziehen, daß hier etwa auf Grund einer Delegation Zahlung erfolgt, indem Pollia (als delegans) ihren Schuldner Crispus (als delegatus) angewiesen hat, das ihr Geschuldete oder einen Teil der Vestidia, ihrer Gläubigerin, (als delegataria) zu zahlen. Crispus weist dann den Staatsspeicher an, die Überweisung von seinem Konto auf das der Vestidia im Namen der Pollia Maria vorzunehmen, die als Zahlerin der Empfängerin Vestidia gegenüber genannt werden soll. Dann wäre zu übersetzen: »Überweise von meinem Konto auf das Konto der Vestidia seitens der Pollia Maria als Zahlerin . . . .«. Doch die zuerst vorgebrachte Erklärung scheint mir die wahrscheinlichste.

---

1) Zur Zahlung εἰς ὄνομα τοῦ δεῖνος = Auszahlung durch Gutschrift an jemanden s. die zum *Papyrus Nr. 8,* 13 Einzelbem. angeführte Literatur.

2) So auch. Deißmann aaO.

Die zwischen der 2. und 3. Zeile hinzugefügten Worte εἰς Νότου Λ(ιβός) habe ich bisher noch nicht berücksichtigt. Sie lassen sich m. E. nur so auffassen, daß das Konto der Pollia Maria bzw. der Vestidia, die im ›Südwest-Quartier‹ von Theben ›eingeschrieben‹ waren (ἀναγραφόμεναι), sich bei der Spezialabteilung für dieses Quartier in dem in Betracht kommenden Staatsspeicher befindet (s. *Nr. 45—50* Einleitung).

Auf den jüdischen Namen Μαρία (vgl. *Nr. 33*) und den auch für Juden bezeugten Namen Κρεῖσπος hat Deißmann aaO. 87 hingewiesen.

   Κρεῖσπος Νε . . . ι.
   Διάστειλον εἰς ὄνομ(α)
εἰς Νότου Λ(ιβὸς)
   Οὐεστ(ειδίας) Σεκούδα(sic) διὰ Πολλία
5 Μαρία νεωτ(έρα)(sic) τὰς τοῦ
   πυροῦ ἀρτάβ(ας) δύο ἥ-
   μισυ τρίτον τετρακικοστ(όν)(sic)

Das Ostrakon bricht ab.

1 Να.. α. [.] oder Νε.. α. [.] Wilcken. Νε ist mir wahrscheinlicher als Να; die folgenden Buchstaben sind unsicher, der zweite nach νε ist korrigiert. Νεοκλεῖ steht nicht da, auch nicht Νε(oder α)οκωι oder Νε(oder α)οκλωι. **3** Die Zeile ist nachträglich hinzugefügt. — νοτου Ostr. = Νότου Λ(ιβός) sc. ἄμφοδον. **4** l. Σεκούνδης. — ∠ Ostr. **4/5** l. Πολλίας Μαρίας νεωτ(έρας). **7** τετρακικοσ^τ steht da. — Fortgefallen ist / ϛ· β ∠ γ′ κο und das Datum.

Übersetzung. Crispus an Ne . . . . . Überweise durch Gutschrift auf das Konto der Pollia Maria der Jüngeren bei der Südwestquartier-Abteilung (des Staatsspeichers) für Vestidia Secunda die üblichen 2 ¹/₂ ¹/₃ ¹/₂₄ Artaben Weizen . . . .

NR. 57. ANWEISUNG AN EINEN GUTSVERWALTER.

Höhe 9,5, Breite 14 cm. Theben. 29. Dezember 192 nach Chr. Veröffentlicht nach Wilckens Lesung von Deißmann, *Licht vom Osten* ²·³ 136 f. mit Abbildung (danach Preisigke, *SB.* I Nr. 4253). Original von mir nachverglichen.

Harpokrās weist den Phthomonthes an, an zwei γεωργοὶ Λίμνης, die im Dorfe Φμαῦ heimatsberechtigt sind, 5 (Artaben) Weizen zu geben, ›zum Vollmachen (εἰς πλήρωσιν) der 35 (Artaben) Weizen‹, d. h. als letzte Rate eines im ganzen 35 Artaben betragenden Weizenquantums. Es folgt eine zweite, eine Sklavin des Harpokrās betreffende Anweisung.

Die hier genannte Λίμνη, das ›Seeland‹[1]), läßt sich mit dem südwestlich

---

1) ›Seeland‹ wird sonst erwähnt im *P. Amh.* II 100 (Zeit des Severus) aus Hermupolis; hier hat sich eine Pachtgenossenschaft zur Bewirtschaftung der Λίμνη καλουμένη Πάτρωνος — es handelt sich um Domanialland — gebildet. Auf eine λίμνη wird auch in der hermopolitanischen

von den Μεμνόνεια Thebens gelegenen ehemaligen Bassin des Birket Habu[2])
identifizieren, das auch in der Pachtzinsquittung *Theban Ostr.*, Greek Texts Nr. 119
(a. 114) genannt wird[3]). Alle λίμναι bildeten ursprünglich einen Bestandteil des
Domaniallandes[4]), wie die γῆ χέρσος, die νομαί, die ἅλμη und die sonstigen
Kategorien des ὑπόλογον. Gerade solches Land wird aber häufig in der Kaiserzeit durch Verkauf Privatland geworden sein. Auch hier scheint es sich um Privatland zu handeln. Die beiden γεωργοὶ Λίμνης lassen sich kaum als Domanial-
bauern, δημόσιοι γεωργοί, auffassen. Ein Saatdarlehn ist m. E. nach dem ganzen
Wortlaut des Ostrakon ausgeschlossen; die Zeit der Urkunde, das Getreidequantum
und endlich der Ausdruck εἰς πλήρωσιν sprechen dagegen. Wahrscheinlicher ist
es mir vielmehr, daß es sich um zwei vorübergehend verwandte Lohnarbeiter
handelt, die den μισθός für die während der Saatzeit geleistete Arbeit in mehreren
Raten empfangen, deren letzte jetzt, am Schlusse der Aussaat, am 29. Dezember,
ausgezahlt werden soll. Vgl. dazu *P. Hamb.* I Nr. 27, 14 Einzelbemerkung. Ἁρποκρᾶς wäre dann ein Privatgrundbesitzer (kein Großdomanialpächter), Φθομώ(ν)θης
sein Verwalter (φροντιστής)[5]). Er wird angewiesen, den beiden Lohnarbeitern
und ebenso der neben ihnen beschäftigten Sklavin (παιδίσκη) das ihnen zukommende Getreidequantum auszuhändigen.

> Ἁρποκρᾶς Φθομώθη (sic)   χαίρειν.
>   Δὸς Ψενμ̣ώ̣θη (sic) Παῶ καὶ Πλήνι Παουώσιο(ς)
>   ἀπὸ Φμαῦ γεωργοῖς Λίμνης ⨎ ε
>   εἰς πλήρωσιν ⨎ λε Γ ⨎ λε.
> 5 L λγ ⚌ Τοβ (sic) ⊤̄.
>   ⟋ Καὶ ἤδη ποτὲ δὸς τῇ ἐμῇ παιδίσκη
>   τὰς τοῦ ⨎ γ cͿ.

1 l. Φθομώνθη. 2·l. Ψενμώνθη. 3 Das α ist aus α korrigiert, das β ist nicht hochgesetzt.
von Φμαῦ ist nicht sicher. — ⨎ = πυ(ροῦ), sc. ἀρ- 7 cͿ = ³/₄.
τάβας. 4 Γ = γ(ίνονται). 5 l. Τῦβι; das τ

Übersetzung. Harpokrās dem Phthomonthes Gruß. Gib dem Psenmonthes,
dem Sohne des Paōs, und Plenis, dem Sohne des Paüosis, aus Phmau, den Lohnarbeitern auf dem Seeland, 5 (Artaben) Weizen zum Vollmachen der 35 (Artaben)
Weizen, macht 35 (Artaben) Weizen. Jahr 33 am 3. Tybi.
Gib auch endlich einmal meiner Sklavin die 3 ³/₄ (Artaben) Weizen.

Urkunde *P. Flor.* I 50, 32 (a. 268) Bezug genommen, ebenso in dem Faijum-Papyrus *BGU.* 94, 9
(a. 289). — Zur Λίμνη, dem »Seegau«, dem früheren Namen des Ἀρσινοίτης νομός, s. die *Petrie
Papyri* und *Rev. Laws.* Dieser Gau zerfällt im 3. Jahrh. vor Chr. in vier Polizeireviere, die drei
μερίδες und die Μικρὰ Λίμνη (s. *P. P.* III 128; dazu Oertel, *Die Liturgie* 51).

2) S. die Generalkarte von Theben bei Dümichen, *Einl. zur Gesch. des alten Ägyptens* (in der
Onckenschen Sammlung) zu S. 66.

3) Der Pachtzins wird geleistet εἰς θησ(αυρὸν) Μεμνο(νείων) γενήματος ιϛ ϛ … εἰς τὰς ἀκολ (?)
Λίμνης ἀπὸ τ(ῶν) Μεμνο(νείων).   4) So auch die Λίμνη im *P. Amh.* II 100 (s. Anm. 1).

5) S. *Ostr. Nr. 51—55* Einl. S. 172 Anm. 13.

NR. 58. PACHTZINSQUITTUNG.

Höhe 10, Breite 12,5 cm.   Theben.   15. Sept. 155 oder 12. Sept. 144 vor Chr.

Es handelt sich um Privatpacht; vgl. die ptolemäischen Pachtzinsquittungen bei Wilcken, *Ostr.* II Nr. 1024. 1027. 1237. 1262 und *P. Amh.* II 55. Pachtobjekt ist ἐπάντλητος γῆ (= ἐπηντλημένη, ἀντλητὸς γῆ in römischer Zeit), künstlich bewässertes Land, den heutigen Scharâki-Feldern entsprechend [1]). Der Pächter, X Sohn des Amōs, hat dem Verpächter Pasemis den Pachtzins, ἐκφόριον (meist in natura), und das ἐπιγένημα, den auf seinen Teil entfallenden »Erntcüberschuß« [2]), geleistet, worüber dieser durch seinen Vertreter, da er ἀγράμματος ist, mit ἔχω παρὰ σοῦ quittiert. Zugleich übernimmt der Verpächter alle auf dem Grundstück lastenden Verpflichtungen öffentlichrechtlicher [3]) und privatrechtlicher Natur, für βασιλικὰ ἢ ἰδιωτικά (scil. ὀφειλήματα) (Z. 4 ff.). Diese Gegenüberstellung von βασιλικά und ἰδιωτικά findet sich auch in den Titeln des πράκτωρ τῶν ἰδιωτικῶν (*P. Hib.* I 34, 7) und des πράκτωρ τῶν βασιλικῶν (s. Preisigke, *SB.* I Nr. 3937, 12 f.; 3938, 11 f.) = πράκτωρ ὁ ἐπὶ τῶν βασιλικ[ῶν] προσόδων τεταγμένος (*P. P.* II 22 = III 26, 15) [4]), ebenso in der Kompetenzbestimmung der Chrematisten als οἱ τὰ βασιλικὰ καὶ προσοδικὰ καὶ ἰδιωτικὰ κρίνοντες χρηματισταί [5]) (*P. Tor.* I 3, 6 = Mitteis, *Chrest.* Nr. 29; *P. Amh.* II 33, 9 f.). Zu vergleichen ist auch die πρᾶξις ὡς πρὸς βασιλικὰ (ὀφειλήματα; s. *P. Hamb.* I S. 104 A. 5) und in römischer Zeit das (καθαρὸν) ἀπὸ πάσης δημοσίας τε ὀφειλῆς καὶ ἰδιωτικῆς.

[Π]ασῆ[μ]ις Πετεχῶντος [.].[.]-
ενει Ἀμῶτος χαίρειν. Ἔχω παρὰ
σοῦ τὸ ἐκφόριον καὶ τὸ ἐπιγένημα
τῆς ἐπηντλήτου μου γῆς. Ἄν δέ τι[ς]

1 Der Schluß ist verwischt, so daß der Name   4 l. ἐπαντλήτου. — ἄν = ἐάν [6]). — σοι hat am
(etwa Παμ-, Πιμ- od. dgl.) nicht zu ermitteln ist.   Schlusse nicht mehr gestanden.

---

1) S. Wilcken, *Grundzüge* 273; vgl. bes. *Rev. Laws* 24, 7 f.: τῆ[ς] ἐν τῆι] Θηβαΐδι ἐπαντλή-τ(ου γ)ῆς. — Ἐπηντλημένη s. *P. Lips.* I 105 (= Wilcken, *Chrest.* Nr. 237), 24. — Ἀντλητὸς γῆ s. *P. Strasb.* I 52, 14 Anm.

2) S. Wilcken, *Ostr.* I 194 § 45; Waszyński, *Bodenpacht* 124; Rostowzew, *Kolonat* 51.

3) Über die grundsätzliche Verpflichtung des Verpächters, die staatlichen Abgaben und Lasten zu tragen, s. Waszyński aaO. 115 ff.   4) Vgl. Preisigke, *Prinz-Joachim-Ostraka* S. 46.

5) S. dazu Gradenwitz, *Archiv* III 38 f.; Mitteis, *Grundzüge* 5.

6) [Das dem Neugriechischen zustrebende ἄν = ἐάν ist auch im N. T., und zwar besonders im Johannes-Evangelium, bezeugt: s. 12, 32; 13, 20; 16, 23; 20, 23 zweimal; sonst *AGesch.* 9, 2. Von diesen sechs Fällen (Bezeugung bei Blass-Debrunner § 107) handelt es sich in fünf, wie in unserer Scherbe, um einen Bedingungssatz, in dem auf ἄν eine Form von τις folgt. Man kann wohl annehmen, daß diese Verbindungen beim Volke sehr beliebt waren. Weiteres bei Radermacher, *Neu-testamentliche Grammatik* S. 161. A. D.]

5 ἐπέλθῃ περὶ βασιλικῶν ἢ ἰδιωτικῶν, ἐκστήσω αὐτόν.
Ἔγραψεν ὑπὲρ αὐτοῦ Ἀρχιτάρχις(?)
ἀξιωθεὶς ὑπ' αὐτοῦ διὰ τὸ
φάσκειν αὐτὸν μὴ εἰδέναι
10 γράμματα.
L κϛ Μεσορὴ κ̄.

5 f. Zu ἐπέλθῃ und ἐκστήσω s. *P. Giss.* I Nr. 39, 2—4
Einzelbem. **7** Das υ von ὑπέρ ist korrigiert.

Übersetzung. Pasemis, Sohn des Petechōn, dem ...., Sohne des Amōs, Gruß. Ich habe von Dir den Pachtzins und den Ernteüberschuß meines künstlich bewässerten Landes. Falls aber Jemand (gegen Dich) auftreten sollte wegen staatlicher oder privater Verpflichtungen (des Grundstücks), werde ich ihn entfernen. Es hat für ihn geschrieben Architarchis(?), von ihm darum ersucht, weil er erklärte nicht schreiben zu können. Jahr 26 am 20. Mesore.

NR. 59. PACHTVERTRAG.

Höhe 11,5, Breite 11 cm. Herkunft unbekannt. 16. Oktober 70 nach Chr.

Der Anfang der Urkunde fehlt. Sie hat die Form einer subjektiv stilisierten Erklärung des Pächters an den Verpächter. Danach kann nur ein Pachtangebot (ὑπόμνημα) oder ein Pachtvertrag in χειρόγραφον-Form[1]) vorliegen. Das erstere scheint mir ausgeschlossen, schon im Hinblick auf die am Schluß fehlende Phrase ἐὰν φαίνηται μισθῶσαι. Es wird Bezug genommen auf einen anderen, im gleichen Jahre, unter gleichen Bedingungen abgeschlossenen Pachtvertrag über 4 Aruren desselben Kleros (Z. 2f.: μετὰ ἀ(ρο)υ(ρῶν) δ, ὧν ἐμισθωσάμη(ν) τῷ α(ὐτῷ) γ L). Zu ihm stellt unser Vertrag wohl nur einen den Inhalt nochmals resumierenden Nachtrag dar: zu den 4 Aruren tritt $^1/_2$ Arure hinzu.

Zum Namen des κλῆρος Πιακαλῆι, »Ackerlos Piakali«, vgl. die mannigfachen Bildungen von Ortsnamen mit Πια im Faijum[2]). Der κλῆρος gehört zum Staatsland, ist vollwertiges Land; das zeigt auch der Pachtzins von 4 $^1/_2$ $^1/_{12}$ Artaben Weizen pro Arure (s. dazu *P. Giss.* I Nr. 60 Einl. S. 26), den der Aussteller der

---

1) Aus dem 1. Jahrh. sind uns solche kaum bekannt; s. z. B. *P. Flor.* I 85 (a. 91): μεμίσθωμαι παρὰ σοῦ.

2) So Πιαβαλίου χωρίον (saec. VI/VII), Πιαβανέως(?) ἐποίκιον (saec. III), Πιαμαλαλεὶς τόπος (etwa a. 200), Πιαμούει χωρίον (saec. VI/VII), Πιανθιακοῦ τόπος (saec. II), Πίαν Τρύφωνος τόπος (saec. II), Πιαρακλίδη ἐποίκιον (od. χωρίον) (saec. VII), Πιαταώης(?) χωρίον (saec. VI), τόπος κλήρο(υ) καλουμένο(υ) Πιαακ[.]σσι (a. 586). S. Wessely, *Topographie des Faijum* 124 f.; *P. Teb.* II S. 395 f.

Urkunde, ein Kleinpächter (δημόσιος γεωργός), sich zu zahlen verpflichtet [3]). Von diesem sollen $\frac{1}{2}\frac{1}{12}$ Artabe (für die Arure) direkt an den Staatsspeicher geliefert werden, die übrigen Artaben (4 für die Arure) dagegen an den γρα(μματεὺς) γ(εωργῶν), dem im allgemeinen die Eintreibung des Pachtzinses obliegt; s. dazu *P. Hamb.* I Nr. 3 Einl. S. 11f.

Die Herkunft des Ostrakon ist nicht bekannt; der Name Πιβοῦχι(ς) (Z. 4) = »der des Buchis« weist an sich auf Hermonthis hin; s. *Ostr. Nr. 10.*

Das Ostrakon ist oben abgebrochen; Spuren einer Zeile.

⎰ L ἀπὸ ⎰ η d κλήρου Πια-
καλῆι μετὰ ⎰ d, ὦν
ἐμισθωσάμη(ν) τῷ α(ὐτῷ) γ L,
νό(του) Πιβοῦχι(ς) βο(ρρᾶ) Ἐριεύς,
5   φόρου ἑκάστη(ς) ⎰ ἀνὰ πυ[ροῦ]
ἀρτάβα(ς) τέσσαρας ἥμισυ ι̅ο̅],
ἐφ' ᾧ μετρή(σω) εἰς θη(σαυρὸν) ⫞ L ι̅ο̅,
τὰς δὲ λοιπ(ὰς) μετρή(σω) Ἀσκ(ληπιάδη) γρα(μματεῖ) γ(εωργῶν).
└──── γ Οὐεσπασιανοῦ
10 τοῦ κυρίου
    Φαῶφι ι̅θ̅.

1 ⎰ L = ἀ(ρο)ύ(ρης) (ἥμισυ). Das folgende ἀπό ist aus ἐκ korrigiert. — d = ¹/₄. 6 l. ἀρταβῶν τεσσάρων ἡμίσους. 7 ⫞ = πυ(ροῦ) sc. ἀρτάβης. Das ⫞ ist aus einem η — der Schreiber wollte wohl ἥμισυ schreiben — korrigiert. — L ι̅ο̅ = $\frac{1}{2}\frac{1}{12}$. 8 ασ^κ γρ ς γ̅: so lese ich, vom γ in γρ ς sind zwar kaum Spuren vorhanden.

Übersetzung. (...... Ich habe von Dir gepachtet ....) eine halbe Arure von 8¹/₄ Aruren des Landloses Piakali zusammen mit 4 Aruren, die ich im gleichen dritten Jahre gepachtet habe, (Nachbarn) im Süden Pibuchis, im Norden Herieus, Pachtzins für jede Arure je 4¹/₂ ¹/₁₂ Artaben Weizen, unter der Bedingung, daß ich an den Staatsspeicher $\frac{1}{2}\frac{1}{12}$ (Artabe) Weizen (für die Arure) zumesse, die übrigen (Artaben) dem Asklepiades, dem Sekretär der Domanialpächter, zumesse. Jahr 3 Vespasians des Herrn am 19. Phaophi.

---

3) [Die Scherbe gibt zu der vielumstrittenen Stelle *Röm.* 5, 12 einen aus dem Zeitalter des Römerbriefs stammenden Originalbeleg für die Formel ἐφ' ᾧ. Moulton (*Einl.* S. 175) hat mit vollem Recht darauf hingewiesen, daß der allgemeine Sinn von ἐφ' ᾧ ist »angesichts der Tatsache, daß«. Diese Allgemeinbedeutung spaltet sich in eine kausale, wenn ein Präteritum oder Präsens folgt (so Paulus *Röm.* 5, 12; 2 *Kor.* 5, 4), und in eine konditionale, wenn ein Präsens oder Futurum folgt, wie im Ostrakon, in zahlreichen Papyri und Inschriften (z. B. in vielen Sklaven-Freilassungsurkunden aus Delphi vom 2. Jahrh. vor Chr. bis in die nachchristliche Zeit), auch 3 *Makk.* 3, 28 und Aristeas (ed. Wendland) 25. A. D.]

NR. 60. ZINSZAHLUNGS-QUITTUNG.

Als Geschenk Deißmanns im Besitz des Herrn Professor D. Martin Dibelius in Heidelberg.
Höhe 10, Breite 7,5 cm.   Herkunft unbekannt.   Ptolemäische Zeit.

Es handelt sich in dieser am 17. Pharmuthi ausgestellten Quittung um
Zahlung der Halbjahrszinsen[1]) vom Phaophi bis zum Pharmuthi ausschließlich[2]).
Daß die Worte κούθέν σοι ἐνκαλῶ auf eine Schlußzahlung hinweisen (s. S. 113),
ist nicht sicher[3]).

>   Ἀσκλη(πιάδης) Κόνωνι χαίρειν.
>   Ἔχω παρὰ σοῦ τοὺς τό-
>   κους ἀπὸ Φαῶφι τοῦ
>   η ⌐ ἕως Φαρμοῦθι
>   5 τοῦ αὐτοῦ ἔτους
>   κούθέν σοι ἐνκα-
>   λῶ. ⌐ η Φαρμο(ῦθι) ιζ.

1 ασκλ^η Ostr.: das η nach Wilcken.

Übersetzung.   Asklepiades dem Konon Gruß. Ich habe von Dir die Zinsen
vom Phaophi des 8. Jahres bis zum Pharmuthi desselben Jahres und erhebe keinen
Anspruch gegen Dich. Jahr 8 Pharmuthi 17.

---

1) Zur Höhe der Vertragszinsen in ptolemäischer Zeit s. *Papyrus Nr. 5* Einzelbem. 11 f.

2) Vgl. z. B. *BGU.* 1055 (= Mitteis, *Chrest.* Nr. 104), 45 f. vom 5. Pharmuthi des Jahres 13 vor
Chr.: ὧν καὶ ἐκπεπλήρωται τὸν τόκον ἕως τοῦ προκειμένου μηνὸς Φαρμοῦθι.

3) Durchaus ausgeschlossen erscheint es mir nicht, daß sie hier, wie auch sonst wohl, diese
Bedeutung nicht haben, sondern sich nur auf die Halbjahrs-Zinszahlung beziehen. Ein Ostrakon unserer Sammlung, das hierüber vielleicht Aufklärung bringen könnte, ist fragmentiert und die entscheidende Stelle schwer zu lesen; s. *Nr. 60a* (Höhe 9, Breite 8,7 cm; Herkunft unbekannt; 2. Jahrh.
vor Chr.):

>   Δίδυμος Θερμούθει [χαίρειν].
>   Ὃν δέδωκά σοι χαλκ[ὸν . . . .]
>   ας, δέδωκας . . . ε[. . . . .]
>   τοῦ χαλκοῦ ⌐ β ω / [⌐ δισχιλίας]
>   5 ὀκτακοσίας καὶ οὐ[θέν σοι ἐν]-
>   καλῶ . . θον π[. . . . .]
>   πον[. . . . .

2 Auf χαλκ[όν folgte etwa beispielshalber ⌐ (= δραχμὰς) τρισχιλ[ί]ας. Ist das
verschrieben und zu lesen: ἀφ' οὗ δέδωκά
σοι χαλκοῦ, ⌐ (= δραχμῶν) τρισχιλίων,
oder ἀφ' ὧν δέδωκά σοι χαλκοῦ ⌐ τρισχιλίων? 3 Nach δέδωκας (= ἀποδέδω-
κας) steht nicht μοι.

RECHNUNGSAUFSTELLUNGEN, LISTEN.

Nr. 61. STÜCK EINER RECHNUNGSAUFSTELLUNG.

Höhe 15,5, Breite 13,5 cm.   Faijum.   3. Jahrh. vor Chr.

Von einem Gutsbesitzer werden die Ausgaben seines Verwalters auf unserem
Ostrakon gebucht[1]). Trotz des Hinweises ὀπίσω, »siehe die Rückseite, wenden!«,
ist auf dem Verso nichts vorhanden; vielleicht stand etwas auf dem oberen, nicht
erhaltenen Teile der Rückseite. Der Verwalter hat 6 Talente 2290 Drachmen (in
Kupfer) empfangen (Z. 13)[2]), davon 5 Talente 140 Dr. ausgegeben (Z. 12) — 4 Talente 1350 Dr. (Z. 2) + 4790 Dr. (Z. 11) —, so daß ihm noch eine Summe von 1 Talent
2150 Dr. verbleibt (Z. 14), über die er dem Gutsherrn später abzurechnen hat.
Die erhaltenen Ausgabeposten weisen alle auf einen Hausbau hin. Wir können
unsere Rechnungsaufstellung also am besten vergleichen mit *P. P.* II Nr. 33 a
[= III Nr. 143] Kol. A (244/240 vor Chr.), wo die Rubrik lautet: Λόγος Πα[. .]σ-
κᾶτος τῶν κατὰ τὴν οἰκίαν ἀ[νηλωμάτων]. Es folgen u. a. als Posten οἰκοδόμωι
τοῦ οἰκήματος (Z. 12), τῶι τὴν πλίν[θο]ν προσάγοντι (Z. 17), ἐργάταις τοῖς ὑπηρε-
τοῦσι ἡμερῶν τετταρά[κοντα .. Dementsprechend finden wir in unserem Ostrakon
unter den erhaltenen Posten zuerst [πλινθουλκ]οῖς/πλ(ίνθου) M͂ Τ ⊦ B̂ χ (Z. 3), »an
Ziegelstreicher als Lohn für die Herstellung von 13000 Stück Ziegel: 2600 Drachmen«. Es liegt derselbe Fall vor wie in *P. P.* III Nr. 46, 1, 24: 7 πλινθουλκοί,
welche die Herstellung von 20000 Stück Ziegel für den Bau des neuen königlichen Absteigequartiers in Ptolemais zum Tarif von 10 Silberdrachmen für 10000
Stück übernommen haben, leisten eine Bürgschaft von 20 Kupferdrachmen[3]).
Hier beträgt also der Entgelt für die Herstellung von 10000 Stück 10 Silberdrachmen = 1200 Kupferdrachmen, an einer anderen Stelle derselben Urkunde
15 Silberdrachmen = 1800 Kupferdrachmen, in unserem, derselben Zeit angehörenden Ostrakon 2000 Kupferdrachmen[4]). Zur Ziegelfabrikation im ptolemäisch-
römischen Ägypten vgl. Reil, *Beiträge zur Kenntnis des Gewerbes im hellenistischen
Ägypten* 35 ff.

---

1) [Die Scherbe mag das ἀπόδος τὸν λόγον τῆς οἰκονομίας σου *Luk.* 16, 2 illustrieren.   A. D.]

2) [Wie der δοῦλος im Gleichnis *Matth.* 25, 15 fünf Talente erhielt.   A. D.]

3) Δι]εγγυήκασιν οἱ δεῖνες πλιν[θ]ουλκοὶ οἱ ἐξειληφότες ἑλκῦσαι π[λίνθου] M͞ ὥστε εἰς τὴν
συντελουμένην ἐν Πτολεμαίδι βασιλ[ικὴν] κατάλυσιν ἑκάστης M͂ ⊦ ι χαλκοῦ ⊦ κ.

4) In dem Faijum-Papyrus der arabischen Zeit bei Preisigke, *SB.* I Nr. 5270, 15 ff. wird ὑπὲρ
τι[μ]ῆ[ς ὠ]μοπλίνθω[ν] μυριάδων τριῶν 1 Solidus παρὰ κερ[άτια] 7½ ¼ gezahlt.

Die Ziegel werden auf dem Gute selbst in einem πλινθουργεῖον hergestellt [5].
Hierfür werden die 24 ἀχύρου μαν(δάκαι) verwendet [6], die in Z. 7 verzeichnet
sind. Der Preis für eine μανδάκη (Bündel) [7] beträgt 15 Kupferdrachmen; im
ganzen sind also hierfür 360 Drachmen in Rechnung gestellt. In den Quittungen
über Spreulieferung der ptolemäisch-römischen Zeit wird diese nach Lasten,
Fuhren, ἀγωγαί, γόμοι, berechnet [8]. Das Verhältnis der ἀχύρου μανδάκη zur ἀγωγή
bzw. zum γόμος kennen wir nicht [9]; jedenfalls hatte sie einen weit geringeren
Umfang als diese, wie auch daraus hervorgeht, daß der Transport der Spreu
hier nicht durch Lasttiere, sondern durch νωτοφόροι stattfindet (s. Z. 5. 10).
Darunter haben wir, wie LXX 2 *Paralipom.* 2, 2; 2, 18; 34, 13; *P. Teb.* I 115,
7. 22 und wohl auch *P. P.* II Nr. 14, 2, 3, Lastträger, nicht Maultiere oder Esel
(wie Xenophon, *Cyr.* 6, 2, 34; s. Pollux 2, 180) zu verstehen. Auch in dem Vertrag
P. Lond. III 1166 S. 105, 12 (a. 42) finden wir die Berechnung der Spreu nach
μανδάκαι: es sollen 150 ἀχύρου μαντάκ(αι) εἰς τὰ πλινθουργῖα geliefert werden.

An weiteren Posten werden erwähnt: οἰκοδόμοις (Z. 8), Maurer [10]; ἐργάταις
(Z. 9), unqualifizierte Lohnarbeiter [11], 2 οἰκοδόμοι erhalten 140, 2 ἐργάται 100 Kupferdrachmen, wahrscheinlich doch für denselben Zeitraum. Hinzu kommt ein Posten
von 250 Drachmen für einen πλάστης (Z. 6), Former [12], und ein solcher von 20 Dr.
für einen κλειδοποιός (Z. 11), Schlosser [13]. Leider wissen wir nicht, auf welche
Zeit und welche Arbeitsleistungen sich die angeführten Löhne und Zahlungen
beziehen.

Hervorzuheben ist noch die altertümliche Form des ϟ in Z. 6 und 13.

---

5) *P. P.* III Nr. 46, 3, 4 und 46, 4, 7 handelt es sich um den Kaufpreis für baufertig von außerhalb gelieferte Ziegel (πλίνθου τῆς καταχρησθείσης εἰς τοὺς οἰκοδομηθέντας τοίχους Ƀ τιμὴ ὡς
τῆς Μ π 1ς); er beträgt 80 Silberdrachmen für 10 000 Stück. — Auf Ziegel, die auf einem κτῆμα
des Großgrundbesitzers und comes Ammonios hergestellt und zur Verwendung für die Sakje des
Klosters Peto dorthin transportiert sind, bezieht sich der Posten in der Abrechnung seines Intendanten *P. Cairo byz.* ed. Maspero II 67138 II Recto Z. 28: ὑπ(ὲρ) μεταφορ(ᾶς) πλίνθ(ων) τοῦ λάκ-
κ(ου) Πετό.

6) S. Wilcken, *Ostr.* I 163; Reil aaO. 35 A. 4.

7) Zum Worte s. Comparetti, *P. Flor.* II Nr. 198, 6 Einzelbem. und *P. Hamb.* I 21, 5 Einzelbem.
Es wird in den Papyri synonym mit δέσμη (Bündel), nicht δεσμός (Strick), gebraucht, entspricht,
wie Comparetti hervorhebt, dem lateinischen mantica.

8) Ausnahmsweise, wie nach μανδάκαι, auch nach σάκκοι, μώια; s. die Einl. zu *Nr. 15—19*
S. 135 Anm. 1.

9) Eine ἀγωγὴ ἀχύρου hat nach einer Abrechnung der ptolemäischen Zeit (Wilcken, *Ostr.* II
Nr. 1168: wohl 2. Jahrh. vor Chr.) den Wert von 400 Kupferdrachmen, ein γόμος nach einem un-
publizierten Ostrakon des 2./3. Jahrhunderts nach Chr. (s. Wilcken, *Ostr.* I S. 163) einen solchen von
48 (Billon-)Drachmen.

10) S. Reil aaO. 31 f.

11) S. Reil aaO. 24 f.

12) S. *P. Lond.* I S. 172, 88; *P. Giss.* I 31 Kol. II 17; vgl. *P. Giss.* I 20, 20 κωλοπλάστης; dazu
Reil aaO. 46.

13) S. *P. P.* II Nr. 39 d, 15; vgl. Reil aaO. 69.

Das Ostrakon ist oben unvollständig.

[es fehlen etwa 12 Buchst.   ἐπ]ιφέρει
[«   «   «   9   »] . / ⊼ δ Ἀτν.
[Πλινθουλκ]οῖς / πλ(ίνθου) M̂ Γ̂ ⊦ B̂ χ
[. . . . . .]οις   ψπ
5 νωτοφόροις   φ
πλάστης   ξν
ἀχύρου μαν(δακῶν) κδ ἀγ(ὰ) ιε   τξ
εἰς τὰ Ἑρμίου οἰκοδόμοις β̿   ρμ
ἐργάταις β̿   ⊦ρ
10 νωτοφόρωι   μ
κλειδοποιῶι   κ / Δ̂ ψϙ.
― εἰς τὸ αὐτὸ   / ⊼ ε ⊦ρμ.
Εἶχεν δὲ ⊼ ϛ ⊦ B̂ ξϙ, ⌒ ὀφείλει
⊼ α ⊦ B̂ ρ ν.
15   Ὀπίσω.

2 / ⊼ = γ(ίνεται) τά(λαντα). 3 S. die Einl.—
/ π̂ᴸ M̂ Γ̂ ⊦ B̂ χ = γ(ίνονται) πλ(ίνθου) 13 000 δρ(αχμαί) 2600. 6 l. πλάστηι; πλάσταις steht nicht
da. 7 μᵃᵛ κ̄δ αʸ ῑε̄ Ostr. Über κδ und ιε steht

fälschlich der Ordinalstrich, ebenso Z. 8 und 9 β̄.
12 εἰς τὸ αὐτό = im ganzen, sonst meist ἐπὶ τὸ
αὐτό. 13 εἶχεν, nicht ἔσχεν. — ⌒ = π(ερίεστι),
Rest.

Übersetzung.

..... Summa 4 Talente 1350 (Drachmen).
An Ziegelstreicher für 13 000 Stück Ziegel 2600 Drachmen.
An ......   780 (Drachmen).
An Lastträger   500 (Drachmen).
An einen Former   250 (»   ).
Für 24 Bündel Spreu zu 15 (Dr.) 360 (»   ).
Verausgabt an Hermias für zwei Maurer   140 (Drachmen).
Zwei Lohnarbeitern   100 Drachmen.
Einem Lastträger   40 (Drachmen).
Einem Schlosser   20 (Drachmen). Summa 4790 (Drachmen).
Im ganzen zusammen 5 Talente 140 Drachmen.
Er hatte aber 6 Talente 2290 Drachmen: Rest, den er schuldet,
1 Talent 2150 Drachmen.
          Wenden.

Nr. 62. INVENTAR VON HAUSHALTUNGSSTÜCKEN.

Höhe 12,5, Breite 11,5 cm. Edfu. 2. Jahrh. vor Chr.

Es liegt das letzte Stück von fünf (s. Z. 8) von derselben Hand geschriebenen Ostraka vor, von denen wohl noch ein zweites in *Nr. 63* erhalten ist. Unser Stück enthält eine Liste von στρώματα (Decken)[1]. Neben 77 προσκεφάλαια (Kopfkissen)[2] und 4 τυλεῖα (Polsterkissen)[3] werden 3 σωματεκμαγεῖα und 7 ἐκμαγεῖα πρὸς σώμ(ατα) aufgeführt. Beides sind »Laken«; wie unterscheiden sie sich aber? Man müßte schon annehmen, daß die Bedeutung des Wortes σώματα an beiden Stellen eine verschiedene ist, etwa σωματεκμαγεῖα »Laken für den (ganzen) Körper«, ἐκμαγεῖα πρὸς σώμ(ατα) »Laken für Sklaven«? Doch das ist sehr fraglich. — Beispiele sonstiger Inventare sind von mir *P. Hamb.* I 10 in der Einl. S. 36 angeführt; zu vergleichen ist noch der λόγος σκευῶν auf dem Ostr. Goodspeed Nr. 10 (*Mél. Nicole* 183 ff.; dazu Wilcken, *Archiv* IV 248), die σκευογραφία *P. Lond.* II 191 S. 264 f., die γραφὴ σκευῶν *P. Oxy.* X 1269, das ἀναγράφιον χαλκωμάτων des Ostrakon bei Preisigke, *SB.* I Nr. 1160 u. a.

Ἔτους ιη Μεσορὴ ιγ.
Λόγος στρωμάτων. Τὰ ἑσ-
ταμένα τῆι αὐτῆ ἡμέρᾳ
σωματεγμαγῆα   γ
5 ἐγμαγῆα πρὸς σώμ(ατα)   ζ
προσκεφάλαια   οζ
τυλῆα   δ
    γίνον(ται) ὄστρακα ε.
2. Hd.   Ις   ια.

2 Zwischen ε und σ von ἑσ- ist schon vor der Beschreibung des Ostrakon ein Stück von der Oberfläche abgesprungen. 4 l. σωματεκμαγεῖα, ebenso Z. 5 ἐκμαγεῖα. 7 l. τυλεῖα. 9 Was die Ziffern der zweiten Hand bedeuten, ist unklar.

Übersetzung. Jahr 18 am 13. Mesore. Inventar von Decken. Die an demselben Tage vorhandenen Stücke sind: 3 Laken für den Körper(?), 7 Laken für Sklaven(?), 77 Kopfkissen, 4 Polsterkissen.

Macht 5 Ostraka.
(2. Hd.) 16   14.

1) Vgl. u. a. *P. Grenf.* II 111, 17; *P. Oxy.* VI 921, 3; X 1277, 7; *BGU.* 366, 13. 19.

2) Προσκεφάλαια s. *Rev. Laws* Kol. 102; *P. P.* II Nr. 32, 1, 20; *P. Teb.* I 127; *P. Hib.* I 67, 12. 20(?); *P. Oxy.* X 1277, 9. 23; *P. Cairo byz.* (ed. Maspero) I 67006 Verso, passim; [*Mark.* 4, 38. A. D.]. — In römischer Zeit begegnet uns gelegentlich statt προσκεφάλαιον: κερβικάριον (= cervical): s. *P. Oxy.* VI 921, 8 f. 20 (κερπικάρια); X 1269, 37; *BGU.* 814, 11; *CPR.* I S. 125; *P. Fay.* 347.

3) S. dazu *P. Hamb.* I Nr. 10, 38 Einzelbem. — Προσκεφάλαια und τυλεῖα finden sich auch zusammen *Rev. Laws* Kol. 102.

Nr. 63. LISTE.

Höhe 14, Breite 12 cm.   Edfu.   2. Jahrh. vor Chr.

Das Ostrakon ist von derselben Hand wie *Nr. 62* geschrieben, gehört wohl zu den fünf daselbst erwähnten Ostraka. Worauf sich die in ihm enthaltene Liste bezieht, ist, zumal Z. 1 nicht lesbar ist, unklar. Daß eine Abrechnung vorliegt, dürfte wahrscheinlich sein. Die fünf durch eine Paragraphos abgeteilten Abschnitte geben in ihrer ersten Zeile (Z. 5. 9. 12. 15) einen Personen-Namen (ohne Patronymikon), auf den περί mit einem zweiten Personen-Namen (meist mit Patronymikon) und eine Ziffer folgt. In den folgenden Zeilen jedes Abschnittes wird dann der Name der ersten Zeile mit ὁμοίως wiederholt, sonst tritt keine Änderung ein.

Die Namen der Personen sind z. T. für den Gau von Edfu, den Ἀπολλωνοπολίτης, charakteristisch. Besonders trifft das für die Zusammensetzungen mit Παχοῦμις zu, in dem das ägyptische Wort ʿ*ḥm* steckt, das den Falken, das heilige Tier des Gaus, bedeutet: = ›der des Falken‹[1]. Mit Πα-χοῦμις zusammengesetzte Namen begegnen uns auch in den anderen oberägyptischen Gauen, vor allem natürlich in dem Ἀπολλωνοπολίτης Ἑπτακωμίας (s. Wilcken, *Archiv* III 306; *P. Giss.* I Index, Heft 3 S. 124 f.). In unserer Urkunde findet sich Παχουμπαονῆς, Παχουμπαχόις, Παχουμαρᾶς. Weitere Bildungen mit πα-, ›der des‹, sind Παχλεύς, Παλεῦις, Παχόις[2]. Πβῆκις ist = ›der Bekis‹[3]. Zu Σαμα(νοῦφις) Z. 9 s. den Apparat.

<pre>
. . . .
      ὁμοίως περὶ Σεναρεύς   ε
      ὁμοίως περὶ Παχουμπαονῆς   β
      ὁμοίως περὶ Παχουμπαχόις   δ
      ────
  5   Υἱὸς Παχλεὺς περὶ Φᾶφις ῞Ερμω(νος)   γ
      ὁμοίως περὶ Πβῆκις Φατρήους   ζ
      ὁμοίως περὶ Παχόις Θαλλοδ( )   α
      ὁμοίως περὶ   Λητᾶ   γ
      ────
</pre>

1 Die Zeile ist stark verwischt und fast ganz unleserlich.   2 Περί ist hier und in den folgenden Zeilen mit dem Nominativ der betr. Person verbunden, beabsichtigt war wohl der Genitiv (s. Z. 8), nicht der Akkusativ.   7 Θαλλοδ̆ Ostr.

1) Zu πα = ›der des‹ s. Spiegelberg, *Demotische Studien* I § 9, 1.

2) Im Ostr. Zereteli *Archiv* V 176 Nr. 24, 1 ist wohl Παχ(ό)ι(τος) zu lesen.

3) S. u. a. Spiegelberg, *Silsile-Inschr.* Nr. 180(?); 189; 235; 246; 248; *P. Lond.* III S. 164 f. passim; Preisigke, *SB.* I Nr. 5059. Vgl. Πβοῦκις = ›der Buchis‹; s. *Ostr. Nr. 10* Einl.; Spiegelberg, *Demotische Studien* I § 10.

<pre>
        Σανακᾶς περὶ Παχόις Σαμα(νούφιος)   ε
   10   ὁμοίως περὶ Παχουμπαχόις   α
        ὁμοίως περὶ   Διχόρδις   α
        —
        Πετεστὼς περὶ υἱὸς Θούρ(ιος)   η
        ὁμοίως περὶ Παχουμαρᾶς   δ
        ὁμοίως περὶ Παχουμα(   )   [.]
        —
   15   Παλεύιος [περὶ . . . . .
</pre>

Das Ostrakon bricht ab.

9 σαμ̄ Ostr.; ich habe Σαμα(νούφιος) ergänzt; *chiv* V 179 Nr. 37, 8: Σανμαῦ(ς'. 12 Möglich ist vgl. z. B. Wilcken, *Ostr.* II Nr. 522. Möglich wäre auch Πετεσγώς. — Θουμ̄ Ostr. 15 l. Παλεθις. vielleicht auch Σαμα(θτος); vgl. Ostr. Zereteli *Ar-*

BRIEFE.

NR. 64. BRIEF EINES VATERS AN SEINEN SOHN.

Höhe 6, Breite 12,5 cm. Veröffentlicht nach Wilckens Lesung von Deißmann, *Licht vom Osten*[2,3] 140 f. mit Abbildung 30; danach Preisigke, *SB.* I Nr. 4254. Die Schrift ist stark verblaßt. Original von mir nachgeprüft, die Übersetzung nach Deißmann. Theben. Etwa 3. Jahrhundert nach Chr.

<pre>
        Πακῦσις Πατσέββθιο(ς) τῷ υἱῷ μου χα(ίρειν).
        Μὴ ἀντιλογήσῃς. Μεὶὰ στρατιώτου
        [ὡι ?]κήσατ' ἐκεῖ. Μ[ηδ]ὲ παραδέ-
        [ξῃ αὐτό]ν, ἕως ἔ[λθ]ω πρὸς ἡμᾶς.
   5   [. . . . .] . . . . Ἔρρωσο.
</pre>

3 [ὡι ?]κήσατε ⟨ἐ⟩κεῖ Deißmann, [ὡι ?]κήσατ' ἐκεῖ Preisigke. 4 l. ὑμᾶς.

Übersetzung. Pakysis, Sohn des Patsebthis, meinem Sohne Gruß. Widersprich nicht. Mit einem Soldaten habt Ihr dort zusammengewohnt. Nimm ihn nicht auf, bis ich zu Euch komme. . . . . . . Leb' wohl.

Nr. 65. PRIVATBRIEF.

Höhe 8, Breite 13 cm.   Theben.   3. Jahrhundert nach Chr.

Zum Κολοφώνιον (sc. μέτρον) und sonstigen Weinmaßen[1]) s. Wilcken, *Ostr.* I 764 f., *Archiv* IV 245. 255 Nr. 160; Hultsch, *Archiv* III 433. Hier soll das Weinmaß für Pökelfisch verwandt werden. Daß ταριχεύει τὰ δύο K. so aufzufassen ist, zeigt besonders *PSI.* III 206, 18 ff. (saec. III exeuntis): πάντως παρακληθεὶς [πο]ίησον ταριχευθῆναί μοι κεράμιν ταριχίων (l. ταρίχων), »lasse mir ein Maß mit Pökelfisch pökeln«; s. auch *P. Oxy.* VI 928, 11. Über Fischpökelei (ταριχεία; τάριχος = Pökelfisch, ταριχευτής, ταριχηρός = Fischpökler, ταριχοπώλης Pökelfischhändler usw.) s. Reil, *Gewerbe im hell. Ägypten* 162 f., der alle Belege zusammenstellt[2]). — Ob ich mit Recht πρ(εσβύτερος) Z. 1 und 8 als »Presbyter« gefaßt habe, ist zweifelhaft. Zur Geschichte des Presbyterostitels s. Deißmann, *Bibelstudien* 153 f.; *Neue Bibelstudien* 60 ff.; Max L. Strack, *Zeitschr. f. d. neutestamentliche Wissenschaft* IV 213 ff. und besonders Hauschildt ebendort 235 ff. — Das ἐσημιωσάμην mit voraufgehendem Namen des Briefschreibers in Z. 8 statt der am Schlusse des Briefes üblichen Wunschformel ist eigenartig.

Σύρος πρ(εσβύτερος) τῷ Παῆρι ... Ψενθιαη .. [χα(ίρειν)].
Ἀναγ'καίως σπούδαζων μετὰ
Εὐδαίμωνι, ἕως ἂν ταριχεύει
τὰ δύο Κολοφόνεια, καὶ ποίησον
5 τὸ σὼν ἐν τάχει, ἀλλὰ μὴ ἀμε-
λήσεις χαὶ ἐτήμασον τέσσαρας
ἀρτάβην σῖτον.
   Σύρος πρ(εσβύτερος) ἐσημιωσάμην.

1 πρ/ Ostr., ebenso Z. 8. — Das τῷ vor Παῆρι ist sicher, nach Παῆρι steht wohl καί; Verschreibung für Π. τῷ καί? 2 ἀναγ'καίως: auf das Häkchen macht Wilcken aufmerksam; s. *Papyrus Nr. 20* Einl. — l. σπούδασον. 3 l. Εὐδαίμονος, ταριχεύῃ. 4 l. Κολοφώνια. 5 l. σόν. 5/6 l. ἀμελήσῃς. 6/7 Die Worte von χαὶ ἐτήμασον (l. καὶ ἐτοίμασον) an sind nachträglich hinzugefügt (Wilcken). 7 l. ἀρτάβας σίτου. 8 l. ἐσημειωσάμην.

Übersetzung. Syros Presbyter(?) dem Paëris ... Psenthiaë .. Gruß. Du mußt Dich zusammen mit Eudaimon bemühen, daß er die beiden Kolophonischen Weinmaße mit Pökelfisch füllt, und tue schnell das Deine, aber sei nicht nachlässig, und halte vier Artaben Getreides bereit.   Gezeichnet Syros Presbyter(?).

1) In einem Ostrakon-Fragment der Sammlung, Inv. Nr. V 4, das wohl eine Weinrechnung (aus Theben: etwa 100 nach Chr.) enthielt, werden 26 Rhodische Maßkrüge (ῥόδ(ια) κϛ) erwähnt.

2) [Die ägyptischen Pökelfische werden als Import in Palästina in der Mischna (*Machschirin* 6, 3) erwähnt: Schürer, *Gesch. d. jüd. Volkes* II[4] 78. Aber auch in Palästina wurde die Fischpökelei betrieben: Schürer aaO. I[4] 614.   A. D.]

NR. 66. AUS EINER VEREINSSATZUNG.

Höhe 11,5, Breite 12 cm.   Herkunft unbekannt.   3. Jahrhundert nach Chr.

Eine allseitig befriedigende Erklärung der Urkunde habe ich nicht gefunden. Ὁ ἄνθρωπος wird, wie homo, für einen Hörigen oder Halbhörigen, dann auch einen im Dienst oder Patrocinium eines andern stehenden, einen Untergebenen, gebraucht (z. B. ὁ ἄνθρ. τοῦ δεῖνος'), οἱ ἐμοὶ ἄνθρωποι, ἄνθρωποι ταμιακοί *Nov. Iust.* 30, 1, 1, usw.). Hier handelt es sich um einen Mann, der einer δεκανία, Zehnschaft, angehört. Solche Zehnschaften, Gliederungen, Rotten zu 10 Mann, lassen sich von der pharaonischen Zeit an[2] in Ägypten nachweisen, und zwar

1. für die βασιλικοὶ γεωργοί: bezeugt durch *P. Gizeh* 10271 (*Archiv* II S. 81 = Wilcken, *Chrest.* Nr. 304) für das Jahr 222 vor Chr. Die Rotten heißen δεκαταρχίαι, stehen unter δεκατάρχαι. Hierher gehören auch οἱ ἀπὸ τῆς ... κώμης δεκανοὶ χώματος τοῦ κατὰ Κόμα *BGU.* 1189 aus dem J. 1 vor/1 nach Chr. (Herakleopolites); das sind die Rottenführer der γεωργοί bei der alljährlich sich wiederholenden Leistung der Dammfronde. — Zu vergleichen sind etwa auch die δεκανεία πυροῦ *BGU.* 831 (a. 125) und die δεκαδάρχαι *BGU.* 23 (saec. II/III). 81 (a. 188/9)[3];

2. für die Arbeiter in den Steinbrüchen und Bergwerken (λατόμοι, σώματα). Sie stehen rottenweise unter δεκατάρχαι = δεκατοκύριοι als Vorarbeitern: so Oertel, *Die Liturgie* 18 ff. 36 und San Nicolò, *Äg. Vereinswesen* II 55 f. gegen Fitzler, *Steinbrüche und Bergwerke* 27 ff. Vgl. den δεκανός in der Inschrift der Kaiserzeit *IG.* I 4716 d[56] aus dem Hammâmât (Fitzler aaO. 135).

3. *P. Fay.* 156· Verso (saec. II) scheint sich auf die als Gilde organisierten ὀνηλάται zu beziehen (s. *Ostr. Nr. 51—55* Einl.), die in δεκανίαι eingeteilt sind; in Z. 4 steht die Überschrift η δεκανίας, unter der die einzelnen liturgiepflichtigen Eselbesitzer mit der Zahl ihrer Esel verzeichnet sind. Auf eine Gilde, einen Verein oder dergleichen weist vielleicht auch das Edfu-Ostrakon *Stud. Pal.* XIII S. 8 Nr. 2 (= Preisigke, *SB.* I Nr. 5812), das sechs Namen von Juden enthält (s. *Nr. 33* Einl.). Zwei von ihnen sind näher bezeichnet, der eine als γέρδις (= γέρδιος), der an der Spitze stehende als δεκαγός.

4. Δεκανοί der φυλακῖται, Gendarmen, werden erwähnt *P. Teb.* I 27 (= Wilcken, *Chrest.* Nr. 331), 31 (113 vor Chr.).

---

1) So heißt z. B. der Leiter der Bankfiliale eines konstantinopolitanischen Bankiers in Alexandreia ὁ ὑμῶν ἄνθρωπος ... *P. Cairo byz.* ed. Maspero II 67126, 40. — Die im Patrocinium der sacra domus, des Kaisers, befindlichen Bewohner des Dorfes Aphrodito sagen von sich: ἄνθρωποι αὐτοῦ τυγχάνομεν καὶ τοῦ θείου οἴκου *P. Cairo byz.* I 67002, 14 f. Vgl. in gleicher Bedeutung δοῦλος *P. Cairo byz.* II 67166, 6.

2) S. Bouché-Leclercq, *Hist. des Lagides* III 257 Anm. 1. [Vgl. auch die δεκάδαρχοι bzw. δέκαρχοι der LXX. A. D.]

3) S. Roslowzew, *Archiv* III 215 Anm. 1.

5. Die Rottenabteilung zu 10 Mann begegnet endlich im ptolemäischen, römischen und spätrömischen Heere[4].

Nicht näher zu bestimmen sind die *P. Teb.* I 251 (1. Jahrh. vor Chr.); *P. Oxy.* II 387 (saec. I); *P. Flor.* III 388 passim (saec. II) genannten δεκανοί.

Nicht als Führer einer Rotte von 10 Mann aufzufassen ist wohl der in einem byzantinischen Papyrus (Preisigke, *SB.* I Nr. 4907) erwähnte δεκανός, dem eine Abgabe geleistet wird ὑπὲρ [πλοίων ἀπερχομέ]νων ἐν Ἀλεξανδρείᾳ. Daß er mit den in einer alexandrinischen Inschrift (s. Cagnat, *IG. ad res R. p.* I Nr. 1046; Fiebiger bei Pauly-Wissowa IV 2245 s. v. decanus) aus dem J. 166 genannten δεκανοί (Flottenoffizieren oder Chargierten) in Verbindung zu bringen ist, erscheint mir zweifelhaft. Die in Papyri des 2. Jahrh. nach Chr. begegnende Abgabe des δεκανικὸν τῶν (ἁλιευτικῶν) πλοίων ist aber jedenfalls von diesem δεκανός abzuleiten. S. Wilcken, *Ostr.* I 353 § 148; Otto, *Priester und Tempel* II 46.

Ursprünglich glaubte ich den ἄνθρωπος unseres Ostrakon am ehesten als λατόμος, Steinbruchs- oder Bergwerksarbeiter (s. oben sub 2), auffassen zu können. Das ἀπῆλθεν εἰς μακράν[5] übersetzte ich »er hat das Weite gesucht, ist geflohen« und dachte dabei an *P. Hib.* 71 (245/44 vor Chr.), wo von der Flucht strafgefangener Arbeiter (s. Oertel aaO. 18) aus einer λατομία die Rede ist. Diese Ansicht halte ich aber nicht mehr aufrecht, möchte vielmehr, durch Wilcken bestärkt, die Scherbe als ein Stück aus den Satzungen eines Vereins[6] erklären. Eine, wenn auch entfernte, Parallele bieten vielleicht die Statuten des afrikanischen collegium militum bei Bruns, *Fontes iuris R. antiqui*[7] Nr. 179 (a. 203), wo es u. a. Z. 31 heißt: si qui d(e) col(legis) tram(are) pro(ficiscetur) · · · acc(ipiet) viat(icum) pro(cessus?) m(iles) ✳ CC · · · Vgl. auch Z. 34. Danach könnte man vielleicht unser Ostrakon folgendermaßen übersetzen:

»Wenn der Mann in die Ferne ziehen sollte, werden die anderen (Mitglieder des Vereins) täglich 8 Dr(achmen) (zu seiner Unterstützung?) geben, falls jeder es kann. Wenn er nicht fortgehen sollte, wird seine Zehnschaft täglich 8 Dr(achmen) geben.«

Diese Erklärung ist aber durchaus unsicher und soll nur ein Versuch sein. Möglicherweise handelt es sich auch um multae, Strafsummen.

---

4) Ptolemäisch: δεκανικός; s. Lesquier, *Institutions militaires sous les Lagides* 91 f.; 347. — Römisch: decuria, decurio, δεκαδάρχης (z. B. *Papyrus Nr.* 20, 6 f.); s. Kübler bei Pauly-Wissowa IV 2316 f. s. v. decuria und *P. Hamb.* I S. 176 f. — Spätrömisch: decanus, δεκανός; s. Fiebiger bei Pauly-Wissowa IV 2245 s. v. decanus. Schon in der Militärurkunde *P. Flor.* II 278 vom J. 203 nach Chr. begegnen δεκανοί.

5) [Vgl. *AGesch.* 2, 39 und die LXX. A. D.]

6) Satzungen griechischer, römischer und ägyptischer Vereine s. bei San Nicolò, *Äg. Vereinswesen* II 19 mit Anm. 1 und 2; dazu Preisigke, *SB.* I Nr. 5627.

'Εὰν ὁ ἄνθρωπος
ἀπῆλθεν εἰς μακράν,
οἱ ἄλλοι δόσι καθ' ἡμέραν
ϛ η,
5 ἐὰν δύναται ἕκατος.
Δεκανία αὐτοῦ, ἐὰν μὴ
ἀπῆλθεν, δόσι καθ' ἡμέραν
ϛ η.

1 f. ['Εάν hier und Z. 5. 7 vulgär mit Indikativ, wie gelegentlich im N. T., vgl. *Neue Bibelstudien* 29 f.; Blass-Debrunner⁴ § 372. A. D.]

3 Das ο von οἱ ist aus ι korrigiert. — l. δώσουσι. 5 l. ἕκαστος. 6 Das κ von δεκανία ist korrigiert. 7 l. δώσει.

Übersetzung s. S. 190.

Nr. 67. AMTLICHES SCHREIBEN VON ΣΥΝΔΙΚΟΙ.

Höhe 10, Breite 13 cm.   Theben.   Ende des 2., Anfang des 3. Jahrhunderts nach Chr.

Der σύνδικος (defensor, actor) begegnet uns in Inschriften des Ostens als Beauftragter von Gemeinden (σ. τοῦ δήμου, δημοσίων χρημάτων), Korporationen und Privatpersonen zur Wahrnehmung einzelner Geschäfte privat- und öffentlich-rechtlicher Natur[1]). Auch in den Rechtsquellen wird er häufig erwähnt (s. Ulpian. *Dig.* 43, 24, 5, 10: municipum syndicus). Die wohl noch dem 3. Jahrh. nach Chr. angehörenden[2]) Juristen Hermogenianus und Arcadius Charisius identifizieren defensor civitatis und syndicus[3]), Charisius bezeichnet die defensio civitatis als personale munus. Ebenso nimmt Paulus auf sie Bezug (*Dig.* 50, 4, 16, 3). In einem Papyrus des ausgehenden 3. Jahrhunderts begegnet uns ein σύνδικος, der βουλευτής ist[4]). In wichtigen Fällen werden von einer Gemeinde mehrere σύνδικοι gewählt (so z. B. *IG.* II, 3 Nr. 38, 55 f. in Athen: Hadrian).

Von diesen eine städtische Liturgie bekleidenden und nur in besonderen Fällen bestellten, nicht ständig fungierenden σύνδικοι (bzw. ἔκδικοι) ist zu sondern der im Beginn des 4. Jahrh. nach Chr. (vor 319: *C. Iust.* 6, 1, 5) geschaffene defensor civitatis oder plebis (ἔκδικος), der als Schützer der plebs (der humiliores) gegen die potentiores für die niedere Gerichtsbarkeit ins Leben gerufene, stän-

---

1) Der ἔκδικος erscheint nur als Vertreter von Gemeinden (Pauly-Wissowa V 2160 f. s. v. ἔκδικος), nicht von Privaten, im übrigen hatte er dieselben Befugnisse wie der σύνδικος; wir finden auch πρόδικος, συνήγορος gebraucht. S. Liebenam, *Städteverwaltung im röm. Kaiserreiche* 303 f.; Seeck bei Pauly-Wissowa IV 2365 f. s. v. defensor civitatis.

2) S. Krüger, *Gesch. der Quellen u. Literatur des röm. Rechts*² 254 Anm. 31.

3) Hermog. *Dig.* 50, 4, 1, 2; Charisius *Dig.* 50, 4, 18, 13. — Gaius *Dig.* 3, 4, 1, 1 ff. ist das sive syndicum und vel syndicum wohl ebenso interpoliert wie Paulus *Dig.* 3, 4, 6, 1.

4) *CPR.* I 135.

dige Richter[5]). Er wird nicht in allen Provinzen zu gleicher Zeit geschaffen: für Ägypten ist er schon im J. 336 bezeugt (*P. Oxy.* VI 901 = Mitteis, *Chrest.* Nr. 70), in Illyricum wird er erst 364 eingeführt (*Cod. Theod.* 1, 29, 1)[6]).

Als Verbindungsglied zwischen ihm und den liturgischen σύνδικοι (ἔκδικοι) fasse ich die σύνδικοι unseres Ostrakon aus dem Ende des 2. oder dem Beginn des 3. Jahrhunderts. Sie treten hier, dem Anschein nach als Kolleg organisiert, als Schützer des (plebeius?) Πλῆνις gegen den Λολοῦς ⟨ὁ⟩ καὶ Πατελολῆς auf. In dem Volksversammlungs-Protokoll *P. Oxy.* I 41 (= Wilcken, *Chrest.* Nr. 45), das etwa um das J. 300 zu setzen ist, wird Z. 25 eine kurze Rede des ᾿Αριστίων σύνδικος angeführt. Dann folgt unter den Akklamationen des δῆμος Z. 29: ἁγνοὶ πιστοὶ σύνδικοι, ἁγνοὶ πιστοὶ συ[ν]ή[γορο]ι (oder nochmals σύ[ν]δι[κο]ι). Wilcken faßt diese Worte (*Archiv* V 285; *Chrest.* aaO.) als pluralische Akklamation; ausgeschlossen scheint es mir aber nicht, daß damals auch in Oxyrhynchos ein Kolleg von σύνδικοι fungierte, von denen nur Aristion als Redner auftritt, während die Akklamation dem ganzen Kolleg gilt[7]).

Παρὰ τῶν συνδίκων
Λολοῦτι ⟨τῷ⟩ καὶ Πατελολεῖ. Γράφο-
μέν σοι περὶ Πλήνι[ος] Βησάμμωνος,
ὅπως μὴ ἐνοχλήσῃς αὐτῷ πρὸς
5 τὸν μῆνα τοῦτον, ἐπὶ πάνυ
ἡμῖν διαφέρει.
2. Hd. ᾿Αβολλώνιος . . πτ . ρολλιος π . . . [

5 τὸν und τοῦτον von mir auf Anregung Wilckens gelesen. — l. ἐπεί. 7 Das β in ᾿Αβολλώνιος nach Wilcken.

Übersetzung. Von den Schützern an Lolūs, der auch Patelolēs heißt. Wir schreiben Dir inbetreff des Plenis, des Sohnes des Besammon, damit Du ihn für diesen Monat nicht belästigst, da uns sehr daran liegt. (2. Hd.) Abollonios . . . .

---

5) S. Mitteis, *Grundzüge* 31; Wilcken, *Grundzüge* 81.

6) Zur weiteren Entwickelung des Amtes s. Liebenam aaO. 497 ff.; Seeck aaO. 2367 ff.; Baale, *Über den defensor civitatis*, Diss. Amsterdam 1904, 54 ff. Über die Verbreitung und Stellung der defensores civ. in Ägypten s. jetzt besonders v. Druffel, *Papyrol. Studien z. byz. Urkundenwesen im Anschluß an P. Heid. 311*, München 1915, 35 ff.

7) Auch in justinianischer Zeit begegnen uns noch σύνδικοι, wohl in der ursprünglichen Bedeutung (= actor, defensor, advocatus), so *P. Cairo byz.* ed. Maspero I 67013, 4:].... τῶν συνδ[[κων; II 67234, 3: ἄπα ᾿Απολλῶτ[ος] σ[υν]δίκο[υ].

Nr. 68. 69. MUMIENTÄFELCHEN.

Zur Literatur vgl. Wilcken, *Grundzüge* 422 A. 2. S. Preisigke, *SB.* I Nr. 25. 144. 145.
308. 742—843. 985. 1008. 1009. 1031. 1173. 1175—1177. 1180—1266. 1268.
1482—1491. 1559. 1605—1633. 1722. 1734—1738. 1743. 2013—2020. 2032.
2052—54. 2057. 2099. 2277. 2473/74. 2483—88. 2490. 2611. 2632. 2639—41.
3439. 3440. 3442. 3447. 3456—65. 3468. 3472/73. 3494—3559. 3569. 3579/80.
3663. 3815. 3826—92. 3928/29. 3931—34. 3961. 3965—67. 3992. 3994. 4008.
4167—76. 4181—4205. 4217—19. 4234—42. 4256. 4283. 4285—90. 4386/7.
4535. 4967—79. 5057—63. 5122. 5140—45. 5200—5215. 5622—26. 5358—
5439. 5441—54. 5697—99. 5714/15. 5720. 5724. 5726. 5728. 5749—52.
5766—74. 5983/85. 5999.

Nr. 68.

Höhe 12,5, Breite 5,8 cm.   Herkunft unbekannt.   2. Jahrhundert nach Chr.

In horizontaler Richtung   Ψεμούθης (sic)
unter dem Loch: νεωτέρου
                              Πακείφιος.

In vertikaler Richtung: Ἐτάφησεν
                            5 Θὼτ ιδ.

CXXXXXXXXXX

2 l. νεώτερος.   4 l. ἐτάφη.   5 l. Θώθ.

Übersetzung. Psemuthes der Jüngere, Sohn des Pakeiphis. Beigesetzt am
14. Thot.

Nr. 69.

Höhe 3,5, Breite 10 cm.   Herkunft unbekannt.   2./3. Jahrh. nach Chr.

Αὐληρίου Τριφιακὴ
Σαραπάμμωνος

1 l. Αὐρηλίου. — Τριφιακή: Der Name weist   Gauthier, la déesseTriphis, *Bull. de l'Inst.fr.d'arch.*
auf die Göttin Triphis in Athrib(ph)is hin; s. dazu   *or. du Caire* III (1903), 165 ff.

NR. 70–72. NAMENLISTEN.

NR. 70.

Holztafel, nach der linken Seite zugespitzt.   Höhe 5,5, Breite 26,5 cm.   Theben.   2. Jahrh. vor Chr.

Durch das vor die erste Kolumne gesetzte ἔξω wird auf die Fortsetzung der Liste auf der Rückseite verwiesen. Vgl. auch das ὀπίσω *Nr. 62,* 15[1]).

Ἔξω.

Kol. I.

Ψινεὺς Τεῶτος
Ὀννῶφρις Ποώριος
Παβοῦς Σύλιος
Ψενθωύτης Ψενέου

Kol. II.

Πατη(   ) Πα . . . . .
Κολλούθης Φίβιος
Παθωύτης Πανομιεῦτος
Κασ . . . Ψεννήσιος
5 Πόρτις Ἔστνιος

Verso.

Χαλλαμᾶς [
Π . ρ . ϛ [
Σεσόνκις [
Πόκαμις [

R. I 4 1. Ψενέως.   **II 1** Möglich wäre auch παϋη). **4** Statt κασ ist auch ισας möglich, Κάστωρ steht nicht da; Ψεννήσιος ist nicht sicher.   Die ganze Zeile ist, wie II 1, verwischt.   **Verso 1** Vielleicht steht auch Χαλλομᾶς da.

---

1) [Dieses ἔξω ist von Interesse für das Verständnis des βιβλίον γεγραμμένον ἔσωθεν καὶ ἔξωθεν, wie Bousset mit Recht den Text von *Apok. Joh.* 5, 1 herstellt. Die Variante ὄπισθεν ist richtige Interpretation des ἔξωθεν. A. D.]

Nr. 71.

Höhe 10,5, Breite 7,5 cm.   Herkunft unbekannt.   2. Jahrh. vor Chr.

Τρύφων Ἀναξαγόρ[ου]
Ἀπολλώ(νιος) Δορκίν[ου]
Ἀμμώ(νιος) Ἀπολλ[ωνίου]
Ἀπολλώ(νιος) Μέμν[ονος]
5 Ἀλέξανδρος ⟋ [
Ἑταῖρος . . . . . [

Das Ostrakon bricht ab.

5 Auf ⟋ = γ(ίνονται) folgte wohl eine Ziffer.   6 Der Name
Ἑταῖρος ist bemerkenswert.   Es handelt sich um lauter Griechen.

Nr. 72.

Höhe 9, Breite 16 cm.   Faijum.   2./3. Jahrh. nach Chr.

Oben abgebrochen.

[Ἁρπο]κρατίω[νος]
[. . .]ης Ἥρωνος
Πασιγένης
Ἁρτυσαείστης
5 παρὰ Αὐρηλίο[υ]
Σερήνου [

Das Ostrakon bricht ab.

4 Über dem η von αρτυσαειστης steht ein
verwischter Buchstabe, der scheinbar das η er-
setzen sollte; möglich wäre o oder δ, das letztere
ist sprachlich ausgeschlossen.

NACHTRÄGE.

Nr. 73. STAATSKASSENQUITTUNG MIT SUBSKRIPTIONEN.

Höhe 7,5, Breite 7,5 cm.   Herkunft unbekannt.   2. Jahrh. vor Chr.

Die Erklärung des Fragmentes ist schwierig.   Nur die Subskriptionen sind erhalten.   Es handelt sich wohl um eine Staatskassenquittung, wie auch der Vergleich mit den von Wilcken (*Ostr.* I 65 Anm. 1; 66 Anm. 1 und 2; s. Preisigke, *SB.* I 3937. 3938) veröffentlichten Pariser, Londoner und Berliner Holztafeln aus dem 3. Jahrh. vor Chr. ergibt, vor allem mit der Berliner Tafel. Ptolemaios, den Sohn des Ptolemaios (Z. 2 f.), fasse ich als Zahler, dem die Quittung ausgestellt ist. Sie wird gegengezeichnet von dem Stellvertreter des οἰκονόμος (s. Steiner, *Der Fiskus der Ptolemäer* 38 f.) und einem γρ(αμματεύς). Worauf sich die τέ(λη) für die fünf (Silber)drachmen Z. 4 beziehen, ist mir zweifelhaft, am wahrscheinlichsten ist irgend eine Zuschlagsgebühr; vgl. zu *Nr. 1—5* S. 122 und *Nr. 43. 44.*

Der obere Teil fehlt, ganz geringe Spuren einer Zeile.

[. . . . .] ὡς εἴθισμα[ι]
[. .] . [. .] . Πτολεμαῖος Πτολεμαίου δρα(χμὰς) πέντε / ε,
ὧν τὰ τέ(λη) τέ(τακται).

(2. Hd.) 5 Ἰσίδωρος ὁ παρ' οἰκονό(μου) ε.
(3. Hd.)   Ἑρμόφιλος γρ(αμματεύς)   ε.

3 δρ̄ Ostr.   4 τ᷃ε᷃ τ᷃ Ostr.   5 οικν̄ Ostr.   6 ϼ Ostr.; vgl. *P. Hamb.* I 27, 11; *P. Hal.* 9, 6.

Übersetzung. . . . ., wie ich gewohnt bin, ... Ptolemaios, Sohn des Ptolemaios, (hat) fünf Drachmen (gezahlt), macht 5, wofür er die Abgaben gezahlt hat.   (2. Hd.) Ich Isidoros, Vertreter des Oekonomen, (gegenzeichne die Zahlung von) 5 (Drachmen).   (3. Hd.) Ich Hermophilos, Sekretär, (gegenzeichne die Zahlung von) 5 (Drachmen).

NR. 74. STAATSKASSENQUITTUNG.

Höhe 8, Breite 6 cm.　　Faijum.　　11. Mai 6 vor Chr. und 12. Mai 1 nach Chr.

Auf dem Ostrakon stehen, getrennt durch ein Intervall von sechs Jahren, zwei Quittungen. In beiden ist die Steuer nicht genannt (vgl. z. B. *P. Fay.* Ostr. S. 320 Nr. 1 : 25 vor Chr.). Zweifelhaft ist, wie δ΄ Z. 2 und δι᷍ Z. 7 aufzulösen ist. Für διa(γεγράφηκεν) spricht Z. 7, für δ(ιά) Z. 2, wo ein Name im Genitiv folgt. Im ersteren Fall müßten wir zwei verschiedene Steuerzahler annehmen, denen die beiden Quittungen ausgestellt sind. Das ist sehr unwahrscheinlich. Ich ziehe daher an beiden Stellen διά vor[1]. Dann ist also das Verbum fortgefallen (vgl. Formular II a β) 2 b S. 114), der Steuerzahler nicht genannt, sondern nur derjenige, durch den die Zahlung erfolgt. Dieser wird in der zweiten Quittung als τελ(ώνης) bezeichnet (διά 'Aμ(μωνίου)(?) τελ(ώνου)). Auch der Mann in Z. 2 wird wohl Pächter sein. Er zahlt, nachdem er dem Steuerzahler eine Zwischenquittung ausgestellt hat, bei der Staatskasse und erhält von dieser die endgültige Quittung[2], die er jenem aushändigt. Auf demselben Ostrakon quittiert die Staatskasse nach sechs Jahren noch einmal. Beide Quittungen tragen die Subscriptio des Trapeziten oder seines Vertreters, in der zweiten lautet sie ἐσημ(ειωσάμην), in der ersten ist sie nicht zu erkennen.

<pre>
(1. Hd.)   Ἔτους κδ Καίσαρος
           Παχὼν ι̅ϛ̅ . Δ΄ Τ̣ . Ζ . ου   11. Mai 6 vor Chr.
           . η̣ . . α . . . ου χα(λκοῦ) δραχμὰς
           τέσσαρε(ς) / ⟨ δ .

(2. Hd.)   5 . . . .
(3. Hd.)   L λ Καίσαρος Παχ(ὼν) ι̅ζ̅ .
                Δ̣ιᴸ Αμ̣ τεᵞ
           χα(λκοῦ) ὀβο(λοὺς) δύο / β .   12. Mai 1 nach Chr.
               (4. Hd.)   Ἐσημ(ειωσάμην).
</pre>

2 δ΄ = δ(ιά), s. die Einl.; über dem υ am Schlusse des folgenden Eigennamens steht ein Akut. **4** Zum Akkusativ τέσσαρες vgl. *Nr. 28*,7. **5** Die Subskription des Trapeziten ist durchgestrichen. **7** δι᷍ = διά; s. die Einl. — 'Αμ(μωνίου)(?) τελ(ώνου).

Übersetzung. Jahr 24 des Caesar am 16. Pachon. Durch . . . . vier Kupfer-Drachmen, macht 4 Dr. (2. Hd.) . . . . .

(3. Hd.) Jahr 30 des Caesar am 17. Pachon. Durch Am(monios)(?) den Pächter zwei Kupfer-Obolen, macht 2. (4. Hd.) Gezeichnet.

---

1) Vgl. das δ᷍ᴸ *Nr. 56*, 4.

2) Δημόσιον σύμβολον; s. *P. Hamb.* I S. 182 Anm. 3. Auch im *Papyrus Nr. 10* scheint ein solches von der Staatskasse ausgestelltes δημόσιον σύμβολον vorzuliegen (zum Formular vgl. S. 115 Anm. 25 und *Nr. 75*). Dann wäre die Sprache dieser Quittung durchaus normal im Gegensatz zu *P. Hamb.* I Nr. 42 u. a., die Erheberquittungen (Zwischenquittungen) sind. Vielleicht haben wir es jedoch auch in *Nr. 10* mit einer Erheberquittung zu tun.

Nr. 75. BADSTEUER.

Höhe 7,5, Breite 10 cm. Faijum. Staatskassenquittung: Formular s. S. 115 Anm. 25. Zur Staatsbad-
Abgabe und zur Art ihrer Erhebung s. *Nr. 11—14* Einl. S. 132.
19. Dezember 4, 26. März 5 nach Chr.

L λδ Καίσαρος Χοί(ακ) κ͞γ͞. Δια(γεγράφηκεν)   19. Dez. 4 nach Chr.
Μυσθᾶς τέλ(ος) βαλ(ανείων) ὀβ(ολοὺς) τ͞.
(2. Hd.)   Κ̣α̣ὶ̣
ἄ(λλους) Φαμ(ενὼθ) λ̄ ὀβ(ολοὺς) [τρ]εῖς / ⟨⟨⟩ α.   26. März 5 nach Chr.
(3. Hd.)   Ἐ̣σημ̣ιόθι.

2 τ͞: der Ordinalstrich ist fälschlich gesetzt.   4 l. ἐσημειώθη.

Übersetzung. Jahr 34 des Caesar am 23. Choiak. Es hat gezahlt Mysthās
an Badsteuer 3 Obolen.   (2. Hd.) Und weitere drei Obolen am 30. Phamenoth,
macht zusammen 1 (Drachme).   (3. Hd.) Gezeichnet.

Nr. 76. ADÄRATION EINER NATURALABGABE:
NACHTRAGSZAHLUNG AN DAS ΔΙΟΙΚΗΣΙΣ-RESSORT.

Höhe 12, Breite 9,5 cm. Theben(?). Staatskassenquittung: Formular S. 114 A II a α).
Februar/März 68 nach Chr.

Zur Sache vgl. Wilcken, *Ostr.* I 290 § 109, als Parallelen bes. II Nr. 1325
(3. Sept. 67): ὑπ(ὲρ) τιμ(ῆς) ⨎ κθ ια ς διοική(σεως), Nr. 359 (11/10 vor Chr.):
ὑπ(ὲρ) κ L διο(ι)κ(ήσεως) τιμ(ῆς) πυροῦ, Nr. 1371 (a. 16/17): ὑπ(ὲρ) τιμῆ(ς) ⨎ [. . .].
δῑ κ . . . (= διο(ι)κ(ήσεως) oder ähnlich?).

Διαγε̣γρ(άφηκεν) Σ . ρ . . . . . Πετεμώ(νθου)
Ὀσορουή(ριος) ὑπ(ὲρ) τιμ̣(ῆς) ⨎ κ̣ατ̣α̣ᴷ ι . L
διοικ(ήσεως) δύο ὀβολ(οὺς) τέ(σσαρας) ἡ[μιωβέλιον]
/ ⟨ β 𝈎 . L ιδ Νέρω̣ν̣[ος τοῦ]
5 [κυρίου Φ]α̣μ̣εν̣[ὼθ . .].

2 ⨎ = πυ(ροῦ). — κατ̣αᴷ ist wahrscheinlich   4 𝈎 = 4½ Obolen.   5 Zu κύριος s. *Nr. 17*
(κατοιᴷ steht nicht da): etwa κατακ(ειμένου)? An   Anm. 1. — Die Schrift, bes. der rechten Hälfte der
κα oder κε (21 oder 25 Artaben) mit folgendem   Scherbe, ist fast ganz verlöscht. Eine Subscriptio
τ̣α̣ᴷ ist nicht zu denken.   3 δύο sc. δραχμάς.   ist nicht zu erkennen.

Übersetzung. Es hat gezahlt S., Sohn des Petemonthes, Enkel des Osoruëris, als Adäration für verfallenen(?) Weizen des 1.. Jahres an den Fiskus zwei (Drachmen) vier und eine halbe Obole, macht 2 Dr. 4 $^1/_2$ Obolen. Jahr 14 Neros des Herrn am .. Phamenoth.

Nr. 77. ERHEBER(PÄCHTER)-QUITTUNG.

Höhe 9,5, Breite 10,5 cm.; unten freier Raum von 5,5 cm. Palimpsest. Theben(?).
Formular s. S. 115 A II b α). 31. März 92 nach Chr.

Die Quittung wird ausgestellt vom τελ(ώνης) Archias; die Lesung der von ihm gepachteten Steuern ist schwierig. Daß zwei Abgaben vorliegen, zeigt Z. 3; hier wird nur über den Empfang von τὸ ι κ^λ quittiert. Wir hätten also, wenn die Lesung richtig ist — das ρ´ καί ist aber durchaus unsicher: statt ρ´ wäre auch ζ´ nicht ausgeschlossen, statt καί: η (= ἤ?) —, eine einprozentige und eine zehnprozentige Abgabe zu scheiden[1]), die sich beide auf denselben Gegenstand beziehen. Eine nähere Angabe über Art (Geld- oder Naturalleistung) und Höhe des Betrages fehlt. Als Auflösung des κ^λ bzw. κ käme κλ(ηρούχων) oder κλ(ηρονομιῶν) in Frage. Das letztere ist sicher unmöglich, da es sich hier nicht um einmalige Gebühren, sondern um eine ständige, Jahr für Jahr erhobene, feste Abgabe handelt, deren Betrag garnicht angegeben und die von Großvater, Vater und Sohn erhoben wird. Aber auch der Kleruchen-Lehenzins[2]) kann nicht in Betracht kommen. So muß die Sache unentschieden bleiben.

ʼΑρχίας τελ(ώνης) ρ´ καὶ(?) ι^κ τοῦ ια L Πετεμε[νώ(φι)]
ʼΟσορο(υήριος) καὶ ʼΟσορο(υήρι) υἱῶι καὶ Μεχοίρῃ
αὐ(τοῦ) υἱῶι. ʼΑπέχω τὸ ι κ^λ τοῦ ια L.
L ια Δομιτιανοῦ τοῦ κυρίου Φαρμο(ῦθι) κ̄ε̄.

1 und 3 Zur Abgabe s. die Einl.

Übersetzung. Archias, Pächter der 1% und 10% (?) Abgabe für .... des 11. Jahres dem Petemenophis, Sohne des Osoruëris, und seinem Sohne Osoruëris und dessen Sohne Mechoires. Ich habe weg die 10% (?) Abgabe für ..... des 11. Jahres. Jahr 11 Domitians des Herrn am 25. Pharmuthi.

---

1) Vgl. die ρ´ καὶ ν´, die 1% und 2% Torzoll-Gebühr; s. Literatur und Belege bei Wessely, *Karanis* 37 ff.; Wilcken, *Grundzüge* 190 f. Im *P. Hib.* I 66, 1 (228/7 vor Chr.) handelt es sich dagegen bei der ρ´ καὶ σ´ um eine einzige, eine 1½prozentige Abgabe.

2) S. Preisigke, *Girowesen* 98 Anm. 1; 163 f.

Nr. 78—80. STAATSSPEICHER-BESCHEINIGUNGEN.

Vgl. im allgemeinen *Nr. 45—50*, speziell *Nr. 49. 50*, Formular S. 118 B a 4.

Nr. 78.

Höhe 6, Breite 10 cm.   Theben.   S. bes. Wilcken, *Ostr.* II Nr. 988 ff.   8. August 216 nach Chr.

Μέ(τρημα) θησ(αυροῦ) μη(τροπόλεως) γ(εν)ή(ματος) κδ ς Μάρκου Αὐρηλίου
Σεουήρου Ἀντωγίγου Καίσαρος τοῦ κυρίου
Μεσο(ρὴ) ιδ. Ὑπ(ὲρ) Χά(ρακος) ὀνό(ματος) Σ... ερκ.. καὶ Σεύθ(ου)
.. λονος Ο...) πυρο(ῦ) τέταρτο(ν) κο / ⊅ δ κο.
5   Α—Δι

5 Es liegt nicht die eigenhändige Unterschrift des Staatsspeicher-Verwalters vor; vgl. etwa *The-ban Ostr.* Nr. 124, 5 (a. 233): Α(ὐρήλιος) Δι( ), 125,5 (a. 253): Αὐ(ρήλιος) Διόσκ(ορος) Α...

Übersetzung. Zumessung an den Staatsspeicher, Ressort-Metropole, aus der Ernte des 24. Jahres des Marcus Aurelius Severus Antoninus Caesar des Herrn am 14. Mesore. Für das Charax-Quartier namens (der Zahler) S. und Seuthes, der Söhne(?) des ...., Enkel des Ο...., an Weizen ein Viertel $^1/_{24}$ (Artabe), macht $^1/_4$ $^1/_{24}$ (Art.) Weizen. A(urelius) Di( ).

Nr. 79.

Höhe 8,5, Breite 6,8 cm.   Theben.   16.(?) Oktober 217 nach Chr.

Μέ(τρημα) θησ(αυροῦ) μη(τροπόλεως) γ(εν)ή(ματος) κε ς
Μάρκου Ἀντωγίγου Καίσαρος
τοῦ κυρίου Φαῶφι ιθ τοῦ
κς ς. Ὑπ(ὲρ) Χά(ρακος) ὀνό(ματος) ......
5 Α... τ⁰ [πυρο(ῦ)] ὄγδο(ον) / ⊅ η̄.
          Α—Δι

2 Nach Μάρκου ist Αὐρηλίου Σεουήρου ausgelassen.   **6** S. zu *Nr. 78*, 5.

Vgl. die Übersetzung von *Nr. 78*.

Nr. 80.

Höhe 11, Breite 10 cm. Herkunft unbekannt. 2. Jahrh. nach Chr.

An Stelle von μέ(τρημα) θησ(αυροῦ) steht hier συναίρε(μα) θησ(αυροῦ). Dazu ist zu vergleichen der Faijum-Papyrus *P. Flor.* I 35, 12 (a. 167); hier wird nach Wilckens Lesung (*Archiv* IV 430) die Grundsumme einer Naturalabgabe und die Zuschlagsgebühr addiert mit den Worten: γίνοντε τοῦ συνερέματος = »die Zusammenfassung, Summierung (der Getreide-Zumessung) ergibt«. Ebenso beginnt der Wiener Faijum-Papyrus R 145 bei Wessely, *Karanis* S. 11 mit κατὰ συνέρεμα σιτικῶν κώμης κτα. Die Rubrik der von Beamten des Staatsspeichers an den Strategen des Mendesischen Gaus im Jahre 206 eingereichten Monatsberichte über die durch πράκτορες erfolgten Weizeneingänge im *P. Teb.* II 340 lautet: συναίρεμα πυροῦ τοῦ μεμετρη(μένου) ἡμῖν κτα.

> Συναίρε(μα) θησ(αυροῦ) . . ꜽ κάτω ὑπ(ὲρ) γενή(ματος) ε ϛ
> Παῦ(νι) ιη. Συνάγ(εται) λαχ(άνου)(?) . . . συν . . . ·   12. Juni.
> ὀνό(ματος) Παρελήκιο(ς) Πασήμιο(ς) Μέμνο(νος)
> τέταρτον, Γ . . . d . . .

1 Die abgekürzte Ortsbezeichnung nach θησ̄ ist schwer zu erkennen; möglich wäre ꜽ κάτω als Toparchie-Bezeichnung, vgl. etwa den Κωίτης κάτω im Herakleopolites; μη̄ steht nicht da. 2 συναγ̄ ist wahrscheinlich, συναῑ steht nicht da. — Es scheint λαχ̄ abgekürzt zu sein, das folgende ist nicht zu erkennen, τοῦ συνμεμετρημ(έ-νου) steht nicht da. 3 Das κ von Παρελήκιος, inbezug auf dessen Lesung ich noch schwankte, wird durch eine frühere Lesung Wilckens bestätigt. 4 Was auf Γ = γ(ίνεται) folgt, weiß ich nicht, der erste Buchstabe scheint π zu sein; ganz ausgeschlossen ist es aber auch nicht γ(ίγ)ετ(α)ι zu lesen, dann ⊤̇ = ἀ(ρτάβης). — Die Schlußbuchstaben nach d enthalten wohl die abgekürzte Unterschrift des Staatsspeicherbeamten; s. Nr. 78,5. 79,6.

Übersetzung. Zusammenfassung (der Zumessung an den) Staatsspeicher des nördlichen .... für das Etatsjahr 5 am 18. Payni. Der Gesamtbetrag an Gemüse(?), entrichtet namens des Parelekis, des Sohnes des Pasemis, des Enkels des Memnon, beläuft sich auf eine Viertel (= Artabe), macht .... $^1/_4$.

NR. 81. ANWEISUNG
AN DEN SEKRETÄR DER ESELBESITZER-GILDE.

Höhe 6,5, Breite 8 cm.   Faijum.   20. August 23 nach Chr.

Wie die Parallelen *P. Fay.* S. 324 Ostr. Nr. 14—17 (a. 1—35) zeigen[1]), ist der als γρα(μματεύς) bezeichnete Adressat Ision γραμματεὺς κτηνοτρόφων (= ὀνηλατῶν), Sekretär der als Gilde organisierten Besitzer von Eseln, von denen jährlich eine bestimmte Zahl (δημόσιοι ὄνοι) von der Regierung zum Transport requiriert wird. S. dazu *Nr. 51—55* Einl. S. 172; *P. Hamb.* I Nr. 17 Einl. S. 71, Nr. 33 Einl. S. 144 f.

Ision wird von einem (nicht genannten) vorgesetzten Beamten angewiesen, dem Horos, zweifellos einem Naukleros-Agenten, einen Esel für den Transport von 1 ¹/₂ Artaben Gemüsesamen (λαχανόσπερμον) zu stellen. Als Bestimmungsort wird der θη(σαυρὸς) Φίλας Εἰσήου angegeben. Nach den Ausführungen Wilckens im *Archiv* IV 251. 267 über den Filialtempel der Isis in Hermonthis, auf · die er mich hinweist, werden wir auch in unserem Faijum-Ostrakon an einen solchen Filialtempel denken müssen. Die Isis aus Philae hatte danach im Faijum einen Filialtempel mit dazugehörigem Tempelspeicher. Zu erinnern ist dabei an das auf einen Isis-Tempel hinweisende Faijum-Dorf Ἰσιεῖον (= Ἀττινοῦ Ἰσιεῖον?); s. Grenfell-Hunt, *P. Teb.* II S. 381, und *P. Hamb.* I Nr. 27,6 (250/49 vor Chr.): ἐπὶ τὸ Ἰσιεῖον. Zum Isiskult im Faijum s. *P. Fay.* S. 22. 330 Nr. 38, *P. Magd.* 9, 2. — Das Schlagwort in diesen Anweisungen ist μέρισον, »teile zu«. Zum Gebrauch von ὑπό c. acc. Z. 2 s. meine Bemerkungen *P. Giss.* I Nr. 47, 24 Einzelbem.

Εἰσίωνι γρα(μματεῖ). Μέρισον
Ὥρωι Ἡρακλ(είδου) ὑπ(ὸ) λαχανό(σπερμον)
ὄνον ἕνα ἀρτά(βης) μιᾶς
ἡμίσους ⳨ βετερ᾿ [εἰς]
5 θη(σαυρὸν) Φίλας Εἰσήου.
L ι Τιβερίου Καίσαρος
Σεβαστοῦ Μεσορὴ
κζ̄ .

4 ⳨ βετερ᾿: τεταρ᾿ steht nicht da, es entfällt daher die Lesung καὶ τετάρ(του). Auch καὶ β ἑτέρ(ων) sc. ἀρταβῶν oder καὶ β ἑτέρ(ους) sc. ὄνους ist ausgeschlossen. Etwa δι(ὰ) βετερ(ανοῦ) = οὐετρανοῦ? 4/5 S. die Einl.; Φίλας Εἰσήου (= Ἰσιείου; s. *Pap. Nr. 20*, 19 Einzelbem.) getrennt nach Wilckens Vorschlag. Zur Schreibung Φίλας vgl. ἐν Φίλας Wilcken, *Ostr.* II Nr. 402, 3.

---

1) Auch in diesen Ostraka und Nr. 18 ist, wie schon Rostowzew (*Archiv* III 220 Anm. 2) hervorhob, der γρ(αμματεὺς) κτη(νοτρόφων) der Adressat, in Nr. 14. 15 Μάρω(νι) γρ(αμματεῖ) aufzulösen. Die Scherben haben daher nichts mit *P. Fay.* 18 a. b zu tun, wie dies Grenfell-Hunt annahmen.

Übersetzung. An den Sekretär Ision. Teile zu dem Horos, dem Sohne des Herakleides, einen Esel für den Transport von 1 ¹/₂ Artaben Gemüsesamen ....
.... zum Speicher des Filialtempels der Isis aus Philae. Jahr 10 des Tiberius Caesar Augustus am 27. Mesore.

Nr. 82. RECHNUNGSAUFSTELLUNG.

Höhe 7,5, Breite 8 cm.   Faijum.   4. Jahrh. nach Chr.
Zur Rechnung nach Talenten s. *Papyrus Nr. 23*, 9 f. Einzelbem.

Ἀραβῶτι	ϡ δ
Μιῦσις	ϡ πγ Ͳφ
ὁμοί(ως) διπ(λωμάτων) ιϛ	ϡ πη
ὁμοί(ως) εἰσπιπ(τόντων) δ(ιοικήσει?) η ϛ′	ϡ δ ω̅π̅
5 ὁμοί(ως) πομ(έσιν) β	ϡ π Ͳθ
ὁμοί(ως)	ϡ πα Ͳωπ
ὁμοί(ως) μισθαρα	ϡ ω

 1 Ἀρτβῶτι oder Ἀρθβῶτι steht nicht da. —   5 l. ποιμ(έσιν).   7 l. μισθάρια oder μισθαρίων;
ϡ = τά(λαντα). — ⚹ Ostr. = δ.   2 l. Μιύσι. —   vgl. *Papyrus Nr. 20*, 22.
⌒ Ostr. = π.   3 διπ′ Ostr.   4 ⚹ ηϛ′ Ostr.

Übersetzung.

An Arabōs	4 Talente.	
An Miysis	83 »	2500 (Drachmen).
Desgleichen für 16 Marken	88 »	
Desgleichen an Zahlungen an den Fiskus(?) für das 8. Jahr	4 »	880 (Drachmen).
Desgleichen für 2 Hirten	80 »	2009 (»).
Desgleichen	81 »	2880 (»).
Desgleichen an Löhnen	800 »	

Nr. 83. SCHREIBÜBUNG (?).

Höhe 5, 8, Breite 7,8 cm.   Theben.   Kaiserzeit.   Ungelenke Unziale.

Καμῆτις
ΑΒΓΔΒ
ΤΑ

FRAGMENTE UND BESCHREIBUNGEN.

Nr. 84. STAATSKASSENQUITTUNG.

Höhe 5,5, Breite 9 cm.   Herkunft unbekannt (Theben?).   S. die Formulare S. 114 A II a.
1. Jahrh. nach Chr.

$$\Delta\iota\alpha(\gamma\epsilon\gamma\rho\acute{\alpha}\varphi\eta\kappa\epsilon\nu)\ \Delta\hat{\omega}\rho\text{o}\varsigma\ \text{`}H\rho\alpha(\kappa\lambda\epsilon\acute{\iota}\delta\text{o}\upsilon)\ \Pi[.\,.\,.\,.\,.]$$
$$\dot{\upsilon}\pi(\grave{\epsilon}\rho)\ \pi\lambda\iota^{\alpha}\ \alpha\ \varsigma\ [\delta\rho\alpha\chi(\mu\grave{\alpha}\varsigma)\ \tau\acute{\epsilon}(\sigma\sigma\alpha\rho\alpha\varsigma)]$$
$$/\ \varsigma\ \delta.\ \ \llcorner\ \alpha\ [$$
$$].\ [$$

Das Ostrakon bricht ab.

2 Die Lesung ὑ) πλιᾱ ist sicher, aber unverständlich. Am nächsten läge es, an das πλῑ τεᵏ = πλι(νθευομένης) τέλ(ος) des *Theb. Ostr.* Greek Texts Nr. 92, sowie an die Abgabe ὑπ(ἐρ) πλινθ(ευομένης) bei Wilcken, *Ostr.* I 280 § 96 und den μερισμὸς πλινθευομένης *P. Oxy.* III 502, 43 und 574 zu denken, die Abgabe zur Ablösung der Lieferung von Ziegeln. Aber das πλιᾱ steht da.

Übersetzung. Es hat gezahlt Doros, Sohn des Herakleides, Enkel des P...., für ...... des 1. Jahres vier Drach(men), macht 4 Dr. Jahr 1 ......

Nr. 85. STAATSKASSENQUITTUNG ÜBER KOPF- UND BADSTEUER.

Höhe 8,5, Breite 6 cm.   Theben.   S. *Nr. 20—30 a* und *Nr. 11—14. 75.*   Datum: ⌐ β Γαίου Καίσαρος [Σεβαστοῦ Γ]ερμαγικοῦ Φαμε(νὼθ) κε̄: 21. März 38 nach Chr.

Nr. 86. ERHEBERQUITTUNG (BADSTEUER).

Höhe 7, Breite 8,5 cm.   Herkunft unbekannt (Theben?).   Es werden zum mindesten drei Steuerzahler mit ihren Beträgen genannt, darunter Ὀσωρουῆρις (sic), Φατρῆς. Z. 6 f.: βαλ(ανικοῦ) τοῦ ζ̄ Οὐεσπασιανοῦ τ[οῦ] κυρίου Ἐπεὶφ δ: 28. Juni 75 nach Chr.

NR. 87. STAATSKASSENQUITTUNG.

Höhe 10, Breite 11 cm. Herkunft unbekannt (Hermonthis?). Schema: Διέγρα(ψεν) ὁ δεῖνα ὑπ(έρ) ... θ L ϛ ιβ (12 Drachmen). Datum. Die Steuer (Z. 2) ist nicht sicher zu erkennen (Kopfsteuer?). Datum: L ο Οὐεσπασιαγοῦ τοῦ κυρίου Φαῶ(φι) ιη̄: 15. Oktober 76 nach Chr.

NR. 88. ERHEBERQUITTUNG.

Höhe 10, Breite 9 cm. Herkunft unbekannt (Theben?). Ἀπολλῶς καὶ Ὧρος πρά(κτορες) ἀργυ(ρικῶν)... Ob die Ortsbezeichnung folgt oder sofort der abgekürzte Name des Zahlers, ist nicht zu erkennen; das letztere ist wahrscheinlicher. Dann beginnt Z. 2 mit dem Patronymikon Δι( ), χαίρειν fehlt, wie meist; es folgt ἔσχ(ομεν), Steuer und mehrere Zahlungstermine nebst den entrichteten Summen. Datum: L ιζ Ἀντωνίνου Καίσαρος τοῦ κυρίου Φαρμοῦθι η̄: 3. April 154 nach Chr.

NR. 89.

Höhe 5,5, Breite 8 cm. Faijum(?). 4 Zeilen. 2. Jahrh. nach Chr. Z. 2—4: ιδ L Παῶφ γ̄ τῷι(?) | κο⟩ πορμη^τ ἄλλας | ϛ τέσσαρας / ϛ δ.

NR. 90.

Höhe 8,5, Breite 9 cm; unten freier Raum von 4,5 cm. Edfu. 2. Jahrh. nach Chr. Θηγγα δ .. α (vielleicht δωϛα) | αγγι (= ἀγγῖα?) η. L η πᾱ κ̄δ | παυν β̄ ·η (= ὁ(μοίως) η sc. ἀγγῖα?) |

NR. 91.

Höhe 10, Breite 9 cm. Herkunft unbekannt. 5./6. Jahrh. nach Chr. Fragmentierte Quittung mit Stipulationsklausel; oben, links, rechts verstümmelt.

NR. 92.

Höhe 7, Breite 8 cm. Herkunft unbekannt. Byzantinische Zeit. Einzige Aufschrift: Ἰσάκ.

INDICES.

Die Papyrus-Nummern haben keinen weiteren Zusatz, die Ostraka sind durch ein der Ziffer vorangehendes ‚Ostr.‘ kenntlich gemacht. — Außer den Texten unserer beiden Sammlungen sind auch die Wörter der vollständig mitgeteilten, bisher unveröffentlichten Ostraka des Berliner Museums in den Indices vermerkt. Sie werden nach Seiten der Ausgabe mit hochgestellten Anmerkungen angeführt und durch das in Klammern hinzugefügte ‚B. M.‘ gekennzeichnet. Die Wörter der nicht unter einer Editions-Nummer, nur auszugsweise gegebenen Deißmann-Ostraka sind ebenfalls nach Seiten der Ausgabe (S. 101[2]. 107[1]. 113. 149. 188[1]) angeführt.

I. KAISER.

Augustus.

Καῖσαρ Ostr. 13, 1. 14, 1. 20, 3. 74, 1. 6. 75, 1.

Tiberius.

Τιβέριος Καῖσαρ Σεβαστός Ostr. 31, 5. 32, 4. 34, 6. 36, 4. 81, 6.

Gaius.

Γάιος Καῖσαρ Σεβαστὸς Γερμανικός Ostr. 85.

Claudius.

Τιβέριος Κλαύδιος Καῖσαρ Σεβαστὸς Γερμανικὸς Αὐτοκράτωρ Ostr. 35, 3. 38, 3.

Τιβέριος Κλαύδιος Καῖσαρ Σεβαστὸς Αὐτοκράτωρ Ostr. 21, 2.

Nero.

Νέρων ὁ κύριος Ostr. 22, 2. 23, 3. 24, 2. 25, 2. 36 a, 3. 37, 3. 76, 4.

Νέρων κύριος Ostr. 39, 4.

Vespasianus.

Οὐεσπασιανὸς ὁ κύριος Ostr. 17, 2. 18, 4. 47, 7. 59, 9. 86. 87.

Οὐεσπασιανός Ostr. 48. 2.

Domitianus.

Δομιτιανὸς ὁ κύριος Ostr. 40, 3. 44, 3. 77, 4.

Traianus.

Αὐτοκράτωρ Καῖσαρ Νέρουα Τραιανὸς Σεβαστὸς Γερμανικὸς Δακικός 11, 1. 10. 25, 9.

Αὐτοκράτωρ Καῖσαρ Νέρουα Τραιανὸς Ἄριστος Σεβαστὸς Γερμανικὸς Δακικός 12, 1.

Τραιανὸς Καῖσαρ ὁ κύριος 5, 1. Ostr. 28, 5. 30 a, 4.

Τραιανὸς ὁ κύριος Ostr. 28, 3.

Τραιανὸς Ἄριστος Καῖσαρ ὁ κύριος Ostr. 33, 2.

Hadrianus.

Αὐτοκράτωρ Καῖσαρ Τραιανὸς Ἀδριανὸς Σεβαστός 6, 5. 19. 35.

Ἀδριανὸς Καῖσαρ ὁ κύριος Ostr. 41, 4.

Ἀδριανὸς ὁ κύριος 6, 16. Ostr. 26, 5. 43, 2.

θεὸς Ἀδριανός 8, 5. 9, 5. 7.

Antoninus Pius.

Αὐτοκράτωρ Καῖσαρ Τίτος Αἴλιος Ἀδριανὸς Ἀντωνῖνος Σεβαστὸς Εὐσεβής 8, 20. 10, 1. 13, 1. 14, 13.

Ἀντωνῖνος Καῖσαρ ὁ κύριος 3, 18. 9, 5. 13. 14. Ostr. 27, 4. 49, 1. 88.

ὁ κύριος Καῖσαρ 3, 11.

Marcus und Verus.

Αὐτοκράτωρ Καῖσαρ Μᾶρκος Αὐρήλιος Ἀντωνῖνος Σεβαστὸς καὶ Αὐτοκράτωρ Καῖσαρ Λούκιος Αὐρήλιος Οὐῆρος Σεβαστός 4, 12.

Ἀντωνῖνος καὶ Οὐῆρος οἱ κύριοι Σεβαστοί 4, 27.

Ἀντωνῖνος καὶ Οὐῆρος οἱ κύριοι Αὐτοκράτορες Ostr. 50, 2.

Marcus.

Αὐρήλιος Ἀντωνῖνος Καῖσαρ ὁ κύριος Ostr. 19, 5.

Marcus und Commodus.

Αὐρήλιοι Ἀντωνῖνος καὶ Κόμμοδος οἱ κύριοι Σεβαστοί Ostr. 29, 2.

Caracalla.

Μᾶρκος Αὐρήλιος Σεουῆρος Ἀντωνῖνος Καῖσαρ ὁ κύριος Ostr. 78, 1.

Μᾶρκος Ἀντωνῖνος Καῖσαρ ὁ κύριος (Schreibversehen) Ostr. 79, 2.

Decius.

Αὐτοκράτωρ Καῖσαρ Γάιος Μέσσιος Κύιντος Τραιανὸς Δέκιος Εὐσεβὴς Εὐτυχὴς Σεβαστός 15, 20.

Gallienus.

ὁ κύριος ἡμῶν Γαλλιηνὸς Σεβαστός Ostr. 42, 1.

II. MONATE, TAGE.

(In Auswahl.)

Θώυθ Ostr. 5, 1. 11, 1. 31, 3.
Παχών Ostr. 7, 1.
Παῶφ Ostr. 89.
Ἀδριανός (= Χοίακ) 13, 3.

Καισάρειος (= Μεσορή) Ostr. 22, 3.
Νέος Σεβαστός (= Ἀθύρ) Ostr. 35, 5.
Σεβαστός (= Θώθ) Ostr. 22, 4. 36, 5. 36 a, 4.
Σωτήριος (= Παῦνι) 7, 14. 34.

Σεβαστή (sc. ἡμέρα) Ostr. 36, 6.

III. PERSONENNAMEN.

S. = Sohn, T. = Tochter, V. = Vater, M. = Mutter, F. = Frau, Ma. = Mann.

Αβαβικ( ) F. des Harphaësis Ostr. 14, 2.
Ἀβιήτας V. der Maria (Edfu) Ostr. 33, 1.
Ἀβολλώνιος (σύνδικος, Theben) Ostr. 67, 7.
Ἀβῶς V. des Pnepherōs Ostr. 13, 3. — Ἀ. (Theben) Ostr. 31, 2.
Ἀθηνάριον T. des Chares und der Herois (Faijum) 9, 9. — Ἀ. s. Σαραπιάς.
Ἀθηνόδωρος, στρατιώτης (Antinoupolis) 20, 1. Verso 2.
Αἴλιος Νικίας, ὁ τοῦ νομοῦ ἐκλογιστής 3, 5.
Αἰσχίνης S. des Glaukias (Theben) Ostr. 3, 3.
Ἀκουσίλαος V. des Apuleius (Faijum) 12, 8. 30.
Ἀλέξανδρος Ostr. 71, 5.
Ἄμμων 21, 1.
Ἀμμώνιος S. des Apollonios Ostr. 71, 3. — Ἀ. S. des Onnophris (Hermonthis) Ostr. 11, 3. — Ἀ., τελώνης (Faijum) Ostr. 74, 7.
Ἀμῶς V. des ... enes (Theben) Ostr. 58, 2.
Ἀναξαγόρας V. des Tryphon Ostr. 71, 1.

Ἀνδρόνεικος, ἀρχιδικαστής 6, 1. 7.
Ἀνουβίων ὁ καὶ Σουχίων, ἐξάκτωρ 18, 2.
Ἀντωνεῖνος, γραμματεὺς μητροπόλεως (Arsinoe) 9, 1.
Ἀντωνία (Antinoupolis) 20, 32.
Ἀντώνιος Θέων (μισθωτὴς οὐσιακός, Faijum) 3, 13.
Ἀπίων, ἀμφοδάρχης (Arsinoe) 9, 2.
Ἀπολήειος S. des Akusilaos, Πέρσης τῆς ἐπιγονῆς (Faijum) 12, 8. 25. 30.
Ἀπολινάριος s. Ἰούλιος.
Ἀπολλόδωρος, τῶν ᾱ φίλων καὶ ἐπιστάτης καὶ γραμματεὺς τῶν κατοίκων ἱππέων 1, 12. 17. 29. — Ἀ. V. des Pikōs (Theben) Ostr. 26, 2.
Ἀπολλοφάνης S. des Apollonios (Edfu) Ostr. 5, 3.
Ἀπολλωνίδης (Thesauros-Beamter, Edfu) Ostr. 45, 6.

Ἀπολλώνιος S. des Menandros (Theben) Ostr. 1, 3 = V. der Hermione Ostr. 2, 3. — Ἀ. S. des Dorkinos Ostr. 71, 2. — Ἀ. S. des Memnon Ostr. 71, 4. — Ἀ. S. der Ophelūs 19, 1. Verso. — Ἀ. V. des Apollophanes (Edfu) Ostr. 5, 3. — Ἀ. V. des Ammonios Ostr. 71, 3. — Ἀ. V. des Epa( ) (Elephantine) Ostr. 43, 1. — Ἀ. (συγγραφοφύλαξ, Faijum?) 2, 6.

Ἀπολλῶς, πράκτωρ ἀργυρικῶν (Theben?) Ostr. 88.

Ἀππιανός, ἐξηγητεύσας Ostr. 51, 3. 52, 2.

Ἀπφοῦς V. des Ps.... (Theben) Ostr. 30 a, 1.

Ἀραβῶς (Faijum) Ostr. 82, 1.

Ἄρειος, δεκαδάρχης 20, 6.

Ἀρεμοῦνις V. des Patūs (Edfu) S. 128[9] (B. M.).

Ἀρεμσύτης V. des Psenenuphis (Edfu) Ostr. 6, 4.

Ἀρητίων S. des Nason, πρεσβύτερος κώμης Θεαδελφείας 4, 6. 25.

Ἀρθώτης V. des Poëris (Edfu) S. 128[7] (B. M.).

Ἀρμῆνις S. des Pseōs (Erheber, Elephantine) Ostr. 43, 1.

Ἀρνᾶσις S. des Teōs (Edfu) Ostr. 46, 2.

Ἁρπαῆσις S. des Poëris (Edfu) S. 128[13-15] (B. M.). — Ἀ. V. des Poëris (Edfu) S. 110[13. 16] (B. M.). 121[3] (B. M.). 128[8. 11. 16] (B. M.).

Ἅρπαλος ὁ διὰ λόγων Νικηφόρος (Sklavenkind, Faijum) 9, 11.

Ἁρποκρᾶς (Theben) Ostr. 57, 1.

Ἁρποκρατίων, σιτολόγος (Theben) Ostr. 49, 5. — Ἀ. (Faijum) Ostr. 72, 1.

Ἄρρειος ὁ καὶ Διόσκορος, ἐν κλήρῳ ὑπηρέτης (Faijum) 3, 20.

Ἀρτυσαείστης (Faijum) Ostr. 72, 4.

Ἀρφαῆσις Ostr. 14, 2.

Ἀρχίας, τελώνης (Theben?) Ostr. 77, 1.

Ἀρχιτάρχις (Theben) Ostr. 58, 7.

Ἀσκληπιάδης Ostr. 60, 1. — Ἀ. (τραπεζίτης, Edfu) S. 128[8] (B. M.).

Ἄσωπος, λιμναστὴς τοπαρχίας (Faijum) 4, 1.

Ἀταρίας S. des Dionysios, V. des Chares (Faijum) 9, 6. — Ἀ. S. des Chares und der Herois (Faijum) 9, 8.

Ἀτοῦς T. der Aurelia E... (Faijum) 17, 4.

Ἀτπεύς S. des Pemaus (Edfu) S. 128[10] (B. M.).

Ἀτρῆς V. des Panesneus (Faijum) 7, 4. 29.

Αὐλήριος (sic) Σαραπάμμων Ostr. 69.

Αὐρηλία E.... (Faijum) 17, 3.

Αὐρηλία Λευλίς (Faijum) 15, 2. 15.

Αὐρηλία Ταλίμμις (Faijum) 16, 3.

Αὐρήλιος Δι( ) (Staatsspeicherbeamter, Theben) Ostr. 78, 5. 79, 6.

Αὐρήλιος Ἑρμᾶς, ἐπὶ τῶν θυσιῶν ᾑρημένος (Faijum) 15, 18. 16, 12. 14. 17, 15.

Αὐρήλιος Σαραπίων 21, 1.

Αὐρήλιος Σερῆνος, ἐπὶ τῶν θυσιῶν ᾑρημένος (Faijum) 15, 18. 16, 12. 17, 14.

Ἀφροδίσιος I V. des Philippos (Faijum) 5, 8. 11. 19. 6, 13. 9, 6. — Ἀ. II S. des Philippos (Faijum) 6, 23. 31. 7, 6. 14. 21. 26. 31. 8, 7. 19. 9, 3. 10. 10, 4; κάτοικος τῶν ἐν τῷ Ἀρσινοΐτῃ ἀνδρῶν Ἑλλήνων ϩυοε 8, 2. — Ἀ. (Faijum) 33.

Ἀφροδοῦς ἡ καὶ Παρινοῦς (Sklavenkind, Faijum) 9, 12.

Βαχόις S. des Psenesis (Edfu) S. 166[2] (B. M.).

Βεκονθώτης S. des Puëris (Edfu) Ostr. 29, 1.

Βησάμμων V. des Plenis (Theben) Ostr. 67, 3.

Βιῆχις [ὁ καὶ Ψ]ενπατεῦρις (Elephantine) Ostr. 28, 1.

Γαλάτης ὁ καὶ Δίδυμος, ἐπιτηρητής (Faijum) 10, 4.

Γλαυκίας V. des Aischines (Theben) Ostr. 3, 4.

Δημήτριος S. des Ptolemaios der auch Langos heißt (Faijum?) 2, 1. — Δ. 36.

Δι( ) (Theben?) Ostr. 88. — Δι( ) s. Αὐρήλιος.

Διδυμάριον T. des Aphrodisios II (Faijum) 8, 4.

Διδύμη T. des Chares (Faijum) 9, 9.

Δίδυμος V. des Epimachos der auch Hermias heißt (Alexandreia) 6, 27. — Δ. κάτοικος V. der Tertia (Faijum) 9, 7. — Δ. Ostr. 60a, 1. — Δ. s. Γαλάτης.

Διεύς T. des Sostratos Ostr. 48, 1.

Διονύσιος, ὁ ἀρχισωματοφύλαξ 1, 18. — Δ. S. des Horion 14, 12. 16. — Δ. V. des Atarias (Faijum) 9, 6.

Δῖος S. des Petearis (?), Πέρσης τῆς ἐπιγονῆς (Faijum) 5, 7. Verso.

Διόσκορος V. der Rhodūs (Faijum) 9, 10. — Δ. Ma. der Rhodūs (Faijum) 9, 10. — Δ. συνστρατιώτης Διοπολείτης 20, 12. — Δ. s. Ἄρρειος.

Διχόρδις (Edfu) Ostr. 63, 11.

Δορκῖνος V. des Apollonios Ostr. 71, 2.

Δράκων, τραπεζίτης (Edfu) S. 108[6] (B. M.).

Δωρίων V. des Horion (Faijum) 7, 27.

Δῶρος S. des Herakleides (Theben?) Ostr. 84, 1.

Δωσ(ι)θέα (Edfu) S. 149.

Εἰρηναῖος, ὁ τοῦ κυρίου Καίσαρος ἐπίτροπος 3, 10.

Εἰσίων, γραμματεὺς (κτηνοτρόφων) (Faijum) Ostr. 81, 1.

Ἐπ( ) S. des Apollonios (Elephantine) Ostr. 43, 1.
Ἐπι.ι[....] S. des Petechōn, Enkel des Pamonthes (Thebais) Ostr. 20, 1.
Ἐπίμαχος ὁ καὶ Ἑρμίας S. des Didymos (Alexandreia) 6, 26.
Ἑριεύς S. des Puëris, Enkel des Psestes (Theben) Ostr. 50, 4 f. — Ἑ. (Antinoupolis) 20, 35. — Ἑ. Ostr. 59, 4.
Ἑρμᾶς s. Αὐρήλιος.
Ἑρμίας, τραπεζίτης (Hermonthis) Ostr. 11, 2. — Ἑ. S. des Ti. archi..os (Faijum) Ostr. 42, 3. — Ἑ. V. des Sailēs (Theben) Ostr. 35, 1. — Ἑ. (Faijum) Ostr. 61, 8. — Ἑ. s. Ἐπίμαχος.
Ἑρμιόνη T. des Apollonios (Theben) Ost. 2, 3.
Ἑρμόδωρος V. des Pamaris (Theben) Ostr. 31, 1. 32, 1.
Ἑρμόφιλος, γραμματεύς Ostr. 73, 6.
Ἕρμων V. des Phaphis (Edfu) Ostr. 63, 5.
Ἔστνις V. des Portis (Theben) Ostr. 70 R. II 5.
Ἑταῖρος Ostr. 71, 6.
Εὐδαίμων (Theben) Ostr. 65, 3.
Εὐτυχής s. Πασίων.

Ζώιλος S. des Polydeukes, πρεσβύτερος κώμης Θεαδελφείας 4, 4. 22. — Z. V. des Heraklās (Faijum) Ostr. 55, 2.

Ἡδίστη s. Ἰσιδώρα.
Ἡρακλᾶς (Pächter, Elephantine?) Ostr. 14, 4. 6. — Ἡ. S. des Zoilos (Faijum) Ostr. 55, 2.
Ἡρακλείδης (Spreuerheber, Theben) Ostr. 15, 1. 16, 1. — Ἡ. βασιλικὸς γραμματεύς (Faijum) 9, 1. — Ἡ. S. des Herodes, Enkel des Leon (Faijum) 3, 3. — Ἡ. S. des Soterichos (Faijum) 5, 17. — Ἡ. V. des Horos (Faijum) Ostr. 81, 2. — Ἡ. V. des Doros (Theben?) Ostr. 84, 1.
Ἡρακλῆς V. des Pebrichis (Theben) Ostr. 49, 3.
Ἡρακλοῦς 22, 1.
Ἡρᾶς, ὁ ἠπητής 22, 3. 8.
Ἡροΐς (sic) T. des Atarias und der Tertia (Faijum) 9, 7. — Ἡ. (Sklavenkind, Faijum) 9, 11.
Ἡρώδης S. des Leon (Faijum) 3, 3.
Ἥρων S. des Ischyrion (Faijum) 6, 11. 15. — Ἡ. (Faijum) Ostr. 72, 2.
Ἡρωνῖνος, φροντιστής des Appianos (Faijum) Ostr. 53, 2. 54, 3.

Θαλλοδ( ) V. des Pachois (Edfu) Ostr. 63, 7.
Θεοδότη s. Χαρίτιον.
Θερμοῦθις Ostr. 60 a, 1.
Θέων, στρατηγὸς Ἀρσινοΐτου Θεμίστου καὶ Πολέμωνος μερίδων 3, 2. — Θ. s. Ἀντώνιος.
Θηδῶριν (sic) (Edfu) S. 149.

Θοτρω( ) s. Μένανδρος.
Θοτσυτάις 34.
Θοῦρις S. des Petestōs (Edfu) Ostr. 63, 12.
Θουσῶμις S. des Horos, Bruder des Pasemis (Elephantine) Ostr. 34, 4.
Θρακῆς M. des Pekysis, F. des Patchnaus (Elephantine) Ostr. 41, 2.

Ἱέραξ (Unterbeamter des Thesauros, Edfu) Ostr. 46, 6.
Ἰούλιος· Μᾶρκος Ἰ. Ἀπολινάριος, ἀπολύσιμος ἀπὸ στρατείας (Faijum) 13, 6. 20.
Ἰσιδώρα ἡ καὶ Ἡδίστη (Sklavin, Faijum) 9, 12.
Ἴσιδωρος, ὁ παρ' οἰκονόμου Ostr. 73, 5.
Ἰσίων s. Εἰσίων.
Ἰσχυρίων V. des Heron (Faijum) 6, 11. 15.

Καλι... (Theben) Ostr. 7, 4.
Κάλλων V. des Psenosiris (Elephantine) Ostr. 34, 1.
Καμῆτις (Theben) Ostr. 83, 1.
Κασ... S. des Psennesis (Theben) Ostr. 70 R. II 4.
Κάσσιος, στρατιώτης (Spreuerheber, Theben) Ostr. 18, 1.
Κάστωρ (τραπεζίτης, Edfu) S. 128 13 (B. M.) — K. (σιτολόγος, Edfu) Ostr. 46, 3.
Κινέας (σιτολόγος, Edfu) Ostr. 45, 5.
Κλείτανδρος (Steuerpächter, Theben) Ostr. 7, 3.
Κολλούθης S. des Phibis (Theben) Ostr. 70 R. II 2.
Κόνων Ostr. 60, 1.
Κράττης (Unterbeamter des Thesauros, Edfu) Ostr. 45, 7.
Κρεῖσπος (Theben) Ostr. 56, 1.

Λάαγος s. Πτολεμαῖος.
Λευλίς s. Αὐρηλία.
Λέων V. des Herodes (Faijum) 3, 3.
Λητᾶς (Edfu) Ostr. 63, 8.
Λολοῦς (ὁ) καὶ Πατελολῆς (Theben) Ostr. 67, 2.
Λονγῖνος· Μᾶρκος Λ. (Faijum?) 27, 2.
Λουκιᾶς (Antinoupolis) 20, 21. 23. 36.
Λυσεδίας (sic) V. der Petronia (Faijum) 27, 9.

Μάξιμος, στρατηγὸς Ἀρσινοΐτου Ἡρακλείδου μερίδος 9, 1.
Μαρία T. des Abietas (Edfu) Ostr. 33, 1. — M. s. Πολλία M. νεωτέρα.
Μέμνων 20, 50. — M. V. des Apollonios Ostr. 71, 4. — M. V. des Pasemis Ostr. 80, 3.
Μένανδρος ὃς καὶ Θοτρω( ) V. des Apollonios (Theben) Ostr. 1, 4.
Μεχοίρης S. des Osoruëris (Theben?) Ostr. 77, 2.
Μιῦις, ἀχυροπράκτωρ (Theben) Ostr. 19, 1. 7.

Μιῦσις (Faijum) Ostr. 82, 2.
Μυσθᾶς (Faijum) Ostr. 75, 2.

Νάσων V. des Aretion (Faijum) 4, 6.
Νε.... (Theben) Ostr. 56, 1.
Νεμεσίλλα (Faijum?) 27, 10.
Νικηφόρος s. Ἄρπαλος.
Νικίας s. Αἴλιος.

Ὀβοῦχις Ostr. 10, 6.
Ὀννόφρις V. des Ammonios (Hermonthis) Ostr.
   11, 3. — Ὀ. V. des Pe..( ) (Theben) Ostr. 27, 2.
Ὀννῶφρις S. des Ulis, πρεσβύτερος κώμης Θεα-
   δελφείας 4, 4. 23. — Ὀ. S. des Poōris (The-
   ben) Ostr. 70 R. I 2.
Ὀνωρᾶτος s. Πετρώνιος.
Ὀσορουῆρις V. des Petemenophis (Theben?) Ostr.
   77, 2. — Ὀ. S. des Petemenophis (Theben?)
   Ostr. 77, 2. — Ὀ. V. des Horos (Theben)
   Ostr. 18, 2. — Ὀ. V. des Petemonthes (The-
   ben) Ostr. 76, 2.
Ὀσωρουῆρις (Theben?) Ostr. 86.
Οὐεστειδία Σεκοῦ(ν)δα (Theben) Ostr. 56, 4.
Οὖλις V. des Onnophris (Faijum) 4, 5.

Παβοῦς S. des Sylis (Theben) Ostr. 70 R. I 3.
Παῆρις V. des Pikōs (Theben) Ostr. 21, 1. — Π.
   ὁ καὶ(?) Ψενθιαη.. (Theben) Ostr. 65, 1.
Παῆσις V. des Horos (Theben) Ostr. 30 a, 6.
Παθερμοῦθις 21, 21.
Παθώτης S. des Puëris, V. des Pemsais (Theben)
   Ostr. 30 a, 3.
Παθωύτης S. des Panomieus (Theben) Ostr. 70
   R. II 3.
Πακεῖφις V. des Psemuthes Ostr. 68, 3.
Πακῦσις S. des Patsebthis (Theben) Ostr. 64, 1.
Παλέμπις S. der Aurelia Leulis (Faijum) 15, 11.
Παλεῦις (Edfu) Ostr. 63, 15.
Παμᾶρις S. des Hermodoros (Erheber, Theben)
   Ostr. 31, 1. 32, 1.
Παμώνθης, πράκτωρ ἀργυρικῶν (Theben, Charax)
   Ostr. 27, 1. 5. — [Παμώ]νθης S. des Pikōs,
   Enkel des Paëris (Theben) Ostr. 21, 1. — Π.
   V. des Petechon (Theben) Ostr. 20, 2.
Πανεσνεύς S. des Hatrēs, Πέρσης τῆς ἐπιγονῆς
   (Faijum) 7 passim.
Πανομιεύς V. des Pathoytes (Theben) Ostr. 70
   R. II 3.
Παουῶσις V. des Plenis (Theben) Ostr. 57, 2.
Παραῦς V. des Pachois (Edfu) S. 108⁶ (B.M.).
Παρελῆκις S. des Pasemis, Enkel des Memnon
   Ostr. 80, 3.
Παρινοῦς s. Ἀφροδοῦς.

Πασῆμις S. des Pasis (Hermonthis) Ostr. 4, 3. —
   Π. S. des Pesphis (Theben) Ostr. 19, 2. —
   Π. S. des Horos (Elephantine?) Ostr. 34, 2. —
   Π. S. des Petechon (Theben) Ostr. 58, 1. —
   Π. S. des Memnon, V. des Parelekis Ostr.
   80, 3.
Πασιγένης (Faijum) Ostr. 72, 3.
Πᾶσις V. des Pasemis (Hermonthis) Ostr. 4, 3. —
   Π. Großvater des Petemenophis Ostr. 25, 1.
Πασίων ὁ διὰ λόγων Εὐτυχής (Sklavenkind,
   Faijum) 9, 11.
Πάσρις S. des Talcibanōs (Pächter) Ostr. 10, 1.
Πατελολῆς s. Λολοῦς.
Πατη( ) S. des Pa... (Theben) Ostr. 70 R. II 1.
Πατοῦς S. des Haremunis (Edfu) S. 128⁹ (B.M.).
Πατσέβθις, ἀχυροπράκτωρ (Theben) Ostr. 19, 1. —
   Π. V. des Pakysis (Theben) Ostr 64, 1.
Πατχναῦς V. des Pekysis (Elephantine) Ostr.
   41, 2.
Παυλεῖνος (Antinoupolis) 20, 37.
Παχλεύς (Edfu) Ostr. 63, 5.
Παχόις S. des Paraus (Edfu) S. 108⁶ (B. M.). —
   Π. S. des Pebōs (Edfu) Ostr. 9, 2. — Π. S.
   des Samanuphis (Edfu) Ostr. 63, 9. — Π. S.
   des Thallod( ) (Edfu) Ostr. 63, 7.
Παχουμαρα( ) (Edfu) Ostr. 63, 14.
Παχουμαρᾶς (Edfu) Ostr. 63, 13.
Παχοῦμις S. des Poëris, Enkel des Harpaësis
   (Edfu) S. 110¹⁴ (B. M.). 121³ (B. M.). 129¹⁷
   (B. M.).
Παχουμπαονῆς (Edfu) Ostr. 63, 3.
Παχουμπαχόις (Edfu) Ostr. 63, 4. 10.
Παῶς V. des Psenmonthes (Theben) Ostr.
   57, 2.
Πβῆκις S. des Phatrēs (Edfu) Ostr. 63, 6.
Πε..( ) S. des Pe..( ), Enkel des Onnophris
   (Theben) Ostr. 27, 2.
Πεβρῖχις S. des Herakles (Theben) Ostr. 49, 3.
Πεβῶς S. des Pachois (Edfu) Ostr. 9, 1.
Πεκῦσις S. des Patchnaus und der Thrakēs (Ele-
   phantine) Ostr. 41, 1. — Π. V. des Phatrēs
   (Theben) Ostr. 19, 2.
Πεμαῦς V. des Atpeus (Edfu) S. 128¹⁰ (B. M.).
Πεμσάις S. des Pathotes, Enkel des Puëris (The-
   ben) Ostr. 30 a, 3.
Περμᾶμις (Theben) Ostr. 16, 1. — Π. V. des Horos
   (Theben) Ostr. 36, 1.
Πέσφις V. des Pasemis (Theben) Ostr. 19, 2.
Πετ....... (Theben) Ostr. 30 a, 8.
Πετεαρουῆρις, πράκτωρ ἀργυρικῶν (Theben,
   Charax) Ostr. 27, 1. 7.
Πετεαρπρῆς V. des Petosiris (Theben) Ostr.
   30 a, 2.

Πετεμαρσνοῦφις S. des Ps...., V. des Psęmptytis (= Psenptutes) (Theben) Ostr. 37, 1. 47, 1. — Π. V. des Psenmonthes (Theben) Ostr. 24, 1. 36a, 1. — Πε⟨τε⟩μαρσνοῦφις V. des Psenpęṇpypis (Theben) Ostr. 23, 2.

Πετεμενῶφις S. des Pikōs (Trapezit, Theben) Ostr. 36,6. — Π. S. des Osoruëris (Theben?) Ostr. 77, 1. — Π. S. des Ps...thị.., Enkel des Pasis (Theben) Ostr. 25, 1.

Πετεμώνθης S. des Osoruëris (Theben?) Ostr. 76, 1.

Πετεορσνοῦφις Großvater des Psentarophis (Theben?) Ostr. 44, 2.

Πετεστῶς (Edfu) Ostr. 63, 12.

Πετέχων S. des Pamonthes (Theben) Ostr. 20,2. — Π. V. des Horos (Theben) Ostr. 17, 1. — Π. V. des Pasemis (Theben) Ostr. 58, 1.

Πετεψάις (Theben) Ostr. 15, 1.

Πετοσῖρις S. des Petcharprēs, πράκτωρ ἀργυρικῶν (Theben, Memnoneia) Ostr. 30a, 1. — Π. S. des Petosiris (Edfu) Ostr. 45, 2.

Πετραεμσνοῦπις V. des Psenptutis (Theben) Ostr. 39, 1.

Πετρωνία T. des Lysedias (Faijum) 27, 9.

Πετρώνιος. Π. Ὀνωρᾶτος, ὁ κράτιστος ἡγεμών 3, 8. — Γάιος Π. Φίρμος (Faijum) 13, 18. 23.

Πιβοῦχις Ostr. 59, 4.

Πικῶς S. des Pikōs (Trapezit, Theben) Ostr. 35, 6. — Π. S. des Paëris (Theben) Ostr. 21, 1. — Π. νεώτερος S. des Apollodoros (Theben) Ostr. 26, 2. — Π. V. des Psenchonsis (Faijum) Ostr. 12, 2. — Π. V. des Pṃ̣ution (Theben) Ostr. 22, 1. — Π. V. des Petemenophis (Theben) Ostr. 36, 6.

Πιμενῆς V. des Pramatēs Ostr. 10, 2.

Πισάις S. des Rhodon (Trapezit, Edfu) Ostr. 8,7.

Πλῆνις S. des Paüosis, γεωργὸς Λίμνης (Theben) Ostr. 57, 2. — Π. S. des Besammon (Theben) Ostr. 67, 3.

Πλουτίων, κωμογραμματεὺς κώμης Θεαδελφείας 4, 3. 21.

Πμουτίων S. des Pikōs (Theben) Ostr. 22, 1.

Πνεφερῶς V. des Pnepherōs, S. des Abōs Ostr. 13, 3. — Π. S. des Pnepherōs Ostr. 13, 2.

Ποῆρις V. des Harpaësis (Edfu) S. 128 13. 15 (B. M.) — Π. S. des Harpaësis, V. des Pachumis (Edfu) S. 110 13. 14. 16 (B. M.). S. 121 3 (B. M.). S.128 8. 11. 16 (B. M.). S.129 17 (B. M.). — Π. S. des Harthotes (Edfu) S. 128 7 (B. M.). — Π. S. des Psenosiris (Edfu) Ostr. 8, 4. S. Πουῆρις.

Πόκαμις (Theben) Ostr. 70 V. 4.

Πολλία Μαρία νεωτέρα (Theben) Ostr. 56, 4.

Πολυδεύκης V. des Zoilos 4, 4.

Πόρτις S. des Estnis (Theben) Ostr. 70 R. II 5.

Πουῆρις V. des Pathotes (Theben) Ostr. 30a, 3. — Π. S. des Psestes, V. des Herieus (Theben). Ostr. 50, 5. — Π. V. des Bekonthotes (Edfu) Ostr. 29, 1. S. Ποῆρις.

Πωῶρις V. des Onnophris (Theben) Ostr. 70 R. I 2.

Πραματῆς S. des Pimenēs (Pächter) Ostr. 10, 2.

Πτολεμαῖος, ὁ στρατηγός (Edfu) S. 110 16 (B. M.). — Π., τραπεζίτης (Theben) Ostr. 1, 6. — Π., τραπεζίτης (Faijum) 6, 13. — Π., λαογράφος ἀμφόδου (Arsinoe) 9, 2. — Π. S. des Ptolemaios Ostr. 73, 2. — Π. S. des Epimachos, der auch Hermias heißt, Enkel des Didymos, Σωσικόσμιος ὁ καὶ Ἀλθαιεύς (Alexandreia) 6, 26. — Π. ὃς καὶ Λάαγος V. des Demetrios (Faijum?) 2, 1.

Π . ρ . ς (Theben) Ostr. 70 V. 2.

Ῥοδοῦς T. des Dioskoros (Faijum) 9, 10.

Ῥόδων V. des Pisais (Edfu) Ostr. 8, 7.

Σαβεῖνος, γραμματεὺς μητροπόλεως (Arsinoe) 9,1.

Σαιλῆς S. des Hermias (Theben) Ostr. 35, 1.

Σαμανοῦφις V. des Pachois (Edfu) Ostr. 63, 9.

Σανακᾶς (Edfu) Ostr. 63, 9.

Σαρ...ια T. des Aphrodisios, Περσίνη (Faijum) 5, 8.

Σαραπάμμων s. Αὐρήλιος.

Σαραπιὰς ἡ καὶ Ἀθηνάριον (Faijum) 8, 8.

Σαραπίων (Trapezit, Edfu) S. 128 11 (B. M.). — Σ. λαογράφος ἀμφόδου (Arsinoe) 9, 2. — Σ. (Pächter, Faijum) Ostr. 12, 1. — Σ. 34. — Σ. s. Αὐρήλιος.

Σατρίων 22, 1. Verso.

Σαχομνεύς S. des Psenpechytes (Theben) Ostr. 40, 1.

Σειμάριος S. des Sokrates (Faijum) 13, 8.

Σεκοῦ⟨ν⟩δα s. Οὐεστειδία.

Σελβεῖνα = Σελβεινᾶς (Antinoupolis) 20,1. Verso1.

Σεναρεύς (Edfu) Ostr. 63, 2.

Σερῆνος s. Αὐρήλιος.

Σεσόνκις (Theben) Ostr. 70 V. 3.

Σεύθης (Theben) Ostr. 78, 3.

Σίρτ’τι = Σίρτ’, ναυτικός (Antinoupolis) 20,34.41.

Σουχίων S. des Charmos, πρεσβύτερος κώμης Θεαδελφείας 4, 5. 24. — Σ. s. Ἀνουβίων.

Σῦλις V. des Pabūs (Theben) Ostr. 70 R. I 3.

Σῦρος, πρεσβύτερος (Theben) Ostr. 65, 1. 8.

Σωκράτης V. des Simarios (Faijum) 13, 8.

Σώστρατος V. der Dieus Ostr. 48, 1.

Σωτήριχος V. des Herakleides (Faijum) 5, 17.

Σ..... S. des Petemonthes (Theben?) Ostr. 76, 1.

Ταλειβανῶς V. des Pasris Ostr. 10, 1.

Ταλίμμις s. Αὐρηλία.

Τερτία T. des Didymos, κάτοικος, M. der Herois (Faijum) 9, 7.

Τεύφιλος S. des Teuphilos (= Theophilos) (Edfu) Ostr. 30, 1.

Τεῶς V. des Harnasis (Edfu) Ostr. 46, 3. — T. V. des Psineus (Theben) Ostr. 70 R. I 1.

Τι . αρχι .. ος V. des Hermias (Faijum) Ostr. 42, 3.

Τιθοῆς 23, 8.

Τιμαγένης (Pächter, Elephantine) Ostr. 13, 6.

Τίτʼτος, ὁ ἱππεύς 20, 40.

Τρέβιος. Λούκιος Τρ. Πρόκλος, ὁ κράτιστος ἐπιστράτηγος 8, 1.

Τριφιακή. Αὐληρίου Τ. Σαραπάμμωνος Ostr. 69.

Τρύφων S. des Anaxagoras Ostr. 71, 1.

Τ... ηρις T. der Aurelia Leulis (Faijum) 15, 12.

Φᾶσις S. des Chairemon (Faijum) 12, 11. 22. 26.

Φατρῆς S. des Pekysis (Theben) Ostr. 19, 2. — Φ. V. des Pbekis (Edfu) Ostr. 63, 6. — Φ. (Theben?) Ostr. 86.

Φᾶφις S. des Hermon (Edfu) Ostr. 63, 5.

Φθομώθης (sic) (Theben) Ostr. 57, 1.

Φθουμῖνις (Gehülfe des πράκτωρ ἀργυρικῶν) Ostr. 26, 6.

Φῖβις V. des Kolluthes (Theben) Ostr. 70 R. II 2.

Φίλιππος I S. des Aphrodisios I (Faijum) 5, 4. 11. 19. Verso. 6, 13. 22. 28. 7, 7. 8, 2. — Φ. II S. des Aphrodisios II (Faijum) 8, 2. 4. 15. 19. 9, 13. 10, 4.

Φιλίστα 34.

Φίλων (Edfu) S. 149.

Φίρμος s. Πετρώνιος.

Χαιρήμων, τραπεζίτης (Edfu) S. 128[7] (B. M.). — X. V. des Phasis (Faijum) 12, 11.

Χαλλαμᾶς (Theben) Ostr. 70 V. 1.

Χάρης S. des Atarias und der Charition, Enkel des Dionysios und des Aphrodisios I, κάτοικος τῶν Ꝫ-υοε (Faijum) 9, 6.

Χαρίτιον T. des Aphrodisios I, M. des Chares (Faijum) 9, 6. — X. T. des Aphrodisios II (Faijum) 8, 2. 3. 19. 9, 13. — X. ἡ καὶ Θεοδότη T. des Chares (Faijum) 9, 9.

Χάρμος V. des Suchion (Faijum) 4, 6.

Χεσφμόις, πράκτωρ ἀργυρικῶν μητροπόλεως (Theben) Ostr. 26, 1.

Ψανμοῦς, πράκτωρ (Elephantine) Ostr. 41, 1.

Ψεμμώνθης s. Ψενμώνθης.

Ψεμούθης νεώτερος S. des Pakeiphis Ostr. 68, 1.

Ψεμπτῦτις S. des Petemarsnuphis (Theben) Ostr. 37, 1 = Ψενπτούτης S. des Petemarsnuphis (Theben) Ostr. 47, 1. — S. auch Ψενπτοῦτις.

Ψενενοῦφις S. des Haremsytes (Edfu) Ostr. 6, 3.

Ψενεύς (?) V. des Psenthoytes (Theben) Ostr. 70 R. I 4. S. auch Ψινεύς.

Ψενῆσις V. des Bachois (Edfu) S. 166[2] (B. M.).

Ψενθιαη .. s. Παῆρις.

Ψενθωύτης S. des Pseneus (?) (Theben) Ostr. 70 R. I 4.

Ψενμώνθης S. des Horos (Theben) Ostr. 38, 1. — Ψ. (= Ψεμμώνθης) S. des Petemarsauphis (Theben) Ostr. 24, 1. 36a, 1. — Ψενμώθης S. des Paōs, γεωργὸς Λίμνης (Theben) Ostr. 57, 2.

Ψεννῆσις V. des Ka ... (Theben) Ostr. 70 R. II 4.

Ψενοσῖρις S. des Kallon, τελώνης (Elephantine) Ostr. 34, 1. — Ψ. V. des Poëris (Edfu) Ostr. 8, 4.

Ψενπατεῦρις s. Βιῆχις.

Ψενπεγπῦπις S. des Petemarsnuphis (Theben) Ostr. 23, 2.

Ψενπεχύτης V. des Sachomneus (Theben) Ostr. 40, 1.

Ψενπτούτης S. des Petemarsnuphis s. Ψεμπτῦτις.

Ψενπτοῦτις S. des Petraëmsnuphis (Theben) Ostr. 39, 1.

Ψενταρῶφις Enkel des Peteorsnuphis (Theben?) Ostr. 44, 1.

Ψενχῶνσις S. des Pikōs (Faijum) Ostr. 12, 2.

Ψέστης V. des Puëris (Theben) Ostr. 50, 5.

Ψεῶς V. des Harmenis (Elephantine) Ostr. 43, 1.

Ψινεύς S. des Teōs (Theben) Ostr. 70 R. I 1. S. auch Ψενεύς.

Ψ .... θ( ) S. des Apphūs, πράκτωρ ἀργυρικῶν Μεμνονείων (Theben) Ostr. 30a, 1.

Ὡρίων, συστρατιώτης 20, 10. — Ὡ. S. des Dorion (Faijum) 7, 27. — Ὡ. V. des Dionysios 14, 16.

Ὧρος, πράκτωρ ἀργυρικῶν (Theben?) Ostr. 88. — Ὧρος, πράκτωρ (Elephantine) Ostr. 28, 4. — Ὡ. S. des Petechon (Theben) Ostr. 17, 1. — Ὡ. S. des Osoruëris (Theben) Ostr. 18, 1. — Ὡ. S. des Paësis (Theben) Ostr. 30a, 6. — Ὡ. S. des Permamis (Theben) Ostr. 36, 1. — Ὡ. S. des Herakleides (Naukleros-Agent, Faijum) Ostr. 81, 2. — Ὡ. V. des Pasemis und Thusomis (Elephantine) Ostr. 34, 4. — Ὡ. V. des Psenmonthes (Theben) Ostr. 38, 2.

Ὡφελοῦς M. des Apollonios 19, 1. Verso.

Demotisches.

Gl.?. (Theben) Ostr. 7, 6.

Ḥar-naschte (Ἀρνᾶσις) S. des Dje-ḥo (Τεῶς) (Edfu) Ostr. 46, 4.

Hierax (Speicherbeamter, Edfu) Ostr. 46, 5.

Psen-p-neb (?) - *ḥotep* (Ψενπεγπῦπις) S. des Pete-
...-ens-nufer (Πε(τε)μαρσνοῦφις) (Theben)
Ostr. 23, 1.

IV. GEOGRAPHISCHES.

A. LÄNDER, VÖLKER, GAUE, MERIDES, TOPARCHIEN, STÄDTE.

Ἀντινόου (πόλις) 20, 9. Verso 1.

Ἀπόλλωνος πόλις ἡ μεγάλη Ostr. 5, 1. 6, 2.
S. 110[13. 14] (B. M.). S. 121[3] (B. M.). S. 128[7]
(B. M.). — Ἀπόλλωνος πόλις Ostr. 46, 1.

Ἀρα′) Παχιρεθ (sic) (Bezirk des Apollonopolites?) S. 166[2] (B. M.).

Ἀρσινόη (=Ἀ. ἡ κατὰ Ἀπόλλωνος πόλιν) S.108[6]
(B. M.).

Ἀρσινοΐτης (νομός) 20, 5. — τῶν ἐν τῷ Ἀ. ἀνδρῶν Ἑλλήνων 2-υοε 8, 3. — Ἀρσινοείτου
Ἡρακλείδου μερίς 9, 1. — Ἡρακλείδου μερὶς τοῦ Ἀ. 6, 2. 30. — Ἀρσινοίτου Θεμίστου καὶ Πολέμωνος μερίδες 3, 2. — Θεμίστου μερὶς τοῦ Ἀ. νομοῦ 7, 2. 12, 6. 13, 4. —
Θεμίστου μερίς 4, 2. 15, 4.

Διοπολείτης. συνστρατιώτης Δ. 20, 13.

Διὸς πόλις ἡ μεγάλη Ostr. 1, 2. 2, 1. 3, 2.

Ἐλεφαντίνη. τῶν ἀπὸ Ἐ. Ostr. 28, 2.

Ἕλληνες. τῶν ἐν τῷ Ἀρσινοίτῃ ἀνδρῶν Ἐ. 2-υοε
8, 3.

Ἑρμοῦ πόλις 20, 15.

Ἑρμῶνθις Ostr. 4, 2. 11, 1.

Ἑρμωνθῖται 20, 43. Verso 4.

Ἡρακλεοπολείτης (νομός) 20, 5.

Ἰουδαῖοι. Ἰουδαίων τέλεσμα s. Index VI.

Κολοφώνιον (μέτρον) s. Ind. VIII.

Κοπτίτης (νομός) Ostr. 1, 2. 2, 2. 3, 3. 89 (?).

Κυνοπολίτης (νομός) Ostr. 54, 5.

Λυκοπολείτης νομός 20, 7.

μερίδες s. Ἀρσινοΐτης.

μητρόπολις = Theben Ostr. 19, 1. 26, 1. 50, 1.
78, 1. 79, 1, = Arsinoe 3, 1. 9, 2. 4.

Πέρσης τῆς ἐπιγονῆς 5, 7. 7, 4. 29. 11, 5. 12, 8.

Περσίνη 5, 9.

πόλις = Alexandreia 6, 8, = Arsinoe 9, 14. Siehe
auch D. Stadtquartiere von Theben.

Ῥόδιον (μέτρον) s. Ind. VIII.

τοπαρχία. ἕκτη τ. Θεμίστου 4, 1. — κάτω (des
Apollonopolites) Ostr. 45, 2. 46, 2. — κάτω
(des Περιθήβας) Ostr. 47, 3. — ...) κάτω
Ostr. 80, 1.

Φίλαι s. Ind. V θησαυρός und VII Ἰσιεῖον.

Demotisches.

Edfu (?) Ostr. 46, 4.

Nordgegend (»die nördlichen Häuser«) = Nord-
Toparchie (κάτω des Apollonopolites) Ostr.
46, 5.

B. DÖRFER.

a) Im Arsinoites.

Ἀπιὰς (τῆς Θεμίστου μερίδος) 13, 4. Verso.
S. Φιλοπάτωρ.

Ατρα ... S. 101[2].

Βούβαστος 27, 6. S. 101[2].

Εὐημέρεια (τῆς Θεμίστου μερίδος) 15, 3.

Θεαδέλφεια 4, 7. 26. 10, 6. 12, 5 (τῆς Θεμίστου
μερίδος). 15, 17. Ostr. 51, 1. 52, 1. 55, 1.
S. auch Θρασώ.

Θρασώ Ostr. 53, 2. 54, 2.

Καρανίς Ostr. 12, 3.

Πολυδεύκεια (τῆς Θεμίστου μερίδος τοῦ Ἀρσινοΐτου νομοῦ) 7, 1.

Σεβεννῦτος S. 101[2].

Σεθρενπάει 7, 16. Verso.

Τρικωμία Ostr. 52, 4.

Φιλαγρίς 17, 5.

Φιλοπάτωρ Ἀπιάδος 13, 26. S. Ἀπιάς.

Φιλοπάτωρ (= Φ. ἡ καὶ Θεογένους) S. 101[2].

Ψενῦρις S. 101[2].

b) Im Herakleopolites.

Πῶις Ostr. 51, 4.

c) Im Lykopolites.

Τμέτν[.] 20, 7.

d) Im Oxyrhynchites.

Τῆις Ostr. 53, 1.

e) Im Perithebas (?)

Φμαῦ Ostr. 57, 3.

C. ΤΟΠΟΙ, ΚΛΗΡΟΙ, ΛΙΜΝΑΙ.

τόπος Ἁρμαεῖς (in der Θεμίστου μερίς) 12, 17.
κλῆρος Ματῆς (in der Θεμίστου μερίς) 12, 18.

κλῆρος Πιακαλῆι Ostr. 59, 1.
Λίμνη (= Birket Habu, Theben) Ostr. 57, 3.

D. STADT-TEILE UND QUARTIERE.

a) Von Alexandreia.
Νέα Πόλις 14, 7.

b) Von Theben.
Ἀγορὰ Βορρᾶ Ostr. 26, 3.
Μεμνόνεια Ostr. 11, 2. 21, 1. 22, 2. 30 a, 2. 3.
47, 4.
Νότου Ostr. 50, 4.
Νότου Λιβός Ostr. 56, 3.
Πακερκεῆσις Ostr. 23, 3. 24, 2. 25, 2. 36 a, 2.
37, 2. 39, 3.

Πόλις Ostr. 27, 6.
Χάραξ Ostr. 27, 1. 49, 3. 78, 3. 79, 4.
Ὠφιῆον Ostr. 19, 3.

c) Von Arsinoe.
ἄμφοδον Διονυσίου Τόπων 9, 2. 5. 7.
Κιλίκων (ἄμφοδον) 3, 4.
ἄμφοδον Μακεδόνων 9, 4.
ἀ. Χηνοβοσκίων Πρώτων 9, 3.

E. GEBÄUDE, PHYLEN UND DEMEN.

ἱερὸν τῶν Ἑρμωνθιτῶν (Antinoupolis) 20, 45.
Verso 3.
Ἰσιεῖον (Faijum) s. Ind. VII.

Μουσεῖον (Alexandreia) 6, 8.
Σωσικόσμιος ὁ καὶ Ἀλθαιεύς (Alexandreia) 6, 27.

V. BEAMTE, ÄMTER, TITEL, MILITÄRISCHES.

ἀμφοδάρχης. ἀ. ἀμφόδου Διονυσίου Τόπων in Arsinoe (a. 147): Ἀπίων 9, 2.
ἀντεξηγητής 6, 9. S. ἀρχιδικαστής.
ἀρχιδικαστής. Ἀνδρόνεικος ὁ ἱερεὺς καὶ ἀ. (a. 125) 6, 1. Ἀνδρονείκῳ νεοκόρῳ τοῦ μεγάλου Σαράπιδος τῶν ἐν τῷ Μουσείῳ σειτουμένων ἀτελῶν γενομένῳ στρατηγῷ τῆς πόλεως καὶ ἀντεξηγητῇ ἱερεῖ καὶ ἀ. καὶ πρὸς τῇ ἐπιμελείᾳ τῶν χρηματιστῶν καὶ τῶν ἄλλων κριτηρίων 6, 7 ff.
ἀρχισωματοφύλαξ. Διονύσιος ὁ ἀ. (144 vor Chr.) 1, 18.
ἀχυροπράκτωρ s. Erheber: Spreuerheber.
βασιλικὸς γραμματεύς. β. γρ. Ἀρσινοείτου Ἡρακλείδου μερίδος: Ἡρακλείδης (a. 147) 9, 1. 14.
γραμματεύς. γρ. Ἑρμόφιλος Ostr. 73, 6. — γρ. (κτηνοτρόφων): Εἰσίων (a. 23) Ostr. 81, 1. — γρ. von Dörfern S. 101². — γραμματεῖς (des ἐπιστάτης καὶ γρ. τῶν κατοίκων ἱππέων) 1, 30. γρ. τῶν κατοίκων ἱππέων s. ἐπιστάτης. — γρ. μητροπόλεως = πόλεως (Arsinoe): Σαβεῖνος καὶ Ἀντωνεῖνος (a. 147) 9, 1. 14. — γρ. γεωργῶν Ostr. 59, 8.

γραφεῖον. γρ. Φιλοπάτορος Ἀπιάδος 13, 26.
δεκαδάρχης 20, 6.
δεκανία Ostr. 66, 6.
δημόσιος. δημόσιον (sc. ἀρχεῖον) 6, 23. 32. 25, 7. — οἱ δημόσιοι (sc. θησαυροί) s. Θησαυρός. — ἐν δημοσίαις χρείαις γεγονέναι 8, 15.
διοίκησις. ὑπὲρ τιμῆς πυροῦ ... διοικήσεως Ostr. 76, 3. — εἰσπίπτοντα δ(ιοικήσει?) Ostr. 82, 4.
διοικητής 1, 7. 8.
ἐκλογιστής. ὁ τοῦ νομοῦ ἐ. (Arsinoites, a. 148): Αἴλιος Νικίας 3, 5.
ἐξάκτωρ s. Erheber.
ἐξηγητεύσας Ostr. 51, 3. 52, 3.
ἐπιστάτης. ἐ. καὶ γραμματεὺς τῶν κατοίκων ἱππέων: Ἀπολλόδωρος τῶν πρώτων φίλων (144 vor Chr.) 1, 12. 17.
ἐπιστράτηγος der Heptanomis: Λούκιος Τρέβιος Πρόκλος ὁ κράτιστος ἐ. (a. 151) 8, 1.
ἐπιτηρητής. ἐ. μισθώσεως 3, 12. — ἐ. περιγινομένης(?) ὑπὲρ Θεαδελφείας ἑβδόμης: Γαλάτης ὁ καὶ Δίδυμος (a. 144) 10, 4.

ἐπίτροπος. ὁ τοῦ κυρίου Καίσαρος ἐ.: Εἰρηναῖος (a. 148) 3, 11 = ὁ κράτιστος ἐ. 3, 16.

Erheber:

πράκτορες ἀργυρικῶν: Theben.

Μεμνονείων: Ψ.... θ( ) ᾿Απφοῦτος καὶ Πετοσῖρις Πετεαρπρέους (a. 112) Ostr. 30a, 1.

μητροπόλεως: Χεσφμόις (a. 118) Ostr. 26, 1.

Χάρακος: Πετεαρουῆρις καὶ Παμώνθης (a. 145) Ostr. 27, 1. 5. 7.

(?): ᾿Απολλῶς καὶ ῟Ωρος (a. 154) Ostr. 88.

πράκτορες: Elephantine: ῟Ωρος (a. 109) Ostr. 28, 4. — ῾Αρμῆνις Ψεῶτος (a. 130) Ostr. 43, 1. — Ψανμοῦς (a. 137) Ostr. 41, 1.

Gehülfe des πράκτωρ μητροπόλεως (Theben): Φθουμῖνις (a. 118) Ostr. 26, 6.

ἐπιτηρητής s. daselbst.

Pächter:

Ort u. Steuer nicht genannt: Πάσρις Ταλειβανῶτος καὶ Πραματῆς Πιμενοῦς καὶ οἱ μέτοχοι (Ptolemäerzeit) Ostr. 10, 5.

Elephantine(?): Ψενοσῖρις Κάλλωνος καὶ μέτοχοι τελῶναι ἠπητῶν (a. 35) Ostr. 34, 1.

Faijum: βαλανείων Καρανίδος: Σαραπίων καὶ μέτοχοι (22 vor Chr.) Ostr. 12, 1. — Steuer nicht genannt: ᾿Αμ(μώνιος) τελ(ώνης) (a. 1) Ostr. 74, 7.

Theben(?): ρ´ καὶ ιΚ (?): ᾿Αρχίας τελώνης (a. 92) Ostr. 77, 1.

Nicht ausdrücklich als Pächter bezeichnet:

Theben: ἁλικῆς: Κλείτανδρος (255 vor Chr.) Ostr. 7, 3.

Elephantine: βαλανείων: Τιμαγένης (6 vor Chr.) Ostr. 13, 6. — ῾Ηρακλᾶς (5 vor Chr.) Ostr. 14, 4. 6.

Nicht bestimmbar, ob Pächter oder direkte Erhebung: Theben, τέλος ἐπιξένου: Παμᾶρις ῾Ερμοδώρου (a. 32/33) Ostr. 31, 1. 32, 1.

Spreuerheber: Theben:

ἀχυροπράκτορες μητροπόλεως: Πατσέββις καὶ Μιῦις (a. 170) Ostr. 19, 1. 7.

στρατιώτης: Κάσσιος (a. 77/78) Ostr. 18, 1.

Nicht näher bezeichnet: ῾Ηρακλείδης (2. Jahrh. vor Chr.) Ostr. 15, 1. 16, 1.

ἐξάκτωρ (saec. IV.): ᾿Ανουβίων ὁ καὶ Σουχίων 18, 2 ff.

ἡγεμών = praef. Aeg.: Πετρώνιος ᾿Ονωρᾶτος, ὁ κράτιστος ἡ. (a. 148) 3, 8.

θησαυρός. μετρήσω εἰς θ. Ostr. 59, 7. — οἱ δημόσιοι (sc. θ., in Alexandreia) 14, 8.

θ. ᾿Απόλλωνος πόλεως Ostr. 46, 1. S. 166[2] (B. M.).

θ. (κώμης) Θεαδελφείας Ostr. 51, 1. 52, 1. 55, 1.

θ. Θρασώ Ostr. 53, 1. 54, 1.

θ. Φίλας (sic) Εἰσήου (im Faijum) Ostr. 81, 5; s. Ind. VII ᾿Ισιεῖον.

θ. ἱερατικῶν κάτω τοπαρχίας (des Perithebas) Ostr. 47, 3.

θ. κωμῶν (des Perithebas) Ostr. 49, 1.

θ. μητροπόλεως (des Perithebas) Ostr. 50, 1. 78, 1. 79, 1.

θ. ...λ κάτω (unbekannter Gau) Ostr. 80, 1.

Beamte des θ.: σιτολόγοι s. daselbst. — Unterbeamte: Edfu: ᾿Απολλωνίδης, Κράττης (145 oder 134 vor Chr.) Ostr. 45, 6. — ῾Ιέραξ (115 vor Chr.) Ostr. 46, 6. — Unsicher, ob σιτολόγος oder Unterbeamter: (Theben) Νε... (saec. II) Ostr. 56, 1.

θυσία. οἱ ἐπὶ τῶν -ῶν ᾑρημένοι 15, 1. 16, 1. 17, 1. Αὐρήλιοι Σερῆνος καὶ ῾Ερμᾶς (Theadelpheia, a. 250) 15, 18. 16, 12. 14. 17, 14 f.

ἱππεύς 20, 40. S. κάτοικος.

ἱππική 1, 25.

κάτοικος. κ. τῶν 2-υοε 9, 6. — κ. τῶν ἐν τῷ ᾿Αρσινοΐτῃ ἀνδρῶν ῾Ελλήνων 2-υοε 8, 2 f. — κάτοικοι ἱππεῖς 1, 13. 18; s. ἐπιστάτης. — θυγάτηρ κατοίκου 9, 7. — ἐπικεκριμένος ἐν -οις 9, 8.

κράτιστος, ὁ. ὁ κρ. ἡγεμών (= praef. Aeg.) 3, 8. — ὁ κρ. ἐπίτροπος 3, 10 f. 16. — ὁ κρ. ἐπιστράτηγος 8, 1.

κριτήριον s. ἀρχιδικαστής.

κωμογραμματεύς. κ. κώμης Θεαδελφείας: Πλουτίων (a. 161) 4, 3. 21.

λαογράφος. λ. ἀμφόδου Διονυσίου Τόπων (Arsinoe): ὁ δεῖνα καὶ Πτολεμαῖος καὶ Σαραπίων (a. 147) 9, 2.

λιμναστής. λ. ἕκτης τοπαρχίας Θεμίστου: ῟Ασωπος (a. 161) 4, 1.

μέτοχοι s. Erheber: Pächter.

ναυτικός 20, 42.

νομαρχία. ὁ τῆς -ας λόγος Ostr. 42, 4.

[νο(μογράφος)](?) Θεαδελφείας 4, 26.

οἰκονόμος. ὁ παρ᾿ οἰκονόμου: ᾿Ισίδωρος (2. Jahrh. v. Chr.) Ostr. 73, 5.

ὀπ᾿φίκιον 20, 14. 49.

Pächter s. Erheber.

πράκτορες s. Erheber.

πρεσβύτερος. -οι κώμης Θεαδελφείας 4, 7. S. auch Ind. VII.

σιτολόγοι. Theben: als σ. bezeichnet: Ἁρποκρατίων (a. 144) Ostr. 49, 5. — nicht als solche bezeichnet: Π.. (a. 162) Ostr. 50, 6. — Α(ὐρή)λιος) Δι( ) (a. 216/17) Ostr. 78, 5. 79, 6. Edfu: nicht als σ. bezeichnet: Κινέας (145 oder 134 vor Chr.) Ostr. 45, 5. — Κάστωρ (115 vor Chr.) Ostr. 46, 3. S. θησαυρός.

σιτοπαραλήμπτης 8, 13.

Spreuerheber s. Erheber.

στρατηγός. στρ. Ἀπολλωνοπολίτου: Πτολεμαῖος (98 vor Chr.) S. 110 ¹⁶ (B. M.). — στρ. Ἀρσινοείτου Ἡρακλείδου μερίδος: Μάξιμος (a. 147) 9, 1. 13, ὁ τῆς Ἡρακλείδου μερίδος τοῦ Ἀρσινοείτου στρ. 6, 2. 30. — στρ. Ἀρσινοίτου Θεμίστου καὶ Πολέμωνος μερίδων: Θέων (a. 148) 3, 2. — στρ. τῆς πόλεως (Alexandreia): Ἀνδρόνεικος (vor a. 125) 6, 8.

στρατιώτης 20 Verso 2. Ostr. 64, 2. S. auch Erheber: Spreuerheber.

σύνδικοι Ostr. 67, 1.

συ(ν)στρατιώτης 20, 10. 12.

σχολαστικός 24, 5.

ταμιεῖον. τῷ ταμίῳ 26, 1.

τελώνης s. Erheber: Pächter.

τράπεζα (Staatskasse). ἡ ἐν Ἀπόλλωνος πόλει τῇ μεγάλῃ τρ. Ostr. 5, 1. 6, 2. S. 110 ¹³. ¹⁴ (B. M.). S. 121³ (B. M.). S. 128⁷ (B. M.). ἡ ἐν Ἀρσινόηι (im Apollonopolites) τρ. S. 108⁶ (B. M.). ἡ ἐν Διὸς πόλει τῇ μεγάλῃ τρ. Ostr. 1, 2. 2, 1. 3, 2. ἡ ἐν Ἑρμώνθει τρ. Ostr. 4, 2. 11, 1.

τραπεζίτης (Staatskassenvorsteher)¹): In Apollinopolis Magna: Χαρμογένης (119 vor Chr.) Ostr. 5, 8. — Χαιρήμων (113/112 vor Chr.) S. 128⁷ (B. M.). — *Κάστωρ (108/7 vor Chr.) S. 128¹³ (B. M.). — *Ἀσκληπιάδης (105/4 vor Chr.) S. 128⁸ (B. M.). — *Πισάις Ῥόδωνος (104/3 vor Chr.) Ostr. 8, 7. — *Σαραπίων (101/0 vor Chr.) S. 128¹¹ (B. M.). — Δράκων (100 vor Chr.) S. 108⁶ (B. M.).

In Theben: Πτολεμαῖος (123 vor Chr.) Ostr. 1, 6. 2, 5. — Ἑρμίας (117 vor Chr.) Ostr. 3, 5. — *Πετεμενῶφρις Πικῶτος (a. 33) Ostr. 36, 6. — *Πικῶς Πικῶτος (a. 42) Ostr. 35, 6.

In Hermonthis: Ἑρμίας 155 oder 144 vor Chr.) Ostr. 11, 2. — ..... (112 vor Chr. Ostr. 4, 5.

τραπεζίτης (Bankpächter): in Arsinoe (Faijum): Πτολεμαῖος (a. 125) 6, 13.

ὑπηρέτης. ἐν κλήρῳ ὑ. 3, 20.

φίλοι. τῶν πρώτων φίλων: Ἀπολλόδωρος 1. 12. 17. S. ἐπιστάτης.

φύλακες s. Ind. VI.

χρηματισταί. πρὸς τῇ ἐπιμελείᾳ τῶν χρ. καὶ τῶν ἄλλων κριτηρίων 6, 10. S. ἀρχιδικαστής.

Demotisches.

Speicher von Edfu(?) Ostr. 46, 4.

Speicherbeamter in Edfu: *Hierax* (115 vor Chr.) Ostr. 46, 5. S. θησαυρός: Unterbeamte.

---

¹) Die durch vorgesetztes * gekennzeichneten sind nicht ausdrücklich als τραπεζῖται bezeichnet.

VI. ABGABEN, STEUERN, GEBÜHREN.

ἁλική Ostr. 7, 2.

ἀπόμοιρα Ostr. 1, 3. 2, 3. 3, 3. 4, 2. 5, 2. S. 110 ¹³. ¹⁶ (B. M.). S. 121³ (B. M.). S. Ind. IX.

ἀργυρικά s. Ind. V Erheber.

βαλανείων Ostr. 75, 2. — β. Καρανίδος Ostr. 12, 3. — β. Μεμνονείων Ostr. 11, 2. — τέλος β. Ostr. 13, 3. 14, 3.

βαλανικόν Ostr. 27, 3. 35, 2. 36, 2. 86.

βασιλικά. β. ἢ ἰδιωτικά Ostr. 58, 5.

διαγωγή. τῆς διαγωγῆς τοῦ οἴνου (τῶν οἴνων) S. 128 ¹⁰. ¹⁶ (B. M.), εἰς τὴν δ. τῶν οἴνων S. 128 ¹⁵ (B. M.). — πρὸς τὴν δ. τοῦ οἴνου S. 129 ¹⁷ (B. M.).

ἑβδόμη. εἰς τὰ καθήκοντα περιγι(νομένης?) ὑπὲρ Θεαδελφείας ἑβδόμη(ς) 10, 5.

ἐγκύκλιον. ὑπὲρ ἐγκυκλίου καὶ ἄλλων Ostr. 23, 6.

ἐλαίου. ὑπὲρ ἐ. Ostr. 43, 2.

ἐπαρούριον Ostr. 5, 5. 6, 2. S. 110 ¹⁶ (B. M.).

ἐπίξενον s. τέλος.
ἡπητῶν (τέλος) Ostr. 34, 2. 5.
Ἰουδαίων (τέλεσμα) Ostr. 33, 2.
ι κ^λ Ostr. 77, 3. S. ρ΄ καὶ (?) ι^κ.
ἱππική. τὰ εἰς τὴν -ήν 1, 25.
καθήκουσαι, αἱ Ostr. 22, 5. 6. 25, 5. 37, 3. 43, 2.
　44 passim. S. Ind. IX. — τὰ καθήκοντα
　s. ἑβδόμη.
λαογραφία Ostr. 20, 2. 27, 2. 28, 3. 29, 1. 30, 2.
　30 a, 6. — ὑπὲρ λ. Ἀγαρᾶς Βορρᾶ Ostr.
　26, 3. — ὑπὲρ λ. Μεμνανείων Ostr. 21, 1.
　22, 2. 30 a, 3. — (ὑπὲρ) λ. Πακερκεήσεως
　Ostr. 23, 3. 24, 2. 25, 2. — ὑπὲρ λ. Πό-
　λεως Ostr. 27, 6. — λαογραφαύμενος. ἐπι-
　κεκριμένας ἰδιώτης λ. 9, 10.
λινύφων s. τέλος.
μαγδώλων Ostr. 30 a, 4. 40, 2.
ναῦλον. ναύλαυ ταῦ αἴνου S. 128 ¹⁴ (B. M.). S.
　παρθμικά.
ὀψώνιαν s. φυλάκων.
πενταφυλία. ὑπὲρ -ίας Ostr. 38, 2.
πλια( ). ὑπὲρ π. Ostr. 84, 2.
παρθμίδων S. 129 ¹⁷ (B. M.).

παρθμικά Ostr. 8, 1. S. 128 ⁷⁻⁹ (B. M.). — εἰς τὴν
　σύνταξιν τῶν παρθμικῶν S. 128 ¹⁰. ¹¹. ¹³ (B.
　M.). — εἰς τὰ π. ναύλου τοῦ οἴνου S. 128 ¹⁴
　(B. M.).
ποταμοφυλακίς. ὑπὲρ μερισμαῦ -ίδος Ostr. 41, 2.
πρασδιαγραφόμενα Ostr. 35, 3. 36, 3. 36 a, 2.
πρασμετραύμενα 18, 1.
ρ΄ καὶ (?) ι^κ Ostr. 77, 1. S. ι κ^λ.
σύνταξις. εἰς τὴν σ. τῶν παρθμικῶν s. παρθ-
　μικά. — ἀπὸ τῆς συντάξεως Ostr. 8, 3. 9, 2.
τέλας. τὸ τ. Ostr. 10, 8. 34, 5. — ὧν τὰ τέλη
　τέτακται Ostr. 73, 4. — χαλκαῦ σὺν τέλεσι
　τάλαντον ἕν S. 108 ⁶ (B. M.). S. Ind. VIII. —
　τέλας [... Ostr. 44, 2. — τ. βαλανείων s.
　βαλανείων. — τέλας ἐπιξένου Ostr. 31, 3.
　32, 3. — τ. ἡπητῶν s. ἡπητῶν. — τ. λιν-
　ύφων S. 110 ¹⁴ (B. M.).
φυλάκων. ὑπὲρ ὀψωνίαυ φ. Ostr. 25, 6. — ὑπὲρ
　φ. Πακερκεήσεως Ostr. 39, 2.
χωματικόν. ὑπὲρ -αῦ Ostr. 21, 6. 23, 6. 25, 5.
　30 a, 10. 35, 1. 36, 1. — ὑπὲρ -αῦ Πακερ-
　κεήσεως Ostr. 36 a, 2. 37, 2.

VII. GÖTTER, TEMPEL, PRIESTER, CHRISTLICHES.

ἁγιωσύνη. ἡ σὴ ἁ. 24, 2.
εὐχή. τῶν εὐχῶν τῆς σῆς ἁγιωσύνης ἀξιωθῆ-
　ναι 24, 2.
θεῖαν. τὰ] εἰς τὸ θ. εὐσεβῆ 26, 2.
θεός, θεαί. δεόμεθα ὑμῶν (das Königspaar) τῶν
　μεγίστων θεῶν 1, 15. — ταῖς θεαῖς θύειν 15, 4.
　16, 5. 17, 6. — τὸ πρασκύνημά σαυ παιῶ παρὰ
　τοῖς (= παρ' αἷς) ἐπιξεναῦμαι θεαῖς 20, 4. —
　σὺν θεῷ 24, 5. — S. auch Ind. I.
θεασέβεια. ἡ σὴ θ. 24, 4.
θύειν 15, 5. 8. 16, 4. 8. 17, 6. 9. S. θεαί.
θυσία. οἱ ἐπὶ τῶν -ιῶν ᾑρημέναι s. Ind. V.
θυσιάζειν 15, 19. 16, 13. 17, 16.
ἱερατικά. θησαυρὸς ἱερατικῶν κάτω τοπαρχίας
　s. Ind. V θησαυρός.

ἱερεῖαν. τῶν -είων ἐγευσάμην (-άμεθα) 15, 9.
　16, 9. 17, 11.
ἱερεύς. ἱ. καὶ ἀρχιδικαστής 6, 1. 9; s: Ind. V
　ἀρχιδικαστής.
ἱέρισσα. ἱ. ταῦ ἱεραῦ τῶν Ἑρμωνθιτῶν (Anti-
　noupolis) 20, 45. Verso 3.
ἱερόν s. ἱέρισσα.
Ἰσιεῖαν. Φίλας (= Φιλῶν, Εἰσῆαν Ostr. 81, 5;
　s. Ind. V θησαυρός.
κηδεία 24, 3.
νεωκόρας. ν. ταῦ μεγάλαυ Σαράπιδας 6, 7; s.
　Ind. V ἀρχιδικαστής.
πενταφυλία Ostr. 38, 2.
πρεσβύτερος Ostr. 65, 1. 8.
Σαρᾶπις s. νεωκόρας.

VIII. MASZE UND MÜNZEN.

A. MASZE.

ἄρουρα 2, 4. 4, 10. — Ⳍ = ἀ ρο υ ρα) 4, 19. Ostr. 59, 1. 2. 5.
ἀρτάβη 7, 10. 32. 21, 5. 7. 9. Ostr. 81, 3. — σ̄ = ἀ ρτάβη) 18, 1. Ostr. 80, 4 (?). — ἀ. σίτου Ostr. 65, 7. — πυροῦ ἀ. 5, 13. 18, 6. Ostr. 47, 5. 48, 3. 56, 6. 59, 5 f.; ⳤ, ⳤ = πυ(ροῦ) ἀ ρτάβη) 5 Verso. 18, 9. Ostr. 47, 6. 48, 4. S. 166² (B. M.).
Κολοφώνιον (sc. μέτρον) Ostr. 65, 4.
κοτύλη. ἐλαίου κ. 11, 15.

μανδάκη. ἀχύρου μ. Ostr. 61, 7.
μέτρον. μ. κώμης 18, 5. — μ. δρόμων τετρα-χοίνικον κώμης 5, 14. — μ. δρόμων 7, 33. — μ. δρόμων τετραχοίνικον 7, 11. S. Κολο-φώνιον, Ῥόδιον.
ξέστης. τὸν χαλκοῦν -ην 20, 43.
Ῥόδιον (sc. μέτρον) S. 188¹.
σάκκος 21, 9.
τετραχοίνικος s. μέτρον.

B. MÜNZEN.

ἀργύριον s. δραχμή, τάλαντον.
δηνάριον 20, 15. 28.
δραχμή passim. Abkürzungen: L, ⟨, ς passim; Ⱶ Ostr. 7, 6. 61 passim; ⟨, ∈ 20, 16. Ostr. 35, 2. 36, 2. 3. 38, 3. 39, 3; ⳤ Ostr. 31, 4. 32, 4. — ἀργυρίου δ. 5, 12. 6, 17 f. 13, 14. 21. — ἀργυρίου Σεβαστοῦ νομίσματος δ. 11, 14. — ῥυπαραὶ δ. Ostr. 26, 3. 4. 27, 3. 6. 7. 41, 3. — χαλκοῦ δ. Ostr. 8, 5. 9, 3. 60 a, (2.) 4. 74, 3. S. 128 ¹⁰·¹¹·¹³⁻¹⁵ (B. M.). — αἱ ... δραχμαὶ τοῦ χαλκοῦ 2, 3.
ἡμιωβέλιον Ostr. 76, 3. — L Ostr. 35, 2. 36, 3. 4. 44 passim; ⸗ Ostr. 22, 5.
κέρμα 23, 5.
νόμισμα 11, 14; s. δραχμή.

ὀβολός passim. — χαλκοῦ ὀ. Ostr. 14, 3. 5. 74, 8. — 1 ὀβ. —, 2 ὀ. =, 3 ὀ. Γ, 4 ὀ. s. τετρόβολον, 4½ ὀ. ⸗ Ostr. 37, 3. 76, 4, ⸗ Ostr. 38, 3, Ⲏ Ostr. 43, 2, 5½ ὀ. ⸗ Ostr. 21, 6. 22, 6. 23, 7. — ½ ὀ. s. ἡμιωβέλιον.
τάλαντον 2, 2. S. 110¹⁶ (B. M.). S. 121³ (B. M.). S. 128⁷ (B. M.). — ἀργυρίου τ. 23, 9 f. — χαλκοῦ σὺν τέλεσι τ. ἕν S. 108⁶ (B. M.). — Abkürzungen = τά λαντον): ⤬ ⤬ Ostr. 1, 4. 61, 2. 12. 13. 14. S. 108⁶ (B. M.). S. 110¹⁶ (B. M.). S. 128⁷ (B. M.). — ⳦ Ostr. 1, 5. 7. — ⳦ Ostr. 82 passim.
τετρόβολον Ostr. 35, 2. 36, 2. — Abkürzung Γ, Γ passim.
χαλκός s. δραχμή, ὀβολός, τάλαντον.

IX. ABKÜRZUNGEN, ZAHLZEICHEN UND BRÜCHE, SYMBOLE IN AUSWAHL.

αιᴷ = αἱ κ αθήκουσαι) Ostr. 22, 5. 6. 25, 5. 37, 3. 43, 2. 44 passim. S. Ind. VI.
απομᴼᴵ Ostr. 3, 3, απᴼᴵ Ostr. 1, 3. 2, 3. 4, 2, α⌒ passim = ἀπομοίρας.
εση ᵘ Ost. 74, 9, ⊃ Ostr. 17, 3 = ἐσημειωσά-μην.
σεση ᵘ 3, 17, σεσῆ Ostr. 19, 7. 27, 7, σ̄η̄ Ostr. 26, 6. 27, 5. 31, 7. 50, 6, σ⸗ξ Ostr. 32, 5, ⌐ Ostr. 24, 3 = σεσημείωμαι.

σ̄ = ἀ ρτάβη); s. Ind. VIII A.
/ = γ ίνεται) passim.
ⳤ = δι ά)? Ostr. 81, 4.
⸗ = ὁμ οίως) Ostr. 27, 2.
Π̄ = π αρά) 24, 1.
∩ = π ερίεστι) Ostr. 61, 13.
◠ = Πό λεως) Ostr. 27, 6.
ⳡ = γρ αμματεύς) Ostr. 73, 6.
ⱶ = ἱπ(πεύς) 1, 13.

ↄ- = με(μέτρηκεν) Ostr. **45**, 1. **46**, 1. — ↄ-⁻ = με(μέτρημαι) Ostr. **46**, 6.

⌇ = πυ(ραῦ), ⌇, ⌇ = πυ(ροῦ) ἀ(ρτάβη); s. Ind. VIII A.

⊼, ⋊, ⊿, ⅔ = τά(λαντον); s. Ind. VIII B.

ↄ- = τέ(τακται) Ostr. **1**, 1. **2**, 1. **3**, 1. **4**, 1. **5**, 1. **6**, 1 usw.

ↄ- = ἄ(ρο)υ(ρα); s. Ind. VIII A.

ϙ = 90; ϡ = 200 Ostr. **61**, 6. 13.

Ϡ = 900; Ă = 1000; B̆ = 2000 usw.; M̂ = 10 000.

ↄ] = $^3/_4$; d = $\frac{1}{4}$; β' = $^2/_3$; ΄γ = $^1/_3$; ῑο̄ = $^1/_{12}$; κ̄ᾱ = $^1/_{24}$.

L, ∠ = $^1/_2$ **18**, 1. 9. Ostr. **45** passim. **46** passim. **47**, 6. **59**, 1. 7.

L, Ⴝ = ἔτος passim.

Ⱶ, L, ‹, ⟨, ς, Ⴝ, ϛ- = δραχμή; s. Ind. VIII B.

— = 1 Obol, = = 2 Obole, Γ = 3 Obole, ϝ, ϝ= 4 Obole, ⱨ, ϝυ, Η = 4$^1/_2$ Ob., Ⴒ = 5 Ob., ⱨ = 5$^1/_2$ Ob., ∟, ↲ = $\frac{1}{2}$ Obol; s. Ind. VIII B.

X. WORTVERZEICHNIS.

ἀβίκτωρι (sic). τῶ ἀ. 22, 10.

ἀβαήθητας. ἀ. ἀσθένεια 8, 10.

ἀγγεῖον (?). αγγι η Ostr. **90**.

ἀγεώργητας 4, 10. 19.

ἁγιωσύνη 24, 2.

ἀγοράζειν 21, 25.

ἀγράμματος. ἔγραψα καὶ ὑπὲρ αὐτοῦ ἀγραμ-⟨μάτ⟩αυ 13, 24.

ἀγωγή. ἀχύραυ ἀ. Ostr. **15**, 2. 3. **16**, 2. 3.

ἀγωνιᾶν. μὴ -ᾱτε περὶ ἐμοῦ 20, 39.

ἀδελφή 8, 20. 9, 7. 9. 20, 1. 21, 3. 22, 11. 27, 8.

ἀδελφός 23, 5. 27, 6(?). 36. Ostr. **34**, 4. — ὁ δεῖνα καὶ οἱ -οί Ostr. **8**, 5. S. 128[8. 16] (B. M.).

ἄδολας. κύαμας μέλας … ἄ. 7, 10.

ἀεί 15, 4. — ἀί 16, 4. 17, 6.

αἴθριον 9, 4.

αἱρεῖν. τοῖς ἐπὶ τῶν θυσιῶν ᾑρημέναις s. Ind. V θυσία.

αἰτία. ἀνεπιλήμπταυς πάσης αἰτίας ὄντας 1, 21.

ἀκακούργητας. παραδώσω σῶαν καὶ -ον ἀπὸ πάσης ναυτικῆς κακουργίας 14, 8.

ἀκατηγόρητας. ἀσυκοφαντήταυς καὶ -ους 1, 21.

ἁλική s. Ind. VI.

ἀλλήλων. οἱ δύο -ων ἔγγυαι εἰς ἔκτισιν 5, 9. 11, 6. — τὴν συνκεχωρημένην πρὰς ἀλλή-λους τειμήν 12, 27. — ὧν ἔχαμεν πρὸς ἀλ-λήλους συνγραφῶν 25, 4.

ἄλλος 6, 10. 7, 25. 9, 9. 12. 13. 11, 13. 20, 6. 25. 37, 2. Ostr. **66**, 3. **75**, 3. **89**.

ἀλλότριος. ἀλλό⟨τ⟩ρ(ί)α 21, 20.

ἄλογος. -ως ἀξιῶν 8, 9.

ἀλύσιον 22, 4 (ἀλύδιων). 6 (τῶ ἀλύσιων). 7.

ἅμα 8, 10. — ἅ. τῇ θυγατρί 17, 4.

ἀμελεῖν. μὴ -ήσῃς 20, 27. 38. 21, 13. 18. 20. 37. Ostr. **65**, 5.

ἀμφαδάρχης, ἄμφοδον s. Ind. V. IV D.

ἀμφότεροι 8, 2. 4. 9, 8.

ἀνά. φόρου ἑκάστης ἀραύρης ἀ. πυροῦ ἀρτάβας 4$^1/_2$ $^1/_{12}$ Ostr. **59**, 5. — μανδακῶν κδ ἀ. ιε (δραχμάς) Ostr. **61**, 7.

ἀναβάλλειν. ἀ. τὸν κιθῶνα 20, 24.

ἀναγκαῖας. -ων χάριν 24, 6. — -ως 8, 15. Ostr. **65**, 2.

ἀναγράφειν. -αφόμενος ἐπ' ἀμφόδαυ 9, 3. — ἀναγέγραπται διὰ γραφείου 13, 26.

ἀναζητεῖν. -ήτει σαι αὐταύς 20, 11.

ἀναλαμβάνειν. τὸ … διάφαραν ἀναλαβεῖν 1, 7. — ἀναλήμψεσθαι τὴν ἀπὸ σπαρίμαυ 1, 10. — ἀ. τὸ αὐθεντικὰν ἐπίσταλμα 6, 24.

ἀναμένειν. ἀνέμινα τασαῦταν χρόνον 23, 2.

ἀναπέμπειν. ἐν ᾧ ἀνέπεμψε βιβλιδίῳ 3, 6.

ἀναπόριφος. πεπρακέναι αὐτῷ ὄνον τοῦταν τοιοῦταν -ον 13, 12.

ἀναφέρειν. ἀναφερόμενας εἰς τὸ ἀπ'φίκιον 20, 13. — ἀνενέγκατο ὑμῖν 1, 10. — τὰ ἀνενεχθέντα ἐν λήμματι S. 110[16] (B. M.).

ἀνεπίλημπτος 1, 21; s. αἰτία.

ἄνευ. ἄ. πάσης ὑπερθέσεως καὶ εὑρησιλογίας 5, 1. 7, 17.

ἀνήρ. ὁ ἀ. αὐτῆς 11, 4. — μετὰ κυρίου ταῦ ἀν-δρός 11, 7. — ἄνδρες Ἕλληνες s. Ind. IV A. — κατ' [ἀνδρ]α 26, 1.

ἄνθρωπος 23, 4. Ostr. **66**, 1.

ἀντεξηγητής s. Ind. V.

ἀντί passim.

ἀντίγραφον 6, 4. 12. 31.

ἀντικαταμετρεῖν. ἀ. δ' ἑτέραν (sc. γῆν) 1, 11.

ἀντικατεργασία. εἰς ἀ. 1, 6. — πρὸς τὴν ἀ. 1, 23.

ἀντικνήμιον. οὐλή -ίῳ δεξιῷ 4, 22. 25. 11, 7.
ἀντικρύ c. gen. 20 Verso 4.
ἀντιλαμβάνεσθαι. πάντων -βανομένου καὶ ἀντιποιουμένου 8, 11.
ἀντιλογεῖν. μὴ -λογήσῃς Ostr. 64, 2.
ἀντιποιεῖσθαι 8, 11; s. ἀντιλαμβάνεσθαι.
ἀντιφ.... πάντων ἀντεφ... 8, 8.
ἀξιοῦν 6, 24. 8, 9. 16. 15, 13. 16, 10. 17, 12. —
τῶν εὐχῶν ἀξιωθῆναι 24, 3. — ἀξιωθεὶς
ὑπ' αὐτοῦ Ostr. 58, 8.
ἀξίωμα. μὴ φερομένων ἡμῶν ἐν τοῖς κατ' ἀ.
1, 25.
ἅπας 1, 14. 14, 10.
ἀπέρχεσθαι. ἀπῆλθεν εἰς μακράν Ostr. 66, 2. 7.
ἀπέχειν 2, 2. Ostr. 12, 2. 14, 4. 6. 18, 2. 31, 2.
32, 2. 34, 5. 77, 3. — ἀ. τὴν τιμήν 2, 2.
13, 21. — ἀ. τὴν τιμὴν ἐκ πλήρους 12, 24. —
ἀ. τὴν τιμὴν παραχρῆμα διὰ χειρός 13, 12.
ἀπό passim.
ἀπογράφεσθαι. -γράφομαι εἰς τὴν ... κατ' οἰκίαν ἀπογραφήν 9, 4. — ἀπεγραψάμην τῇ
... κατ' οἰκίαν ἀπογραφῇ 9, 6. — ἀπογεγραμμένην τῷ .. ἔτει... ἐπὶ τοῦ .. ἀμφόδου 9, 7. — ἃ ἀπογέγραφθαι (= -γραπται)
ὑπό .. 9, 13.
ἀπογραφή s. ἀπογράφεσθαι.
ἀποδιδόναι 5, 2. 15. 7, 18. 33. — ἀπόδος 20
Verso 1. 22 Verso. 36 Verso. — ἀποδέ⟨⟨ε⟩⟩-
δωκας(?) Ostr. 30 a, 9.
ἀπόδοσις 6, 21. 34. 7, 12.
ἀπόθετον 8, 7.
ἀποκαθιστάναι. τὰ ἴδια ἡμεῖν -ατασταθῆναι 8, 17.
ἀπολύσιμος. ἀ. ἀπὸ στρατείας 13, 6.
ἀπόμοιρα s. Ind. VI.
ἄπορος. εἰς -αν τραπέντων (l. -τος) 8, 14.
ἀποστέλλειν 37, 3.
ἀποτίνειν. -τεισάτω (-σάτωσαν) παραχρῆμα μεθ'
ἡμιολίας καὶ τόκων 5, 3. 7, 19.
ἀποφορά. τῶν σωμάτων τὰς -άς 8, 12.
ἄρακος 21, 17. — ἄραξ. ἄρακει 12, 23.
ἀργυρικά s. Ind. V πράκτορες.
ἀργύριον 23, 4. S. weiter Ind. VIII B.
ἀρίθμησις. εἰς -σιν Φαῶφι διέγραψεν ὁ δεῖνα
10, 3.
ἀριστερᾶς. ἀστράγαλος ἀ. 4, 21. — δάκτυλος
ἀ. μέγας 11, 4. — ὀφρὺς ἀ. 7, 8. 12, 13.
13, 8. — χεὶρ ἀ. 4, 23. 24. 7, 6. 12, 11.
Ἄριστος s. Ind. I.
ἄρουρα s. Ind. VIII A.
ἀρσενικός. -ὸν ἔκγονον ὑποτίτθιον 11, 12.
ἀρτάβη s. Ind. VIII A.
ἀρχαῖος(?).]ρχαῖ = κατ' ἀ]ρχαί(ους)? 26, 7.
ἄρχεσθαι. ἀρξαμένης ἀπὸ τῆς νυκτός 24, 3.

ἀρχιδικαστής, ἀρχισωματοφύλαξ s. Ind. V.
ἄσημος 9, 6 ff. 13, 9.
ἀσθένεια 8, 10; s. ἀβοήθητος.
ἀσπάζεσθαι 20), 36. 51. 23, 11. — -ομαι πολλά
20, 31.
ἀστράγαλος. οὐλή -άλῳ ἀριστερῷ 4, 21.
ἀσυκοφάντητος 1, 20; s. ἀκατηγόρητος.
ἀτελής. τῶν ἐν τῷ Μουσείῳ σειτουμένων ἀτελῶν 6, 8.
αὐθεντικός. τὸ αὐ. ἐπίσταλμα 6, 24.
αὐλή 9, 4.
Αὐτοκράτωρ s. Ind. I.
ἀφῆλιξ. σὺν τοῖς -ήλιξί μου τέκνοις 15, 10. —
ἐπὶ κληρονόμοις ἡμῖν τότε -ήλιξι 8, 5.
ἄχυρον Ostr. 15, 2. 16, 2. 17, 2. 18, 3. 61, 7.
ἀχυροπράκτωρ s. Ind. V Spreuerheber.

βαλανεῖον, βαλανικόν s. Ind. VI.
βασιλικός. ἂν δέ τις ἐπέλθῃ περὶ -ικῶν ἢ ἰδιωτικῶν Ostr. 58, 5. — β. γραμματεύς s.
Ind. V.
βεβαιοῦν. -ώσω 13, 22. — -ώσει πάσῃ βεβαιώσει 12, 28. 13, 16.
βεβαίωσις s. βεβαιοῦν.
βετερ⟩ Ostr. 81, 4.
βιβλίδιον. ἐν ᾧ ἀνέπεμψε -ίῳ 3, 6.
βίος. εἰς τὸν -ον 1, 27; s. βοήθεια.
βλέπειν. -ετε τὸν καιρόν 20, 22.
βοήθεια. τευξόμεθα τῆς παρ' ὑμῶν εἰς τὸν βίον
-ας 1, 27.
βοηθεῖν. ἵνα καὶ ὦμεν ὑπὸ σοῦ βεβοηθημένοι
8, 18.
βορρᾶς. βορρᾶ Ostr. 59, 4. — ἀπὸ βορρᾶ 20
Verso 3. — S. auch Ind. IV D.
βούλεσθαι 6, 23.
βοῦς. εἰς κατάβρωμα καὶ κοιτασμὸν βοῶν
12, 24.

γένημα. (ὑπὲρ) -ήματος .. ἔτους Ostr. 19, 3.
47, 4. 48, 2. 49, 1. 50, 1. 51, 2. 54, 1.
78, 1. 79, 1. 80, 1.
γεύεσθαι. τῶν ἱερείων ἐγευσάμην (-άμεθα) 15, 9.
16, 9. 17, 11.
γεωργεῖν. ἐν οἷς -εῖ ... δημοσίοις ἐδάφεσι
12, 16.
γεωργός 4, 9. 17. — -οὶ Λίμνης Ostr. 57, 3. —
γραμματεύς -ῶν s. Ind. V.
γῆ. δημοσία γ. 4, 8. 17. — ἡ ἐπήντλητός
μου γ. Ostr. 58, 4. S. auch σπόριμος,
χέρσος.
γίνεσθαι passim. — γείκονέν μυ (= γέγονέν
μοι) ἡ ὁμολογία 5, 19.
γινώσκειν. γεινώσκειν σε θέλω 20, 4.

γόμος = Wagenlast 21, 5. Ostr. 19, 3. 4. 7. —
τὸν -ον (τοῦ) ἀχύρου Ostr. 17, 2. 18, 3. —
= Schiffslast: παραδώσω τὸν -ον 14, 7.

γράμμα. ταῦτά μου τὰ -άμματα 23, 9. — μὴ
εἰδέναι -άμματα 5, 19. 8, 20. Ostr. 58, 10.

γραμματεύς s. Ind. V.

γράφειν 5, 2. 6, 29. 7, 19. 20, 19. 21, 4. 13. 25.
22, 9 (γράψα = γράψον). 23, 1. Ostr. 67, 2.—
ὁ δεῖνα (πράκτωρ) ἔγραψα Ostr. 28, 5. —
ἔγραψα καὶ ὑπὲρ τῆς ἀδελφῆς μὴ ἠδοίης
(= εἰδυίης) γράμματα 8, 20. — ἔγραψα καὶ
ὑπὲρ αὐτοῦ ἀγραμ(μάτ)ου 13, 24. — ἔγραψεν ὑπὲρ αὐτοῦ ὁ δεῖνα 5, 17. Ostr. 58, 7.

γραφεῖον s. Ind. V und ἀναγράφειν.

γυνή 5, 8. Verso. 8, 13. 9, 7. 8. 20, 10. 37 (γυναῖκαν). 42. 22, 5. Ostr. 14, 2.

δάκτυλος. δ. ἀριστερὸς μέγας 11, 4. — δ. μέγας χειρὸς ἀριστερᾶς 4, 23. 24. — δ. μι-
κρὸς χειρὸς ἀριστερᾶς 12, 10.

δαπάνη. πεῖν (= ποιεῖν) σοι -ην 20, 19.

δαπάνημα 11, 13.

δεῖν, δεῖσθαι 1, 10. — δεόμεθα ὑμῶν 1, 15. —
δίσομαι = δεήσομαι? 23, 10a.

δεῖπνον. δῖπνον ἐπόε (= ἐποίει) μοι 20, 34.

δεκαδάρχης, δεκανία s. Ind. V.

δέκατος. τῇ -ῃ (ἡμέρᾳ τοῦ μηνός) 19, 3.

δεξιός. ἀντικνήμιον -όν 4, 22. 25.

δηλοῦν 3, 12. 20 passim. — ἐπὶ τοῖς δηλωθῆσι (sic) 1, 6.

δημόσιος. -ία τῇ 4, 8. 16. — -όσια ἐδάφη
12, 17. — ἐν -ίαις χρείαις γεγονέναι 8, 15. —
παραδώσω εἰς τοὺς -ίους (sc. θησαυρούς)
14, 8. — βούλομαι ἐν -ίῳ γενέσθαι τὸ ...
ἐπίσταλμα 6, 23; ἐν -ίῳ γεγονός 6, 32;
ἡ χὶρ ἥδε κυρία ἔστω ὡς ἐν -ίῳ κατακεχωρισμένη 25, 7. S. auch Ind. V.

δηνάριον s. Ind. VIII B.

διά passim. — δὶ σοῦ (= δι' ἐσοῦ) 22, 5. — διὰ
χειρός 5, 13. 13, 16. — δ. πολλοῦ χρόνου
24, 2. — δ. ταχέως 23, 7. — δ. τὸ μὴ
εἰδέναι αὐτοὺς γράμματα 5, 18.

διαγράφειν. διέγραψεν ὁ δεῖνα 10, 3. Ostr. 13, 2.
21, 1. 22, 1. 23, 2. 24, 1. 25, 1. 28, 1.
29, 1. 35, 1. 38, 1. 40, 1. 41, 1. 42, 2.
43, 1. 44, 1. 87. — διαγεγράφηκεν ὁ δεῖνα
Ostr. 14, 2. 20, 1. 36, 1. 36a, 1. 37, 1.
75, 1. 76, 1. 84, 1.

διαγραφή Ostr. 34, 1.

διαγωγή s. Ind. VI.

διαζῆν. ἀπ' ὀλίγων διαζῶντας 1, 16.

διακατοχή. δ. ἀνθρώπου τινός 23, 3.

διαλογισμός. δ. τοῦ νομοῦ 3, 10.

διαπέμπειν 20, 51.

διαποστέλλειν. τοῦ διαπεσταλμένου ὑπ' ἐμοῦ
6, 25.

διαστέλλειν. διάστειλον εἰς ὄνομα τῆς δεῖνος
Ostr. 56, 2.

διατελεῖν. θύουσαι τοῖς θεοῖς διετελέσαμεν 16, 5.
17, 6.

διαφέρειν. πάνυ ἡμῖν -ρει Ostr. 67, 6.

διάφορον. τὸ παρὰ τὸ ἐκφόριον δ. 1, 7.

διδόναι 6, 3. 20, 34. 36. 42. 21, 19. 22, 3. Ostr.
57, 2. 6. 60a, 2. 3. 66, 3. 7.

διέρχεσθαι. τὸ διεληλυθὸς ἔτος 9, 5.

διευτυχεῖν. διευτύχει 8, 16. — -χεῖτε 15, 14.
16, 11. 17, 13.

δίκη. καθάπερ ἐγ δίκης 5, 6. 7, 24.

δίμοιρον = β' Ostr. 48, 3 (δίμυρον). 4 (β').

διό. δ. ἐπιδίδωμι 9, 13. 15, 12.

διοίκησις, διοικητής s. Ind. V.

δίπλωμα Ostr. 82, 3.

διῶρυξ s. ζῶρυξ.

δούλη 9, 12. 13. 11, 11.

δουλικός. -ὰ σώματα 8, 6. 9, 10.

δραχμή s. Ind. VIII B.

δρόμος. μέτρον δρόμων τετραχοίνικον s. Ind.
VIII Λ μέτρον.

δύνασθαι 22, 3. Ostr. 66, 5.

δύο. οἱ δ. ἀλλήλων ἔγγυοι εἰς ἔκτισιν 11, 6.

δυόδεκα Ostr. 26, 4.

ἐάν. ἐ. ἔχειν ἡμᾶς 1, 19.

ἐάν passim. — ἐ. φαίνηται 1, 16.

ἑαυτός. τὰ καθ' ἑαυτούς 1, 13.

ἑβδόμη s. Ind. VI.

ἔγγαιον. τιμὴ ἐγγαίων τῶν ἐπικαταβεβλημένων
S. 108⁶ (B. M.).

ἔγγονον, τό (Sklavenkind) 9, 11. 12. — τὰ τού-
των ἔγγονα 8, 6. S. ἔκτονον.

ἔγγυος. οἱ δύο ἀλλήλων -υοι εἰς ἔκτισιν 5, ς.
11, 6.

ἐγκαλεῖν. καὶ οὐθέν (κοὐθέν) σοι ἐνκαλῶ (-οῦμεν)
Ostr. 60, 6. 60a, 5. S. 113.

ἐγκλείειν. ἵνα ἐνκλίσῃ αὐτά 21, 14.

ἐγκύκλιον s. Ind. VI.

ἔδαφος. δημόσια -άφη 12, 17.

ἐθίζειν. ὡς εἴθισμαι Ostr. 73, 1.

εἰ passim. οὐκ ἐφόρεσα .. εἰ μὴ μία 37.

εἰδέναι. μὴ εἰ. γράμματα 5, 18. 8, 20. Ostr.
58, 9. — ἵν' οὖν τὸ κελευσθὲν εἰδῇς 3, 15. —
ἵν' εἰδῇ 6, 32.

εἶδος. οἱ ἐμφερόμενοι εἴδεσιν ὑπερτεθεῖσιν
ὑπό ... 3, 7.

εἰκάς. τρίτῃ καὶ -άδι 12, 5. — Χοίακ -άδι
6, 20.

εἰκονίζειν. εἰκονισθέντες δι' ἐ[μο(ῦ) νο'μογράφου)?] Θεαδελφείας 4, 26.
εἶναι passim. — τούτου ὄντος 6, 21.
εἰς passim. εἰς τὸ ἐνεστὸς ἔτος 12, 14. — ἡ εἰς
τὸν βίον βοήθεια 1, 27. — ἀπῆλθεν εἰς μακράν Ostr. 66, 2. — εἰς τὰ Ἑρμίου Ostr.
61, 8. — ὕπνωσα εἰς λύσιν 19, 4. — εἰς
(τὸ) ὄνομα τοῦ δεῖνος 8, 13. Ostr. 56, 2. —
εἰς ἔκτισιν 5, 10. 11, 6. — εἰς πλήρωσιν
Ostr. 57, 4. — εἰς τὸ αὐτό Ostr. 61, 12.
εἰσέρχεσθαι. ἐὰν εἰσέλθῃ ὕδωρ εἰς τὴν ζώρυγα
20, 18.
εἰσιέναι. τοῦ ἰσιῶντος (sic) ἔτους 5, 16.
εἰσμετρεῖν. εἰσμεμέτρηκεν εἰς θησαυρὸν ... ὁ
δεῖνα Ostr. 46, 1. S. 166² (B. M.).
εἰσπίπτειν. εἰσπίπτοντα δ(ιοικήσει?) Ostr. 82, 4.
ἐκ, ἐξ passim.
ἕκαστος 14, 3. Ostr. 66, 5.
ἐκβιβάζειν 21, 8.
ἔκγονον, τό. ἀρσενικὸν ἔ. ὑποτίτθιον 11, 12.
S. ἔγγονον.
ἔκγονος, ὁ. ἡμᾶς τε καὶ τοὺς -ους ἡμῶν
1, 19.
ἐκεῖ 20, 46. 48. Ostr. 64, 3.
ἐκλέγειν. τῶν σωμάτων τὰς ἀποφορὰς ἐγλεγομένου 8, 12.
ἐκλογιστής s. Ind. V.
ἐκμαγεῖον. ἐ. πρὸς σώματα Ostr. 62, 5.
ἐκτιθέναι. ὧι καὶ τὰ καθ' ἑαυτοὺς ἐκτεθειμένων
ἡμῶν 1, 13.
ἔκτισις. ἀλλήλων ἔγγυοι εἰς -σιν 5, 10. 11, 6.
ἔκτοτε 8, 11.
ἐκφόριον 1, 7. Ostr. 58, 3.
ἔλαιον 11, 15. — ὑπὲρ -αίου s. Ind. VI.
ἐμβάλλειν. ἐνβαλοῦ εἰς τὸ πλοῖον 21, 5.
ἐμφέρειν. οἱ ἐμφερόμενοι εἴδεσιν 3, 7.
ἐν passim.
ἔγγιστα 3, 9.
ἐνδέημα. ἐ. τῆς μισθώσεως 3, 14.
ἕνεκα. ἕ. ἐνδεήματος 3, 14. — ἕνεκεν ἀργυρίου
23, 4.
ἐνιστάναι. τὸ ἐνεστὸς ... ἔτος 6, 15. 7, 15.
11, 9. 12. 14. Ostr. 18, 3.
ἔνοικος 9, 6.
ἐνοχλεῖν. ὅπως μὴ ἐνοχλήσῃς αὐτῷ Ostr. 67, 4.
ἔνοχος. ἦ -οι εἴημεν τῷ ὅρκωι 4, 19.
ἔνσιμος. [ἔ]νσιμος(?) ὀφθαλμῶι δεξιῶι 13, 19.
ἐνταῦθα 23, 3.
ἐντέλλειν 20, 48.
ἔντοκος. χρῆσις ἔ. 5, 11.
ἐντυγχάνειν. ἐντυχέ μοι 8, 23.
ἐνώπιον. ἀντίγραφον μεταδοθήτω ὡς καθήκει
ἐ. 6, 4.

ἐξακολουθεῖν 1, 23.
ἐξάκτωρ s. Ind. V.
ἐξασθενεῖν. τοῖς ἰδίοις -ηκότας 1, 16.
ἐξέρχεσθαι. ἐξελθὼν ἀπὸ σοθ 19, 3.
ἐξετάζειν. -έτασον τὴν γυναῖκα 20, 9.
ἑξῆς. ἑτέρων ἑ. 1, 8.
ἐξιστάναι. ἐκστήσω αὐτόν Ostr. 58, 6.
ἔξω Ostr. 70, 1 a.
ἐπακολουθεῖν. ὁ δεῖνα (Pächter) ἐπεκλούθηκα (sic)
Ostr. 13, 6.
ἐπαρούριον s. Ind. VI.
ἐπεί 8, 8. 20, 46. 23, 7. Ostr. 67, 5.
ἐπέρχεσθαι. ἂν δέ τις ἐπέλθῃ Ostr. 58, 5.
ἐπήντλητος (sic). ἡ ἐ. μου τῇ Ostr. 58, 4.
ἐπί passim. — καταμένων ἐ. κώμης 15, 17. — ἐ.
τῆς τριακάδος τοῦ ... μηνός 6, 14. — οἱ
ἐ. τῶν θυσιῶν ᾑρημένοι 15, 1. 16, 1. 17, 1. —
ἐ. παρόντων ὑμῶν 15, 6. 16, 6. 17, 7. —
μεταλλάσσειν, τελευτᾶν ἐ. κληρονόμῳ τῷ
δεῖνι 6, 22. 8, 5. — ἐ. τοῖς δηλωθῆσι (sic)
1, 6. — ἐφ' ᾧ μετρήσω Ostr. 59, 7; ἐφ'
οἷς καὶ προσελήμφθημεν 1, 24. — ἐ. τὸν ..
ἐπίτροπον κατανταν 3, 16. — ἐπὶ χρόνον
μῆνας ἕξ 11, 11.
ἐπιβάλλειν. ἐ. εἰς τὸν νομόν 1, 8.
ἐπιγένημα Ostr. 58, 3.
ἐπιγονή. Πέρσης τῆς -ῆς s. Ind. IV A. — τῶν
σωμάτων τῇ -ῇ 8, 18.
ἐπιδιδόναι. διὸ -δωμι 9, 13. 15, 12. — ἐπιδέδωκα (-αμεν) 8, 19. 15, 15.
ἐπιζητεῖν. -τοῦντί σοι προσφωνοῦμεν 4, 8.
ἐπικαλεῖν. -ικεκλημένον 11, 12.
ἐπικαταβάλλειν. ἐγγαίων τῶν ἐπικαταβεβλημένων S. 108⁶ (B. M.).
ἐπικρίνειν. ἐπικεκριμένος ἐν κατοίκοις 9, 8; ἐ.
ἰδιώτης λαογραφούμενος 9, 10.
ἐπιμέλεια. πρὸς τῇ ἐ. τῶν χρηματιστῶν καὶ
τῶν ἄλλων κριτηρίων 6, 9; s. Ind. V ἀρχιδικαστής.
ἐπίξενος. τέλος -ένου s. Ind. VI.
ἐπιξενοῦσθαι. παρὰ τοῖς (sic) -οῦμαι θεοῖς 20, 3.
ἐπισκέπτεσθαι. ἐπισκεψάμενος 1, 10.
ἐπίσταλμα 6, 12. 24. 33.
ἐπιστάτης s. Ind. V.
ἐπιστέλλειν. ἵν' οὖν εἰδῇς ..., ἐπέστειλά σοι
3, 17.
ἐπιστολή 20, 44. 46. 49.
ἐπιστόλιον 20, 50. 23, 1.
ἐπιστράτηγος s. Ind. V.
ἐπιτελεῖν. τοῖς θεοῖς θύουσα καὶ ἐπιτελοῦσα 15, 5.
ἐπιτηρητής s. Ind. V.
ἐπίτροπος. υἱῶν τῆς δεῖνος -ποι Ostr. 48, 2.
S. auch Ind. V.

ἐπιφέρειν Ostr. 61, 1.
ἐπιχωρεῖν. (ὁμολογεῖ ὁ δεῖνα) ἐπικεχωρηκέναι
  τῷ δεῖνι 12, 13.
ἐργάζεσθαι 20, 21. 23.
ἐργάτης Ostr. 61, 9.
ἐρίδιον. πόκος τῶν ἐρειδίων 20, 36.
ἔρχεσθαι 20, 9. 23, 6. 24, 2. Ostr. 64, 4.
ἕτερος. ἑτέραν (sc. γῆν) 1, 11. — -ων ἑξῆς σὺν
  αὐτῶι 1, 8.
ἔτι 8, 4. 17.
ἑτοιμάζειν 23, 5. Ostr. 65, 6.
ἔτος passim.
εὐεργεσία. ἧς ἔχετε πρὸς ἅπαντας -ίας 1, 14.
εὐεργέτης 8, 16.
εὐθέως 3, 16.
εὑρησιλογία. ἄνευ πάσης ὑπερθέσεως καὶ -ας
  5, 2. 7, 18.
εὑρίσκειν 20, 27. 30.
εὐσεβής. τὰ] εἰς τὸ θεῖον εὐσεβῆ 26, 2. S. auch
  Ind. I.
εὐσήμαντος 20, 47.
εὐτυχεῖν. -χεῖτε 1, 28.
εὐτυχής s. Ind. I.
εὔχεσθαι. ἐρρῶσθαι (σὲ) εὔχομαι 20, 53. 21, 26.
  37, 5; ἐρρ. σε -ομαι πολλοῖς χρόνοις 23, 13. —
  πρὸ μὲν πάντων -ομαί σε ὑγιαίνειν 20, 2. —
  εὔξασθαι ὑπὲρ ἐμοῦ 24, 4.
εὐχή. τῶν εὐχῶν τῆς σῆς ἁγιωσύνης ἀξιωθῆναι 24, 2.
εὐχρηστεῖν. τὰς ἴσας, ὧν -ήστημαι .., δραχμάς
  6, 16.
ἐφιστάναι. ἐπισταθείσης σήμερον 24, 4.
ἔχειν 1, 14. 19. 20. 5, 10. 7, 9. 30. 23, 7. 25, 4.
  37. Ostr. 10, 7. 26, 3. 27, 2. 28, 6. 7.
  58, 2. 60, 2. 61, 13. 88. S. 113.
ἕως (Praep.) Ostr. 60, 4. — (Conj.) ἕ. σε καταλάβω 20, 20. — ἕ. παραγένωμαι 20, 32. —
  ἕ. ἔλθω 23, 6. Ostr. 64, 4. — ἕ. εὐτ]ακτεῖ
  ἐπὶ τῇ [τιθηνήσει 11, 9. — σπουδάζων ...,
  ἕ. ἂν ταριχεύει Ostr. 65, 3.

ζῆν. ζώτω ἐκ τοῦ μισθαρ(ί)ου αὐτῆς 20, 21.
ζῶρυξ (= διῶρυξ). ἐὰν εἰσέλθῃ ὕδωρ εἰς τὴν
  -υγα 20, 18.

ἡγεμών s. Ind. V.
ἤδη 21, 11. — ἤ. ποτέ Ostr. 57, 6. — ἤ. γὰρ
  ὑμᾶς καταλάβω 23, 2.
ἥκειν 20 Verso 5.
ἡμέρα Ostr. 62, 3. — καθ᾽ ἡμέραν Ostr. 66,
  3. 7.
ἡμιολία. μεθ᾽ ἡμιολίας καὶ τόκων 5, 3. 7, 20.

ἥμισυς. ἥμισυ 18, 8. Ostr. 19, 7. 56, 6. 59, 6.
  S. 166² (B. M.). — ἥμυσυ Ostr. 45, 3. —
  ἥμυσι Ostr. 19, 4. — ἥμισοι 12, 19. — ἡμίσους 5, 14. 7, 11. 32. Ostr. 47, 6. 81, 4.
ἡμιωβέλιον s. Ind. VIII B.
ἠπητής 22, 4. Ostr. 34, 2. S. Ind. VI.

θάπτειν. ἐτάφησεν (st. ἐτάφη) Ostr. 68, 4.
θεῖον s. Ind. VII.
θέλειν 21, 25. 23, 10a. 37, 5. — γεινώσκειν σε
  θέλω 20, 4.
θέμα. τέτακται ἐπὶ τὴν ... τράπεζαν θέμα
  S. 108⁶ (B. M.).
θεός, θεοί s. Ind. I und VII.
θεοσέβεια s. Ind. VII.
θησαυρός s. Ind. V.
θυγάτηρ 9, 9. 16, 4. 17, 4. 27, 10. — θ. κατοίκου 9, 7.
θύειν, θυσία, θυσιάζειν s. Ind. VII.

ἰδιόγραφος. περὶ τοῦ εἶναι ἰδιόγραφον τοῦ δεῖνος
  6, 28.
ἴδιος. τὰ ἴδια 1, 16. 8, 10. 17.
ἰδιώτης. ἐπικεκριμένος ἰ. λαογραφούμενος 9, 10.
ἰδιωτικός. ἂν δέ τις ἐπέλθῃ περὶ βασιλικῶν ἢ
  ἰδιωτικῶν Ostr. 58, 5.
ἱερατικός. θησαυρὸς -ατικῶν κάτω τοπαρχίας
  s. Ind. V θησαυρός.
ἱερεῖον, ἱερεύς, ἱέρισσα, ἱερόν s. Ind. VII.
ἱερός. ἱ. Αὐρηλι . [26, 7.
ἱππεύς, ἱππική s. Ind. V.
ἴσος. τὰς ἴσας .. δραχμάς 6, 15.
ἱστάναι. τὰ ἑσταμένα Ostr. 62, 2.

καθά. κ. γέγραπται 5, 2. 7, 19.
καθάπερ. τῆς πράξεως οὔσης .. κ. ἐγ δίκης
  5, 6. 7, 24.
καθαρός. κύαμος μέλας κ. 7, 10.
καθήκειν. παραδέδωκας τὸ καθῆκον Ostr. 15, 2. —
  διέγραψεν ὁ δεῖνα ... εἰς τὰ καθήκοντα ..
  10, 5. — αἱ κ(αθήκουσαι) Ostr. 22, 5. 6.
  25, 5. 37, 3. 43, 2. 44 passim; s. Ind. IX
  αιͨ. — ὡς καθήκει 6, 4. 35.
καθίζειν. ἐκάθισα εἰς πλοῖον 19, 5.
καθότι. κ. πρόκειται Ostr. 46, 6. — κ. προγέγραπται 2, 5.
καθώς. κ. πρόκειται 5, 16. 20. 13, 23.
καιρός. συνπεριφέρου τῷ καιρῷ 20, 20. —
  βλέπετε τὸν -ὸν 20, 22.
καίτοι 8, 13.
κακουργία. σῶον καὶ ἀκακούργητον ἀπὸ πάσης
  ναυτικῆς -ας 14, 10.

κατά passim. — κατ' [ἄνδρ]α 26, 1. — οἱ κατ' ἀξίωμα 1, 25. — τὰ καθ' ἑαυτούς 1, 13. — κ.
μῆνα ἕκαστον 11, 14. — καθ' ἡμέραν Ostr.
66, 3. 7. — κ. τοὺς νόμους 8, 5. — κατ'
ὄνομα 23, 11. — κ. τὰ προσταχθέντα (-τε-
ταγμένα) 15, 7. 16, 7. 17, 8. — κ. ταῦτα
1, 11.
κατάβρωμα. εἰς κ. καὶ κοιτασμὸν βαῶν 12, 23.
καταγράφειν. πάντα -αφῆναι συνέταξεν εἰς τὸ
τῆς γυναικὸς αὐτοῦ ὄναμα 8, 12.
κατακεῖσθαι. πυροῦ κατακ(ειμέναυ?) ... διοικήσεως Ostr. 76, 2.
κατακολαυθεῖν 1, 30.
καταλαμβάνειν 20, 20. 21, 15. 23, 2. 24, 5.
καταμένειν. -μένων ἐπὶ κώμης Θ. 15, 17.
καταμετρεῖν. οὓς καταμεμετρήμεθα κλήρους
1, 19.
καταντᾶν. κ. ἐπὶ τὸν ... ἐπίτροπον 3, 16.
καταξιοῦν. καταξιώσῃ ἡ σὴ θεοσέβεια 24, 4.
κατασπορά. μετὰ τὴν -άν 8, 23.
καταφρανεῖν. καταφρανῶν τῆς περὶ ἡμᾶς ἀβα-
ηθήτου ἀσθενείας 8, 10.
καταφυγή. τὴν ἐπὶ σὲ -ὴν παιαύμενοι 8, 16.
καταχωρίζειν. κατεχωρίσθη στρατηγῷ κτα. 9,
13. 14. — ὡς ἐν δημοσίῳ κατακεχωρισμένη
25, 7.
κατέχειν. τοὺς κατεσχημένους κλήρους 1, 22.
κάτοικος s. Ind. V.
κάτω s. Ind. IV Α ταπαρχία.
κεῖσθαι. ἐνθάδε] κῖται 27, 4.
κελεύειν 3, 15.
κέρμα s. Ind. VIII Β.
κηδεία 24, 3.
κιθών (= χιτών) 20, 24.
κίνδυνος. ὡς τοῦ ἅπαντος αὐταῦ -ύναυ ὄντος
πρός με 14, 11.
κλειδαποιός Ostr. 61, 11.
κληρονόμος. μεταλλάσσειν, τελευτᾶν ἐπὶ -νόμῳ
τῷ δεῖνι 6, 22. 8, 5.
κλῆρος (Auslosung). ἐν κλήρῳ ὑπηρέτης 3, 20. —
(Landlos). οὓς καταμεμετρήμεθα -ους 1, 20.—
τοὺς κατεσχημένους -αυς 1, 22.
κο⟩ Ostr. 89. S. Ind. IV Α Κοπτίτης.
κοιτασμός s. κατάβρωμα.
καμίζειν. ἐκομισάμην 20, 44. 34. — εἰ ἐκομίσω
20, 17. 28. — καμισαμένη αὐτά 20, 16.
κράτιστος, ὁ s. Ind. V.
κριθή Ostr. 49, 4. 5.
κριτήριον s. Ind. V.
κτῆνος 20, 8. — διὰ κτηνῶν Κυνοπολίτου Ostr.
54, 5.
κύαμας. κ. μέλας νέος (καθαρὸς ἄδολος) 7,
9. 31.

κύριος (Subst.). κυρίῳ μου ἀδελφῷ 36. — κύριέ μου 21, 4. — = tutor mulieris 5, 9. 8, 3.
11, 4. 7. — ὁ κύριος als Kaisertitel s.
Ind. I.
(Adj.). ἡ χὶρ ἥδε κυρία ἔστω 25, 6.— ἡ συν-
γραφὴ κυρία 5, 6 (?). 12, 30. — τέθειμαι
τὴν συγγραφὴν -αν 2, 6. — μενουσῶν κυρίων καὶ ὧν ἔχωμεν ... συνγραφῶν 25, 3.—
μένειν δὲ κύρια τὰ φιλάνθρωπα 1, 24.
κωλύειν 24, 3.
κώμη 4, 7. 16. 5, 15. 7, 16. 12, 16. 15, 3. 17, 5.
18, 5. 27, 5 (?); s. Ind. IV Β und V θησαυρός.
κωμογραμματεύς s. Ind. V.

λαγχάνειν. ἐλάχομεν τὰ ὑπάρχοντα 8, 5.
λαμβάνειν 11, 13. 15, 13. 21, 11 (ἔλαβαν). 22, 6. 8
(λήσωμε). 10 (ἔλαβας). 23, 7. 25, 5.
λααγραφία s. Ind. VI.
λααγραφούμενος. ἐπικεκριμένος ἰδιώτης λ. 9, 10.
λάχανον Ostr. 80, 2 (?).
λαχανόσπερμον. ὑπὸ λ. ὄναν ἕνα Ostr. 81, 2.
λέγειν 20, 44. — κλῆρος Ματῆς λεγόμενας
12, 18.
λείπειν. λείπανταί τινες ἄραυραι ἀγεώργητοι 4, 9.
λῆμμα. τὰ ἀνενεχθέντα ἐν λήμματι S. 110 [16]
(B. M.).
λιμναστής s. Ind. V.
λίνυφος S. 110 [13. 16] (B. M.). S. 121 [3] (B. M.).
S. 128 [13. 14] (B. M.). — τέλας -ύφων s. Ind. VI.
λόγος. ὁ τῆς νομαρχίας λ. s. Ind. V. — λ. στρωμάτων Ostr. 62, 2. — ἐπὶ λόγου Ostr. 13, 4.
14, 3. 28, 4. — Πασίων (Ἅρπαλος) ὁ διὰ
λάγων Εὐτυχής (Νικηφάρος) 9, 11.
λοιπός. ἔσχον τὰς -ὰς δραχμάς Ostr. 28, 7. —
τὰς δὲ -ὰς (sc. ἀρτάβας) μετρήσω Ostr.
59, 8.
λύσις. ὕπνωσα εἰς λύσιν 19, 4.

μαγδῶλαν s. Ind. VI.
μακρός. ἀπῆλθεν εἰς μακράν Ostr. 66, 2.
μάλιστα 26, 1.
μανδάκη s. Ind. VIII Α.
μαφόρτιαν 23, 6.
μέγας. ὁ μ. Σαρᾶπις, τῶν μεγίστων θεῶν s.
Ind. VII. — δάκτυλος μ. χειρὸς ἀριστερᾶς
4, 23. 24. — δάκτυλος ἀριστερὸς μ. 11, 4.
μέλας. κύαμος μ. 7, 9. 31.
μέλλειν 20, 9. 14. 18.
μένειν. μ. δὲ κύρια τὰ φιλάνθρωπα 1, 23. —
μενουσῶν κυρίων ... συνγραφῶν 25, 3.
μερίζειν. μέρισαν Ostr. 80, 1.
μερίς s. Ind. IV Α.
μερισμός. ὑπὲρ μ. ποταμοφυλακίδος s. Ind. VI.

μέρος. ὄγδοον μέρος οἰκίας κτα. 9, 4.

μέσος. μετώπῳ μέσῳ 7, 28. — ῥινὶ μέσῃ 11, 8.

μετά passim. — μ. κυρίου 5, 9. 8, 3. 11, 4. 7. — μεθ᾿ ἡμιολείας καὶ τόκων 5, 3. 7, 20. — μ. κατασποράν 8, 23.

μεταδιδόναι 3, 20. 6, 4. 31.

μεταλλάσσειν. μετηλλαχότος ... ἐπὶ κληρονόμῳ τῷ δεῖνι 6, 22.

μέτοχοι s. Ind. V Erheber: Pächter.

μετρεῖν. μ. τὰ εἰς τὴν ἱππικήν 1, 25. — μεμέτρηκεν ὁ δεῖνα (Abgabenzahler) Ostr. 45, 2. 47, 1. 48, 1. — ἐφ᾿ ᾧ μετρήσω Ostr. 59, 7. 8. — ὁ δεῖνα (Staatsspeicher-Beamter) μεμέτρημαι Ostr. 46, 6.

μέτρημα. μ. θησαυροῦ Ostr. 49, 1. 50, 1. 78, 1. 79, 1.

μέτρον s. Ind. VIII A.

μέτωπον 7, 28.

μέχρι. μ. τοῦ νῦν 8, 11.

μηδείς 4, 19. 6, 21. 8, 10.

μήν 5, 15. 6, 14. 7, 14. 34. 11, 9. 11. 14. 13, 3. Ostr. 36, 5. 36 a, 4. 67, 5.

μήτηρ 8, 4. 9 passim. 19, 2. Verso. 20, 33.

μητρόπολις s. Ind. IV A.

μικρός. δάκτυλος μ. 12, 10.

μιμνήσκειν. ἐμνήσθημεν 27, 6(?).

μισθάριον. μισθάρ(ι)ον 20, 22. — μισθάρ(ι)α Ostr. 82, 7.

μισθός. -ὸν λαμβάνουσα 11, 13.

μισθοῦν. ἐμισθωσάμην Ostr. 59, 3.

μίσθωσις 3, 15. — ἐπιτηρητὴς -ώσεως s. Ind. V.

μόνος. μίαν σου ἐπιστολὴν ἐκομισάμην μόνην 20, 44.

ναῦλον 21, 10.

ναυτικός (Subst.) 20, 42. — (Adj.) ἀπὸ πάσης ναυτικῆς κακουργίας 14, 9.

νέος. κύαμος μέλας ν. 7, 10. 32. — νεώτερος Ostr. 26, 2. 68, 2.

νεωκόρος s. Ind. VII.

νομαρχία s. Ind. V.

νομή. τὸ παρὰ τὰς νομάς[1, 22.

νόμισμα s. Ind. VIII B.

νόμος. κατὰ τοὺς -ους 8, 5.

νομός 1, 8. 3, 5. 20, 6. — ἐν ᾧ ἐποιήσατο τοῦ -οῦ διαλογισμῷ 3, 10. — S. Ind. IV A.

νότος. νότου Ostr. 59, 4. S. Ind. IV Dᵇ).

νῦν 8, 11. 15, 6. 16, 6. 17, 7. 21, 4.

νύξ. ἀρξαμένης ἀπὸ τῆς νυκτός 24, 4. — ὑπὸ νύκταν 24, 5.

νωτοφόρος Ostr. 61, 5. 10.

ξέστης s. Ind. VIII A.

ὀβολός s. Ind. VIII B.

οἴεσθαι. οἰόμενος δεῖν 1, 10.

οἰκεῖν. ᾠκήσατ᾿ ἐκεῖ Ostr. 64, 3.

οἰκία 9, 4. 21, 18. — κατ᾿ οἰκίαν ἀπογραφή 9, 5.

οἰκοδεσπότης 24, 3.

οἰκοδόμος Ostr. 61, 8.

οἰκόπεδον 8, 6.

οἶνος. ναῦλον τοῦ οἴνου, διαγωγὴ τοῦ οἴνου (τῶν οἴνων) s. Ind. VI.

ὀλίγος. ἀπ᾿ ὀλίγων διαζῶντας 1, 15.

ὀμνύειν. -ύοντες τὴν Αὐτοκράτορος ... τύχην 4, 11.

ὁμοίως 1, 22. 20, 25. Ostr. 82 passim.

ὁμολογεῖν 2, 2. 5, 5. 10. 7, 3. 30. 11, 3. 12, 7. 13, 5. 9. 16. 18. 33.

ὁμολογία 5, 20. Verso.

ὁμομήτριος s. ὁμοπάτριος.

ὁμοπάτριος. ὁμοπατρία (sic) ἀδελφή 9, 7. — ὁμοπατρία (sic) καὶ ὁμομητρία (sic) ἀδελφή 9, 9.

ὁμοῦ. ὥστε τὸ πᾶν γίνεσθαι ὁ. ... 21, 7.

ὄνομα. ὀνόματος τοῦ δεῖνος Ostr. 27, 6. 49, 3. 50, 4. 78, 3. 79, 4. 80, 3. — εἰς ὄ. τοῦ δεῖνος Ostr. 56, 2. — εἰς τὸ τῆς δεῖνος ὄ. 8, 13. — ὑμᾶς πάντας κατ᾿ ὄ. 23, 12.

ὄνος 13, 20. Verso. Ostr. 51, 5. 52, 4. 53, 4. 54, 4. 55, 4. 81, 3. — πεπρακέναι αὐτῷ ... ὄνον πρωτόβολον τοῦτον τοιοῦτον ἀναπόριφον 13, 10.

ὀπίσω Ostr. 61, 15.

ὁπόταν 23, 10 a.

ὀπ᾿φίκιον 20, 14. 19.

ὅπως. ὅ. μὴ ἐνοχλήσῃς αὐτῷ Ostr. 67, 4.

ὁρᾶν. εἴδαμεν 15, 18. 16, 13. 17, 15.

ὅρκος. ἢ ἔνοχοι εἴημεν τῷ ὅρκωι 4, 20.

ὅσος. ἢ ὅσων ἐὰν ᾖ 12, 21.

ὄστρακον Ostr. 62, 8.

οὐδαμῇ 23, 2.

οὐδέν. καὶ οὐθέν (κοὐθέν) σοι ἐνκαλῶ (-οῦμεν) Ostr. 60, 6. 60 a, 5. S. 113.

οὐλή 11, 5. — ο. ἀντικνημίῳ δεξιῷ 4, 22. 25. 11, 7. — ο. ἀστραγάλῳ ἀριστερῷ 4, 21. — ο. δακτύλῳ μεγάλῳ χειρὸς ἀριστερᾶς 4, 23. 24. — ο. δακτύλῳ ἀριστερῷ μεγάλῳ 11, 4. — ο. δακτύλῳ μικρῷ χειρὸς ἀριστερᾶς 12, 10. — ο. χειρὶ ἀριστερᾷ 7, 6. — ο. ῥινὶ μέσῃ 11, 8. — ο. ὀφρύι ἀριστερᾷ 7, 8. 12, 12. 13, 7. — ο. μετώπῳ μέσῳ 7, 28.

οὗτος. πεπρακέναι αὐτῷ ... ὄνον τοῦτον τοιοῦτον ἀναπόριφον 13, 11.

ὀφείλειν 7, 25. Ostr. 61, 13.

ὀφθαλμός. -ῳι δεξιῳι 13, 19.

ὀφρύς. ὁ. ἀριστερά s. οὐλή.
ὀψώνιον. ὑπὲρ -ίου φυλάκων s. Ind. VI.

παιδίσκη Ostr. 57, 6.
πάλιν 20, 30.
πάνυ 24, 2. Ostr. 67, 5.
παρά 4, 9. 20, 8. — ὁ παρ᾽ οἰκονόμου s. Ind. V
οἰκονόμος. — τὸ π. τὸ ἐκφόριον διάφορον
1, 7. — τὸ π. τὰς νομὰς [1, 22. — S. auch
προσκύνημα.
παραβραδύνειν 20, 26.
παραγγέλλειν. περὶ τοῦ παρανγελῆναι τοῖς ...
ἐμφερομένοις 3, 6.
παραγίνεσθαι 20, 32.
παράδειγμα 26, 5.
παραδεικνύναι. ἀντὶ τῆς .. ἀπὸ σπορίμου πα-
ραδεῖξαι ἡμῖν ἀπὸ χέρσου εἰς ἀντικατεργασίαν 1, 5.
παραδέχεσθαι. μηδὲ παραδέξῃ αὐτόν Ostr.
64, 3.
παραδιδόναι. παραδώσω τὸν γόμον σῶον καὶ
ἀκακούργητον κτα. 14, 6. 21. — παραδέδωκας ἀχύρου ἀγωγάς .. Ostr. 15, 2. 16, 2.
παρακομίζειν. -εκομίσατε Ostr. 19, 3.
παραλαμβάνειν 11, 8.
παραμετρεῖν. παραμεμέτρημαι 14, 16.
παραχρῆμα. ἀπέχειν τὴν τειμὴν π. διὰ χειρός
13, 15. — ἀποτεισάτωσαν π. μεθ᾽ ἡμιολείας
καὶ τόκων 5, 3. 7, 19.
παρεῖναι. ἐπὶ παρόντων ὑμῶν 15, 6. 16, 6.
17, 7. — μεταδοθῆναι ἀντίγραφον παρόντων
φίλων δύο 6, 32.·
πᾶς 4, 9. 16. 5, 6. 7, 24. 8 passim. 23, 11. —
ἀπὸ πάσης ... κακουργίας 14, 9. — ἄνευ πάσης ὑπερθέσεως καὶ εὑρησιλογίας 5, 1.
7, 17. — πάσῃ βεβαιώσει 12, 29. 13, 17. —
ὥστε τὸ πᾶν γίνεσθαι ὁμοῦ ... 21, 7. — πρὸ
μὲν πάντων εὔχομαι 20, 2.
πατήρ 8, 7. 13. 27, 7.
πεζός. ἐξελθὼν π. 19, 4.
πέμπειν 20, 31. 46. — ἔπεμσα 20, 12. 35. 41;
πέμσας 20, 26; πέμσον 20, 49; πέμσε
20, 30; πέμψε 22, 7; πέμψω 20, 48.
πενταφυλία s. Ind. VI. VII.
περί passim.
περιγίνεσθαι. εἰς τὰ καθ(ήκοντα) περιγι(νομένης)
ὑπὲρ Θεαδελφείας ἑβδόμη(ς) 10, 5.
περιεῖναι. π(ερίεστι) Ostr. 61, 13; s. Ind. IX.
περιέχειν. μενουσῶν κυρίων ... συνγραφῶν ὡς
περιέχουσι 25, 5.
πιπράσκειν 13, 9. 20.
πίπτειν. πέπτωκεν ... ὁ δεῖνα (Abgabenzahler)
Ostr. 7, 2. S. 107[1].

πλάστης Ostr. 61, 6.
πλήρης. πλῆρες Ostr. 17, 1. — ἀπέχειν τὴν τειμὴν ἐκ πλήρους 12, 28.
πλήρωσις. εἰς -ιν Ostr. 57, 4.
πλια( ) s. Ind. VI.
πλίνθος Ostr. 61, 3.
πλινθουλκός Ostr. 61, 3.
πλοῖον 21, 16. — ἐνβαλοῦ εἰς τὸ π. 21, 5. —
ἐκάθισα εἰς π. μου 19, 5.
ποιεῖν 1, 4. 29. 3, 9. 6, 33. 7, 13. 8, 16. 20, 3.
22, 4. 23, 4. Ostr. 65, 4. — ποιησσέτω
(= -ησάτω) 22, 5. — πεῖν (= ποιεῖν) σοι
δαπάνην 20, 19. — δῖπνον ἐπόε (= ἐποίει
μοι 20, 34.
ποιμήν. πομέσιν Ostr. 82, 5.
πόκος 20, 34. — π. τῶν ἐρειδίων 20, 36.
πόλις s. Ind. IV Α.
πολύς. πολλῶν καὶ ἀναγκαίων χάριν 24, 5. —
πολλοῖς χρόνοις 23, 13. — ἀσπάζομαι πολλά
20, 31. — πολλὰ χαίρειν 22, 1. — πλεῖστα
χαίρειν 20, 1.
πορθμίς, πορθμικά s. Ind. VI.
πορμη[T] Ostr. 89.
ποταμοφυλακίς s. Ind. VI.
πράκτωρ s. Ind. V.
πρᾶξις. τῆς -εως οὔσης (γεινομένης τῆς -εως)
τῷ δεῖνι ἔκ τε τοῦ δεῖνος καὶ ἐκ τῶν ὑπαρχόντων αὐτῷ πάντων καθάπερ ἐκ δίκης
5, 4. 7, 22.
πρᾶσις 13 Verso.
πράσσειν 20, 5. 15. 40.
πρεσβύτερος s. Ind. VII.
πρό 1, 26. — πρὸ μὲν πάντων εὔχομαι 20, 2
προαιρεῖν. πάνυ προῃρημένος 24, 2.
προγράφειν. ὁ προγεγραμμένος 8, 7. — καθότι
προγέγραπται 2, 5.
προιέναι. τοῦ προειμένου μοι ἐπιστάλματος
6, 11.
προκατασπείρειν. προκατεσπαρμένον ἄρακει
12, 21.
προκεῖσθαι. ὡς, καθώς, καθότι πρόκειται 5,
16. 20. 13, 23. 14, 21. Ostr. 46, 6.
προνοητής 21, 14.
πρός passim. — π. τόπῳ 12, 17. — π. τῇ ἐπιμελείᾳ κτα. s. Ind. V ἀρχιδικαστής. — π.
τὸν μῆνα τοῦτον Ostr. 67, 5.
προσαγγέλλειν 1, 5.
προσαγορεύειν 21, 2.
προσδιαγράφειν. προσδιαγραφόμενα s. Ind. VI.
προσέχειν. πρόσεχε αὐτῇ 20, 32.
προσκεφάλαιον Ostr. 62, 6.
προσκύνημα. τὸ π. σου ποιῶ παρὰ τοῖς (= παρ᾽
οἷς) ἐπιξενοῦμαι θεοῖς 20, 3.

προσλαμβάνειν. ἐφ' οἷς καὶ προσελήμφθημεν 1, 24. — οἱ πρὸ ἡμῶν προσειλημμένοι 1, 26.
προσμετρεῖν. προσμετρούμενα s. Ind. VI.
προστάσσειν 1,17. κατὰ τὰ προσταχθέντα, προστεταγμένα 15, 7. 16, 7. 17, 8.
προσφέρειν. τῷ -έροντί σοι ταῦτά μου τὰ γράμματα 23, 8.
προσφωνεῖν. ἐπιζητοῦντί σοι .. προσφωνοῦμεν 4, 11.
προτάσσεσθαι. πρὸς τὰ προταχθέντα S. 108⁶ (B. M.).
πρωτόβολος. ὄνος π. 13, 11.
πρῶτος. τῶν πρώτων φίλων s. Ind. V φίλοι.
πυρός 5, 13. 18, 6. Ostr. 45 passim. 46, 3. 6. 47, 5. 6. 48, 3. 4. 50, 5. 6. 56, 6. 59, 5. 76, 2. 78, 4. 79, 5. S. auch Ind. VIII A ἀρτάβη.
πωλεῖν 20, 24. 25.
πῶς 20, 33.
[...]πώλιον 20 Verso 4.

ῥίς. ῥινὶ μέσῃ 11, 8.
ῥύμιον 20 Verso 5.
ῥυπαρός. -αὶ δραχμαί s. Ind. VIII B δραχμή.
ῥωννύναι. ἔρρωσο Ostr. 64, 5. — ἐρρῶσθαι (σε) εὔχομαι 20, 53. 21, 26. 23, 13. 37, 5.

σάκκος 21, 9.
Σεβαστός s. Ind. I. II. VIII B δραχμή.
σημεῖον 20 Verso 3.
σημειοῦν. ἐσημειωσάμην 6, 38. Ostr. 17, 3. 65, 8. 74, 9. — ἐσημιόθι (= ἐσημειώθη) Ostr. 75, 4. — σεσημείωμαι 3, 17. 16, 14. Ostr. 19, 7. 24, 3. 26, 6. 27, 5. 7. 31, 7. 32, 5. 50, 6. S. auch Ind. IX.
σήμερον 24, 4.
σιτεῖν. τῶν ἐν τῷ Μουσείῳ σειτουμένων ἀτελῶν 6, 8; s. Ind. V ἀρχιδικαστής.
σιτολόγος, σιτοπαραλήμπτης s. Ind. V.
σῖτος. ἀρτάβη σίτου s. Ind. VIII A ἀρτάβη.
σός. τὸ σόν Ostr. 65, 5.
σπένδειν. ἔσπεισα 15, 8. 16, 8. 17, 10.
σπόριμος. ἡ ἀπὸ -ίμου (sc. γῆ) 1, 5. 11.
σπουδάζειν Ostr. 65, 2.
σταθμοῦχος 20, 52.
στρατεία. ἀπολύσιμος ἀπὸ -είας 13, 6.
στρατηγός s. Ind. V.
στρατιώτης s. Ind. V.
στρηνιᾶν. μὴ -άτω 20, 23.
στρῶμα Ostr. 62, 2.
συγγραφή 2, 6. 5, 6(?). 12, 29. 25, 5.
συγκαταχωρίζειν. -ρίσαι τῷδε τῷ ὑπομνήματι 6, 29.

συγκρίνειν 1, 4.
συγχωρεῖν. τὰ συνκεχωρημένα 26, 4. — τὴν συνκεχωρημένην πρὸς ἀλλήλους τειμήν 12, 26.
σύμβιος 21, 2.
συμμετρεῖν. συνμεμέτρημαι 18, 4.
σύμπας 11, 14.
συμπεριφέρεσθαι. συνπεριφέρου τῷ καιρῷ 20, 19.
συμφωνεῖν. τὴν συμπεφωνημένην τειμήν 13, 13.
σύν passim.
συνάγω. συνάγεται Ostr. 80, 2.
συναίρεμα. σ. θησαυροῦ Ostr. 80, 1.
σύνδικοι s. Ind. V.
συνεδρεύειν 1, 2.
συνέρχεσθαι. συνῆλθεν Σαραπιάδι 8, 8.
συ(ν)στρατιώτης s. Ind. V.
σύνταξις s. Ind. VI.
συντάσσειν. πάντα καταγραφῆναι συνέταξεν 8, 12.
σφόδρα 34.
σχηματογραφία. καθ' ἃς ἔχομεν -ας 1, 20.
σχολαστικός s. Ind. V.
σῶμα. δουλικὰ σώματα 8, 6. 9, 10. — τῶν σωμάτων τὰς ἀποφοράς 8, 11; τῶν -άτων τῇ ἐπιγονῇ 8, 18. — ἐγμαγῆα πρὸς σώματα Ostr. 62, 5.
σωματεκμαγεῖον Ostr. 62, 4.
σῶος. παραδώσω .. σῶον καὶ ἀκακούργητον ἀπὸ πάσης ναυτικῆς κακουργίας 14, 8.
σωρός. πυρὸς σ. Ostr. 47, 5.
σωτηρία 20, 39.

τάλαντον s. Ind. VIII B.
ταμιεῖον s. Ind. V.
ταριχεύειν Ostr. 65, 3.
τάσσεσθαι. τέτακται (ἐπὶ τὴν ... τράπεζαν) .. ὁ δεῖνα (Quittungsempfänger) .. Ostr.1, 1. 2, 1. 3, 1. 4, 1. 5, 1. 6, 1. 8, 1. 9, 1. 11, 1. 73, 4. S. 108⁶ (B.M.). S. 110¹³· ¹⁴· ¹⁶(B. M.). S. 121³ (B. M.). S. 128⁷⁻¹¹· ¹³⁻¹⁷ (B. M.).
τάχος. ἐν τάχει Ostr. 65, 5.
ταχύς. διὰ ταχέως 23, 7.
τέκνον 9, 8. 13. 15, 10. 20, 38. 52. 21, 3. 27, 8.
τελευτᾶν. ἐτελεύτησεν ἔτι ἀπὸ ... ἔτους .. ἐπὶ κληρονόμοις .. 8, 4.
τέλος s. Ind. VI.
τελώνης s. Ind. V Erheber: Pächter.
τετραχοίνικος s. Ind. VIII A μέτρον.
τετρόβολον s. Ind. VIII B.
τιθέναι. τέθειμαι τὴν συγγραφὴν κυρίαν παρ' 'Α. 2, 5.
τιθηνεῖν 11, 8.
τιθήνησις 11, 9.

τιμή. ἔχειν .... τιμὴν διὰ χειρός 5, 13. — ἔχειν
  παρ' αὐτοῦ -ήν 7, 9. 31. — ἀπέχειν τὴν ...
  τιμήν 1, 4. 12, 25. 13, 14. 21. — τέτακται
  ... εἰς τιμὴν ἐγγαίων .. ὁ δεῖνα .. S. 108⁶
  (B. M.). — ὑπὲρ τιμῆς πυροῦ Ostr. 76, 2.
τοιοῦτος. πεπρακέναι αὐτῷ ὄνον τοῦτον τοι-
  αῦτον ἀναπόριφαν 13, 11.
τόκος. ἔχω .. τοὺς τόκους Ostr. 60, 2. — μεθ'
  ἡμιολείας καὶ τόκων 5, 4. 7, 20.
τοπαρχία s. Ind. IV A.
τόπος s. Ind. IV C.
τοσοῦτος. τ. χρόνος 23, 3.
τότε 8, 5.
τράπεζα, τραπεζίτης s. Ind. V.
τρέπειν. εἰς ἄπορον τραπέντων (l. -έντας) 8, 14.
τριακάς. ἐπὶ τῆς -άδος τοῦ .. μηνός 6, 14.
τροφεῖα. μισθὸν λαμβάνουσα ὑπὲρ -είων 11, 13.
τροφός 11, 3.
τυγχάνειν. τευξόμεθα 1, 27; τευξόμενοι 1, 14.
τυλεῖον Ostr. 62, 7.
τύχη. ὀμνύοντες τὴν Αὐτοκράτορος ... τύχην
  4, 13. 15.

ὑγιαίνειν. εὔχομαί σε ὑ. 20, 2.
ὕδωρ. ἐὰν εἰσέλθῃ ὕ. εἰς τὴν Ζώρυγα 20, 18.
υἱός 6, 23. 19 Verso. 24, 5. Ostr. 63, 5. 12. 64, 1.
  77, 2. 3. — υἱῶν τῆς δεῖνος ἐπίτροποι Ostr.
  48, 1.
ὑπάρχειν. ὁ ὑπάρχων, ἡ -άρχουσα, τὰ -άρχοντα
  τῷ δεῖνι .. 5, 5. 7, 23. 11, 11. 13, 10. —
  τὰ -άρχοντα 8, 6.
ὑπέρ passim. — ὑ. τιμῆς πυροῦ Ostr. 76, 2. —
  ὑ. Χάρακος oder einen andern Stadtbezirk von
  Theben Ostr. 47, 4. 49, 3. 50, 4. 78, 3. 79, 4.
ὑπερετής 9, 6.
ὑπέρθεσις. ἄνευ πάσης -εως καὶ εὑρησιλογίας
  5, 1. 7, 17.
ὑπερορᾶν. μὴ ὑπεριδεῖν ἡμᾶς 1, 15.
ὑπερτίθεσθαι. εἴδη ὑπερτεθέντα ὑπὸ τοῦ ...
  ἡγεμόνος 3, 8.
ὑπηρέτης s. Ind. V.
ὑπνοῦν. ὕπνωσα εἰς λύσιν 19, 4.
ὑπό passim. μέρισον ὑ. λαχανόσπερμον ὄνον ἕνα
  Ostr. 81, 2.
ὑποβλέπειν 26, 4.
ὑπογράφειν. τοὺς ὑπογεγραμμένους ἐνοίκους 9, 6.
ὑπαγραφεύς. ὑ. τοῦ δεῖνας 7, 26. 13, 17. 33.
ὑπακεῖσθαι. ἀντίγραφον -όκειται 6, 12.
ὑπολαμβάνειν 26, 2.
ὑπόμνημα. τοῦ δεδομένου -ήματος ἀντίγραφον
  6, 3. — συνκαταχωρίσαι τῷδε τῷ -ήματι 6, 29.
ὑποσημειοῦν. ἀξιῶ (-ιοῦμεν) ὑμᾶς ὑποσημιώσασ-
  θαι 16, 10. 17, 12.

ὑποσημείωσις 15, 14.
ὑποτίτθιος. ἀρσενικὸν ἔκτοναν -ιον 11, 12.
ὑποχειρογραφεῖν 6, 25.
ὕστερον 8, 8.

φαίνεσθαι. ἐὰν φαίνηται 1, 16.
φακός 21, 17.
φάσις 37, 4.
φάσκειν Ostr. 58, 9.
φέρειν 1, 24; s. ἀξίωμα.
φιλάνθρωπον. μένειν δὲ κύρια τὰ -α 1, 24.
φίλος. μεταδοῦναι ἀντίγραφαν παρόντων φίλων
  δύα 6, 32. — τῶν πρώτων φίλων s. Ind. V.
φορεῖν. ἐφόρεσα 37, 1.
φόρος. φόρου ἑκάστης ἀρούρης Ostr. 59, 5.
φροντιστής 9, 3. Ostr. 53, 3. 54, 3.
φύλακες s. Ind. VI.

χαίρειν 3, 4. 6, 3. 13. 19, 2. 21, 1. 34, 1. 36.
  Ostr. 57, 1. 58, 2. 60, 1. 60 a, 1. 64, 1.
  65, 1. — πολλὰ χ. 22, 2. — πλεῖστα χ.
  20, 2.
χάλκινος. τὰ -ινα 20, 41.
χαλκός 20, 36. 22, 7. 9. Ostr. 60 a, 2. S. Ind.
  VIII B.
χαλκοῦς. τὸν -οῦν ξέστην 20, 43.
χάρις 26, 3. — χάριν: πολλῶν καὶ ἀναγκαίων
  χ. 24, 6.
χείρ. χ. ἀριστερά 4, 23. 24. 7, 6. 12, 10; s. δάκτυλος. — ἡ χ. ἥδε κυρία ἔστω 25, 6. —
  ἀπέχειν, ἔχειν (τὴν) τιμὴν (παραχρῆμα) διὰ
  χειρός 5, 13. 13, 16.
χέρσος. ἡ ἀπὸ -ου (sc. γῆ) 1, 6.
χιτών s. κιθών.
χόνδρος 37, 4.
χρεία. ἐν δημοσίαις χρείαις γεγονέναι 8, 15.
χρηματίζειν. -άτισον τῷ δεῖνι τὰς ἴσας δραχμὰς
  6, 14. — ὁ δεῖνα (τραπεζίτης) κεχρημάτικα
  S. 128⁸ (B. M.).
χρηματισταί s. Ind. V.
χρῆσις = Darlehn: χ. ἔντοκος 5, 11. — = Frucht.
  Nutzungsrecht: σὺν τοῖς τοῦ παντὸς χρή-
  σεσιν 8, 17.
χρόνος. -ων τινῶν ἐνδέημα τῆς μισθώσεως
  3, 13. — πολλοῖς -οις 23, 13. — οὐδαμὶ
  ἀνέμινα τοσοῦταν -ον 23, 3. — διὰ πολλοῦ
  -ου 24, 2. — ἐπὶ -αν μῆνας ἕξ 11, 11.
χωματικόν s. Ind. VI.
χωρίς. χ. ἄλλων ὧν ὀφείλει 7, 24.

ὧδε 22, 6. S.
ὡς. ὡς ἐτῶν .. passim.
ὥστε passim. ὥ. τὸ πᾶν γίνεσθαι ὁμοῦ .. 21, 7.

XI. SACHINDEX ZU DEN EINLEITUNGEN
UND DEN EINZELBEMERKUNGEN.

Es wird nach Seiten der Ausgabe zitiert. Die durch ein Komma von der vorausgehenden getrennte Ziffer bezieht sich auf die Einzelbemerkungen, die hochgestellte auf die Anmerkungen der Einleitungen.

ἀγεώργητος 25[44].
ἀναβάλλειν 88, 24.
ἀνενεχθέντα. τὰ ἀ. ἐν λήμματι ὑπὸ τοῦ στρα-
    τηγοῦ 110 f.
ἄνθρωπος 189.
αὐθεντικός 45, 24.
βιβλίδιον 13.
Christliches: ἁγιωσύνη 96.
    ἀγάπη 97[10].
    Briefe: äußeres Aussehen der kleinen aposto-
        lischen B. 84.
    Christenverfolgung, Decianische 75 ff.
    ἐπίσημοι ἡμέραι, θεῖος s. Heidnisches.
    Ἰησοῦς als Personenname 150[5].
    κηδεία 96 f.
    κύριος s. Heidnisches.
    Libelli libellaticorum 75 ff.
    πρεσβύτερος-Titel 188.
    προσφορά 97[9].
    Σωσικόσμιος 45, 27 f.
    φιλανθρωπία τοῦ θεοῦ 8[40].
Denar 87, 15 f.
διάφορον 6. 6[24].
ἔγγονοι, ἔκγονοι 7[32].
ἐδάφη. δημόσια ἐ. 68, 17.
εἶδος 13 f.
εἰκονίζειν, εἰκονισμός 27. 27[49].
ἐκβιβάζειν 92, 8.
ἐμφερόμενοι, οἱ 14[23].
ἐνώπιον 43, 4.
Fischpökelei 188.
Geographisches:
    Ἀρσινόη ἡ κατὰ Ἀπόλλωνος πόλιν 108. 108[6].
    Edfu-Ostraka des Berliner Museums 108 ff.
    Griechen. Die 6475 Faijum-G. 28 ff.
    Λίμνη 176 f. 176[1].
    Neapolis, Stadtteil von Alexandreia 73.
    Πακερκεῆσις, Stadtquartier Thebens 139.
    Πόλις, Stadtquartier Thebens 139.
    Theadelpheia: Staatsland, Lage der γεωργοί
        in Th. 26; Staatsspeicher in Th. 171 f.
    Theben: Stadtquartiere 139.
    τοπαρχία. ἄνω und κάτω τ. der Thebais 166.
γναφεῖς in ptolemäischer Zeit 112.
γόμος = Schiffslast 89, = Wagenlast 90. 135.

Grammatisches:
    ἄν = ἐάν 178[6].
    ἀντικρύ(-ύς) c. gen. und Synonyma 89
        Verso.
    Aorist. Durative Aktionsart des A. 54, 4.
    ἕνεκεν. Stellung von ἕ. im NT. 95, 4.
    ἐφ' ᾧ 180[3].
    ζῶρυξ = διῶρυξ 87, 17 f.
    Genetivus absolutus. Regellose Anwendung
        des g. a. 4[12].
    ἥμισυ. Erstarrung von ἥ. 138[4].
    i-Laute. Zusammenfließen zweier i-L. 88, 19.
    ἵνα. Gebrauch von ἵ. statt des Infinitivs in
        der Κοινή 88, 46.
    καθίζειν in intransitiver Bedeutung 81, 5.
    Nominativ. Vulgärer N. 68, 23.
    π, Schwund des 87, 12.
    παρά c. acc. 6[22].
    πλήρης, πλῆρες erstarrt 137 Nr. 17, 1.
    Stil. Parataktischer und-und St. in Briefen
        81. 92[1].
    τεσσαράκοντα und τεσσεράκοντα 43, 17.
    τέσσαρες als Akkusativ 145 Nr. 28, 7.
    Verbum. Voranstellung des Verbum im
        Satze 84.
Heidnisches:
    ἐπίσημοι ἡμέραι 97[11].
    Fürbitte bei den Göttern in der Fremde
        87, 3 f. 84[13].
    Grabinschriften 101.
    θεῖος (θειότατος) = divinus (sacratissimus)
        99.
    Isis. Filialtempel der I. von Philac im Fai-
        jum 202.
    Kaisereid 23 f. 39.
    Kultgenossenschaften. Landsmannschaftliche
        K. 83.
    κύριος als Titel der römischen Kaiser 137[1].
        158, 4.
    Μιῦσις (Μιῦις) = Μιῶς 138[1].
    Opferbescheinigungen 75 ff.
    πενταφυλία 157.
    Σεβαστή. ἡμέρα Σ. 155 Nr. 36, 6.
    Tempelressort des Staatsspeichers 166.
ἰδιώτης 59[34].

Jüdisches:

Θεόφιλος (Τεύφιλος) als Judenname 138[1]. 150.

Ἰησοῦς als Personenname s. Christliches.

Juden in Apollinopolis Magna 149 ff.

Judensteuer = Tempelsteuer (Ἰουδαίων τέλεσμα, δίδραχμον, Halbschekelsteuer) 138[1]. 149 ff. — ἀπαρχή 150[9].

Juristisches:

Ammenverträge 64.

ἀναγραφή 71.

ἀποφορά 51[10. 12].

datio in solutum 32. 46 f. 66 f.

δημοσίωσις von χειρόγραφα 35 ff.

διακατοχή. Bedeutung in den Rechtsquellen 95, 3.

διαστολικόν 36[11]. 38. — διάστειλον 175.

ἐγκαλεῖν. καὶ θέν σοι ἐνκαλῶ 113. 181. 181[3].

ἐκμαρτύρησις von χειρόγραφα 35. 39.

ἐπίσταλμα = Zahlungsauftrag: Giroanweisung oder Scheck 37 f., = Amtsauftrag 12.

ἐπιχωρεῖν 66.

evocatio litteris ad magistratum datis 13[13].

ἰδιωτικά. Gegenüberstellung von ἰ. und βασιλικά 178.

Kauf: griechische Tierkaufs-Urkunden 70. — Lieferungs-(Pränumerations-)K. 47[5].

κλῆρος. Rechtsverhältnisse am κ. 7 f. — κατεσχημένοι κ. = κατόχιμοι κ. 8.

Pacht 178 ff. — Konzessionspacht 112.

παραγγέλλειν, παραγγελία 13.

πιττάκιον 39[28].

receptum nautae 73.

Schuldverjährung 38 f.

Sklaven. Dienstleistungen fremder S. 51[11]. — S. in Ägypten 60[36].

Sechszeugen-Urkunden 10 f.

Signalement 26[48].

συγκρίνειν, σύγκρισις 5. 5[14]. 6.

συνεδρεύοντες, συνεδρία, συνέδριον 5[14].

ὑπογραφεὺς τοῦ ὁμολογοῦντος 70. 70[5].

ὑπογραφή = Verpfändung, Selbstverpfändung 44, 23.

Verlautbarung von Handscheinen 35 ff.

φροντιστής. Privatrechtliche Bedeutung von φ. 57.

Zeugen. Zustellungs-, Ladungs-Z. 45, 31 f.

Zinsen. Vertrags-Z. 34, 11 f.

κατάβρωμα 69, 23 f.

καταλαμβάνειν 92, 15.

καταφρονῶν τινος 54, 10.

κοιτασμός 69, 23 f.

κύαμος μέλας 49, 9.

μαγδῶλον 159.

μανδάκη 135[1]. 183.

μαφόρτης (Gallizismus), μαφόρτιον, μαφόριον 95, 6.

μετάβασιν ποιεῖσθαι 56[17a].

μώια 135[1].

Namen und Namenbildungen:

Βοῦχις und die mit B. zusammengesetzten Personennamen 131.

Θεόφιλος (Τεύφιλος) s. Jüdisches.

Ἰησοῦς s. Christliches.

λόγος. ὁ δεῖνα ὁ διὰ λόγων (folgt ein Beiname) 59[35].

Μίθσις s. Heidnisches.

Name und Kosename neben einander im gleichen Text 83[8].

Πακερκεῆσις, Stadtquartier Thebens 139.

Πάσρις 131.

Παχοῦμις. Mit Π. zusammengesetzte Personennamen 186.

Πια-. Ortsnamen mit Π. im Faijum 179[2].

Πραμαρρῆς, Πραμῆνις 131.

νωτοφόροι 183.

οἰκοδεσπότης 96[4].

ὄνοι. δημόσιοι ὄ. 172.

Paläographisches:

αιᴷ = αἱ κ[αθήκουσαι] 154. 163 f.

Brief: Adresse 81 Verso. 83 f. 88 Verso. — Ohne Präskript und Adresse 96. — S. auch Christliches und Grammatisches.

Häkchen zwischen Doppelkonsonanten 82.

Lateinischer Typus der griechischen Schrift 101 (Nr. 28). 102 (Nr. 31).

Palimpseste 69[1].

παραδεικνύναι 6[21].

πράσσειν = Dienst tun 82.

Prosopographisches:

Appianos, Domanialgroßpächter und Großnaukleros 172.

Heroninos, φροντιστής 172 f.

Macrianus und Quietus, Gegenkaiser in Ägypten 171. 171[2].

M. Petronius Honoratus, praef. Aeg. 14[24].

Ποῆρις Ἀρθώτου, Steuerpächter 111 f. 129.

L. Trebius Proculus, Epistratege der Heptanomis 49 f.

Schiffe. Fährboote 127 ff. — Lastschiffe: Bezeichnungen für L. in den Urkunden 89; Tonnengehalt der L. 89[1]. — Nilflußwachtschiffe 160.

Steuerwesen:

ἀπόμοιρα 120 ff.

Badsteuern 132 ff. — Dammsteuer 154 ff.

ἐπαρούριον 125.

εὐσεβῆ τελέσματα = devotae functiones 99.

exactor civitatis, exactores 79 f. 80[2].

Fährboot-Abgaben 127 ff.

Konsumsteuern 111[17]. 126.

Kopfsteuer 138 ff.

Lizenzsteuer, gewerbliche 152 ff.

μέτοχοι, κοινωνοί 113[21a].

Naukleroi-Bescheinigungen 171 ff.

Nomarchen-Steuern 161 f.

Normalsatz und Znschlagsgebühr 154. 163 f.

Ortsfremden-Abgabe 147 f.

Quittungen: Erheber-Q. der Kaiserzeit 115 ff.
119 f., aus Elephantine 116 f. — Fehlen
von χαίρειν in der Adresse der Erheber-
Q. 115. — Ratskassen-Q. 114 f. 162. —
Staatskassen-Q.: Formular der Ptolemäerzeit 107 ff., der Kaiserzeit 114 f. Quittungs-Empfänger in den Staatskassen-Q.
des 2. und 1. Jahrh. vor Chr. 109 ff. —
Spreulieferungs-Q. 119 f. 135 ff. — Staats-
speicher-Q. 117 f. 166 f. — Subskriptionen
der Staatskassenbeamten 114, der Erheber 115 f., der Staatsspeicherbeamten
118. — Termini technici in den Q.: ἀπέχειν in den Erheber-Q. 115. 119. —
διαγράφειν in den Staatskassen- und Erheber-Q. 114. 116 f. — εἰσμετρεῖν 117. —
ἐπακολουθεῖν in den Snbskriptionen 116. —
ἔσχον in den Erheber-Q. 115. 119. —
συναίρεμα 201.

ρ′ καὶ ν′ und ρ′ καὶ σ′ 199[1].

Staatsmonopol von Gewerben 111 f.

σύμβολον. δημόσιον σ. 197[2].

τελώνης 152[1].

Volkszählungseingaben aus Metropolen 54 f.

ὑποκείμενον μαγδωλοφύλαξιν 159.

φόρος τῶν σωμάτων 138[1].

Wachtschiff-Abgabe 160.

Wachtturm-Abgabe 159.

στρηνιᾶν = τρυφᾶν 88, 23.

σχηματογραφία 7[33].

σωματίζειν 27[50].

Talent. Rechnung nach T. 95, 9 f.

ταριχεύειν 188.

τιθήνησις 65, 8 f.

ὑπερετής 58. 58[26].

ὑπερορᾶν 7[30].

ὑπερτίθεσθαι 15[26].

Vereinssatzung 189 f.

Verwaltung:

ἀμφοδογραμματεύς 55[11].

ἀντεξηγητής 43, 7 ff.

ἄποροι 51 f. — ἄπορα, ἀπορικὰ ὀνόματα
51[15].

ἀρχιδικαστής. Titulatur des ἀ. 43, 7 ff.

ἀρχισωματοφύλακες. Rangklasse der ἀ. 4.

γραφεῖον 11[3].

defensor civitatis 191 f.

δεκανία, δεκανός, δεκανικός, δεκαταρχία,
δεκατάρχης, δεκαδάρχης 189 f.

δημόσιον = Stadtarchiv in ptolemäischer Zeit
44, 23. — οἱ δημόσιοι = Staatsspeicher
73 f.

ἐπικεκριμένος 59.

ἐπίξενοι 121. 147 f.

Epistratege. Kompetenz des E. 50.

ἐπιτηρητὴς (οὐσιακῆς) μισθώσεως 15 f.

Erlosung zu Liturgien 16.

Kabinetssekretär, kgl. 3[2].

καταλογεῖον. Abteilungsvorstand des κ. 39 f.

κατασπορεῖς 24 f.

Katöken 30. — Katökenreiter: ἐπιστάτης καὶ
γραμματεὺς τῶν κατοίκων ἱππέων 3. 5. —
πρὸς τῇ συντάξει τῶν κ. ἱ. 4. — προσλημφθέντες εἰς τοὺς κ. ἱ. 5. 7 f.

λιμνασταὶ τοπαρχίας und κώμης 24 ff.

νομάρχης τῆς Ἀντινόου πόλεως 162[5].

ὀφφίκιον 82[4].

πρεσβύτερος κώμης 24[31].

προσφωνήσεις 18 ff.

πρῶτοι φίλοι. Rangklasse der π. φ. 4.

Staatsnotariats-Filiale, für zwei Dörfer gemeinsam 46. 69 f.

Staatsspeicher (θησαυροί) im Gau von Theben und Edfu 166 f. 176.

σύνδικοι. Entwickelung des Instituts 191 f.
192[6].

φύλακες 158.

φυλακῖται in römischer Zeit 157[1]. 158[1].

Ziegel. Entgelt für die Herstellung von Z. 182 f.

XII. INDEX DER BEHANDELTEN STELLEN.

1. AUTOREN.

Griechische Bibel:
LXX Exod. 14, 2;
    Num. 33, 7: 159[1].
— Esth. 8, 22 B: 97[11].
— Hiob 40, 30: 113[21a].
— Ps. 26 (27), 9: 7[30].
— Jer. 26 (46), 14.
    51 (44), 1: 159[1].
— Ez. 45, 20: 120*.

NT. Matth. 17, 24—27: 150[7].
— Luk. 2, 11: 158[4].
— — 3, 23: 264[8].
— — 5, 7. 10: 113[21a].
— Joh. 19, 13: 81, 5.
— Röm. 5, 1: 98[2].
— — 5, 12: 180[3].
— 2 Kor. 5, 4: 180[3].
— Gal. 4, 1. 2: 169[1].

NT. Kol. 3, 17: 158[4].
— Tit. 3, 4: 84[0].
— Hebr. 13, 24: 12[7].
— Apok. Joh. 5, 1: 194[1].
Dig. 3, 4, 1, 1 ff. (Gaius): 191[3].
Hesychius ὑπογραφίων: 44[23].

2. INSCHRIFTEN.

IG. XII 7 Nr. 3, 33: 44, 23.
— XIV 645: 44, 23.
Dittenberger, OGI. II 572: 127[3].

3. PAPYRI.

P. Amb. II 138, 11: 90[3].
Berl. ined. P. 11651: 31[7].
BGU. 123, 13: 59[33].
— 493 II 5: 59[35].
— 578 (= Mi., Chrest. 227), 8. 22 f.: 40[32].
— 636, 16: 69, 23 f.
— 881, 6 f.: 160[5].
— 891 R., 7 f.: 16. 21[17].
— 1038 (= Mi., Chrest. 240), 11 f. 27 f.: 40[32].
— 1063: 38.
— 1155 (= Mi., Chrest. 67), 15 f.: 39.
— 1185 I 12 f.: 8.
— 1188: 127.
P. Cairo Preis. 34, 20: 90[3].

P. Fay. 54, 17: 160[5].
P. Flor. I 61 (= Mi., Chrest. 80), 25. 37 ff.: 37 f. 38[17].
— I 75 (= Wi., Chrest. 433), 18 ff.: 74.
— III 375 V. I 3. II 22: 159.
P. Goodsp. 14, 9: 73 f.
P. Grenf. I 20, 8 f.: 34, 11 f.
P. Hal. 1, 256: 45, 23.
P. Lips. I 121 (= Wi., Chrest. 173), 4: 20[14].
P. Lond. I 77 S. 234 (= Mi., Chrest. 319), 56 ff.: 97.
— III 921 S. 134, 7 f.: 20[11].
— — 1164 b S. 163 f.: 127[4].
P. Magd. 7, 7. 19, 7: 45, 23.

P. Oxy. I 41 (= Wi., Chrest. 45), 25 ff.: 192.
— II 286 (= Mi., Chrest. 232), 28 f.: 40[32].
— III 485 (= Mi., Chrest. 246), 7. 34 f.: 40[32].
— IV 732: 128.
P. Paris. 67 II 17: 127.
P. P. III 7, 14 f.: 44, 23.
Preisigke, SB. I 5280.
    5343: 162[5].
PSI. III 229, 8 ff.: 23[30].
— — 229, 28 f.: 20[13].
P. Straßb. I 58—64: 162.
P. Teb. I 5, 44 ff.: 8.
— — 124 II 25: 8.
— II 355, 17: 160[5].

4. OSTRAKA [1]).

Berl. Ostr. P. 11031 (= Preisigke, SB. I 4634): 118[31].
Berl. Ostr. P. 12537 (Archiv VI 220 Nr. 6): 149 f.

P. Fay. Ostr. Nr. 14—18: 202[1].
PSI. III 268. 277: 167[4].
Theban Ostr., Greek Texts Nr. 9: 112. 130.
— — Nr. 32—40: 163.

Theban Ostr., Greek Texts Nr. 93, 5: 160[5].
Wilcken, Ostr. II 618, 5.
    619, 5: 144 Nr. 27, 5.

---

1) Zu den Berliner Edfu-Ostraka s. das Vorwort.

Druck von Breitkopf & Härtel in Leipzig.